中央企业改革发展研究 Ⅲ

中央企业智库重点课题研究成果集

▲

国务院国资委研究中心◎编

RESEARCH ON THE REFORM AND DEVELOPMENT OF CENTRAL ENTERPRISES Ⅲ

中国经济出版社
CHINA ECONOMIC PUBLISHING HOUSE
北 京

图书在版编目（CIP）数据

中央企业改革发展研究：中央企业智库重点课题研究成果集．Ⅲ／国务院国资委研究中心编．—北京：中国经济出版社，2024.5

ISBN 978-7-5136-7735-6

Ⅰ．①中…　Ⅱ．①国…　Ⅲ．①国有企业-企业改革-研究-中国②国有企业-企业发展-研究-中国　Ⅳ．①F279.241

中国国家版本馆 CIP 数据核字（2024）第 075344 号

责任编辑　赵静宜
责任印制　马小宾
封面设计　久品轩

出版发行　中国经济出版社
印 刷 者　北京艾普海德印刷有限公司
经 销 者　各地新华书店
开　　本　710mm×1000mm　1/16
印　　张　21.5
字　　数　352 千字
版　　次　2024 年 5 月第 1 版
印　　次　2024 年 5 月第 1 次
定　　价　99.00 元
广告经营许可证　京西工商广字第 8179 号

中国经济出版社 **网址** http：//epc.sinopec.com/epc/ **社址** 北京市东城区安定门外大街 58 号 **邮编** 100011
本版图书如存在印装质量问题，请与本社销售中心联系调换（联系电话：010-57512564）

编　委　会

前　言

习近平总书记指出，国有企业是中国特色社会主义的重要物质基础和政治基础，是党执政兴国的重要支柱和依靠力量，必须理直气壮做强做优做大。党的十八大以来，以习近平同志为核心的党中央，以前所未有的决心和力度，开启了气势如虹、波澜壮阔的全面深化改革新征程，而深化国有企业改革是其中的重要篇章。随着改革的持续深入推进，国有企业焕发出新活力，展现了新气象。2022 年，决战决胜国企改革三年行动实现高质量圆满收官，实现了“在形成更加成熟更加定型的中国特色现代企业制度和以管资本为主的国资监管体制上取得明显成效，在推动国有经济布局优化和结构调整上取得明显成效，在提高国有企业活力和效率上取得明显成效”的预期目标。2023 年，在巩固深化国企改革三年行动成果的基础上，我国高质量高起点启动实施国有企业改革深化提升行动。国有企业特别是中央企业作为国民经济的重要支柱，在持续深化改革的过程中，不断加强国资国企改革发展理论与实践研究，已逐渐成为服务党和国家重大战略、支撑国资国企发展改革、引领行业产业发展、推动企业科学决策的重要力量，是提供更多更好的中国智慧、中国方案、中国力量的重要主体。

国务院国资委研究中心和中央企业智库联盟高度重视课题研究工作，各中央企业智库单位积极参与，取得课题研究质和量的双丰收。为广泛分享国资国企改革的理论研究和实践经验，进一步增强优秀课题成果的转化应用和社会影响力，我们遴选了 18 个中央企业智库联盟年度重点课题优秀研究成果，汇编成本书出版，与社会各界交流。

本书汇集了 37 家中央企业智库单位承担或参与的课题研究成果，课题内容主要包括做强做优做大国有企业、中央企业服务国家重大战略、提升产业链自主可控、中央企业高质量参与共建“一带一路”、新时代中央企业新型智库建设等国资国企改革发展过程中的重点、难点和焦点问题。各课题组在研究过程中，采用了多种研究方法，通过理论阐述、实证研究等方式，总结国资国企改革发展中的实践经验，深度剖析面临的实际问题，提出研究建议，为国资国企高质量发展答疑解惑、建言献策。

世界一流的企业建设离不开世界一流的智力支撑。通过汇编出版中央企业智库重点课题研究成果，为国资国企落实国家重大战略、实现高质量发展等方向的研究抛出引玉砖。让我们汇集众智，为加快世界一流企业建设、推进国有资本和国有企业做强做优做大作出更大智力贡献。

目 录

国有相对控股混合所有制企业差异化管控模式研究

一、混合所有制企业差异化管控的背景

为深入推动混合所有制经济的可持续发展，党中央和国务院近几年采取了一系列有力的政策，鼓励国有企业通过混合所有制的方式来提升效率和竞争优势，其中包括对国有相对控股混合所有制企业采用更为灵活和有效的差异化监督方式，鼓励各种所有制经济的相互交流、合作，以期达到双赢的局面。

2019 年国资委印发《中央企业混合所有制改革操作指引》（国资产权〔2019〕653 号），明确指出："中央企业要科学合理界定与混合所有制企业的权责边界，避免'行政化''机关化'管控，加快实现从'控制'到'配置'的转变。国有股东要在现代企业制度框架下按照市场化规则，以股东角色和身份参与企业决策和经营管理，不干预企业日常经营。通过股东（大）会表决、推荐董事和监事等方式行使股东权利，实施以股权关系为基础、以派出股权董事为依托的治理型管控，加强股权董事履职支撑服务和监督管理，确保国有股权董事行权履职体现出资人意志。"

2020 年 5 月，党中央、国务院出台《关于新时代加快完善社会主义市场经济体制的意见》，提出："对混合所有制企业，探索建立有别于国有独资、全资公司的治理机制和监管制度。对国有资本不再绝对控股的混合所有制企业，探索实施更加灵活高效的监管制度。"2020 年启动的国企改革三年行动明确提出："支持国有企业集团公司对国有股权比例低于 50%且其他所有制股东能够有效参与公司治理的国有相对控股混合所有制企业，实施更加市场化的差异化管控。"中国船舶集团有限公司（以下简称"中国船舶集团"或"集团公司"）制定的《全面深化国有企业改革三年行

动实施方案（2020—2022 年）》，明确提出“遴选符合条件的企业开展差异化管控试点”。

对国有相对控股混合所有制企业实施更加灵活高效的差异化管控，是贯彻落实党中央、国务院关于深化混合所有制改革重大决策部署的重要举措，是促进不同所有制资本相互融合、取长补短、共同发展的有效途径。当前，随着国企国资改革全面深入推进，国家层面相继出台了若干指导性政策文件，不断引导国有企业向管资本转型，实施分类授权经营。中国船舶集团根据自身实际对混合所有制企业建立差异化管控体系，对集团公司激发成员单位公司发展活力、推动市场化转型具有重要意义。

二、混改企业的特征及面临的挑战

（一）混改企业特点分析

根据持股比例的不同，可以将股东分为控股股东和参股股东，控股股东还可进一步细分为绝对控股股东和相对控股股东①。混合所有制企业按照国有股东持股比例的不同，可以分为国有绝对控股混合所有制企业、国有相对控股混合所有制企业以及国有参股混合所有制企业。不同股权结构的混合所有制企业特点分析见表 1。

表 1　不同股权结构的混合所有制企业特点分析

企业类型	国有绝对控股混合所有制企业		国有相对控股混合所有制企业	国有参股混合所有制企业
国有股东持股比例	66.67%及以上	66.66%以下，50%以上	50%以下，相对控股以上	股权分散，不存在相对控股股东
大股东控制能力	绝对控股，中小股东难以行使否决权	绝对控股，中小股东可以行使否决权，有一定制衡能力	相对控股，中小股容易联合起来行使否决权，制衡能力较强	单个股东无控制能力，股东联合起来可能影响董事会决策

① 根据《公司法》第二百一十六条第（二）项，控股股东，是指其出资额占有限责任公司资本总额百分之五十以上或者其持有的股份占股份有限公司股本总额百分之五十以上的股东；出资额或者持有股份的比例虽然不足百分之五十，但依其出资额或者持有的股份所享有的表决权已足以对股东会、股东大会的决议产生重大影响的股东。

续表

企业类型	国有绝对控股混合所有制企业		国有相对控股混合所有制企业	国有参股混合所有制企业
董事会作用	容易被大股东直接干预控制	可以被大股东控制	相对独立	独立性强
独立董事作用	容易依附于大股东，缺乏独立性	容易依附于大股东，有一定独立性	独立性较强	独立性强，但可能依附于经理层
经理层作用	容易被大股东直接干预控制	可以被大股东控制	相对独立	独立性强
治理类型	股东会中心型，大股东绝对控制	股东会中心型，大股东控制	董事会中心型，股东之间相互制衡	董事会中心型或经理层中心型，股东无控制能力
管控模式	集团型管控	治理型管控	财务管控	
党建	党组织发挥领导作用具有相对完善的组织和制度保证，根据《中国共产党党章》《中国共产党国有企业基层党组织工作条例（试行）》《关于中央企业在完善公司治理中加强党的领导的意见》（中办发〔2021〕20号）及《中央企业党委（党组）前置研究讨论重大经营管理事项清单示范文本（试行）》（国资党发党建〔2021〕54号）等有关文件精神执行		党组织发挥领导作用要注重协调多元化投资主体的利益关系。由于非公资本总和超过国有资本，为防止企业作出损害国有资本或社会公共利益的决策，可以依据“国发54号文”和《国务院办公厅关于进一步完善国有企业法人治理结构的指导意见》（国办发〔2017〕36号）要求，在企业章程中事先规定国有资本可以转化为优先股或者特殊管理股，并赋予国有资本在特定事项上的“一票否决权”，从而在治理架构层面避免因股权结构的变动削弱企业党组织的地位	党组织的工作重点在基层，党组织是党在企业中的战斗堡垒，在企业职工群众中发挥政治核心作用，在企业发展中发挥政治引领作用。发挥作用的具体途径可参照中央《关于加强和改进非公有制企业党的建设工作的意见（试行）》（中办发〔2012〕11号）等对于非公企业党组织的相关政策要求，同时要履行好监督职责，保证国有资本保值增值。党组织代表，尤其是党组织中的国有资本代表应争取列席监督整个选人用人过程，并对拟选任人员的思想政治素质和职业操守提出意见，从而为人员选拔提供政治保障，对所有聘任人员实施思想监督

注：①股东会中心型认为股东在公司治理中居于中心地位，董事和管理层是股东利益的代理人，必须忠实地按股东委托行事；②经理层中心型认为公司是职业经理管控下的官僚等级组织，经理层具有充分的自主权；③董事会中心型认为股东是董事会和经理层履职行为的主要受益人，但不是唯一受益人，公司决策应该考虑所有利益相关者的利益，与公司盈利无关的社会利益也成为其决策考虑的一个因素。企业治理采用何种类型，取决于所有权构成及其决定的所有权和控制权的分离程度以及在这个基础上产生的委托代理关系。以上三种治理类型，不存在绝对的好坏之分，但对于特定产权结构的公司可能其中一个治理类型比其他两个治理类型更适用。

从权益归属、控制力和国资监管实践来看，国有绝对控股混合所有制企业更接近于纯国有企业①，国有参股混合所有制企业更接近于民营企业。而国有相对控股混合所有制企业介于两者之间，但在治理结构、管理运行、监管要求等方面与传统国有企业相比有显著差异，一方面，其股权结构相对分散，除国有股东方外，其他股东方具有较强的话语权，在保持公有制主体地位的前提下，更加需要市场化、法治化管理，最大限度实现国有资本放大功能、调动民营资本积极性、提高企业活力和竞争力；另一方面，这类企业进行财务并表，国资委是其实际控制人，对其行使国有资产监督管理的权利。因此，对这类企业管控难度更大，不仅要依法落实企业法人财产权和经营自主权，进一步激发企业活力、创造力和市场竞争力，还要切实防止国有资产流失，确保国有资产保值增值。

当前，由于缺乏明确针对国有相对控股混合所有制企业管控的法律法规、政策依据、成熟经验，在企业管理实践中出现了一些深层矛盾，一定程度上制约了混合所有制企业的发展，阻碍了国企改革的进一步深化。在中央企业中，国投集团、中国化学工程、中国建材、华润集团等都在积极探索对国有相对控股混合所有制企业实行差异化管控，先行先试，形成了一些有益的实践做法，积累了宝贵经验。

（二）混改企业管控面临的一般挑战

在国企实践中，很多混改企业是从原先国有全资、国有控制转变为国有股权多元化乃至国有参股的，在管控的理念、模式、机制上都出现新要求和新摩擦，国有股东有效应对新情况，调整管控方式面临很大挑战，主要体现在以下三个方面：

一是在治理方面，混改企业同时面对纵向治理问题和横向治理问题。目前混改企业多数是集团企业的下属子公司，混改企业管控不仅涉及企业自身，还涉及上级公司的治理、下属企业的治理，至少三级联动，纵向治理难度提升。同时，混改的对象多数是非公资本或者背景不同的国有资本，需要加强各方实质性参与管理，比如混改企业的董事、监事如何管，如何保证董监事的资源、能力和时间，混改企业如何体现党的意志，加强党的领导，如何开展党建工作等，其横向协调管理难度加大。

二是在监管方面，混改企业脱离不了国有股东母公司各个职能线条的

① 即完全由国有资本构成的企业，包括国有独资企业、国有独资公司以及国有全资公司。

影响和监管。过去十多年间，很多国有企业集团都实现了集团化的财务管控、信息管控、人力资源管控，还有部分集团实现了采购和销售等核心业务的供应链集中管控，其中一些集团管理权限不同程度上移，管理级次较低的单位提级到上级单位集中管理，如战略规划权限、投资发展权限、人事干部管理权限、薪酬分配权限等，所有集团的职能体系，都根据集团管控的要求进行了重新配置，实现了不同职能线条的垂直监管，企业在适应了这样的纵向管控系统并对下属公司进行混改后将面临一系列问题，比如混改企业要求市场化的人才管理和薪酬激励，但如果国有股东仍然占据第一大股东的位置，混改企业是否纳入工资总额管理；混改企业要进行独立的业务开发，需要市场化地选择供应商和合作伙伴，但在集团集中采办体系下内部流程复杂漫长，混改企业能否独立于采办系统之外等职能监管。

三是在机制方面，混改企业机制革新难。现实中的很多混改企业还存在“五老”问题，即董事会还是老摆设、上级管理还是老办法、干部观念还是老路数、“一把手”还是老模式、员工还是老习惯。混改企业在改革前，员工和管理机制与其他企业一样，改革后如果不认真进行管理层的身份、职责、激励革新，混改就无法真正实现转换市场化机制。

（三）国有相对控股混改企业管控面临的特殊困境

由于国有相对控股混合所有制企业的特殊性，相较于其他类型的国有企业，对该类企业的管控将更加复杂。从某种程度上讲，针对国有相对控股混合所有制企业的差异化管控，实际上就是在完全的国企管控与完全的民营企业管控中，寻求一个有效的平衡，这就是差异化管控的复杂性所在。这种复杂性通过以下三组矛盾呈现，要实施有效的差异化管控，必然需要厘清和解决这三组矛盾。

1. 相对控股与国资监管的矛盾

改革开放以来，特别是《公司法》颁布实施后，“国有企业”的内涵与外延已经多元化，特别是2016年6月，国务院国资委与财政部联合制定印发《企业国有资产交易监督管理办法》（32号令），在“国有及国有控股企业”之外又增加了“国有实际控制企业”的概念，即“政府部门、机构、事业单位、单一国有及国有控股企业直接或间接持股比例未超过

50%，但为第一大股东，并且通过股东协议、公司章程、董事会决议或者其他协议安排能够对其实际支配的企业”。32 号令虽然只是针对企业国有资产交易，并不普遍适用于国资监管的其他领域，但就目前的国资监管实践来看，对多种类型的“国有企业”执行统一的监管要求。

国有相对控股混合所有制企业不能简单视为纯粹的“国有企业”，它的国有资本与民营资本持股比例相近。在民营资本持股比例较高时，尤其在民企混改引入国有资本的情形下，民营资本对企业日常经营管理具有更高的控制权要求，这将导致国有资本贯彻国资监管要求的意图，时常遭到民营资本的抵制或不配合。

国有相对控股地位与国资监管基本要求的矛盾，是国有资本与民营资本混合后矛盾出现的底层逻辑。因此，在国有相对控股混合所有制企业中，如果不能清晰、科学地界定哪些事项要执行国资监管要求，就无法打消国有资本的合规顾虑以及民营资本的失权顾虑，影响混合意愿，进而使得该矛盾难以从根本上解决。

2. 大股东控制与内部人控制的矛盾

在国企混改引入民营资本时，企业具有国有企业治理模式惯性，国有控股股东也习惯于将民营资本作为下属企业来管理，混改企业往往难以重塑治理模式，面临“大股东控制”困境，民营资本在治理中的话语权被削弱；反之，民企混改引入国有资本时，由于民企往往由核心管理层创立并主导其经营发展，因此即使引入国有控股股东，核心管理层也可能不愿、不会放弃对企业的实际控制权，甚至极力排斥国有控股股东的“干涉”，导致典型的“内部人控制”问题。

3. 规范治理与高效决策的矛盾

国有资本和民营资本存在不同的价值偏好。国有资本需兼顾经济责任、政治责任和社会责任，价值偏好多元，有的时候非经济利益可能被置于更加优先的位置。同时，国有资本受到国资监管、审计巡视等外部约束，基于对因程序违规、决策失误而出现被问责情况的担忧，其决策程序往往较为复杂；与之相反，民营资本追求经济利益最大化，可能在是否追求经济利益、追求短期还是长远利益、追求利润还是分红、追求战略价值还是财务价值、追求风险可控还是抢抓机遇等方面，与国有资本产生分歧。同时，民营资本缺乏外部约束，自负盈亏、风险自担，因此往往希望在市场机遇出现时快速决策、抢抓机遇，国有资本坚守的复杂程序对此形成掣肘。因此，两种资本的不同价值偏好有时可能引发治理上的冲突，即国有股东嫌民营股东过于注重经济利益，且不够规范、过于冒险；民营股东嫌国有股东决策低效、错失商机，导致企业难以实现规范治理与高效决策的平衡。

对于国有相对控股混合所有制企业所面临的治理困局，应该本着实事求是的原则，找到其背后深层次的制度性原因，运用改革思维、法治思维加以解决，从而充分释放这种企业形态所应有的功能和活力。

另外，党组织参与重大决策对于保证监督党的路线方针政策在企业得以贯彻执行具有重要意义，在实践过程中混合所有制企业由于缺少相应的机制保障，在一定程度上影响了党组织参与重大决策的范围和力度。一是党组织参与重大决策的制度体系不完善。国有资本相对控股这类企业，资本构成多元、管理模式多样、党建工作发展不平衡，大多数企业尚未结合企业股权结构、经营管理等实际，对党组织前置研究讨论提出明确要求。有的企业存在把“前置程序”理解成党组织代替业务部门先拿方案的情况；有的企业没有针对“母公司和子公司、董事会和执行董事、党委和党支部”三种区别，形成不同的公司治理范本；有的企业没有对标《关于央企党委前置事项清单示范文本》（国资党发党建〔2021〕54 号）中的 17 项前置事项，准确理解前置要求，有效区分党组织决策事项和前置研究事项；有的企业没有遵循“授权不前置、前置不授权”的原则，党组织研究讨论事项存在过度前置情形；有的企业搞变通，出现一次会议、两次纪要的情况。二是执行“双向进入、交叉任职”不到位。“双向进入、交叉任职”是党组织嵌入公司治理结构重要的体制保证，但在混改企业，由于企业党组织领导班子成员进入公司治理结构需得到其他投资方的认可，无形中增大了人员安排的难度，尤其是在国有相对控股混改企业，如果非公资本联合取得控制权，将极大阻碍推行这一体制；还有一部分企业领导班子党员比例不高，党组织融入公司治理程度有限，党组织的意志和主张难以在重大决策中得到充分体现。三是党管人才与市场化选聘尚未有机结合。国有相对控股混合所有制企业，董事和监事一般由各资本方选派，经理层成员大多由董事会通过市场化方式选聘，部分非公资本在选择股东代表和经营管理者时更加注重人的管理能力和专业技术背景，而国有资本方还要关注其政治思想表现，在选人用人上各出资主体容易出现意见不统一的情况。

（四）国有集团企业对混改企业管控存在的问题

当前，国有集团企业对混合所有制企业管控可能存在以下问题：一是管控导向不明确，集团总部层面缺乏对不同类型公司明确的管控导向，尚未找到行政化管理与市场化管理之间的权衡点。二是管控体系不完善，国有资产管理与现代公司治理、授权与监管之间的矛盾有待进一步解决。混改企业在国资管理层面，通过“国资委—中央企业—混合所有制企业”层层委托进行经营管理，在公司内部治理层面，存在“股东大会—董事会—经理层”三层委托代理关系。混改企业如不能科学确定各主体权责界面，可能出现权责不清、约束不够、缺乏制衡等问题。三是管控“一刀切”，管控模式相对粗放单一，还难以做到“一企一策”精准管理和授权放权，有待建立分类管控架构，进一步探索完善对混合所有制企业差异化管控的路径和内容。四是总部各职能部门之间的管控权责界面不够清晰，配套规章制度与市场化发展需求存在不适应性。五是市场经营和监督管理之间存在矛盾。集团公司对所属企业管理中有日常监督管理的事项，包括国资管理、安全、纪检、审计、巡视等非生产经营类事项，这一类监督管理事项可能对混合所有制企业彻底市场化经营有所制约。

三、实施差异化管控的总体思路

（一）实施差异化管控的目标

在现代企业制度框架下按照市场化规则，通过对集团公司国有相对控股混合所有制企业建立以“管控清单+股权董事”为关系纽带的差异化管控机制，达到优化和调整混改企业利益相关者权责利关系的目的，从而促进国有股东转变履职方式，更好地让机制本身发挥提升企业经营活力、治理效能和决策效率的作用。

（二）实施差异化管控的原则

一是坚持市场理念，完善治理。遵循市场经济规律和企业发展规律，尊重各混合所有制企业市场主体地位，发挥章程在公司治理中的基础性作用，细化明确各治理主体的权责边界。

二是坚持改革创新，激发活力。重点落实董事会职权，加大对国有股权董事的一般事项授权放权力度，鼓励非国有治理主体更多参与公司决策监督，创新转变混合所有制企业经营机制，提高运营效率。

三是坚持分类授权，差异管理。综合考虑各企业的发展阶段、治理水平，根据不同战略导向，开展差异化授权、分类分阶段授权。结合授权事项执行监督情况，采取扩大、调整或收回等动态调整。

四是坚持党的领导，优化监督。坚持和完善中国特色现代企业制度，把企业党组织内嵌到公司治理结构之中，稳慎处理好授权放权和强化监督的关系，做到内控审计、风险合规、纪检巡查等监督全覆盖，确保混合所有制企业合规经营、风险可控和国有资本的保值增值。

（三）遴选试点企业的标准

将混改企业差异化管控模式运用于纳入集团公司合并报表范围的三级国有相对控股混合所有制企业（单一持股比例或合计持股比例在50%以下，且非公资本股东在董事会中占有董事席位，能够有效参与公司治理的混合所有制企业），其上级国有股东为集团公司二级企业。建议优先选择上级国有股东为“双百企业”或“科改示范企业”的子企业，因为国资委明确要求以上试点企业主动探索创新推进改革，打造一批“改革尖兵”，会赋予其更大改革自主权，进而加大放权授权力度。经过多年改革实践，“双百企业”和“科改示范企业”的管理较为规范，改革意识较强，有利于开展差异化管控试点工作。三级混改企业建议优先选择管理基础较好的企业，表现出产权关系清晰、治理结构完善、市场化程度较高、董事会运作规范等特征。集团公司三级以下的国有控股混合所有制企业，暂不是集团管控重点，可考虑在试点推广阶段探索经验。

四、实施差异化管控的改革建议

（一）修订公司章程，确定公司章程“宪法”地位

2023年12月29日，十四届全国人大常委会第七次会议表决通过的新

修订的《公司法》，将于2024年7月1日起施行，进一步强化股东出资责任。混合所有制企业更要充分发挥公司章程在公司治理中的“宪法”作用，全面细化落实公司法、国资监管和党建有关规定，在公司章程中重点细化党组织、股东会、董事会、监事会或监事、经理层和职工代表大会的权责边界以及相关授权机制等内容，以及对决策分歧处理机制、股东分红、治理结构、股权转让、对外投资、担保等方面作出专项规定。

（二）完善管控界面，进一步加大授权放权力度

集团公司需要结合不同类型企业业务发展水平、治理水平、改革成熟度、与集团主业关联度等，“一类一策、一企一策”明确具体的管控方向、管控力度和管控要求。一是要实施清单制管理，清晰界定管控界面，明晰职责权限及行权路径，加大对管控企业的授权放权力度，制定完善各法人治理主体履职管理办法、决策事项清单和授权放权清单，参照其他央企先进经验，清单内容区分“穿透管理事项”与“非穿透管理事项”，对非穿透管理事项通过治理型管控方式来实施，通过派出股权董监事借助所出资企业的股东会、董事会、监事会等通道进行管控，包括制定公司章程、企业发展方向、经营预算、投融资、管理层的人事管理、薪酬分配、内控体系等企业日常经营事项；对穿透管理事项通过上下级行政管控方式来实施，通过党委、纪委、审计、巡察、安全、环保、科技等部门实施，加强监督，包括党建、党管干部、纪检、审计、安全、环保、信息化等重大事项。二是要建立健全股权董事授权制度，根据国资委对混改企业管控要求，借助国有大股东的规划权、投资权、经营权、用人权等权力，由原来的母公司“一刀切”集中决策模式改为授予国有股权董事行使部分或者大部分权限的新模式，企业要明确国有股东对股权董事的授权事项，对股权董事“一企一策”授权并动态调整，充分发挥股权董事对组织机构设置、基本管理制度、高管业绩考核与薪酬兑现、内控评价报告、风险管理报告、审计报告、合规管理报告、董事会重点工作策划、总经理年度工作报告、投融资计划及方案、职能战略调整等一般事项的独立决策作用，提高决策效率。三是加强“积极股权董事”队伍建设，综合考虑混改企业改革发展和经营管理实际情况，选优配强股权董事，明确股权董事专业背景、执业经历等配备要求，系统设计股权董事履职能力提升培训课程体系，切实提升股权董事履职能力，打造更专业、更职业、更市场化的股权董事队

伍。四是强化股权董事履职保障，如国有股东增设“责任经理”支持机制，在国有股东企业的职能部门设立专门或兼职的对接混改企业的“责任经理”岗位，服务和支持股权董事与国有股东的沟通。

（三）优化管控流程，规范公司运行程序

按照《公司法》要求，国有股东与混改企业之间是股权关系，应改变目前上下级行政化垂直管理模式，转变为通过股东代表在股东会、股权董事在董事会中行使表决权方式参与公司治理。对于实施差异化管控企业的“三重一大”事项，履行完企业内部相关决策程序后，由派出的股东代表和股权董事提请国有股东研究决策，而不是混改企业向国有股东报批模式（参见附件 3 的示意图），并代表国有股东在股东会和董事会上表决。对于已授权股权董事决策事项，由股权董事自主决策，事后向国有股东报告，国有股东也要加强对股权董事的监管，降低决策风险。

（四）注重因企制宜，探索综合型管控模式

集团管控以分集权的程度可以划分为财务管控型、战略管控型和运营管控型三种类型，其更多强调管理的深度或管理的颗粒度，而治理型管控更多强调管控的方式或通道，两种管控概念划分逻辑维度不同，但可以相互融合形成综合型管控模式，比如采取治理型管控方式下，对资产经营规模较大、掌握关键核心技术、具有较强行业影响力和市场发展空间的核心业务类公司实行战略管控型为主，并充分给予子企业投资管理、资产处置的权限；对资产经营规模较小的高科技企业或专业化公司以实行财务管控型为主，充分授权的同时注重风险把控，不过多干涉下属企业的战略和业务发展以及人事管理工作；对融入重要产业链和重大工程的业务单元，风险较大，要管的多，可以采取收缩授放权的形式来实现运营型管控模式。

（五）构建授权模型，加强授权跟踪评估闭环

一是建立精准授权模型，可以从战略定位、产权关系、行业竞争、发展阶段、行权能力、管理经验等维度开展差异授权评估，区分管控事项等级，形成一般授权、适度授权、高度授权、充分授权四种类型管控事项。二是建立“正面清单”或“负面清单”，对市场化程度高、治理机制成熟、

行权能力较强的公司可以探索建立授权"负面清单"，确保风险"管得住"，保证一定探索空间和创新弹性；对治理规范性有待提升的公司，用"正面清单"确定主基调，规范董事会授权管理。三是建立授权跟踪监督动态调整机制，对行权效果予以评估，通过查阅工作台账、座谈交流、问卷调查等方式，定期对混改企业执行授权管理制度和股权董事管理相关制度情况进行评估，通过反馈通报、督促整改等方式，确保制度执行到位，不断提升授权管理工作水平和股权董事履职保障服务水平，建议定期开展授权审计，对违规行权的予以整改问责。

（六）用足用好政策，建立更加市场化的经营管理机制

一是给予更大的选人用人权，加大市场化选人用人力度。董事会要建立健全对经理层的授权事项清单及授权管理制度，全面推行经理层任期制和契约化管理，探索建立高级管理人员责任追究和薪酬追回制度。允许国有相对控股混合所有制企业根据业务发展需要与市场竞争需要进行更灵活的用工制度的改革，能以市场化方式引进高端人才、专业人才，有条件的应大力推进职业经理人体系建设，使其能够拥有自主的人才招聘与配置权力，推动人才队伍结构改善，增强对人才的吸引力。二是创新激励约束机制，加大奖惩力度。允许国有相对控股混合所有制企业探索更加市场化的薪酬制度，按照市场对标的原则，加快建立与市场挂钩的薪酬体系，工资总额管理更加灵活高效，让企业拥有更多工资的分配权，实行差异化薪酬。同时鼓励企业对标行业、对标优秀企业设置市场化的业绩指标，让经营成果在股东、员工、企业之间实现共赢。三是创新中长期激励模式，加大激励力度。国有控股股东与其他股东应充分沟通，以市场效益为导向，以企业的中长期发展为目标，积极探索实施对经理层、核心技术人员等激励对象的差异化的中长期激励，进一步激发企业经营活力和动力。

（七）坚持党的领导，创新混合所有制企业党建模式

坚持"两个一以贯之"原则，重点探索党组织在混合所有制企业中发挥作用的有效方式，发挥党组织政治优势、群众工作优势，统筹协调各方资源，维护好各方利益主体的合法权益，更好地支持企业发展。在监督机制上进行灵活有效的探索，在企业实际经营需要的基础上，根据纪检、巡

视、审计等监督要求，形成“大监督”机制，以内部监督为主、外部监督为辅，既能及时发现并控制重大风险，又能够不影响企业经营的积极性。

附件 1　主要参考政策

序号	政策名称	核心要点
1	《中央企业混合所有制改革操作指引》（国资产权〔2019〕653 号）	明确提出：“①中央企业要科学合理界定与混合所有制企业的权责边界，避免‘行政化’‘机关化’管控，加快实现从‘控制’到‘配置’的转变。②国有股东要在现代企业制度框架下按照市场化规则，以股东角色和身份参与企业决策和经营管理，不干预企业日常经营。通过股东（大）会表决、推荐董事和监事等方式行使股东权利，实施以股权关系为基础、以派出股权董事为依托的治理型管控，加强股权董事履职支撑服务和监督管理，确保国有股权董事行权履职体现出资人意志。③依法保障混合所有制企业自主经营权，落实董事会对经理层成员选聘、业绩考核和薪酬管理等职权。”
2	《关于新时代加快完善社会主义市场经济体制的意见》（中发〔2020〕10 号）	明确指出：“对混合所有制企业，要探索建立有别于国有独资、全资公司的治理机制和监管制度。对国有资本不再绝对控股的混合所有制企业，探索实施更加灵活高效的监管制度。”
3	《国企改革三年行动方案（2020—2022 年）》	明确要求：支持国有企业集团公司对国有股权比例低于 50% 且其他所有制股东能够有效参与公司治理的国有相对控股混合所有制企业，实施更加市场化的差异化管控
4	《国务院关于印发改革国有资本授权经营体制方案的通知》（国发〔2019〕9 号）	重点选取了 5 大类、35 项授权放权事项，明确了 21 项对各中央企业的授权放权事项。大力度放权，首次将央企审批混改方案、股权激励方案纳入授权放权清单范围，并强调股权激励等激励制度不与工资总额挂钩、强调董事会职权落地等
5	2016 年 12 月，中央全面深化改革领导小组审议通过《关于开展落实中央企业董事会职权试点工作的意见》	明确将把中长期发展决策权、经理层成员选聘权、经理层成员业绩考核权、经理层成员薪酬管理权、职工工资分配管理权、重大财务事项管理权等 6 项权力赋予企业董事会
6	财政部关于印发《金融机构国有股权董事议案审议操作指引》的通知（财金〔2019〕6 号）	1. 文件亮点：指引就金融机构国有股权董事合理展开决策，作出了一些规定，比如：①怎么“对下”？“对下”是指股权董事开展决策过程中，需要和金融企业经营层、职能层进行沟通。②怎么“对上”？“对上”是指公司董事如何与母公司决策机构和职能部门打交道，如何有效代表国有股东整体进行意见表达。2. 要点借鉴：文件针对对象虽然只包括“由履行国有金融资本出资人职责的机构、国有金融资本受托管理机构向持股金融机构派出的代表国有股权的董事”，但是对国有金融机构之外的国有企业完善法人治理，也有较强参考意义
7	《金融机构国有股权董事议案审议操作指引（2020 年修订版）》（财金〔2019〕6 号）	

续表

序号	政策名称	核心要点
8	山东省国资委《关于省属国有相对控股混合所有制企业差异化管控的指导意见（试行）》（鲁国资〔2021〕13号）（以下简称《指导意见》）	针对目前多数省属企业对相对控股企业仍视同国有全资、绝对控股企业进行管控，与非国有股东融合不到位，企业活力不能得到充分释放的问题，起草文件，进一步改善国有股东行权履职方式，对相对控股企业实行有别于全资、绝对控股企业的差异化管控模式。《指导意见》是公开的省级层面第一个关于国有相对控股混合所有制企业差异化管控的政策性文件
9	2023年5月，贵州省国资委出台《贵州省国资委关于国有相对控股混合所有制企业差异化管控的工作指引（试行）》（以下简称《工作指引》）	《工作指引》明确，要充分发挥党组织作用，坚持党的领导，加强党的建设，合理确定双向进入、交叉任职比例，设立党委的要制定党委决定、前置研究讨论事项清单，要不断健全党管干部、党管人才制度；国有股东要落实管资本要求，对国有相对控股混合所有制企业实施以股权关系为基础、以派出股权董事为依托的治理型管控，对企业决策事项实行清单管理，国有股权代表“谁投资、谁委派（推荐）、谁管理”，建立健全国有股权董事议案审议制度、董事履职评价制度；董事会要建立健全对经理层的授权事项清单及授权管理制度，全面推行经理层任期制和契约化管理；要全面落实劳动合同制度，建立员工绩效考核制度及经营绩效考核制度，健全企业负责人及员工薪酬管理制度，建立考核结果与薪酬水平的奖惩联动机制，探索建立高级管理人员责任追究和薪酬追回制度

附件2　主要名词概念解释

序号	名词	解释
1	国有绝对控股混合所有制企业	国有绝对控股混合所有制企业是指国有股东拥有绝对控制权，单一国有股东持股比例达到50%以上，或者国有股东为第一大股东且与一致行动人合计持股比例达到50%以上，或者通过股东协议、公司章程、董事会决议或者其他协议安排能够拥有绝对控制权的国有混合所有制企业
2	国有相对控股混合所有制企业	国有相对控股混合所有制企业是指国有股东拥有相对控制权，单一国有股东为第一大股东且持股比例在50%以下，或者国有股东为第一大股东且与一致行动人合计持股比例在50%以下的国有混合所有制企业
3	国有参股混合所有制企业	国有参股混合所有制企业是指国有股东没有实际控制权，单一国有股东或者多个国有股东合计持股比例低于1/3的国有混合所有制企业

续表

序号	名词	解释
4	股权董事	①“股权董事”首次出现在国家部委文件是2019年1月23日财政部发布的《关于印发〈金融机构国有股权董事议案审议操作指引〉的通知》（财金〔2019〕6号），文件第二条规定，“本指引所称国有股权董事，是指由履行国有金融资本出资人职责的机构、国有金融资本受托管理机构（以下统称派出机构）向持股金融机构派出的代表国有股权的董事”。②国资委2019年11月8日发布的《关于印发〈中央企业混合所有制改革操作指引〉的通知》（国资产权〔2019〕653号）再次使用了“股权董事”这一概念

附件3

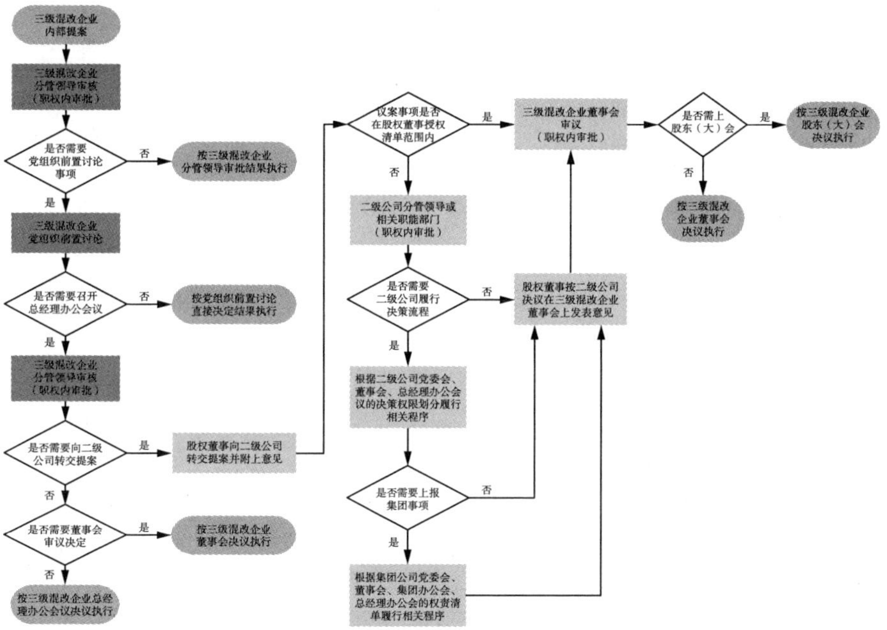

管控流程示意图——以法人层级和管理层级均为三级的混改企业为例

参考文献

[1] 于晓扬．国有相对控股混合所有制企业的治理困境与法治出路［J］.

中国经济报告，2021（3）：6.
［2］许渊源．混合所有制企业差异化管控模式研究［J］．现代商贸工业，2021，42（28）：52-53.
［3］张欣．混合所有制企业公司治理机制思考［J］．合作经济与科技，2020（12）：3.
［4］陶涛．混改企业如何实施更加市场化的差异化管控［J］．国企，2021（7）：2.
［5］杨筱恬．子公司角色对集团内部管控模式的影响研究［D］．大连：大连理工大学，2016.
［6］韩芳，蔡闻一．传统航天国企权属公司差异化管控体系设计的初步思考［J］．国有资产管理，2020，357（12）：24-28.
［7］沈昊，杨梅英．国有企业混合所有制改革模式和公司治理——基于招商局集团的案例分析［J］．管理世界，2019，35（4）：171-182.
［8］安全民．中航工业新航集团母子公司管控研究［D］．西安：西北农林科技大学，2014.
［9］杜浩．某航天企业集团化管理模式研究［D］．北京：首都经济贸易大学，2013.
［10］堪振华，高丽敏．集团管控模型与企业实践［M］．北京：中国经济出版社，2019.
［11］王吉鹏．集团管控［M］．5版．北京：中国人民大学出版社，2020.
［12］段磊．企业集团管控：体系、实践与案例［M］．北京：企业管理出版社，2020.
［13］乔雪莲．母子公司管控模式设计及其影响因素的实证研究［D］．天津：天津大学，2011.
［14］刘斌．混改管控系列分析1：国企管控改革的三种主流模式［EB/OL］．https://mp.weixin.qq.com/mp/appmsgalbum?__biz=MzA5MjM1MDUxOQ==&action=getalbum&album_id=1512280692515225601&scene=173&from_msgid=2649661581&from_itemidx=1&count=3#wechat_redirect，2020-11-09.
［15］刘戒骄．论混合所有制企业治理创新的五个关键点［J］．中州学刊，2018（1）：7.

［16］陈俊豪．混合所有制企业国有股东履职方式探讨［J］．审计观察，2019（5）：4.

课题参与单位：中国船舶集团有限公司综合技术经济研究院
课题组核心成员：阎向民　蒋日富　胡　钰　肖　雪　陈茜子
杨世雄　钱　程　高　源　王卫忠　高启宸

碳达峰背景下新电气化发展趋势及路径研究

【摘要】在碳达峰、碳中和目标驱动下，各用能领域的电气化发展将成为助力能源绿色低碳转型的重要途径，也是促进清洁能源大规模利用，实现绿色低碳电力大范围优化配置的主要手段。本课题系统分析了碳达峰背景下“新电气化”内涵及意义，结合国内外电气化发展经验制定了“新电气化”指标体系，评价了我国及南方区域电气化发展水平。在梳理南方区域“新电气化”内外部环境基础上提出了“新电气化”发展趋势，研究了南方区域“新电气化”具体实现路径，重点提出了技术创新与政策支持的有关建议，成果可为制定能源电力行业电气化发展相关政策提供重要支撑。

一、碳达峰背景下“新电气化”内涵、特征及发展意义

（一）“新电气化”内涵

“新电气化”是在传统电气化的基础上，充分利用现代化技术和市场创新，促进清洁能源大规模开发利用，进一步拓展电能的利用范围和规模，深度替代煤炭、石油等化石能源，推动全社会电气化水平持续加速跃升，最终实现以清洁能源为主导、以电为中心的高度电气化社会的过程。

在不断推动能源清洁低碳转型的背景下，能源转型核心是大幅减少化石能源消费、大力发展可再生能源。90%以上非化石能源需要通过转化为电能加以利用，因此，新电气化是推进能源清洁利用、实现碳中和目标的主要途径。新电气化的内涵包括清洁化、电气化、数字化和标准化，即在能源生产侧实现“清洁替代”，增加清洁能源供应；在能源消费侧推进“电能替代”，建设高度电气化社会。

（二）"新电气化"特征

区别于传统的"电气化"，"新电气化"呈现出新的能源结构、新的用能效率、新的产业链发展、新的科学技术变革、新的营商环境、新的市场机制等六大"新"特征。

新的能源结构：随着新能源装机和发电量占比不断提高，推动电源结构向绿色低碳转型，风、光等新能源逐步替代传统化石能源成为主体电源，能源结构持续优化。有效减缓电力二氧化碳排放的增长，实现非化石能源在更大范围内消纳，有利于能源生产侧的控碳与脱碳，促进能源绿色转型。

新的用能效率：电能是实现风、光、水、核等非化石能源利用最便捷、最高效的方式，是不同能源品种协同利用的纽带，是助力终端用能碳减排的重要手段。实施电能替代，将带动工业、建筑、交通部门用电占用能比重不断提高，提高终端用能效率。加强能效管理，深入实施节能节电，提升电力需求侧响应能力，降低能源消费和电力消费强度。

新的产业链发展：推动新能源产业、人工智能产业、区块链产业、5G通信产业、碳减排产业、节能产品等在能源电力行业扩展应用，促进核心装备制造业国产化、终端设备智能化微型化，带动综合能源服务、虚拟电厂、电动汽车 V2G 等新业态新模式发展。

新的科学技术变革：高比例新能源消纳，高比例电气化率存在安全性、经济性等挑战，必须依靠科技创新解决。以数字电网为代表的绿色低碳技术将引领新一轮科技创新，以点带面、多点开花，推动能源电力技术重大变革。推动电网向主干电网、局部配网、微型电网之间柔性互联、双向互动的态势发展，形成电网数字化+多能协同互补、源网荷储互动、用能需求智控的新的系统形态。

新的营商环境：依托电力系统高度智能化，大力拓展以电为中心的综合能源服务，构建现代供电服务体系，优化用电营商环境，推动城乡电力普遍服务均等化，提升用户电力获得感，推动供电服务模式、时间效率、电费水平、供电稳定性和电费透明度方面的高质量发展。

新的市场机制：发挥市场在电力资源配置中的决定性作用，协调新能源、储能、调节性电源、微电网和生产消费性质兼具的用户等相关主体利益，促进各主体间多元双向互动，深入推进电力市场化改革，完善电力价格形成机制，确保各类用户在可承受的范围内按需享有电力，同时积极开展碳市场交易等相关研究。

（三）“新电气化”发展意义

新电气化是能源绿色低碳转型的有效途径。我国终端化石能源燃烧产生的二氧化碳排放占能源活动碳排放50%以上，新电气化将实现清洁能源大规模以电能形式得到高效开发和利用，通过电能替代化石燃料的消耗，推动清洁能源成为主导能源，同时减少化石能源造成的污染物排放，实施精细化用能控制，提高能源利用效率。

新电气化是保障能源安全的战略选择。长期以来，我国油气自给能力不足，2021年原油进口比重达72%，连续4年超过70%；天然气进口比重达45%，较10年前提高2倍，同时近年进口化石能源的经济代价和不确定性显著上升。电是唯一可以与其他能源直接大规模转换的能源，推进新电气化进程将是中长期我国能源安全的重要保障。

新电气化是激发经济增长新活力的重要驱动。新电气化发展将创造出巨大的生产力，推动全球范围内的能源电力技术更新换代和产业升级，具有显著的经济社会综合效益。新电气化进程中，新能源发电、特高压、电动汽车、电池、5G、大数据、人工智能等前沿技术和新兴产业发展将助推我国实现新一轮科技革命，引领我国在世界新一轮工业及科技革命中抢占先机，掌握高端低碳产业链话语权。

新电气化是构筑电力发展新格局的重要手段。新电气化突破了传统的资源约束，推动清洁能源实现高效利用和广泛应用。水能、风能、太阳能、核能、天然气等清洁能源转换成电能，在电力供应侧逐步实现清洁替代。同时，新电气化促进电力生产消费实现双向互动，电力系统更加智能，在电力消费侧实现高效、灵活、智能用电。

二、电气化发展进程分析及国外发展启示

（一）全国及分区电气化发展进程

2021年全国电气化进程总体指数达到77.3，处于电气化中期中级阶段。同一指标体系和熵权测算法下，美国、英国、德国、日本2019年电气

化进程指数分别为85.5、82.4、82.2、85.8，均已处于电气化中期高级阶段①。从我国与国外典型国家之间电气化进程对比来看：发达国家电气化进程处于较高阶段，且均呈现平稳推进态势，朝更高阶段推进。日本、美国2019年电气化进程指数稳居电气化中期高级阶段，德国、英国也已进入电气化中期高级阶段。日本电气化发展在电能占终端能源消费比重、电力消费强度和平均停电时间方面对推进其电气化进程的贡献度更大。美国受其居民用能意识及习惯影响，居民生活电气化水平显著高于其他国家，非化石能源发电量占比相对较低，对推动电力供应侧电气化进程产生抑制作用。德国大力提升可再生能源利用规模，提高供电可靠性，降低电力消费强度，推动电力供应侧和消费侧电气化水平提升。英国电力工业能效水平更高，但电能占终端能源消费比重近3年持续下降，对推进电力消费侧电气化进程产生抑制作用。

中国电气化进程总体处于中期中级阶段，与发达国家仍存在一定差距，随着中国电气化进程持续向前推进，与发达国家的差距呈现逐步缩小态势。分省（区、市）看，电气化发展进程基本与各区域的经济发展水平呈正相关关系，经济发达地区具有更高的电气化水平，不同区域间的电气化发展存在明显差异。从东部、中部、西部和东北四大地区来看，目前东部地区电气化进程进入电气化中期高级阶段；中部地区电气化进程进入中期中级阶段；西部地区电气化进程初步进入电气化中期中级阶段；东北地区处于电气化中期初级阶段，电气化水平与东部、中部地区相比存在较大差距。

（二）南方区域电气化发展进程

南方区域2021年电气化进程总体指数约为80，处于电气化中期中级向高级过渡的阶段，高于全国平均水平。粤港澳大湾区电气化进程指数达到82.8，广东电气化进程指数达到82.5，已处于电气化中期高级阶段。

南方区域发电能源占一次能源消费比重约为56%，高出全国10个百分点以上（全国约为40.2%）。各省发电能源占一次能源消费比重均高于世界平均水平，与发达国家基本持平；非化石能源电量占比约为47%，清洁能源装机和发电量占比均在60%左右，电源清洁化水平处于国内领先

① 数据来源于中国电力企业联合会《中国电气化年度发展报告2022》。

水平。

南方区域电能占终端能源消费比重达31.4%，高于全国约5个百分点（全国约为26.5%）。各省电能占终端能源消费比重均高于世界平均水平，与发达国家基本持平。其中，现阶段南方区域工业、建筑、交通三大用能领域整体电气化率分别为30%、30%、5%。

（三）国外电气化发展启示

因地制宜选择适合本区域发展的电气化模式。南方区域应充分结合自身能源生产消费特点及不同产业发展重点，按照超前规划部署、逐步推广选择最适合本区域发展的能源利用方式和电气化模式，分析各省应优先推进新电气化工作的领域，探索提高能源效率的有效途径，加快技术进步，降低电能替代成本，通过优化能源利用方式，提升电气化水平，进一步提高能源效率。如针对工业领域电能替代可优先考虑在可再生能源电力成本较低的云南及经济较发达的广东地区开展示范，再将成熟的电气化技术及经验逐步推广至其他省份。

供给侧和消费侧同步发力，提高新能源占比，提高终端能源消费电气化水平。在供给侧，提高电气化水平要与能源结构优化相结合，加大清洁煤电技术的研发和推广利用力度，提高一次能源中煤炭转化为电力的比重；全力推动新能源发展，促进能源供给清洁化，大幅提高非化石能源发电在电力中的比重，加快推进电源结构优化。在消费侧，大力实施电能替代，促进终端能源消费电气化，提高电力在终端用能中的比例，拓展适宜的用电领域，注重用电效率的提高。消费侧结合国外经验探索在建筑及交通电气化潜力较大的领域利用电锅炉、空气热泵等实现供热替代，结合新能源发展探索绿电制氢、制天然气的应用，在交通领域推进广西、广东、海南港口岸电发展，利用广东电力市场及大湾区低碳转型发展优势引导电动汽车进一步发展，探索V2G等电动汽车新模式的应用。

提高新能源在电源中的比重，加快智能电网的建设和优化。大力发展风电和光伏等新能源，不仅要满足电力需求增量，还要补足煤电退出的存量缺口。风电、太阳能发电等间歇性电源大规模、高比例并网，对电网安全运行、电量消纳提出了挑战。需要加强电网互联、提高灵活调节能力，依托大电网和电力市场，大范围优化配置能源资源。另外，新电气化促使电动汽车、虚拟电厂、分布式能源等交互式能源设施广泛接入，再加上综合能源服务等新型需求大量涌现，使得电网负荷预测和潮流控制更为复杂，对电力系统智能互动水平也提出了更高要求。

提高电能占终端用能的比例，拓展适宜的用电领域。考虑各部门用能行为特点：居民、商业等建筑部门存在巨大电气化潜力；工业部门受生产技术工艺、高温高压要求等限制，电气化提升空间相对有限，应重点研究低温低压供热替代，将采用低质量冷、热的工业生产过程全部用电锅炉、电加热的形式替代；在交通领域，电气化是发展的重大趋势，具体进程主要取决于政策支持力度和技术成熟程度。因此，电气化提升空间集中在居民生活、交通运输、商业服务等领域，工业领域智能制造不断升级和对传统产业的改造，高技术及装备制造业与现代服务业等新兴产业将成为未来用电增长的主要推动力。

推动新技术革命，促使多种能源融合发展。以云计算、大数据、物联网、移动互联网、人工智能为代表的新一代科学技术的应用，在促进能源效率提升和电力系统安全稳定运行的同时，也极大地推动了产业结构调整。储能及综合能源、电动汽车快速增长，不仅改变传统电网的运行状态和控制模式，也将有效提升电能在终端能源消费中的比重。借助新一代科学技术，电网配置资源的能力持续增强，以电力为中心的能源结构趋向进一步加速，横向的多能互补与纵向的源网荷储深度融合，将促进形成以新能源为主体的新型电力系统。

三、“新电气化”评价指标体系

传统的电气化程度，即社会经济发展对电力的依赖程度，通常用 2 个指标来衡量：一是发电能源占一次能源消费总量的百分比（发电用能占比），它反映电力在能源系统中的地位；二是电力占终端能源消费总量的百分比（终端电能占比），用来度量各类用户的电力消费水平，反映电力对社会经济发展的作用。除此之外，为反映供电可靠性、用电效率及居民生活电气化水平，还增加了用户平均停电时间、人均用电量、人均生活用电量、单位 GDP 电耗等辅助指标。

新电气化以电能为平台枢纽，实现各种能源交汇转换，保障经济社会高质量发展。新电气化的内涵与传统电气化产生了差异，新电气化不仅要提高电能消费比重，还要实现整体能源系统的低碳化和高效化。根据新电气化的目标要求，结合其新特征可将其表征指标概括为 4 个维度：电力生产低碳清洁、电力消费绿色高效、电力供应安全可靠、电力成本经济合理（见表 1）。

表 1 “新电气化”评价指标体系

序号	评价维度	评价指标	指标级别
1	电力生产低碳清洁	发电能源占一次能源消费比重	主要指标
2		非化石能源装机比重	主要指标
3		非化石能源发电量比重	主要指标
4		单位发电量二氧化碳排放量	主要指标
5	电力消费绿色高效	电能占终端能源消费比重	主要指标
6		工业、交通、建筑、居民电气化率	主要指标
7		含电制氢的电能占终端能源消费比重	次要指标
8		新增电能替代电量	次要指标
9		单位 GDP 电耗	次要指标
10		单位 GDP 能耗	次要指标
11		获得电力指数	次要指标
12	电力供应安全可靠	平均供电可靠率	次要指标
13		用户平均停电小时	次要指标
14		电能质量合格率	次要指标
15	电力成本经济合理	新能源电力发电成本	次要指标
16		平均销售电价	次要指标
17		人均电费支出占可支配收入比例	次要指标

表 1 中，第 1~11 项体现了新电气化的核心内涵，为关键指标；第 12~16 项是体现新电气化安全可靠及经济社会效益的指标，为辅助性指标。开展新电气化进程的定量研究时，宜采用第 1~11 项指标为主要评价依据。

四、南方区域“新电气化”发展趋势及预测

（一）南方区域“新电气化”内外部环境分析

本章采用 SWOT 分析法对“新电气化”发展的外部环境因素和内部环境因素进行综合和概括，分析其优劣势及面临的机会威胁，将有助于“新

电气化”实现路径的战略选择，发挥优势、克服不足、利用机会、化解威胁。内部环境因素包括优势因素和劣势因素，外部环境因素包括机会因素和威胁因素。

1. 自身优势（S）

南方区域经济增长迅速，为电气化发展提供了强大引擎。电气化程度与经济发展水平密切相关，经济发达程度越高，其电气化水平越高。南方区域经济总量总体呈现增长趋势，增长速度高于全国平均水平，人均 GDP 增速也略高于全国平均水平。

南方区域产业结构持续调整，以优化的用电结构推动新电气化发展。南方区域第一产业 GDP 比重不断下降，第二产业 GDP 比重波动下降，第三产业 GDP 比重稳步提高。从用电结构看，第二产业用电占比持续下降，而第三产业用电占比持续上升，电力支持产业结构向低耗能的方向转变。

南方区域能源结构优势明显，在供应侧为绿色低碳的电气化发展保驾护航。整体来看，南方区域有丰富的海上风电、水电等清洁能源资源，非化石能源消费比重一直远高于全国，能源结构在全国主要经济发达地区中基础最好。化石能源消费在终端消费中占比呈现明显下降态势。非化石能源消费持续增长，能源消费增量部分将主要由清洁能源填补。

南方区域持续增长的能源消费总量，在消费侧为新电气化提供了更高的社会电力需求水平。南方区域电力终端消费保持了较高的增速，在终端能源消费占比也逐年增长。电力需求持续增长，电源结构加速优化，西电东送快速发展，电网跨省跨区资源配置不断增强，电网建设不断加强，能源效率持续提升。

2. 自身劣势（W）

南方区域电气化发展水平存在明显差异，制约了省间新电气化协同发展。广东总体电气化进程处于电气化中期高级阶段，而云南、海南、广西、贵州处于电气化中期中级阶段。五省区之间电气化进程有着明显差异，电力资源分布和消费不均，面临不同的供需格局。五省区中新能源富集地区不同程度都存在通道能力不足问题，已成为制约新能源消纳的刚性约束。这些都对南方区域新电气化的协同发展提出了更高层面的统筹要求，需要考虑各地区实际情况，发挥各自优势。

南方区域电力供需形势严峻，对电气化发展中电力资源的优化配置提出了挑战。南方区域未来电力需求将持续刚性增长，三产和居民用电占比的上升将导致尖峰负荷规模快速增长，各类新型用电主体带来了负荷特性的深刻变革，用电高峰时段的供需紧张局面将加剧。此外，跨省跨区送电的矛盾依然存在，也会对电力供应与电力资源优化配置带来挑战。

随着新能源并网规模迅速提高，在新电气化发展的过程中南方电网将面临安全稳定运行的更大挑战。高比例、大规模新能源发电并入电网，会导致电力系统的波动性、间歇性和不确定性增加，会给电力系统安全稳定运行带来新的挑战。同时，高比例新能源接入带来巨大挑战，对电力系统的资源配置能力提出了更高要求。

3. 外部机会（O）

我国中长期经济形势整体稳中向好，为南方区域新电气化发展营造了良好的经济外部环境。现阶段我国经济由高速增长阶段转向高质量发展阶段，在此宏观背景下，电力需求将持续增长，新兴产业将成为未来用电增长的主要推动力。

当前的内外形势有利于推进电能替代实施，促进南方区域以电能代替一次能源在终端的消费。国内国际双循环相互促进的新发展格局为电能替代注入了新动力；国内经济高质量发展及“双碳”目标加快了电能替代的发展；国家能源安全也需要电能替代向全域发展；乡村振兴战略拓展了电能替代的农村市场。电能替代具有巨大的实施潜力，将促进工业、交通、建筑等领域的电力需求持续增长。

在我国“双碳”目标下，能源绿色低碳转型将为南方区域新电气化发展注入绿色新动能。能源转型两大趋势：一是能源格局向清洁主导、电为中心转变，重点聚焦在能源供给侧实施清洁替代，能源消费侧实施电能替代上；二是能源系统向广域互联互通发展。能源转型将引领电气化发展在电力供应、电力消费与可持续发展等重点领域持续升级。

4. 外部挑战（T）

“新电气化”面临技术和经济双重挑战。技术方面，“新电气化”面临一系列急需解决的问题，传统的能效管理与节能节电手段已经很难适应能源转型背景下减少污染物和二氧化碳排放的需要。经济方面，新能源大规模并网会导致供应侧电气化成本的提升。目前海上风电、光热等发电成本较高，新能源接入及跨区调剂需要加大电网投资力度，还需配套相当规模的调节性电源和兜底保障电源。这些都给全社会电力总成本带来上行的压力。

“新电气化”面临国家可再生能源补贴退坡机制带来的挑战。一方面，当前国家大力推进可再生能源补贴政策退坡，补贴的支持力度明显减弱，新能源发电陆续迈入平价甚至低价时代；另一方面，新能源发电项目市场化招标竞争加剧，相互竞价压价比较普遍，新能源企业利润空间不断受到挤压。需要妥善处理新能源与传统能源同台竞价问题，激励引导促进风电和光伏发电等行业健康有序发展，从而实现清洁能源大规模以电能形式得到开发消纳。

（二）战略分析

经济社会发展是电力发展的核心驱动力，根据国内外电力化发展经验，经济发达程度越高，其电气化水平越高。南方区域要抓住全国经济平稳向好发展和产业结构向低耗能产业转变的机遇：在电力消费侧，提高电能占终端能源消费比重，广泛实施电能替代；在电力供应侧，提升非化石能源消纳能力。

南方区域要基于高比例非化石能源发电的优势，在我国“双碳”目标的指引下，坚持以新能源为主体的低碳化发展方向。深挖区内清洁电源以电能形式得到开发的潜力，巩固云南、贵州能源基地作用，大力推进云南、贵州省内清洁电源开发，推进“风光水火储一体化”和“源网荷储一体化”建设，加快实施供给侧清洁替代和引导消费侧电能替代。

南方区域要结合自身能源资源禀赋和用能消费特点，在国内外有利形势下，积极推动电能替代技术普及应用，尤其是在交通、工业、建筑、农业农村等领域，提高电气化程度；细化落实电能替代的统筹规划、技术推广、工作机制和市场化等一系列重点工作，推动地方政府通过奖励、补贴等方式，对符合条件的电能替代项目、电能替代技术研发予以支持，鼓励电能替代项目单位积极探索解决融资渠道问题。

南方区域面对省间差距，需要提升电网互通互济能力，大力推动地区间电气化协同发展。经济发达区域在保持高水准电力产出效益的同时，需要与欠发达地区加强协同配合、互补互济，缩小地区间电气化水平差距，共同迈上更高层级。南方区域需要大力推进能源电力资源跨省区优化配置。发挥已有跨省输电通道作用，保持存量输电通道利用效率，加强电力备用互济。

（三）南方区域“新电气化”发展预测

1. 场景设置

设置“电气化基准场景”和“电气化加速场景”两类发展情景，分别反映能源结构调整与发展方式转变平速和快速情况下的南方区域“新电气化”发展趋势。电气化基准场景下，通过加快清洁能源发展、加大电能替代实施力度、持续提高能效水平、深化电力市场化改革，确保南方区域能源电力发展规划目标顺利实现。完成国家能源消费总量和强度“双控”目标要求，用能效率持续提升，能源需求保持中低速增长。电能替代稳步推进，电力需求保持增长，工业、建筑、交通三大领域终端用能电气化水平将从目前的30%、30%和5%分别提升到2060年的约68%、86%和50%。电力系统源网荷储协调发展，新能源加快发展，非化石发电装机和发电量占比持续提高。可再生能源电解制氢技术及应用不断拓展，与电能成为化石能源燃料的主要替代品，有力支撑碳达峰目标实现。

电气化加速情景下，南方区域能源绿色低碳转型提速，工业、建筑、交通运输等重点领域通过深入实施电能替代，持续激发全社会增量用电需求，促使发电侧的电力供应规模较基准情景也有一定幅度的增加。电力市场与碳市场建设协同推进，绿色电力证书交易机制不断完善，为清洁能源发电装机规模的进一步扩大提供了市场驱动力。以电动汽车为代表的大量灵活性用电负荷与各类储能系统、虚拟电厂等调节资源协调配合，支撑智慧电力系统安全、稳定、灵活运行，实现比基准情景下更高比重的清洁能源接入。可再生能源制氢在能源消费中的比重明显提升，对能源绿色转型发展起到重要支撑作用。

2. 主要指标预测

结合南方区域资源条件，以能源平衡表为基础，充分考虑经济社会发展用能需求、终端部门用能特点及电能替代潜力，以2030年前碳达峰、2060年前碳中和为目标，以各省提出的能源消费、碳排放强度、电力规划等关键指标为约束，运用基于S曲线模型的趋势外推法、部门分析+清洁替代预测法等，综合国内外权威研究成果，对各年的能源及电能消费水平进行测算。南方区域新电气化发展指标预测见表2。

表 2　南方区域“新电气化”发展指标预测

指标	场景	2025 年	2030 年	2035 年	2060 年
电能占终端能源消费比重（%）	基准场景	35	38	44	70
	电气化加速场景	37	42	48	80
非化石能源装机占比（%）	基准场景	63	71	75	90
	电气化加速场景	65	75	78	93
新能源装机占比（%）	基准场景	29	39	41	60
	电气化加速场景	31	43	44	63
非化石能源发电量占比（%）	基准场景	58	66	75	93
	电气化加速场景	62	68	77	95
新能源发电量占比（%）	基准场景	15	24	28	50
	电气化加速场景	19	26	30	52
发电能源占一次能源消费比重（%）	基准场景	60	66	75	87
	电气化加速场景	63	69	78	90
人均用电量（千瓦时）	基准场景	6098	7168	7965	10743
	电气化加速场景	6256	7451	8520	11663
单位发电量二氧化碳排放强度（克/千瓦时）	基准场景	321	259	191	37
	电气化加速场景	300	205	150	30

五、南方区域“新电气化”实现路径

（一）南方区域“新电气化”建设路径

南方区域“新电气化”总体建设路径将着重从供应领域“绿色电气化”、消费领域“广泛电气化”、重点行业领域“智能电气化”三个维度分别发力。

1. 供应领域“绿色电气化”

深入推进电—碳联动，推动南方区域非化石能源发展及电网新型技术的应用，逐步实现对化石能源的增量替代和存量替代，稳步提高生产侧电气化水平。

供应侧坚持“以电为中心”，加速推进能源绿色低碳电气化转型，助力南方区域实现“碳中和”。在统筹平衡、功能互补的前提下，明确各类型电源发展定位，实现各类电源协同发展。科学确定煤电发展定位，向基础保障性和系统调节性电源并重转型。安全有序发展核电，为大规模替代传统化石能源提供基础电源。加快推进开发水电，充分发挥调节作用，促进新能源消纳。合理适度发展气电，增强系统灵活性，提供系统备用保障电源。加速推动新能源开发，合理统筹抽水蓄能和新型储能发展，构建多元化清洁能源供应体系。坚持集中式与分布式、陆上与海上并举的开发格局，优先发展分布式新能源，全面推进分布式光伏，推进公共机构、住宅、商业建筑等分布式光伏建设，深入实施光伏建筑一体化。积极引入区外电源，争取自藏东南、蒙西、陕北榆林、甘肃河西或青海海西清洁能源基地送电至南方区域。结合区域新能源发展及氢能技术成熟度等，发展新能源发电制氢，解决构建新型电力系统过程中大规模新能源的跨时空消纳难题。

加强电力系统技术创新和研究，以数字化赋能电力系统，加快构建适应大规模高比例新能源并网和多样化交互式用电需求的新一代电力系统。推动互联网、大数据、云计算、人工智能等现代信息技术与电力系统深度融合，增强源网荷之间的智能互动，实现更大规模的清洁能源消纳，同时满足更加多样化、交互式的用能需求。电源方面，加快推进智慧电厂建设，各类电源能够自动采集、智能分析与灵活控制，实现大规模新能源的智能发电与友好并网。电网方面，突破高电压等级柔性输电、直流电网、大容量海底电缆、超导输电等先进输电和智能电网技术，大幅提升电网资源配置能力、灵活调节能力和安全稳定控制能力。负荷方面，大力推广智能电表、智慧用电系统、合同能源管理、需求侧响应等技术和模式，提高终端电能利用效率。

完善清洁能源发展相关政策体系，严格执行可再生能源电力消纳保障机制，建立健全可再生能源市场化交易机制等。大力推进南方区域统一电力市场建设，研究制定高比例新能源市场主体参与的中长期、现货电能量市场交易机制，推动开展绿色电力交易，建立电能量市场与碳市场的衔接机制。深化南方区域电力辅助服务市场建设，进一步完善市场交易品种，形成储能、虚拟电厂、负荷聚合商等各类新兴主体参与的市场机制，促进用户通过需求响应参与系统调节。

2. 消费领域“广泛电气化”

积极推动能源消费转型，不断拓展电能在终端能源消费中利用的广度和深度，坚持“以电为优先”，引导消费侧以终端电力消费替代终端化石能源消费，提高消费侧电气化水平。

广泛深入实施电能替代，实现能源消费高度电气化。加大电能替代实施力度，不断拓展电能在终端能源消费中利用的广度和深度，加大电能对煤炭、油气等化石能源的替代力度，按照“工业、交通、商业、居民”几大领域积极推进电能替代，提高消费侧电气化水平。建筑、工业、交通等终端将由传统的煤油气等化石用能加快向绿色电力替代转变，先后实现以电能为终端能源消费主体的目标，电能的终端能源消费主体地位持续巩固。

坚持节能优先方针，把节电贯穿于经济社会发展全过程和各领域。实施绿色低碳全民行动，引导用户科学用电，不断增强公共领域和居民节能节电意识，形成节约用电习惯，促进形成绿色生产生活方式，着力提升工业、建筑、交通、公共机构、新型基础设施等重点行业和领域的能效水平。

引导用户深度参与电力系统调节，推进需求侧响应能力建设。深入挖掘弹性负荷、虚拟电厂等灵活调节资源，推动政府建立健全电力需求响应机制，激励各类电力市场主体挖掘调峰、填谷资源，引导非生产性空调负荷、工业负荷、充电设施、用户侧储能等柔性负荷主动参与需求响应。

拓展以电为中心的综合能源服务。在能源消费侧加强能效管理、加快电能替代，以电为中心，推动电热冷气多元聚合互动，推动园区等典型应用场景能源梯级利用，推行合同能源管理，大幅提升综合能效水平。积极拓展面向用户多元化、定制化用能用电需求的综合能源服务，促进电力企业从生产型向服务型转型发展。

3. 重点行业领域“智能电气化”

以智能化引领，推动技术创新与体制革新，工业、交通、商业、居民全面出击，大力推广使用电能，大幅提升重点行业电气化程度。

加速推进工业领域低碳工艺革新和数字化转型。推进钢铁、有色金属、石油化工、建材等工业领域重点行业绿色低碳升级改造，在工业领域钢铁行业应用先进电炉炼钢工艺装备，面向生产工艺用热量较大的各类生产制造行业推广蓄热式工业电锅炉，面向玻璃、铸造等行业推广电窑炉。推进 5G、工业互联网、云计算、人工智能等新兴技术与产品设计、生产制造、适用、回收等环节深度融合，推动企业、园区实施全流程、全生命周期精细化管理，带动能源资源效率系统提升，面向节能、降碳、节水、减污、资源综合利用等重点领域，培育一批典型应用场景，推广标准化的“工业互联网+绿色制造”解决方案。

深入推进交通领域电气化。推动公路交通、水上交通电气化发展，加快建设绿色低碳综合立体交通网。继续推进铁路电气化改造，在港口码头推广高低压岸电系统，推广电动船舶、智能电动重卡车替代技术。加快推进城市公共交通工具电气化，在城市公交、出租、环卫、邮政、物流货运等领域优先使用新能源汽车，大力推广家用电动汽车，积极推进电动汽车充换电设施与服务网络建设，加快形成适度超前、慢充普遍覆盖、快充网络化部署的立体充电体系，探索开展换电模式应用。

加快推进建筑领域电气化和低碳化。鼓励有条件的地区推广冷热联供技术，采用电气化方式取暖和制冷。鼓励机关、学校、医院等公共机构建筑和办公楼、酒店、商业综合体等大型公共建筑围绕减碳提效，实施电气化改造。深化可再生能源建筑应用，提高建筑采暖、生活热水、炊事等电气化普及率，在城市中心区、工业园区推广应用电蓄冷空调、电蓄热锅炉、地源热泵、空气源热泵。开展建筑屋顶光伏行动，大幅提高建筑采暖、生活热水、炊事等电气化普及率。加快推进超低能耗、近零能耗、低碳建筑规模化发展。南方区域“新电气化”总体建设路径见图1。

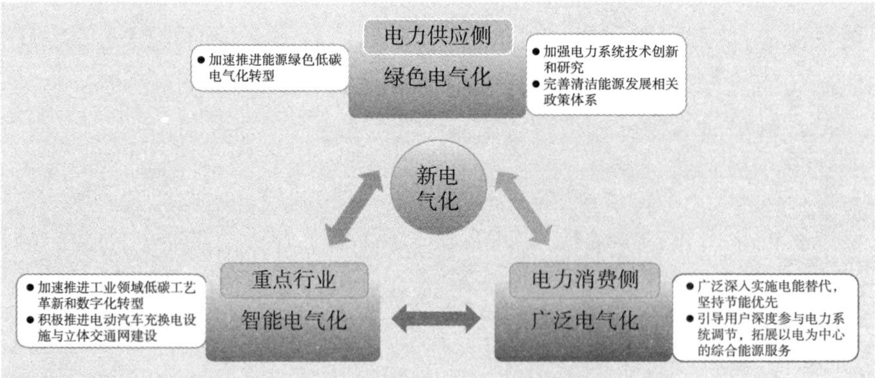

图1　南方区域“新电气化”总体建设路径

南方区域“新电气化”分阶段建设路径如表3所示，共包括四个阶段，即第一阶段（2021—2025年）、第二阶段（2026—2030年）、第三阶段（2031—2045年）、第四阶段（2046—2060年），其中前两个阶段为过渡期，第三阶段为增长期，第四阶段为快速上升期。

表 3　南方区域“新电气化”分阶段建设路径

阶段 路径	第一阶段 （2021—2025 年）	第二阶段 （2026—2030 年）	第三阶段 （2031—2045 年）	第四阶段 （2046—2060 年）
“以电为中心”，加速推进能源绿色低碳电气化转型	新增 1 亿千瓦以上新能源装机	新增 1 亿千瓦以上新能源装机，成为第一大装机电源	新增 3 亿千瓦以上新能源装机，成为第一大电量供应电源	新增 3 亿千瓦以上新能源装机
“以电为基础”，加强电网基础设施建设，扩大互联互通，建成先进数字电网	跨省区主干电网持续发展，全面建成数字电网	中小型区域电网合理分区，数字电网进一步发展完善	跨省区主干电网+中小型区域电网+配网及微网的柔性互联形态基本形成，以数字电网为主要形态	跨省区主干电网+中小型区域电网+配网及微网的柔性互联形态全面形成，数字电网更加智能高效
“以电优先”，全面推动电能替代	电能占终端能源消费比重达 35%	能源利用效率持续提升，电能占终端能源消费比重达 38%	能源利用效率率先达到国际先进水平，电能占终端能源消费比重达 47.5%	能源利用效率保持国际先进水平，电能占终端能源消费比重约为 70%
加大技术创新力度，支撑“新电气化”	传统技术：常规电源改造、先进电力电子技术、数字化技术、云大物移智等技术	传统技术向新技术转型：柔性直流技术、新能源主动响应、虚拟电厂、新一代调控系统和先进储能技术	新技术的集成期：新能源电压源型接入、大容量储能、电制氢、灵活直流组网、电力与其他能源的互联互通，以及电网构造电力电子变流器技术、高效氢能—电力循环技术等	颠覆性技术的应用：CCUS、可控核聚变、超导输电、管廊输电（输氢），以及长时间尺度高效储能与电能转换技术等
推动体制机制创新，实现有效引导和激励	推进南方区域统一电力市场建设，深化辅助服务市场建设	初步形成开发有序、健康发展的市场体系，辅助服务市场成熟	基本形成开发有序、健康发展的市场体系，碳—电市场深入融合	最终形成竞争充分、开放有序、健康发展的全方位成熟市场体系

（二）南方区域“新电气化”重点领域

1. 广东

推进以海上风电及光伏为主的新能源开发，逐步实现非化石电源替代。依托超大规模工业制造业基础，持续推进化工、建材及各类制造业生产过程电能替代，实现以电为中心的用能模式。结合新能源汽车先发优势，持续提升新能源汽车占比，形成交通领域电气化示范效应。

2. 广西

加快推进以路上风电、水电为主的可再生电源大规模开发利用。针对传统制糖、有色金属加工、冶金、建材等优势产业积极开展电制热替代。结合广西沿海核电及风电等新能源富集地区发展，探索核电与电解铝融合发展模式，助力传统高耗能产业绿色低碳转型。加快广西充换电基础设施建设布局，促进交通电气化水平提升。

3. 云南

重点打造先进制造业、绿色能源、新材料、烟草等产业强省。发展壮大绿色能源产业，加快金沙江、澜沧江等国家水电基地建设，建设“风光水储一体化”国家示范基地。依托大型水电及新能源基地，吸引绿电铝、绿电硅项目集聚落地、集群发展，推动电解铝等高耗能行业从使用自备电向电网绿电转化。

4. 贵州

立足贵州以煤为主的能源结构基本省情，重点抓好煤炭清洁高效利用。推广燃煤电厂热电联产改造，充分挖掘供热潜力。针对省内钢铁、有色、煤化工、磷化工、白酒食品、大数据等主要耗能行业推广生产过程电能替代，加强数据中心、5G 通信基站等新型基础设施节能管理，提高新型基础设施能效水平。

5. 海南

着力优化能源结构，逐步降低煤炭消费比例，持续建设安全高效清洁能源岛。依托风光及核电等新能源发展，建立制氢、储运氢及用氢的全产业链。充分利用自身地理优势，探索推进波浪能、温差能等海洋新能源开发应用。推广新能源交通体系，完善充换电基础设施，构建低碳海岛交通系统。

六、“新电气化”发展有关建议

（一）关键技术创新

1. 电源侧关键技术

重点研究提高发电效率、降低发电成本、提高数字化运维水平的可再生能源发电技术，如深远海海上风电发电技术、高效率分布式及集中式光伏发电技术、光热发电技术等。同时，水电和先进核电技术将成为能源生产侧“新电气化”的重要补充，应进一步挖掘水电开发潜力，研究安全性更高、多用途、更加灵活的核电技术。此外，为满足极端气象及其他形式能源供应困难条件下电力系统安全保供需求，结合 CCUS 等技术实现煤炭清洁利用及事故应急响应。

2. 负荷侧关键技术

工业领域重点研发高效电转蒸汽、高效热泵、大规模电制氢、电供蒸汽、中高频冶金电炉等技术。建筑领域发展高效电制冷/热、高密度低成本蓄冷/热、低温空气源热泵等技术。交通领域重点研发新能源汽车充电桩、新能源船舶、长寿命动力电池、大功率无线充电等关键技术，长远需加强长寿命、低成本、高可靠性的海陆空电气化交通工具研究。居民生活及农业领域突破等离子电火焰灶、智能物联网家电、电动无人植保机、大容量远距离电动农机、电动滴灌除菌等技术。

3. 电网侧关键技术

积极推进负荷需求侧管理技术，结合数字化手段，降低电网峰值负荷成本；发展数字电网技术和解决方案的试点项目，以管理新的负荷模式，优化可再生能源利用率，增加电网灵活性，降低新建发电和输电的基础设施需求；持续推进大规模远距离直流输电技术，提升互联电网功率双向交换能力，实现大规模新能源在更大区域的优化配置，推动大容量多端柔性直流输电技术、直流组网技术、柔性交流互联技术、智能化调控技术、先进数字化技术等关键核心技术集中攻关、试验示范、推广应用；研究电网可再生能源富余电力制氢，在具备条件的电网关键节点研究电制氢技术的就地应用，降低电网传输需求并提高电网调节能力，降低电网建设投资需求。

4. 其他相关技术

除上述直接关系电气化的技术外，还需加快再电气化产业培育，鼓励自主创新和引进吸收相结合，加大高效电加热元件、储热材料、绝热节能材料等关键技术投入，促进设备升级换代，进一步提高产品能效，形成产业化能力，以进一步促进电气化的应用与发展。探索构建先进商业模式，鼓励以合同能源管理、设备租赁等方式开展电能替代。引导社会资本投向安全、高效、智能化的电能替代产品和服务。结合市场需求，鼓励企业提供多样化的综合能源解决方案，促进服务型平台发展。

（二）政策支持

健全新能源消纳激励政策，促进绿电多发多消纳。建立市场化新能源成本回收及分摊机制，健全促进新能源消纳的现货电能量市场交易机制，激励引导新能源投资建设，充分挖掘体现新能源绿色属性价值，获取环境收益。释放用户侧绿色消费意愿，通过绿证、绿电、碳交易等增加新能源绿色环境收益，助推新能源更快发展。通过绿证、绿电、碳交易等增加新能源绿色环境收益，做好电力市场与碳配额、碳税等相关政策的统筹衔接，促进碳市场、绿电市场和绿证市场的目标协同、机制协同，形成同向合力。

完善电能替代激励政策，鼓励以电为主的用能模式。通过奖励、补贴等方式，对符合条件的电能替代技术研发、相关项目实施予以支持，借助税收优惠引导用户选择电能替代设备。多途径筹集支持资金，设立电能替代中央预算专项资金，将电能替代的环保及能源安全等社会收益内部化、定量化，以补偿电能替代项目投资者。

建立电氢融合发展支持政策，支持电能与其他清洁能源互相转换。探索氢交易及绿氢交易、价格指数、溯源认证、氢储能参与电力市场和氢能碳减排市场化交易机制，推动清洁氢产生的减排量纳入自愿碳减排市场交易，逐步探索建设全国性氢交易所。

推动完善适应新电气化发展的价格机制，引导各主体积极参与。优化电力市场价格机制、储能价格机制、输配电价机制，充分利用未来新能源发电成本下降空间，研究电源、电网、储能之间的利益分配机制。研究完善抽水蓄能、调峰火电、电化学储能等调节性电源电价和成本疏导机制。

完善电力绿色低碳发展投融资政策，为电气化发展提供金融支持。完善投资政策，构建与“新电气化”发展相适应的投融资体系，激发市场主体投资活力。发挥市场机制在绿色金融中的作用，激发相关产业参与绿色信贷的活力与积极性。探索开发碳排放等绿色低碳期货交易产品。

课题参与单位：南方电网能源发展研究院有限责任公司
课题组核心成员：梁　宇　董　楠　刘展志　吴煜文　肖天颖
雷　成　袁康龙　潘旭东　聂金峰　曹　毅
刘志文　彭吕斌　韩明宇　邵　冲　李　岩

新地缘政治形势下国际能源格局与国家能源安全研究

第一部分　新地缘政治形势及其对能源经济影响分析

地缘政治被视为国际关系的核心组成部分。受俄乌冲突、疫情反弹和中美博弈等多重新地缘政治因素的叠加影响，国际能源格局发生了重大变化。面临国际能源格局新的形势和变化，我国作为世界第一大石油、天然气和煤炭进口国，国家能源安全形势面临着严峻的挑战。

在新的地缘政治格局下，如何保障国家能源安全值得深入探讨和研究。目前，国内尚未开始系统研究这一领域。本章意在通过分析新地缘政治形势下的国际能源格局和国家能源安全形势，提出新地缘政治形势下我国的海外投资和国际能源合作策略，确保国家能源安全，推动我国清洁能源转型。

一、新地缘政治格局的影响因素

世界进入百年未有之大变局，新的地缘政治格局正在逐步演变和形成。从传统意义上来说，地缘政治格局受地理区位、资源禀赋（石油等）、军事实力、人口数量、工业化程度、大国关系等因素的影响；今天看来，这些因素依然在影响着地缘政治。除以上影响因素外，我们认为，新地缘政治格局形成过程中，还主要受以下因素的影响：

因素一：俄乌冲突造成地缘政治格局失衡。

二战以后形成的全球政治格局为世界和平发展提供了保障，虽然近年来局部冲突不断，但区域性小范围的动乱和冲突，并未影响全球大的政治格局。随着俄乌冲突的发展，如果出现俄罗斯明显的衰弱迹象，全球政治格局将发生深刻变化，将对未来一段时间的全球政治环境产生重要影响，政治波动以及再平衡也必将扰动现有的经济格局。

二战后至俄乌冲突前，虽然军事仍然是国际政治关系中重要的影响因素，但国际治理已经逐步从军事手段转向政治和经济手段。各国间的冲突解决已经很少依靠军事手段，全球化体制为世界各国的发展提供了良好环境。在这一体制下，参与全球经济活动的国家以发展经济、改善本国民生为首要目标，除了少数被制裁的国家外，都是全球经济的参与者并从中获益。考虑到俄罗斯和乌克兰两国的经济体量、军事实力和冲突的规模，以及冲突爆发后世界各国的反应，俄乌冲突可能从本质上改变当前的国际治理模式。可以说，俄乌冲突将打破已经形成的政治平衡，是新地缘政治格局形成的重要因素。

因素二：疫情是地缘政治格局演变的重要影响因素。

自2020年初新冠疫情暴发以来，在全球范围内肆虐了3年，对全球政治和经济产生了深刻影响。虽然随着致病症状的减轻，大多数国家逐步放开，但3年来疫情对全球的影响并不会随着疫情的消散而结束，且将在未来持续影响全球地缘政治格局。第一，疫情暴发以来，各国限制人员流动、取消项目、阻断供应链等防疫措施，导致全球经济下行。第二，疫情引发的经济分化加速了各国社会分化，使得部分国家的政治和经济政策转向。第三，疫情冲击世界现有的价值理念。这些都将是全球地缘政治格局演变的影响因素。

因素三：中美关系是地缘政治格局的重要变量。

大国关系是全球地缘政治格局的重要变量。美俄、俄欧、欧美等大国关系是苏联解体以来最重要的影响全球地缘政治格局的大国关系，随着中国经济的快速发展，其影响力逐步加强，已经成为全球重要的政治力量，在全球地缘政治格局中发挥越来越重要的作用。

当前，中美关系总体上维持较为紧张的态势。这种状态既是世界地缘政治格局发展的必然选择，也是影响地缘政治格局的重要变量。两个大国之间经济上的竞争、科技领域的竞争、台湾地区问题上的分歧以及意识形态的冲突等都将深刻影响全球地缘政治格局。

当然，除中美关系外，中印、美印等大国关系，也对全球地缘政治格局产生重要影响。

因素四：全球治理规则重构影响地缘政治格局。

和平稳定的国际环境与全球治理是分不开的，全球治理规则是维护国际社会政治秩序、实现人类社会普遍价值的规则体系。超越国家主体的国家集团和国际组织，在全球化进程和全球治理过程中发挥了重要作用。联合国、欧盟、世界贸易组织、国际货币基金组织、世界银行等组织，超越主权国家的传统边界，对国际社会的政治经济进程产生重大影响。在全球治理框架内，协商解决利益冲突，共同促进国家发展，成为大多数参与国际事务主权国家的共识。此外，大型跨国公司由于其在特定领域的经济影响，也在一定程度上影响国际政治生活。虽然全球治理规则为全球化和经济发展提供了良好环境，但受主权国家历史、民族、宗教、地缘等影响，全球治理所期望的人类核心价值却很难达成一致。

冷战结束后相当长的一段时间，是全球化发展的黄金时期，尤其是进入 21 世纪后，全球化让世界经济飞速发展，国际分工，尤其是美国的去工业化和发达国家的产业转移，为发展中国家的经济发展创造了条件。最近 20 年，是我国充分利用国际规则、抓住和平发展的窗口期，经济全球化的红利期，以及实现经济跨越式发展的机遇期。

然而，近年来逆全球化思潮、民族主义、单边主义不断冲击现有的全球治理规则，原来形成的相对稳定的治理规则正面临越来越多的挑战，作用也大打折扣。当前，世界贸易组织面临着严峻的危机，可以说是处于困境之中。同时，国际货币基金组织、世界银行等多边机构也在全球政治经济环境发生巨大变化中，面临政策调整的挑战。这些存在分歧的、力争和而不同的全球治理规则面临巨大冲击，国际规则的重构已经成为事实。这些变化是新地缘政治形成过程中的重要影响因素，也将对我国跨国企业的海外经营和中国的能源战略产生巨大影响。

因素五：气候变化及颠覆式科技革命影响地缘政治格局。

一是全球气候变化影响地缘政治格局。

近一百多年来，全球气候以肉眼可见的速度变化，无论是温室效应假设，还是气候周期假设，地球变暖无疑已经成为趋势，短期内不可逆转。通过有记载的史料分析，气候变化会对人类生活产生很大影响，同时引发资源争夺等，导致瘟疫和战争出现的概率变高。因此，气候变化将直接影响地缘政治格局。

全球气候变暖给能源政策同样会带来影响。在全球低碳减排趋势下，世界各国在电力生产方面转向风电、光伏、水电等可再生能源。但受气候变化影响，可再生能源面临水源枯竭、风资源紊乱等情况，导致电力面临稳定供应问题，从而影响国家能源政策的变化，也将在一定程度上影响地缘政治。

二是科技进步对政治格局的影响将更加深刻。

工业革命带来的经济发展，使得早期的工业化国家获得了红利，而以页岩油开采、芯片、人工智能、储能技术、电动汽车等为代表的新技术的快速应用和推广，打破了既有人口、资源禀赋、基础设施和成本等传统国际贸易的比较优势，为全球经济发展注入了新的动力。当前，我们还难以预判某些新技术在未来到底如何发展，尤其是先进技术在军事、生命科学领域的应用。但不可否认，其将深刻影响地缘政治格局。

二、新地缘政治格局的特点简析

俄乌冲突、新冠疫情、数字科技等因素促进地缘政治变革，传统的全球地缘政治处于转折点，新地缘政治正在形成。

（一）新地缘政治格局重塑大国关系

中美、美俄、美欧、俄欧之间的关系是地缘政治格局的重要变量。随着新地缘政治格局的演变，大国关系会发生微妙的变化，这一变化除了会对今后一段时间各方的政治互信产生影响外，也将潜在影响我国的海外权益，即便因经济原因走得更近的国家，受此影响，大概率会将政治因素作为经济合作的前提，这将在一定程度上影响我国的海外战略。

（二）新地缘政治格局具有冷战思维底色

冷战是二战结束后以美苏为首的两个阵营在军事、政治、经济等方面的全面对峙，两大阵营长期的对抗阻碍了全球经济发展，引发局部战争和国家分裂。

冷战的实质是美国和苏联在全球范围的争霸，是不同统治集团争夺全球控制权的权力之争，只是双方惮于军事冲突，采取了一种相对安全的解决争端的方式。透过现象看本质，这一在冷战时期形成的处理国际事务的方式，以及审视世界的思维逻辑，我们称为“冷战思维”。冷战思维可以被认为是利用非热战方式，采用军事竞争、经济竞争、科技竞争等手段，试图在世界上掌握控制权，以打压竞争对手的一种思维模式。其目的是维护自身的优势，遏制竞争对手的发展。

近几年来，美西方处理全球事务过程中，在政治、经济、科技等方面所采取的手段和行为，具有鲜明的“冷战思维”特色。一是在经济领域，自特朗普政府以来，中美贸易摩擦不断升级，美国采取提高关税、限制进口、在部分贸易协定中排除中国等手段，在对自己造成很大影响的同时，也给相关国家带来负面影响。二是在科技领域，美国和欧洲发达国家极力打压中国企业，并限制高新技术出口。三是在政治领域，以美国为首的西方国家利用冷战思维模式研判世界，预设假想对手。这种以冷战思维模式处理国际事务的方式，将是未来一段时间全球新地缘政治格局的鲜明特色。

（三）新地缘政治格局改变全球治理体系

二战后形成的总体稳定的世界政治经济环境，与全球治理体系是分不开的，这一体系包括政治、军事、金融、经济、文化、宗教等方方面面，有的是以协定的形式、有的形成了具体的组织，在人类社会发展进程中发挥了巨大的作用。

虽然世界各国均在国际治理中发挥作用，但由于大国在经济、政治和军事领域的影响力更强，因此大国在国际治理中发挥了更大的作用。当前，全球主要大国在价值观和意识形态领域存在严重分裂或对立，各国在全球治理中的投入与产出、诉求和承诺严重脱离或不平衡，这将在一定程度上促使全球治理体系变革。

（四）新地缘政治格局影响全球能源结构

新地缘政治格局必然通过大国关系、全球治理结构和科技发展对全球能源结构产生影响。

第一，俄乌冲突本身对全球能源结构产生影响。俄罗斯是油气出口大国，虽然受气候变化等影响，近年来俄罗斯对欧洲天然气的供应量和乌克兰过境数量都在下降，但俄罗斯油气对欧洲的影响依然举足轻重。俄乌冲突可能从本质上改变这一态势——欧洲寻求新的能源替代方案，这将从根本上影响全球的能源格局。

第二，全球治理体系变化对能源结构产生影响。近年来，在全球倡导减排并达成共识的情况下，预期能源结构的变化对现有的资源出口大国将产生不小影响。之前就有沙特、阿联酋等中东产油国开始尝试各类经济转型，制定发展规划，希望通过本国资源结构调整和经济结构转型，应对未来能源替代带来的冲击。美国和欧洲进一步承诺减少温室气体排放以应对全球的生存威胁，这将为可再生能源和清洁能源的生产和建设创造更多的潜在市场机会。全球能源结构变化不仅影响能源企业，同时也影响相关产业。

第三，科技发展对全球能源结构的影响巨大。近年来，可再生能源发展尤其引人注目，光伏、风能装机占比不断提高，储能技术也在快速发展，同时，氢能的开发也取得快速进展。可以预见，全球能源结构调整已经步入快车道，传统能源企业也要未雨绸缪，应对能源结构调整对自身业务的影响。

三、新地缘政治对国际能源经济的影响

俄乌冲突叠加碳中和、世纪疫情、大国博弈等挑战，使地缘政治在全球能源经济中扮演着越来越重要的角色。结合新地缘政治格局的影响因素和特点，其对国际能源经济的影响日益深化。

（一）国际能源市场高位震荡

俄罗斯是全球主要能源出口国，俄乌冲突以来，受地缘政治紧张、制裁不断加码、剩余产能下降等因素影响，国际能源价格大幅度上涨。

1. 化石能源及关键矿产等价格显著上涨

俄乌冲突爆发后，国际油价屡创新高。2022 年 2 月 24 日，布伦特原油和 WTI 原油期货价格双双突破每桶 100 美元。3 月 7 日，布伦特原油和 WTI 原油 5 月期货价格分别一度升至 139 美元和 130 美元，均创下 2008 年以来新高。6 月 2 日，欧盟对俄石油禁令实施后，国际油价进一步走高。荷兰 TTF 天然气期货价由 2 月底的每兆瓦时 75 欧元一度飙升至 345 欧元的历史最高价。3 月初，伦敦 ICE 交易所欧洲煤炭价格上涨 32. 9%至每吨 400 美元，创下新纪录。自 2 月 27 日起，钛、钯、氖、镍、铝等关键矿产价格也有不同程度的上涨。

2. 多国出现“用电荒”

煤、气价格飙升导致全球电价一路上涨，多国电力供应紧张。2022 年 3 月 22 日，日本政府对首都及周边地区发出电力供应紧张警报，6 月 7 日内阁时隔近 5 年召开电力供需会议，呼吁家庭和企业在 7 月 1 日至 9 月 30 日期间节约用电。2022 年 5 月，印度多地煤炭库存告急，电力紧张局面进一步加剧。2022 年 6 月 6 日，美国总统拜登宣布紧急状态，称潜在电力供应短缺已危及国家安全和生活质量。欧洲电价上涨至多年来高位，电力危机进一步恶化。与 2016 年至 2020 年的均值相比，2022 年德国、法国、意大利和西班牙的批发电价平均上涨了 6 倍以上。

（二）全球能源供应版图调整

俄罗斯能源出口受到较大冲击，全球能源大国市场地位此消彼长，油气供应“三驾马车”格局失衡。

1. 俄罗斯能源大国地位受损

俄罗斯是世界能源出口大国，在国际能源市场中具有举足轻重的地位，2011—2020 年油气收入占年均总收入的 43%。随着美欧对俄制裁的正式生效，俄能源出口受到打击。

2. 美国成为全球最大天然气生产国

俄乌冲突爆发后，欧盟加速能源“脱俄”，使美国能源迅速进入欧洲市场。“页岩革命”后，美国凭借超过 7000 亿立方米的天然气年产量，超过俄罗斯，一跃成为全球最大天然气生产国。美国天然气出口已经连续 7 年创历史新高，2023 年美国超越澳大利亚和卡塔尔首次成为全球最大液化天然气出口国。

3. 沙特等出口国“能源话语权”上升

在新的国际能源供应版图上，中东产油国有望成为另一大赢家。沙特的传统石油出口大国地位将因俄罗斯的相对下降而进一步巩固，有望被解除或放松石油制裁的委内瑞拉和伊朗等也将显著受益。卡塔尔和澳大利亚等天然气出口国也赢来市场拓展良机。

（三）能源地缘政治博弈加剧

随着碳中和进程的推进，原来以石油为核心的能源地缘政治形势发生了诸多变化，呈现出传统能源地缘博弈和新型能源地缘博弈相交织的复杂局面。

1. 传统能源地缘博弈向天然气倾斜

化石能源的退出将是一个长期的和渐进的过程，基于传统能源的地缘政治仍将持续一段时间，但石油的重要性在减弱，围绕天然气展开的能源地缘政治博弈趋于激烈。俄乌冲突后，美欧对俄能源制裁的难点在于天然气，而俄反制的撒手锏也是天然气。欧盟试图扩大其他地区天然气进口以降低对俄依赖，激化欧亚等天然气消费国间气源竞争。随着欧洲天然气来源多元化战略的推进，俄、美、欧能源地缘博弈或将波及亚洲、中东乃至东地中海等地。俄乌冲突令跨里海天然气管道博弈更加复杂，俄尤其警惕哈萨克斯坦和土库曼斯坦天然气出口欧洲，势必加大力度阻挠跨里海等天然气管道建设。

2. 新型能源地缘政治博弈凸显

可再生能源的地缘政治属性较弱，但这并不意味着与其相关的地缘政治不存在。当今世界，电力在终端能源消费中占据主导地位，输电网发挥的作用越来越重要，"电网政治"受关注度随之上升，其结果是区域电网建设和电力一体化进程中的地缘政治因素日益增多。2018 年，爱沙尼亚、拉脱维亚和立陶宛三国决定切断与俄罗斯的电网连接，加入欧洲电网，就是一个典型实例。

3. 针对关键矿产资源的竞争加剧

美国地质调查局 2017 年发布的《美国关键矿产资源》报告认为，关键矿产需求增长将引发竞争与冲突。近年来，欧洲、美国、日本等针对海外关键矿产的开发与资源外交日趋活跃。与之相对应的是，关键矿产资源生产和出口大国的地缘政治影响力也在显著上升。

（四）大国能源战略加速调整

俄乌冲突后，全球能源市场的不确定因素进一步增多，主要经济体纷纷调整能源安全战略。

1. 欧洲摆脱对俄能源依赖步伐加快

为应对不断加剧的能源安全困境，欧洲在增加储备、削减需求及重启煤电和核电的同时，加大供应多元化力度，积极拓展能源外交，扩大北欧、非洲、中东和美国等地的能源供应。欧洲宣布，2030 年前结束对俄能源的依赖。2022 年 6 月 3 日，欧盟正式实施对俄石油制裁，计划年底前从俄石油进口削减 90%。

2. 美国能源外交日趋活跃

一方面，联合盟友扩大对俄能源制裁。2022 年 3 月 8 日，美国总统拜登正式签署行政令禁止从俄罗斯进口能源后，英国宣布在 2022 年底前逐步停止进口俄石油。随后，澳大利亚、新西兰、加拿大、日本等国相继对俄罗斯的银行和能源等行业实施制裁。另一方面，促进相关国家增产稳价。俄乌冲突后，拜登政府积极寻求解禁委内瑞拉石油制裁，敦促欧佩克国家增产，推动伊核谈判。2022 年 3 月 10 日，拜登发表声明，正式确认油气大国卡塔尔是美国的“非北约主要盟国”。

3. 俄罗斯能源反制与战略转移并举

一方面，积极反制美西方能源制裁。俄罗斯在力求维系能源合作的同时，适时进行有针对性的战略反制和舆论反击。一是避免主动断供。欧洲是俄最主要的能源出口市场，多年来俄从未主动对欧断供。俄乌冲突后，俄多次表示仍是可靠的能源供应国，仍通过乌克兰管道正常供气。二是寻求变通。宣布以卢布支付天然气后，俄主动提出在俄天然气股份有限公司设立账户等变通方式维系能源纽带，应对西方制裁。三是适度反击。要求天然气以卢布结算主要是回应西方冻结俄大量外储。不过，随着对俄石油制裁全面推进，俄以暂停“北溪-1”管道供气等进行更大力度反击。另一方面，加速能源战略“东移”和“南进”。一是深化中俄能源战略合作。美欧与俄关系紧张，特别是随着“北溪-2”管线的搁浅和欧盟对俄能源制裁的不断升级，俄罗斯将进一步加快能源战略“东移”步伐。二是大力开拓南亚新市场。俄乌冲突后，印度不顾美西方反对，积极扩大从俄石油进口并协商以卢比和卢布结算。巴基斯坦与俄签署协议，加快启动“巴基斯坦溪”天然气管道建设。

（五）全球低碳转型短空长多

1. 近中期全球低碳转型阻力增大

俄乌冲突严重冲击欧盟能源供应稳定性，能源领域“泛安全化”趋势增强。一是煤电反弹。俄乌冲突后，德国政府考虑延长原计划在 2030 年前淘汰的煤电厂的服役年限，捷克表示将搁置之前宣布的煤炭淘汰计划，希腊宣布将原计划于2023年前关闭的燃煤电厂运行时间延长至2028年。二是碳市场低迷。俄乌冲突后欧盟碳交易价格一转此前不断攀升的态势，从2022年2月23日的94.63欧元/吨的高点一度跌至57.54欧元/吨。三是关键矿产价格上涨增加新能源成本。俄罗斯是铜、镍、钴、铂族金属等主要供应国，俄乌冲突使相关供应链受阻，价格飙升，清洁能源和新能源汽车等的开发成本显著增加，迟滞其发展速度。四是部分国家低碳转型步伐受阻。制裁使俄经济发展受挫，未来其经济将更加依赖化石能源。国际天然气争夺加剧，推动亚洲等地供热和发电厂燃料现货价格屡创新高，部分国家被迫转向煤炭等高排放燃料，低碳转型步伐放缓。

2. 长远看全球清洁能源发展提速

俄乌冲突增加了清洁能源转型的紧迫性，替代能源成为欧洲能源“脱俄”的重要选项，相关国家加快清洁能源发展的意愿显著增强。欧委会副主席蒂默曼斯指出，欧盟应“解决脆弱性并快速推动能源选择更加独立”，呼吁“以光速迈向可再生能源”，“俄乌冲突凸显了能源转型的紧迫性”。欧洲议会绿党党团借机呼吁欧委会制定更大规模的可再生能源发展、能效提升、节能设备应用的一揽子政策框架。各成员国也提出了大力发展清洁能源的计划。波兰政府的2040年能源政策提出“进一步发展可再生能源”“推进碳氢能源替代”。2022年4月6日，德国内阁通过了长达600页的“复活节计划”，提出在2035年提前实现100%可再生能源发电目标。2022年5月，德国、比利时、丹麦和荷兰共同宣布大力推进北海风电发展，打造北海为欧洲“绿色发电厂”。2022年5月18日，欧盟委员会公布了“重新赋能欧洲”（REPowerEU）方案细则，加速可再生能源等发展，计划2027年前增加2100亿欧元投资，提出到2030年将欧盟能效目标从9%提高到13%，可再生能源占比从40%增至45%。

第二部分　我国能源安全形势研究

一、新地缘政治形势对我国能源安全和贸易的影响

新地缘政治形势对我国能源安全和贸易的影响体现在以下方面：

一是国际能源价格飙升，使我国能源成本负担加重。2022 年在俄乌冲突等综合影响下，全年布伦特原油平均价格达到 99 美元，相较于 2021 年（平均油价 71 美元）上升约 39.4%，直接推升了我国油气进口成本。中国海关总署发布数据显示，2022 年，中国进口原油 5.08 亿吨，同比减少 0.9%；对应金额约 2.44 万亿元（合 3655.12 亿美元），同比增长 45.9%；均价达 4793.33 元/吨（合 719.51 美元/吨），同比增长 47.29%。进口天然气总量 1.09 亿吨，同比减少 9.9%；对应金额 4682.9 亿元（合 700.19 亿美元），同比增长 30.3%；均价达 4296.24 元/吨（合 642.37 美元/吨），同比增长 44.59%。

二是美国拉拢“盟友”选边站队，我国油气运输航道风险大幅提升。美国企图拉拢东盟和日韩等国，组成亚洲版的北约，中国的主要能源运输航道隐患增多，尤其中国石油进口运输必经的马六甲海峡航道，能源安全威胁加大。若对抗进一步升级将使我国面临“运不回”风险。目前，我国 80%以上的原油和 65%的天然气进口通过海上运输，且我国船队承担的原油运量不足 50%。欧美凭借 13 家协会承接了全球 90%以上的航运保赔险业务，可通过限制承运、承保和融资阻碍我国油气进口，甚至实施海上封锁或金融制裁切断我国油气贸易。

三是美国可能利用国际政治权力影响破坏中国与部分主要产油国的合作，直接影响“油气”采购贸易。美国若迫使部分地区中与中国合作的供应商停止向中国供应石油，我国将面临“买不到”风险。若我国从北美、加拿大和澳大利亚等国的进口中断，将影响 7%的石油进口和 33%的天然气进口。而且西方国家的石油公司可能从合作项目中退出，同时拉拢一些油气资源国，以干扰我国在海外的能源合作。

四是美国利用俄乌冲突对中国实施“长臂管辖”，将间接影响能源领域相关合作和贸易。部分国家对华项目合作意愿将降低，甚至可能拒绝与我国合作，关键能源技术、核心油气装备等将面临被封锁，已落实及正在谈判的能源合作项目变数增大，一旦搁置或取消，前期投资损失巨大。此外，若把中国能源企业列入实体制裁名单，境外资金结算账户恐被冻结，我国与国外进行油气贸易将受阻。

五是在战争状态下能源供应设施安全风险不容忽视。更多能源基础设施将成为军事冲突的攻击目标。我国境外油气生产设施、进口管道和航道关键节点存在受到外部敌对势力干扰破坏的风险。而境内能源基础设施集中布局在黄海以南的沿海地区，陆上油气管道关键节点集中，除极少数储备能力建在地下外，所有地上设施均存在被精准打击的风险，供应缺口难以估量。

二、我国能源发展趋势

我国未来能源发展走势受到地缘政治和“碳达峰、碳中和”约束的叠加影响。我国能源发展的方向和路径，总体可划分为以下三个阶段：

1. 能源消费总量达峰阶段（2020—2035 年）

本阶段减煤控油、增气强新。煤炭由稳向减过渡，加大煤炭清洁利用力度；加大石油替代力度，控制石油消费增长，继续加快天然气发展，安全有序发展核能，大力发展风能和光伏等可再生能源。

2. 能源结构加快优化阶段（2036—2050 年）

本阶段非化石能源加速替代。天然气消费达峰，节能提效整体突破，煤炭做好兜底，石油平稳过渡，天然气规模扩大。

3. 能源体系全面低碳化阶段（2051—2060 年）

本阶段以新能源为主的现代能源体系形成。高碳化石能源回归原料属性，非化石能源成为主体。

三、我国能源安全新风险研究

新旧能源转换期容易引发供需错配、行业无序发展等现象。具体风险包括：

风险 1：煤炭面临区域性、时段性供应及行业转型准备不足。首先，原煤生产区域不平衡，加剧了煤炭供应的区域性和时段性紧张局面。东部地区煤炭资源接近枯竭，保障能力有限；中部地区是我国煤炭保障的核心区，是煤炭安全保障的基石；西部地区为煤炭安全保障的战略后备区，资源丰富，但开发强度高。其次，现有煤炭生产方式产能调节不适应供给侧弹性要求。随着煤电从主体能源向基础性和调节性电源转变，淡旺季峰谷差加剧，特别是在“两湖一江”、西南等市场，电煤消耗峰谷差高达六七倍，给煤炭企业平稳生产、均衡发运带来困难。根据现行相关规定，煤矿月度原煤产量不得超过月计划的 10%，调峰作用有限。而对生产能力和产量进行调节会改变原有生产组织方式、系统运行节奏等，也可能带来新的安全问题和风险。最后，煤炭行业转型升级风险。煤炭企业面临资产债务处置、职工妥善安置和后续转型发展等问题，这成为制约企业和行业转型的沉重负担，也限制了优质资源的有效配置和落后产能的有效退出。

风险2：2040年前我国油气供应风险不减。一方面，“富煤缺油少气”的资源禀赋和油气需求刚性增长的特征决定了我国油气供应保障任务较为艰巨。一定时期内，我国油气对外部资源的高度依赖还不能根本改变。另一方面，全球绿色低碳转型下，油气需求不被看好，投融资难度加大，行业回报预期变差，加之与气候相关的立法与诉讼明显增多，企业投资积极性减弱。2010—2015年全球油气上游投资年均达到6200亿美元，2016—2020年降至仅3920亿美元，降幅达37%。考虑到油气产量年均7%左右的递减率，投资不足或将引发阶段性供应不足风险。以上因素叠加原油金融属性，国际油价大幅波动特征将更加明显。此外，全球地缘政治不断恶化，部分资源国政局动荡，油气合作政策收紧，我国油气企业海外合作面临较高的经营风险。

风险3：新型电力系统面临安全运行挑战。首先，可再生能源受气候影响较大，水电季节性、风光随机性特征明显，电网安全稳定运行面临挑战。其次，电力系统调节能力不足日益凸显。电力系统需保证具有一定的灵活调节能力，以应对新能源发电的随机性、波动性。抽水蓄能是现阶段最安全、最稳定、最经济的电力系统平衡与调节方式，但截至2022年底，我国抽水蓄能电站装机占电源总装机的比重仅为1.8%，与发达国家（平均值7%~10%）相比依然存在较大差距。最后，电网存在结构性安全风险。我国新能源装机多集中于西部和北部地区，与中东部负荷中心逆向分布，长距离特高压直流送电规模还将进一步提升，但目前送端和受端交流电网网架尚不完善，跨区大容量直流故障对电网冲击加大，电网“强直流、弱交流”的结构性矛盾更加突出。

风险4：新能源关键矿物供应安全风险。首先，新能源产业严重依赖锂、钴、镍、稀土、铜、铂等关键矿物。除稀土外，我国关键矿物资源较为贫乏，重要关键矿物对外依存度超过石油。其次，全球关键矿物分布极不均衡，供应受制于极个别国家，未来需求增长快，供需形势不容乐观。最后，中美欧均严重短缺锂、钴、镍等关键矿物，美国“拉帮结伙”，威胁我国新能源关键矿物供应安全。2019年，美国联合澳大利亚、巴西、刚果（金）等国组建矿产资源的10国联盟。

四、保障我国能源安全重点战略方向

（一）完善现代能源体系，提升能源系统韧性

建立绿色低碳、安全高效、多元互补的现代能源体系。提升能源产业链供应链韧性，推动油气和电力基础设施的区域性互联互通，增强能源跨区、跨品种互济硬实力。利用大型综合能源基地风能、太阳能、水能、煤炭、天然气等资源组合优势，推进风光水火储多能互补系统建设运行。大力发展分布式能源网络，提高就地消纳比例。全面推广智能化供能和用能方式，实现集中式与分布式能源并举，供应与消费集成，公共电网与终端微电网、局域电网相互支持，发电与用户需求双向响应的现代能源体系。

（二）推动能源与数字化融合，推动能源智能化升级

深度对接新一代数字化、智能化信息技术，加快构建源网荷储协同配置，多能互补、多网融合、双向响应的智慧能源生态系统。鼓励各类能源主体自主接入能源系统、双向参与能源市场交易，促进能源利用效率和服务水平大幅提升。

（三）加强前瞻性研究布局，应对新型能源安全风险

一是密切跟踪全球绿色低碳转型可能导致的结构性风险，深化转型期风险成因和传导机制研究，制定全球投资贸易格局突变及大宗商品价格波动风险防范预案。二是提升能源系统基础设施应对极端气候的能力，完善管网互联互通和电网网架结构，提升区域间互济能力。三是对我国油气管网、电网等关键基础设施网络运营的非传统安全进行全面检查和评估，重点检查IT系统和OT系统的网络隔离、系统防护和备份情况等。

（四）强化颠覆性能源技术创新，保持产业链自主可控

一是专注颠覆性能源技术研发应用。完善科研体系，形成国家实验室、高等院校和能源资源企业的合力，加强对光热、海洋能、氢能的高效

产运储用，新一代核电、二氧化碳转化利用、新型高效储能、关键矿物替代品和循环利用等前沿技术的研究攻关和推广应用。

二是保障我国新能源关键矿物供应安全。坚持原矿与再生矿两矿并重，构建内合外联的多元供给体系。一方面，强化高端材料、技术和产品研发，将节约和替代相结合，减少对稀缺新能源关键矿物的依赖。另一方面，构建全流程监管的新能源关键矿物回收体系，制定降低关键矿物消耗强度方案，推动“再生矿”循环利用。对于供应安全风险突出的重要关键矿物，力争在特定领域实现近零“闭环”体系运行，降低进口依赖。

第三部分 国际能源合作形势研究

我国能源相关企业应密切跟踪新地缘政治形势，及时调整海外经营战略和业务布局，化“危”为“机”，全方位提升国际竞争力。

一、能源项目海外布局影响分析

（一）主要机遇

新地缘政治格局下，加速变革的全球能源形势，将给我国能源产业海外发展带来诸多新机遇。

1. 我国传统能源国际合作面临新机遇

一是中俄能源合作有望进一步深化。俄罗斯能源战略加速“东移”，利好“一带一路”倡议和欧亚战略结合，有助于推动中俄管道天然气谈判及相关合作项目的实施。二是我国与沙特、伊朗等能源合作空间增大。沙特市场地位上升，且近期与我国合作意愿增强，中沙能源战略合作有望跃上新台阶。美国推进对委内瑞拉和伊朗石油禁运的松动，也利于中委和中伊能源贸易及投资等合作。三是上合组织能源合作跃上新台阶。2022 年 9 月 16 日，上海合作组织发表维护国际能源安全的声明，支持在上合组织框架内围绕共同保障能源安全开展合作。呼吁各国共同建设开放、透明、高效的国际能源市场，支持能源生产国、过境国、消费国加强协作，倡议推动构建清洁、低碳、安全、高效的能源体系。

2. 清洁能源海外投资空间增大

中国可再生能源受关注程度上升。瑞信等越来越多的国际机构对中国绿色能源领域持正面预期。同时世界各地加大清洁能源发展力度，有助于我国新能源企业进一步拓展海外市场。我国电力企业国际竞争力日益增强，国际合作机会显著增多。

与此同时，“一带一路”沿线国家绿色低碳合作空间巨大。“一带一路”沿线多为发展中国家，经济活力强，但资源和生态环境约束日益突出。相关国家能源消耗和二氧化碳排放呈快速上升态势，产业结构调整和低碳发展需求增大。而部分“一带一路”沿线国家资金和技术匮乏，难以凭借自身力量实现经济发展和低碳共赢。不同国家和地区间发展阶段和环保诉求不同，区域合作平台和机制不完善等挑战依然存在，需要加强国家间产能合作，降低能源消费成本，推动产业低碳转型和升级，对我国而言意味着巨大的投资和合作空间。

3. 欧盟新能源计划助推中欧能源合作

近年来，欧盟日益重视与中国的能源和气候合作，对话机制以及平台的建设不断完善，在能源转型框架下的相关合作有望进一步推进。

俄乌冲突爆发后，欧盟进一步加大对风电、光伏等领域投资力度，显著提升清洁能源行业的重要性。中欧能源领域目标一致，技术互补，具有广袤的合作前景。绿色低碳转型是中国实现可持续发展的重要方向，也是推动欧洲经济复苏的抓手。当前，中欧在气候和能源领域已拥有较坚实的合作基础，签署了多项协议、计划和联合声明，不断深化在能源领域的政治、经济、技术和科研合作。与此同时，欧洲企业也对中国新能源产业抱有浓厚兴趣。

4. 沙特等欧佩克国家能源“独立性”增强

在美欧俄围绕能源“明争暗斗”之时，欧佩克国家的独立倾向显著增强。这将进一步推动国际能源合作多元化。

5. 全球能源贸易流向生变

能源地缘政治及国际关系的大幅调整，将导致原本东西、南北相互交织的能源贸易流变向，出现一定程度的阵营化趋势。俄罗斯能源出口从欧洲向亚太转移，美国能源出口流向欧洲，欧佩克与美国的竞争关系更加明显。新形势下，中国有机会统筹管道气和液化天然气进口，协调中亚、俄罗斯、中东和澳大利亚等不同来源地的油气合约，通过市场机制优化资源配置布局，保障能源安全并获取经济效益，进一步提升全球贸易能力和定价能力。

（二）问题与挑战

1. 低碳转型国际压力增大

我国温室气体排放全球占比高、增长快，随着欧洲国家一再加码目标、拜登政府誓言要再次主导全球气候治理进程，我国面临的国际减排压力进一步增大。欧盟碳关税出台后，中国对欧盟总出口成本上升。

2. 产业竞争加剧

欧盟在能源转型相关产业将中国视作对手。随着中国本土可再生能源行业规模经济效益显现和竞争力急剧上升，在欧盟市场上的份额不断扩大，引发欧盟的严重担忧和警惕。随着中欧产业关系演变，欧盟对于中欧可再生能源经贸合作的态度也发生较大变化，从发展光伏产业时认为打击中国产品是“双输”，到现在号召欧委会加大打击中国产品力度。在电池、电动车等领域，欧盟将中国巨大产能和飞速发展视作对欧洲汽车行业传统地位的挑战，并且对于中国占全球锂电池产能的大部分（2022 年为 69%）而深感担忧，呼吁加大投入，实现电池供应“降低对亚洲依赖”的“战略自主”。欧洲近期舆论把摆脱对我国清洁能源产业依赖与摆脱对俄能源依赖相提并论，认为“今天俄罗斯能源，可能是下一次冲突中中国的绿色领域高科技”。

美对华“脱钩”向关键矿产等领域蔓延，新抛出的印太经济框架就涉及清洁能源和关键矿产领域。2022 年 4 月，美国能源部（DOE）发布《美国实现清洁能源转型的供应链保障战略》，这是美国首个保护清洁能源供应链的全面战略，旨在建立安全、弹性和多样化的清洁能源产业基础，确保清洁能源制造和创新的全球领先地位，摆脱对中国等的过度依赖，保障国家安全和产业竞争力。

3. 技术打压加剧

西方担忧中国巨大的能源转型市场为能源技术和能源知识产权提供发展动力，让“中国公司更有可能本世纪末掌控为世界提供能源的知识产权”。欧盟宣称应加强技术保护和审查，“构建公平环境”，以及与美、日、印太国家合作“降低对中国依赖”。由此可见，欧洲对于可再生能源产业的态度已经和5G、人工智能、新材料、生物技术等科技行业日益趋近，将中国视作防范和警惕的对象以及争夺欧洲及全球市场的竞争对手，技术合作和市场开放的意愿大大降低，同时与绿色技术相关的新材料、半导体等技术将被更多从“安全视角”看待。

4. 能源合作政治化趋势明显

俄乌冲突使能源的政治和安全属性再度凸显。2022年，国际能源署发布“欧盟降低对俄能源依赖的十条建议”，其中主要是非市场措施。在现实政治面前，跨国公司也开始站队。西方贸易保护主义回潮，能源合作趋于政治化。西方日益将绿色产业与人权、安全、意识形态、地缘政治挂钩，阻碍正常能源合作。欧盟和美国还建立“美欧贸易技术委员会”，特别将光伏、电池等列为重要合作领域，可能在上述领域推动与中国“脱钩”等。欧盟将越来越多地以投资审查机制、竞争立法等手段阻挠中国对欧能源投资合作。

5. 能源贸易受制裁风险上升

西方对中国在俄乌冲突中立场不满，中俄能源合作受西方制裁波及可能性增大。欧美国家目前正在考虑若中方通过贸易等手段支持俄罗斯，将对中国一并制裁。如果未来欧美对俄能源制裁升级至像制裁伊朗和委内瑞拉那样，我国可能被迫暂时减少或中断与俄油气交易。

6. 关键矿产竞争凸显

新能源发展高度依赖矿产资源。到2040年，全球锂、镍、石墨、钴、稀土的需求量将大幅增加，全球关键矿产资源及其生产和加工高度集中在澳大利亚、美国、中国、南非、俄罗斯等少数几个国家。例如，全球锂资源集中在玻利维亚、阿根廷和智利“锂三角”地区，澳大利亚和智利两国供给全球75%的锂资源；镍资源集中在印度尼西亚、菲律宾、俄罗斯等国，三国产量占全球50%以上；锰资源集中在南非、澳大利亚、加蓬、加纳4个国家，约占全球70%；刚果（金）钴资源供应约占全球70%。到2030年，我国风电、光伏、储能等产业对铜、镍、锰、铬、钼、锌、稀土和硅的需求量将增至2020年的3~4倍，对锂、钴、钒、石墨的需求量将增至30倍以上。我国部分关键矿产缺口大，尤其2022年我国镍、钴、锂对外依存度分别达到93%、98%、63%。未来，全球围绕新能源矿产的萃取、加工、精炼和应用的竞争和争夺将愈演愈烈，由此驱动的政治博弈和地缘冲突也将加剧。美国与澳大利亚、刚果（金）等10个国家组建矿业生产大联盟，突出全球资源治理“圈子化”，而这些国家是我国主要的海外矿业投资地，美国极有可能通过政治施压、军事威慑、贸易壁垒、金融制裁等手段，打压中资企业在上述国家的矿业投资。

二、国际能源合作重点方向

新形势下，我国能源供应既存在碳中和目标约束，又面临传统能源地缘政治反弹风险。能源安全内涵更加丰富，维度进一步扩展，总体保障难度显著增大。更新能源安全理念，统筹好发展与安全，兼顾传统与新型能源安全，既是构建高水平能源安全体系的需要，也是我国经济高质量发展的保证。

（一）聚焦海外投资重点领域

1. 传统能源领域锚定优质产能

清洁能源转型是大势所趋，但传统化石能源的退出是个长期、复杂和渐进的过程。俄乌冲突导致传统能源安全议题回潮，许多国家开始重启煤电，放松对化石能源的限制。虽然这一趋势可能是暂时的，但它表明在未来一段时间内我国煤炭等化石能源海外投资仍有一定发展空间。不过，在碳中和大趋势下，海外化石能源投资在结构和重点上与过去有明显不同。一是投资结构上尽可能由煤炭向石油特别是天然气倾斜。二是化石能源投资应由传统规模化发展转向内涵式发展，聚焦化石能源清洁利用和碳捕捉等海外业务。三是发挥优质产能和核心优势，聚焦海外优质化石能源资产。

2. 巩固新能源和可再生能源市场

俄乌冲突及美西方对俄制裁背景下，欧洲等地对可再生能源需求高涨，逆变器、组件等光伏产品供不应求，为我国企业拓展市场提供巨大空间。一是积极拓展欧洲可再生及新能源汽车市场。二是抓住东南亚市场机遇。三是深化“一带一路”绿色产能合作。

3. 积极推动清洁能源关键矿产等合作

扩大国外关键矿产资源的开发利用。一是提前布局自主可控矿产资源供应链。二是促进矿产资源回收与循环利用。三是发挥驻外企业优势。四是深入研究套期保值管理制度，加强风险管理培训，提升海外期货投资能力。

4. 积极拓展海外电力投资

在当前国际能源大趋势下，电力是平衡能源安全和低碳转型的重要纽带，未来发展和投资空间巨大。我国能源企业应进一步发挥电力技术和管理等综合竞争优势，积极拓展海外相关国家和地区的电力投资。

（二）深耕重点合作区域及方向

1. 充分挖掘利用发达国家投资空间

以美国为首的西方国家对我国相关产业打压和防范力度增大，但主要集中在高科技与军事等相关产业，能源领域中尽管不乏类似领域，但总体上合作空间仍存，不宜未战先退，应利用一切可利用的条件，推动相关领域的投资与合作。如积极拓宽中美能源合作领域。能源合作虽无法避免未来中美冲突升级，但可加深利益捆绑，缓和冲突，降低对我国制裁烈度，充实未来反制工具箱。

2. 增强中俄能源合作韧性

在美西方制裁下，俄罗斯能源战略加速“东移”，将为中俄深化能源战略合作带来前所未有的机遇。应借鉴我国应对美欧制裁委内瑞拉和伊朗等国能源产业的经验，着力增强抵抗西方制裁和干扰风险的能力。增加中俄能源贸易中人民币结算比例，增强能源贸易的弹性，建立健全规避西方次级制裁的相关机制。

3. 推动金砖机制下能源合作走深走实

能源合作是金砖经贸合作的重要组成部分。应加强立场协调，增进务实合作。坚持多边主义，反对胁迫别国选边站队。坚持聚焦发展，推动全球发展倡议走深走实。加强发展战略对接，协力完善全球治理。

4. 深耕“一带一路”能源合作

“一带一路”沿线国家正处在经济快速发展阶段，能源和基础原材料需求增长迅速。我国应积极协助“一带一路”沿线国家提升绿色发展能力，共同探索新能源与新型基础设施建设，积极推动“一带一路”沿线国家关键矿产资源投资与贸易合作。

5. 在向西开放背景下加强中国—中亚能源合作

在向西开放背景下加强能源产业链建设，促进能源安全；与能源资源丰富国家加大合作与投资力度；跟踪地缘政治动态，加强风险防范；加大绿色融资力度，建立长效合作机制。

6. 抓住东南亚国家能源经济发展良机

近年来，越南、印度等日益成为我国产业转移的主要接收国，经济发展势头和营商环境等大幅改善，将成为我国海外能源投资、拓展国际市场的最重要的地区，相关机会多，投资回报大。

7. 抓住中东北非合作新机遇

随着欧美对沙特等中东国家石油进口依赖度逐步下降，中国与中东国家相互依赖的程度持续加强，能源经济合作空间进一步扩大。应抓住当前有利时机，借力沙特撬动中东北非大市场。加快中海（海外合作委员会）自由贸易协定谈判，以能源贸易、投资和创新等推动双方战略合作。

课题承担单位： 国家能源集团技术经济研究院

课题组核心成员： 毕竞悦　朝克图　陶　怡　马文静　姜青言　刘　蕾　王　文　李　燕　李　强　苏国萍　王　强

增强产业链供应链自主可控能力的战略思考和实践路径研究

习近平总书记明确指出，“为保障我国产业安全和国家安全，要着力打造自主可控、安全可靠的产业链、供应链”。党的二十大报告也对“着力提升产业链、供应链韧性和安全水平”提出了要求。近年来，美国持续对我国高科技产业及国防科技相关机构实施出口管制，遏制我国在半导体、人工智能、先进计算等高科技领域的崛起，其发展态势呈现出长期性、艰巨性和复杂性，致使我国自主可控能力不足带来关键领域产业链供应链不牢、不稳、不强的安全风险日益凸显。为掌握战略主动，需坚持系统思维、战略思维，把保障产业链供应链自主可控发展放在自身的力量基点上，建议从国际竞争优势、国家整体效能、区域要素协同、产业链条完整、企业生态主导等五个方面协同发力，持续优化制度、技术、人才、标准、市场等保障体系，强化产业链供应链发展韧性，逐步增强产业链供应链自主可控能力。

一、美国对外制裁体系

美国对外制裁呈现强度范围动态调整、多种手段组合施压、战略威胁与战术打击相呼应等特征。近年来，美国对外制裁在战略目标、行动方式、制裁范围和制裁重点等方面呈现新变化，我国需给予重视。美国对外制裁逐渐形成覆盖外交、国防、经贸、金融等多维度的制裁法律和总统行政令的法律体系，建立以国务院、商务部、财政部主导的制裁清单为手段的执法体系，呈现出制裁部门快速协同、制裁清单有效并发、制裁措施精准搭配、制裁联盟高效配合等“联动”特征。

从实践来看，美国对外制裁包括三大要素：制裁法律、总统行政令和制裁清单。这些执法部门高效协同联动，尤其是充分发挥了金融制裁的非对称优势，实现了对制裁对象的精准打击。

（一）美国商务部

美国商务部下属的工业与安全局（BIS）采取分级清单管理模式，编制实体清单（EL）、未经核实清单（UVL）、被拒绝人清单（DPL）和军事最终用户清单（MEU）等，主要涉及贸易制裁，主要内容为对特定或所有物项实施出口禁令。其中，被拒绝人清单最为严格，禁止美国任何企业与清单实体进行贸易，也禁止任何第三方如船运和物流公司等为清单企业出口提供便利。未经核实清单主要针对BIS无法在其先前交易中确认物品最终用途的交易实体。

实体清单制裁是对我国使用最为广泛的制裁方式。实体清单制裁是指美国根据《出口管理条例》，通过出口管制的方式，限制向特定最终用户出口受《出口管理条例》管制的物项，并以此实现维护美国国家安全及外交利益的目标。“实体清单”具体负责机构为由美国国务院、国防部、能源部或财政部高级官员组成的最终用户审查委员会，该委员会决议由美国商务部工业与安全局牵头实施，美国出口商在未经许可的情况下禁止与清单实体进行《出口管理条例》管辖物项的交易。目前受限于《出口管理条例》的物项涵盖大多数美国原产货物、软件和技术，以及一些包含美国成分的非美国原产物项。任何与清单实体相关的出口许可申请，都将实行推定拒绝。被列入“实体清单”的实体无法在美国进行贸易活动，并将面临技术封锁及国际供应链的隔离。此外，美国出口管制法律的域外特性，也使该实体上下游的供应商和客户受到波及。

（二）美国财政部

美国财政部是实施金融制裁的主要执行部门。其中，美国财政部海外资产控制办公室（OFAC）负责对美国管辖内的交易实施控制并冻结外国实体资产。OFAC发布的制裁名单包括特别指定国民清单（SDN）和综合制裁名单（CSL）。CLS名单主要包括代理或通汇账户制裁清单（CAPTA）、外国制裁规避者清单（FSE）、行业制裁识别清单（SSI）等。

SDN名单是美国对外金融制裁政策中最为核心的名单，主要针对恐怖主义、毒品交易、武器扩散、人权践踏、种族灭绝和国际有组织犯罪等行为。该名单由美国财政部与国务卿、司法部协商后拟定，OFAC将根据最新获取的情报与证据对名单进行动态调整，具有很强的单边主义色彩。区别于出口管制中的实体清单或其他限制美国产品、技术获取和使用的清单或规则，SDN清单带有全面制裁的属性，对于被列入SDN清单的主体，不仅直接禁止其使用美元和美元金融结算系统、在美开展业务，并且由于二级制裁的长臂管辖机制的巨大威慑力，对制裁主体在全球范围的贸易和非美元资金往来都会产生致命的打击。被列入SDN清单的主体可能面临两种不同情况的惩罚和限制措施：

一是仅对涉及美国连接点的交易实施制裁。包括任何美国人不得与SDN清单主体进行任何交易，任何资产若在美国境内或被美国人所有或控制，都将被自动冻结。海康威视如果被实施此类制裁，由于金融结算工具（SWFT）的限制，国际业务将面临严重打击；国内业务方面，一方面涉美供应链将全面中断（即使通过白手套也难以获取），另一方面金融系统会因合规风险要求，大幅压缩与海康威视的合作。

二是不仅对涉及美国连接点的交易实施制裁，外国人（非美国人）与SDN清单主体进行交易，也会受到美国的二级制裁。SDN清单制裁规则更大的杀伤力便在于此，这是美国确保其经济制裁措施在没有司法连接点的前提下，在全球范围内得以有效执行的重要手段。海康威视一旦被实施此类制裁，国际和国内不涉及美国连接点的交易主体也会被制裁，这将带来“寒蝉效应”，各方主体都不敢与海康威视进行合作，从而使海康威视国内、国际业务都将面临灭顶之灾，基本无法规避制裁带来的毁灭性影响。

（三）美国国务院

美国国务院实施的制裁主要包括武器出口管制法禁止清单（AECA）、防扩散制裁清单（NSL），这些制裁主要针对军用物项等限制出口或武器贸易。其中，武器出口管制被禁止名单由国务院下属国防贸易管制理事会（DDTC）具体执行，列入被禁止名单的实体及个人将被禁止参与美国原产国防物品和服务的出口。美国国务院下属国际安全和反扩散局（ISN）负责对从事核扩散活动的实体和个人实施制裁。

二、美国对我国实施制裁的特点及趋势

美国对我国实施制裁的特点及趋势体现在以下方面：

一是美国遏制我国战略主轴由特朗普时期的贸易战演进为拜登时期的科技战，加快了对我国高科技产业遏制的速度并加大了力度，芯片成为竞争焦点。美国对我国制裁转向规模性、领域性的高科技管制，阻遏我国向高端技术产业链的攀升态势，打击方向包括军事技术、超级计算技术、以5G为核心的通信技术、半导体技术、安防设备和人工智能技术、核能技术、生物科技与医疗技术以及进口先进科学设备、实验精密仪器等物流运输和进出口贸易、南海填岛工程等。美国针对我国半导体行业的“长臂管辖”和制裁全面升级，对我国先进人工智能和超级计算芯片制造、生产设备以及所需的软件工具实施最广泛的出口管制措施。

二是美国对我国科技制裁手段越发熟练，行动特性趋向长期性、系统性与针对性并重，大力推行“多边主义”。美国基本完成对我国科技遏制的系统化能力构建，美两党就“小院高墙”等遏华思路已达成共识，多个联邦部门成立“中国工作组”，围绕“投资、联盟、竞争”三要素提出在安全、经济、技术等方面与我国进行全领域竞争的配套措施，形成了以常态化、精密化、偏激化为主要特征的“路径锁定”。此外，拜登政府推行“多边主义”，美国将着手拉拢盟友协调出口管制措施以形成对我国的联合围堵，持续强化对我国出口管制效果。

三是对我国技术出口管制呈现时机敏感化、范围扩大化、对象龙头化的新形势，所谓人权问题已升级为美国对我国制裁的新工具。美国持续调整并扩大对我国技术出口管制领域，其直接目标在于扰乱“中国制造2025”和“十四五”规划的战略部署。美国对我国高新技术领域龙头企业实现全面围剿，我国高科技“龙头企业”的被制裁范围会随着新兴技术的识别和增列进程进一步扩大。近年来，美国以“侵犯人权”为由将我国高科技企业列入实体清单，“人权问题”已成为美国及盟友打压我国高科技产业发展的重要手段，并将其升级为新的贸易政策工具。

三、美西方施压下我国实现产业链供应链自主可控存在的风险问题

美西方施压下我国实现产业链供应链自主可控存在的风险如下：

一是关键核心技术“卡脖子”问题突出，存在“断链”风险。“卡脖子”问题主要表现在关键共性技术、前沿引领技术、现代工程技术、颠覆性技术创新等方面，既有面向产业发展的问题，也有基础理论研究不足的问题。具体来看，在高端材料、关键设备、关键零部件、核心元器件、工业软件等基础领域仍然存在诸多短板，尤其是重大装备制造、重大工程建设、战略性新兴产业及国防军工等领域所需的关键产品，仍较多依赖外部供给，严重阻碍了产业链供应链自主可控进程。较为严重的是，高端芯片受制于人，工业系统自主化率相对较低。

二是产业基础关键环节配套支撑不力，阻碍产业链供应链升级进程。我国产业基础研究积累薄弱，重大原创性成果缺乏，底层基础技术、基础工艺能力不足，工业母机、高端芯片、基础软硬件、开发平台、基本算法、基础元器件、基础材料等方面的瓶颈依然突出，越往产业链、价值链上游延伸，我国自主可控能力就越弱，关键环节的自给率就越低。同时，一些产品研发成果与现场应用脱节，前沿技术产业化能力不足，产品开发成功率低。在极端和复杂形势下，如果高端原材料产品和技术装备进口受阻，可能影响重大工程和重点项目建设，给上下游产业和经济安全造成连锁反应。

三是石油、天然气、铁矿石等能源矿产资源对外依存度高，重要能源、资源保障形势不稳。我国铁矿、锰矿、镍矿对外依存度保持在80%以上，铬矿几乎全部依赖进口，钢铁原料对外依存度高，供应渠道过于集中，且市场话语权不足。欧、美、日等发达经济体已基本完成全球资源战略布局，加之全球矿业领域出现资源民族主义倾向，主要矿产资源国家重视战略资源，纷纷推出战略和关键矿产目录，并通过税费等多种手段加强战略资源管控和安全供应。可预见，未来各国对矿产资源尤其是战略资源的争夺将更加激烈，我国利用国际资源将面临更大挑战。

四是被制裁企业合规成本增加，全球竞争力下滑，敏感领域企业或有更高风险。被列入各类制裁清单的企业需增加合规体系建设的人员、技术

及资金投入，面临着高昂的交易合规成本。美国出口管制要求“审慎选择商业伙伴”，清单内企业海外商誉严重受损，直接影响企业融资能力以及对海外人才的吸引力。此外，我国关键领域核心技术的领军企业，以及涉疆、涉港、涉军、南海、“一带一路”建设、基础能源等敏感领域的相关企业可能成为美国及其盟友持续开展出口管制的重点，面临穿透式制裁和金融制裁风险，甚至向供应链产业链上的全行业扩张等。

四、保障我国产业链供应链自主可控的战略体系构建与路径选择

百年未有之大变局，也是全球供应链的大变局。我国进入新发展阶段，贯彻新发展理念，构建新发展格局要求着力打造自主可控、安全高效的产业链供应链。因此，深刻理解产业链供应链自主可控的内涵，科学构建产业链供应链自主可控的战略体系，明确其发展重点与实现路径，既是贯彻落实习近平总书记关于“创新主动权、发展主动权必须牢牢掌握在自己手中”的要求，也是当前摆脱关键核心领域受制于人不利局面，推动高技术产业高质量发展的重要课题。

（一）产业链供应链自主可控的理论阐释

产业链供应链自主可控是指在面临外部（主要是国外）产品、零部件、技术等供应受限时（疫情、地震或贸易摩擦等多种原因都可能导致出现这种情况），还能够依靠国内稳定运行的产业链供应链提供相应产品和服务，从而能够满足国民经济运转的基本需要。具体可从两个方面来理解：一方面，从整体来看，产业是否具有自主创新能力，能否实现科技自立自强，这是“自主”的题中应有之义；另一方面，在关键领域、关键环节、关键核心技术等方面，在多大程度上被我国之外的市场主体“卡脖子”，有无可以引领产业发展的“独门绝技”，这些是实现“可控”的关键。

其一，产业链供应链自主可控重在强调“能力”，重在外部供应受限时还能依靠国内的力量保障经济的基本运行。产业链供应链自主可控能力强弱关键在于三个要点：一是链条是否完整健全；二是链条“缺项”是否短期可替代、长期可弥补；三是链条“长板”优势是否突出。增强产业链

供应链自主可控能力，形成具有更强创新力、更高附加值、更安全可靠的产业链供应链，是建设现代产业体系、构建新发展格局的关键举措。

其二，产业链供应链自主可控并不等于全部国产化。增强产业链供应链自主可控能力，不能眉毛胡子一把抓，需要重点关注对国民经济稳定运行有重要影响的关键产业。国民经济产业门类众多，对国民经济安全性的影响有很大差别，各产业链供应链受限的短期和长期影响也不一样。我们最应关注的是，一旦受限就会影响国民经济安全运行的核心和关键产业，不需要也不能够将产业范围泛化。

（二）实现产业链供应链自主可控的战略目标与发展方向

面对美国的极限施压，以及逆全球化的“重塑全球供应链”的企图，我们需要清晰地认识到中美竞争主要在于技术和规则两方面，必须树牢底线思维，坚定科技自立自强的战略自信与战略定力，以“建设现代化产业体系、建成供应链强国”为总体战略目标，以“创新、协调、绿色、开放、共享”五大发展理念为指引，以“国际竞争优势、国家整体效能、区域要素协同、产业链条完整、企业生态主导”五大发展特征为愿景，以“制度体系、技术体系、人才体系、标准体系、市场体系”五大发展要素为途径，全力保障我国产业链供应链实现自主可控（见图 1）。

1. 提升国际竞争优势

目前，全球供应链格局进入深度调整阶段，呈现出分工从全球分工向区域内集聚转变、布局从高度集中向多元化近岸化转变、形态从网链结构向“研产销一体化”转变、要素从劳动力偏好向数字化驱动转变、模式从粗放高碳发展向绿色低碳转变、竞争从市场化竞争向政治权力角逐转变等发展趋势。在此背景下，我国作为全球供应链体系重要组成部分，在整个体系中的地位和作用将发生一定变化。总体来看，近年来我国在劳动力、土地、能源等方面的要素成本刚性增强，低成本、大批量等传统制造优势将趋于弱化。但巨大的市场空间、完善的产业链配套能力、不断提升的科技创新能力和日益优化的营商环境将逐渐成为中国供应链竞争新优势。因此，在国际战略层面，要谋划好我国的全球产业布局与全球供应链体系构建、运行，包括全球投资与贸易网络、具有主导权的金融交易网络、战略资源国际供应网络等。深入推进“一带一路”建设，与伙伴国家和地区之间合作共赢，共建全球利益共同体和命运共同体。加强国际物流能力建设，特别是加强国际航空货运、国际海运、国际铁路、国际快递、海外仓等能力建设，保障重要国际物流通道安全。积极参与全球产业链供应链治理，建立基于供应链的全球贸易新规则，提高中国在全球经济治理中的话语权。坚定不移推进高水平开放，持续营造公开、公正、公平的营商环境，建设各类开放平台载体，创造产业链供应链“环境”优势。

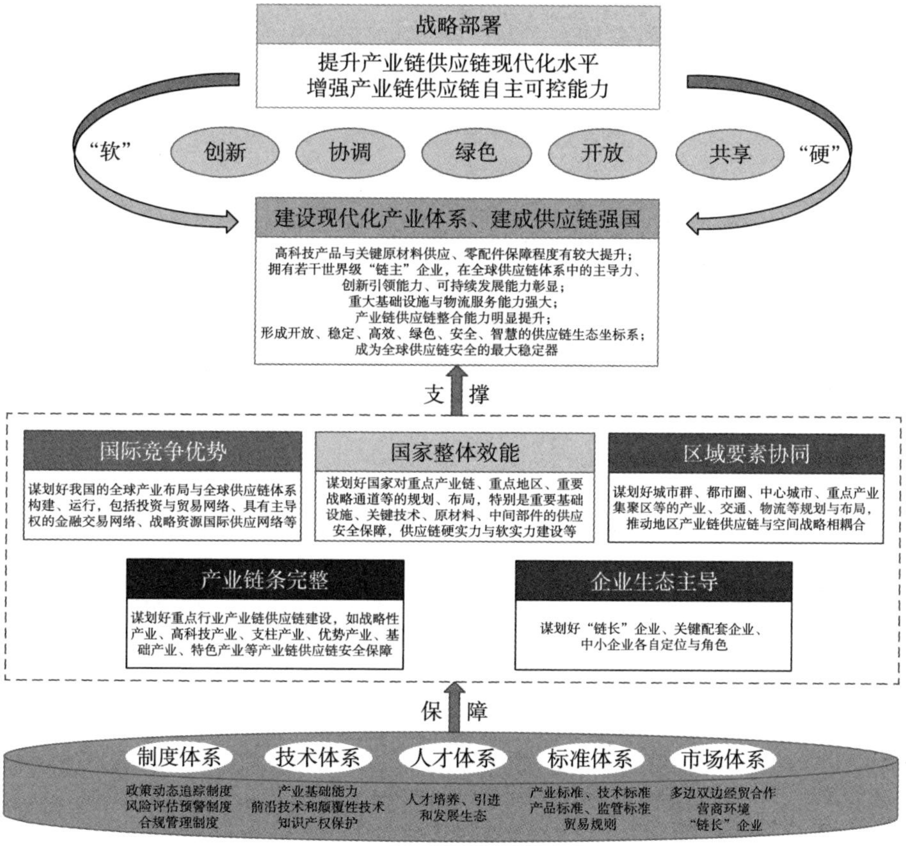

图 1　增强我国产业链供应链自主可控能力的战略体系

2. 加强国家统筹推进

新型举国体制是应对中美科技脱钩、提升中方科技创新能力水平与速度的必由之路。但新型举国体制不是简单重复当年苏联计划经济那一套。新型举国体制不只是强调政府要发挥好在明确创新方向、布局基础研发、聚焦创新资源、创新制度环境中的作用，同时还需要国家战略科技力量

(国家科研机构与大学) 发挥主力部队作用，也需要民营科技力量发挥在应用研究中的生力军作用，需要风险投资机构和企业发挥其在推进成果转化中的主体作用，同时还需要应用市场“激励相容”机制来调动科技创新链上各主体的积极性。因此在国家战略层面，要统筹谋划好国家对重点产业链、重点地区、重要战略通道等的规划、布局，特别是重要基础设施、关键技术、原材料、中间部件的供应安全保障，供应链硬实力与软实力建设等。聚焦重点集聚国家力量协同攻关，统一协调重大政策、重大计划、重大项目，统一调动所需的人、财、物等创新资源，凝聚形成合力。特别是要把解决芯片与软件这一“缺心少魂”问题当作新时代“两弹一星”工程对待，使我国信息科技和人工智能科技进度不因与美脱钩而遭受重创。比如目前在半导体领域，各地争相上马项目，致使有限资源分散到成百上千个低水平中小项目。可建议由科技部与发改委统一规划、统筹安排，按照遵循规律、聚焦重点、目标导向原则，通过协调机制整合安排。还可考虑仿效美国“半导体制造技术战略联盟”（SEMATECH）成功经验，在科技部与工信部指导下，对半导体领域数十家研究机构和200多家主要企业进行重组，实现资源共享、合理分工、优势互补，打造全链条创新。

3. 深化区域分工协作

立足新发展阶段，加快构建以国内大循环为主体、国内国际双循环相互促进的新发展格局，需根据各区域、城市的既有条件和已有基础，尊重客观规律，发挥比较优势，走合理分工、优化发展的路子，推动各类要素在更大范围内自由流动和高效配置，整体推进区域、城市间产业强链、补链、延链进程，促进形成优势互补、特色鲜明、相对完整、安全可靠、高质量发展的区域、城市产业链供应链体系，持续提升区域、城市产业链供应链创新链的稳定性和竞争力。因此，在区域战略层面，要谋划好城市群、都市圈、中心城市、枢纽城市、重点产业集聚区的产业、交通、物流等规划与布局，推动地区产业链供应链与空间战略相耦合。推动全国统一大市场建设，破除地方保护、行业垄断等区域市场壁垒。建立产业链供应链关键环节跨区域联合清单与服务体系，完善重大产业领域区域政策间统筹联动机制，避免重复建设、重复投资，形成产业空间合理分布、地区协同、城乡互动、东中西联动的格局。推动国内产业合理转移，培育特色鲜明、专业化程度高、优势明显的产业集群，在发达地区布局世界级的产业集群，在中西部地区布局重点特色高技术产业、资源型产业、劳动密集型产业等，把关键产业链供应链就地化落到实处，尽量做到本地配套。

4. 保障产业链条完整

现有供应链体系下，我国产业“点式”技术有所突破，但“链式”协同较为薄弱，导致全球供应链体系中，我国产业链的核心技术高度依赖国外，一旦某个环节出现故障，就可能导致国内产业链面临断链的风险。一方面，新一轮技术革命正在重塑全球供应链的“游戏规则”，聚焦新一轮技术革命推动产业“点式突破”，能够实现产品的数字化、生产的智能化以及数字流程的可视化；另一方面，要利用产业链条中不同环节基于技术关联而形成的链式关系，不断向上下游延伸，从供应链链条中的“被俘获者”向“链主”转变，以夯实产业基础能力为根本，实现产业基础高级化、产业链现代化。因此在产业战略层面，要谋划好重点行业产业链供应链建设，如战略性产业、高科技产业、支柱产业、优势产业、基础产业、特色产业等产业链供应链安全保障。对于战略性物资，加强战略储备，防止国外供给中断导致的国内供应不足。实施产业基础再造工程，跟踪分析产业基础能力存在的短板领域和薄弱环节，聚焦市场需求多、质量性能差距大、对外依赖程度高的核心基础零部件、核心电子元器件、工业基础软件、关键基础材料、先进基础工艺等，集中力量、集中资源，努力破解产业链、供应链的“卡脖子”技术和关键堵点、痛点，加强战略储备，也要加速开展国内供应商本土研发试制。建设国家级重点制造领域供产销用网络体系，布局战略性新兴产业、先进制造产业，推广产业链供应链上下游对接合作模式，构建均衡化的现代产业体系。推动创新链与产业链供应链深度融合，推动产业数字化智能化发展，开展数字化供应链解决方案建设。打造符合生态与环境可持续发展要求的供应链，建立面向供应链全生命周期的绿色指标与污染监控体系。

5. 培育生态主导企业

目前我国部分产业链缺少主业突出、核心竞争力强的龙头企业，现有“链长”企业不够强，带动能力和辐射能力不足，无法引领产业链上下游企业在技术创新、市场开拓等方面向更高层次提升。“链长”企业不仅是传统意义上大体量的“龙头”企业，而且是具备生态主导力的企业，是对于优化资源配置、技术产品创新和产业生态构建有着重大影响力的企业。

同时，重点产业链不同程度存在链条内部前后联系不明显、纵向分工程度不高的问题，企业间专业协作不足，没有做到资源、信息共享，链上企业多处于“单打独斗”状态，没有形成“抱团发展、集群作战”的合力。因此在企业战略层面，要谋划好核心企业、关键配套企业、中小企业各自定位与角色。要毫不动摇地坚持企业主体，大力培育企业微观基础，建立重点企业名单，加快培育产业生态主导企业和隐形冠军企业，强化“链长”企业的牵引作用和中小企业“专精特新”在产业链供应链上的配套能力。引导社会各界围绕“链长”企业发展需求，加大技术、人才、资金、市场等方面的保障力度和集中攻关，构建“链长”企业牵头、科研资源支撑、上下游企业相互协同的创新联合体，促进大中小企业链式协同融通发展。

（三）产业链供应链自主可控的实现途径

未来，面对更趋复杂严峻的国际国内形势，要审时度势、顺势而为，保持战略定力，采取“补短”“筑长”“建生态”相结合的策略，不断强化产业链供应链发展韧性，逐步增强产业链供应链自主可控能力。“补短”是补齐我国产业链供应链短板及缺项，突破重点领域“卡脖子”关键技术；“筑长”是最大限度筑造我国关键领域产业链前端局部研发、材料环节和中后端规模制造、应用环节优势，形成能够与先发国家和地区优势相制衡的力量；“建生态”是建立供需匹配、内外协调、产学研对接，技术、资金、人才等创新要素供给丰盈，以及知识产权保护完备、营商环境友好、包容审慎等政策环境优越的生态，并持续深度优化产业生态。实现产业链供应链自主可控可从制度、技术、人才、标准、市场等五个方面着力。

1. 制度体系

一是美国及其盟友相关管制与制裁政策动态追踪制度。美国相关管制与制裁政策体系庞杂，且近年来美国贸易管制政策的特征之一就是变化周期短，受国际政治经济局势波动影响大，还可能与欧盟产生联动效应。这就需要提高全球政策风险意识，整合国内科技情报机构，密切关注美国、欧盟等出口管制与制裁方面的最新动态，加强对美国出口清单管制的情报分析和预测。具体包括：全面梳理美国出口管制相关的法律法规，认真研究美国出口管制的决策过程、执法流程、实际案例；实时把握美国出口管制的最新动态、发展趋势，加强对美国出口管制条例（EAR），特别是实体清单的预警预测；加大对已纳入出口管制的设备、材料、技术等方面的情报研究力度；密切关注日本、俄罗斯、英国、以色列等国家科技创新动态，积极寻找国际供应链后备渠道及合作商。并需根据政策法规变化及时调整战略布局和具体的应对策略，主动迎接挑战，避免被动应对。

二是相关物项及产业链供应链风险评估预警制度。无论是从获取关键物项的角度还是从产业链供应链整体的抗风险能力来看，我国应当首先对自身产业链供应链安全有一个全面、客观的认识，建立产业链供应链信息共享机制，确保物项需求或受控信息在产业链供应链中畅通，客观评判相关交易风险。还应构建产业链供应链极端冲击防范机制，动态完善各类突发事件的应急预案，尽量提前建立备用供应链，做好产业链供应链风险预警和应对。

三是企业出口管制合规管理制度。我国企业应当在全面评估自身行业相关风险的基础上，结合自身发展及战略安排，尽早建立起符合《出口管制法》的，包括中国在内的相关国家出口管制要求的合规管理体系，采取制度化、体系化的管理来最大化地降低相关风险。

2. 技术体系

一是提升产业基础能力。聚焦新一代信息技术、高端数控机床和机器人、航空航天装备、新材料、生物医药及高性能医疗器械等产业发展需求，梳理产业基础薄弱环节、技术和产品，制订攻关清单与计划，推动关键核心技术突破，解决国产化技术和产品不愿用、不敢用的问题。围绕基础装备、关键零部件、基础工业软件和关键基础材料等重点领域，以重点产品为龙头进行“全产业链持续创新能力建设”，推动产业链上下游产品设计、材料开发、工艺开发、装备制造、示范应用推广等企业和研发机构、高校等单位开展协同攻关，构建国产首台（套）、首批次产品大规模市场应用的生态系统，推动产业基础能力链式突破。

二是超前布局前沿技术和颠覆性技术。瞄准世界科技前沿，抓住大趋势，下好“先手棋”，打好基础、储备长远，甘于坐冷板凳，勇于做栽树人、挖井人，实现前瞻性基础研究、引领性原创成果重大突破，夯实世界科技强国建设的根基。基础研究见效慢，原始创新需要条件和场景，需要持续不断的投入。要加快形成以政府投入为主、社会投入多元化的机制，推动基础研究财政投入持续增长。探索前沿性原创性科学问题发现和提出机制，完善颠覆性和非共识性研究的遴选和支持机制，构建从国家安全、产业发展、民生改善的实践中凝练基础科学问题的机制，以应用研究带动基础研究。

三是完善知识产权保护体系。结合出口管制体系中对技术研发的合规管理，例如对于拟使用的核心技术受控属性进行识别和梳理，对进口技术的转让以及二次开发技术予以重点关注。强化知识产权保护的长效机制，深化司法为主导的知识产权保护体制机制改革，加大知识产权行政综合执法力度，探索建立知识产权侵权惩罚性赔偿制度。大幅度提高知识产权权利人胜诉率、判赔额，切实加强知识产权行政执法及两法衔接。建立知识产权互联网和移动互联网查询平台，构建快速维权与维权援助网络，加快知识产权服务市场化、社会化和专业化发展。

3. 人才体系

下大力气营造全球顶尖的人才培养、引进和发展生态。高技术人才是与美国开展极限科技战的最根本资源。无论是突破“卡脖子”技术，还是在新兴技术领域“换道超车”，都最终依赖于相应领域高技术人才的专业知识与探索发现。从打造国家长期科技竞争力的角度分析，我国需要加快产业技术领军人才队伍建设，培养潜心科研、热爱探索的科学家和创新人员。通过薪酬制度、评价制度等体制机制创新，充分赋予科研人员决策权，落实科研经费管理制度，完善人才评价体系，支持科研人员更加心无旁骛地投身科研之中。鼓励企业建立针对优秀技工的补助性津贴制度，在收入分配和荣誉制度设计上向一线技术工人倾斜，打造新时代大国工匠和高素质高技能人才队伍。强化高水平人才引进，优化外籍人士来华工作许可证办理流程，完善住房、教育、医疗等配套条件，吸引国际高水平人才集聚。

4. 标准体系

持续加强全球标准化体系建设。全球竞争既表现为产业链供应链之争，又表现为规则之争。我国要勇于和美国在“标准”领域开展竞争，充分融入全球创新网络，在5G、人工智能、生物技术等领域加大对龙头企业的支持力度，鼓励拥有自主知识产权核心技术的优势产业以创新链形式“走出去”，在国际竞争中积极参与、引领和主导产业标准、技术标准、产品标准、监管标准和贸易规则等的制定，积极参与和引领全球经济治理规则重构。推动“一带一路”政策规则标准衔接互通，主动寻求与《全面与进步跨太平洋伙伴关系协定》（CPTPP）标准对接，支持更多国内企业参与国际行业标准制定、修订，建立全面接轨国际的产品质量监督检验、认证认可管理体系。

5. 市场体系

一是深化多边双边经贸合作，高质量共建“一带一路”。要依托市场规模优势吸引国际合作，用好东亚合作、欧亚合作、“一带一路”倡议等合作平台，大力推进双边、多边合作项目的建设，促进人才、资金、商品、技术等要素自由流动，开放更多产业，推动经贸合作向更广领域发展，将更广泛的伙伴关系和更紧密的联系作为供应链多元化和产业链安全的支撑，在国际竞争与合作中增强产业链供应链的竞争力。

二是提供更广阔的市场空间和更优质的营商环境。完善外商投资法制环境，大力度吸引和利用外资，精准招引科技含量高、产业带动强的外资项目，更好发挥外资企业在资金、技术、管理等要素方面的优势，吸引高端生产要素集聚，打造要素流动型开放的样板。

三是培育造就一批具备全球影响力的产业链“链长”企业。从技术创新能力、行业标准制定、品牌效应和市场控制等层面，系统构建“链长”企业培育标准，加强对科技型企业和具备关键性“卡脖子”技术突破能力的企业的培育。增强“链长”企业在产业链中的主体地位，对已具备一定创新链、技术链的控制力的企业，帮助其掌握标准制定权，逐渐培育其形成产品和企业品牌效应。鼓励具有技术优势的企业向价值链两端延伸，使企业间补短锻长相结合，进而促成“链长”+中小企业的产业组织生态格局。

课题参与单位：中电科发展规划研究院有限公司

课题组核心成员：韩　玮　张洪天　江红玲　闫　卉

附表 1　美国制裁手段汇总

部门	制裁名称	制裁对象	制裁方式
商务部	未经核实清单（UVL）	全球实体及个人	出口禁令（所有物项）
	实体清单（EL）	美国之外实体及个人	出口禁令（所有物项）
	军事最终用户清单（MEU）	中国、俄国、委内瑞拉	出口禁令（特定两用物项）
	被拒绝人清单（DPL）	美国之外实体	对出口两用物项加强管制
财政部	特别指定国民清单（SDN）	全球实体及个人	资产冻结、交易限制、禁止入美
	代理或通汇账户制裁清单（CAPTA）	美国之外金融机构	禁止在美国开设账户
	外国制裁规避者清单（FSE）	美国之外实体及个人	金融管制
	行业制裁识别清单（SSI）	俄罗斯实体及个人	资产冻结、禁止融资、禁止捐款
	巴勒斯坦立法委员会清单（NS-PLC）	巴勒斯坦、外国恐怖组织实体及个人	金融管制
	菜单式制裁清单（NS-MBS）	美国之外实体	金融管制、贸易限制等
	中国军工复合体企业清单（NS-CMIC）	中国涉军实体	金融管制
	涉伊朗制裁法清单（NS-ISA）	伊朗能源实体及个人	金融管制
国务院	武器出口管制法禁止清单（AECA）	全球实体及个人	出口禁令（军用物项）
	防扩散制裁清单（NSL）	美国之外实体及个人	出口限制（军用物项）、贸易限制、资产冻结、金融管制

轨道交通装备产业低碳发展路径研究

——以中国中车为例

2020年9月22日，中国首次提出了“二氧化碳排放力争于2030年前达到峰值，努力争取2060年前实现碳中和”的目标，为应对气候变化做出后大努力和贡献。中国中车是全球规模最大、品种最全、技术领先的轨道交通装备供应商之一，是我国轨道交通制造业的核心企业和“链长”企业，中国中车协同上下游企业共同减碳成为我国轨道交通装备产业绿色发展的关键。对此，中国中车围绕国家“双碳”战略积极谋划，以技术引领、创新驱动、产品低碳、产业优化、发展循环经济等为抓手推动“双碳”治理，致力于成为实现轨道交通领域“双碳”治理的引领者和探索者，推动轨道交通全价值链碳中和与绿色低碳发展。

一、“双碳”战略对轨道交通装备产业低碳发展的新要求

（一）“双碳”战略对轨道交通装备产业绿色发展的要求

一是“双碳”战略引导企业加快用能结构深度调整。随着碳排放总量和碳排放强度双控目标的提出，企业实现低碳发展亟须优化能源结构、提升用能效率。在轨道交通企业能源消费结构中，化石能源占比仍然较高，需要进一步提高清洁能源比重；同时，能效提升能够有效降低企业单位产值碳排放，对于“双碳”治理意义重大，因此，需要广大轨道交通装备制造上下游企业依托绿色生产工艺来提升能效，重点聚焦“用能结构优化”和“用能效率提升”，加快实现低碳转型。

二是“双碳”战略推动企业业务绿色化转型。“双碳”目标下，企业业务重心逐渐偏向低能耗、低排放且带有“绿色”元素的环节和领域；轨道交通装备产业本身是低碳排放的产业，但是为了实现全价值链碳中和的

愿景目标，轨道交通企业还需要融入相关绿色发展的元素，例如将风电、光伏、氢能应用于轨道交通装备制造和车辆运营过程中，寻找和探索绿色产业和轨道交通产业协同发展的新模式。

三是“双碳”战略引导企业不断推出绿色产品。国铁集团发布的《新时代交通强国铁路先行规划纲要》将“发挥节能环保的绿色铁路优势”作为未来30年铁路行业发展11项重点任务之一，要求中国中车不断推出绿色化的轨道交通运输装备。与此同时，全球同行企业正在加速打造和推出轻量化、绿色环保、智能化的轨道交通装备，国内外轨道交通绿色发展的大趋势要求国内轨道交通企业紧跟趋势，加快绿色装备的研发和规模化利用，赋能绿色运输和绿色出行。

四是“双碳”目标要求龙头企业引领打造绿色产业链供应链。当前，轨道交通装备产业的企业主体主要由中国中车及其上下游企业共同构成。因此，轨道交通装备产业低碳发展需要中国中车引导全产业链上下游企业进行碳排放治理，输出中国中车“双碳”治理解决方案，助力全行业加速实现碳中和目标。

（二）轨道交通装备产业低碳发展面临的挑战

一是短期内或推升企业运营成本。企业生产运营中产生的碳排放主要来源于传统化石能源消耗，低碳发展要求各企业更多使用清洁能源进行生产运营，短期内将会导致企业所用燃料、原材料成本上升，进而推高轨道交通装备制造成本，部分企业需加大环保设施及工艺设备投资力度，升级产能，会进一步导致企业利润下滑。

二是企业难以在减碳和盈利之间实现平衡。在“双碳”目标下，部分高碳排放企业面临巨大的减排压力。要实现碳中和目标，大部分企业需要持续进行绿色技改工作，布局清洁能源基础设施，才能在未来十几年内大幅度降低碳排放。但是，企业的盈利目标通常高于减排目标，使用绿电和淘汰落后产能将给部分企业带来巨大成本和经营压力，企业在生存盈利和减碳之间选择困难，需要企业管理层将低碳发展列为企业战略，并为战略实施提供组织保障和资源保障。

三是企业实现“双碳”目标需要进一步明晰路径。以中国中车为例，其各子企业经济发展差异大，不同地区资源禀赋、产业优势和经济发展水平存在差异性，所以不同区域绿色低碳发展的路径也应有所区别。由于区域的差异，中国中车各子企业实现减碳需要考虑区域差异和企业发展水平差异，例如，针对采暖造成的能耗，北方区域应优先尝试利用清洁能源取代煤炭、天然气等化石能源。南方区域治理的重点是注重电能节约和绿电应用。企业在进行双碳治理时需要优先做好组织统筹，根据自身企业碳排放特征明确各发展阶段减碳路径。

二、轨道交通装备产业能耗结构及碳排放分析

（一）中车碳中和行动

1. 响应“双碳”目标，加快业务结构调整

为响应“双碳”目标，中国中车将风电、新能源汽车等绿色产业提到了新的战略高度，同时，继续夯实轨道交通装备制造和服务全球领先地位，瞄准绿色轨道交通装备研发创新，加快清理、整合、优化高耗能高排放业务和低附加值业务，实现专业化、规模化、智能化、低碳化，通过高质量发展，提高中国中车经营绩效。

2. 响应国家绿色交通发展要求，扩大绿色装备应用

交通部 2017 年 11 月发布的《关于全面深入推进绿色交通发展的意见》提出，提高铁路和水运在大宗货物长距离运输中承担的比重，铁路货运量占比将同步提升。中国中车计划进一步加强货运车辆的保障，促进配套产品升级，创新现有货车装备与降低能耗标准，支撑“公转铁”规划，推动绿色交通发展。

3. 强化绿色低碳技术创新，实现节能减碳

为了从装备端落实“双碳”方案与行动，中国中车积极采用清洁能源，减少排放。当前以氢能最具代表性，通过提高电力机车和内燃机车的牵引功能，实现干线运输。在目前混合动力过渡方案下，强化新型能源、动力技术的攻关，加快能源转换带动储能技术进步。为了降低既有产品的碳排放水平，中国中车探索使用绿色环保材料，向轻量化、高能量利用率方向发展。

4. 加快智能化绿色化技术应用，发展新型清洁能源装备

中国中车进一步加强智能化技术在生产制造中的应用，通过使用信息

化、数字化加工设备，降低传统机械加工所产生的能耗与碳排放量，完善智能化制造的排放标准，逐步减少对传统能源的依赖。通过增强智能交通、云平台、大数据、5G技术等在轨道交通装备制造中的比重，提高生产效率，推动轨道交通装备与运输系统紧密衔接，从而在大数据、人工智能的加持下提升车路协同效率，使运营调整更加灵活，最终实现单位成本碳排放持续降低。

5. 建立低碳发展标准，带动产业链上下游企业协同减碳

当前，中国中车正探索和论证对各产品领域的供应商提出碳排放要求与产品标准，加强对配件企业、配套企业的绿色发展管控，发挥产业链龙头优势，深化对外合作中的资源协同与标准统一，构建以绿色环保低碳为核心的供应链产业链体系，综合提高多方的合作与产品质量。

（二）中国中车碳排放现状及“双碳”治理重点方向

1. 根据能耗结构优化碳排放治理

中国中车能源消耗的品种主要为煤炭、石油、天然气、热力、电力。电力和热力使用是主要排放源，占比分别达到55.8%、23.6%，合计达到79.4%，其中，外购电力和热力成为能源消耗的主力；煤炭和天然气消费量及碳排放占比紧随其后，分别达到9.1%、8.4%；其余能源占比相对很小。结合中国中车“双碳”目标及能耗结构优化的要求，中国中车实现运营碳中和可具体采取以下措施：一是加快推进企业去煤、去油、去气，争取电气化替代，进而减少传统化石能源消耗；二是加快电力和热力的绿色化替代，通过自建自产绿电和外购绿电相结合来减少外购绿电和热力消费量，实现外购总量减少和向绿色零排放转变；三是在能源结构不断向减量化、绿色化转变的基础上，通过业务结构调整、工艺和产线优化、设备更新等措施不断提升能效，促进能耗总量减少。

2. 根据业务板块优化碳排放治理

从业务板块的能耗及碳排放情况来看，轨道交通板块能耗及排放占绝对主导地位，其他业务板块占比相对较小，依次为：轨道交通（87.8%）>风电光伏（4.9%）>其他战略新兴（3.4%）>环保（1.8%）>其他（1.4%）>新能源商用车（0.7%）>工程施工（0.2%）。因此，中国中车降低能耗、提升能效重点在于轨道交通业务板块，同时需顾及其他业务板

块。由于轨道交通板块多是高速动车组、城轨与地铁、客车等轨道交通板块制造企业，产线多、消耗高、采购量大，导致整体碳排放量处于较高水平，可根据企业实际进一步调整能源消费结构，去煤去油去气，提高能效。

3. 根据碳排放特征优化碳排放治理

从中国中车能耗及碳排放量情况来看，中国中车一级制造类子企业主要能耗依然集中于外购电力和热力，企业直接购买燃料数量相对较小。整体而言，能源消耗及碳排放呈现如下特征：

一是华北及东北地区的子企业化石燃料排放量占比依然较高。其中，北方企业存在冬季供暖、供热等特点，传统化石能源碳排放占比依然较高，可进一步减少传统化石能源的利用，实现电能替代。从用能结构来看，煤炭消耗占比较大，油品次之，天然气最少。目前，轨道交通主要制造类子企业燃煤类、油品类、天然气和石油气类碳排放占比分别达到77%、8%、15%。因此，对于高度依赖燃煤的企业来说，在制造或取暖过程中煤炭消耗量较高，需减少燃煤使用，降低排放。对于高度依赖工业用燃油的企业来说，需减少燃油使用；另外，很多企业车辆也大量使用了汽柴油，因此，加快新能源汽车替代能够有效降低汽柴油消耗。对于高度依赖天然气和石油气的企业来说，需要减少天然气消耗，加快电能替代。

二是不同区域企业“双碳”治理的重点存在差异。随着更多电气化与热力化制造设备的使用，电力和热力外购所产生的间接排放量已经大于企业自身能源消耗所产生的直接排放量；由于北方企业存在冬季供暖、供热等特点，可考虑加快实现电力替代，加快绿电应用。中部、南方地区制造类子企业几乎实现了煤炭零使用，只需要进一步减少石油、天然气等化石能源的利用，同时，南方企业碳排放主要来源于企业外购电力，提高能效和提升绿电应用比例成为关键。

三是从高耗能业务来看，铸锻业务能耗较大，碳排放较多。铸锻业务收入占中国中车总收入的2.6%，铸锻业务能耗却占中国中车总能耗的19.2%，能耗占比相对利润占比高了6.4倍，是一个高排放低收益的产业环节。该项目业务和生产环节碳排放量占中国中车碳排放总量的20%，成为中国中车实现“双碳”治理的关键。为此，中国中车积极采取措施减少铸锻造工艺过程中的碳排放：①提升对通用件的采购以减少厂区的直接排放与污染；②寻找符合绿色加工标准的铸锻企业以符合供应链要求；③增加数字化加工机器的使用，以减少传统机械制造方式所带来的排放与污染。

4. 根据减排重点推动上下游企业协同减碳

在中国中车轨道交通装备上下游碳排放统计中，“已售轨道交通装备产品使用”在价值链下游碳排放量最高，主要包括已售高铁、城轨与地铁、机车、货车等产品在使用过程中产生的碳排放量。“购买货品与服务”在价值链上游碳排放量占比同样较大，主要包括原料在运输、拆卸、装配等过程中产生的碳排放量，同样也是全价值链减排的主要领域。因此，轨道交通装备产业实现低碳发展，亟须中国中车牵头建立低碳供应链，协同上下游企业共同探索和应用低碳发展的解决方案。

三、推动轨道交通装备产业低碳发展的措施及路径

围绕轨道交通装备产业低碳发展目标，企业需要多措并举，在“能源供给、能源利用、能效提升”三个方面同时发力，兼顾“减排放”和“抓机遇、抓效益”，加速化石能源退出，增加绿色能源供给，实现用能结构优化调整，构建绿色能源使用体系；全力推进绿色低碳技术创新，积极布局再制造，开发绿色低碳产品，推动低碳技术革新，加快能源效率提升，打造绿色品牌，优化“双碳”管理，为行业低碳发展寻求多样化的解决方案，聚合上下游企业共同打造碳中和生态圈，引领全价值链实现碳达峰碳中和。

（一）优化“双碳”组织治理，提升管理效力

“双碳”目标的实现离不开高效可行的管理体系。对此，建议中国中车及同行企业针对主要岗位管理人员和技术人员开展关于“双碳”理论与技术的培训。通过聘请国家级“双碳”领域科技专家和内部“双碳”相关技术专家，不定期组织各子企业管理岗位和关键技术岗位的理论培训，对于关键岗位技术人员进行“双碳”领域资质考核认证，从而确保各级子企业能够建立起一支稳定的“双碳”领域技术团队，保证各项工作在人力资源方面保持稳定有效的支撑，使得“双碳”各项工作切实落实到人，发挥

人才在绿色转型过程中的突出作用，保证各级子企业在产品设计、工艺设计与实施、企业基础设施建设、供应链管理、数字化系统规划等各个领域都能积极开展“双碳”工作。

在不断完善管理体系的同时，需要强化试点示范带动，确保“双碳”目标落地落实。建议中国中车及类似的集团型企业加快开展子企业绿色能源使用示范工程。根据不同子企业的发展现状确定减碳责任和目标，建立符合各企业实际的绿色能源使用评级方法，通过评优评奖、资金支持等政策工具，调动各基层子企业加大绿色能源投入强度，主动提升绿色能源使用率。

（二）深耕低碳制造，增强绿色竞争实力

目前，中国中车开展减碳行动需聚焦三个范围，范围一主要是指直接排放，包括中国中车装备制造类企业拥有或控制的排放源，如企业锅炉、熔炉、制造设备、工艺设备所产生的燃烧排放。范围二主要是指企业间接排放，包括中国中车装备制造类企业所消耗的外购电力（热力）产生的温室气体排放。范围三主要是指其他间接温室气体排放，包括中国中车装备制造类企业价值链上下游产生的温室气体排放及其他类排放。中国中车双碳目标的实现应优先加快范围一和范围二减排行动，对此，建议如下：

一是以绿色能源替代传统电力热力。加快中国中车分布式光伏利用，在积极开展绿色能源采购的基础上，引导有条件的各子企业部署屋顶光伏建设项目，建立分布式光伏+储能等多能互补分布式绿色可再生能源发电系统，争取实现光伏发电自给自足，并进一步加快实现并网运营。发挥产业链带动作用和部分城市的产业聚集优势，统筹规划，吸引上下游企业共同建立低碳园区和零碳园区，提高绿电自产比例。充分利用地源、水源热泵、谷电储热、余热供热等绿色低碳供热模式，加速能源结构低碳化、零碳化。

二是重点推动高能耗、高排放产业环节降碳。解决装备制造过程中大量存在的铸造、锻造工艺装备耗能高的问题，重点寻求与符合绿色加工标准的铸锻企业开展合作，提升对通用件的采购以减少厂区的直接排放与污染；增加数字化节能机床的使用，减少加工设备所带来的排放与污染。发挥中国中车优势，开展产能优化，提高高耗能产业聚集度和社会化程度，通过中国中车内部集中配套和社会化集中配套的规模效应，解决高耗能产业聚集度不高造成的能源利用效率低下问题。

三是重视能源回收利用。通过回收工业余热、余气等余能，实现能量

循环梯级利用，优化水资源分类利用和循环使用，引入有固危废处理资质的单位，对污染物和零散的废弃物集中收集处置，化零为整解决各子企业厂房内危废隐患，降低废弃物处置成本，实现各子企业绿色循环低碳发展。

四是推进智慧物流运输零碳化。关注运输物流车辆零碳化技术发展趋势，以各一级子公司为主体，督促各子企业制定适应各自条件的厂区自有运输车辆零碳化的实施方案，从使用性能、使用成本、运维能力以及企业能源优势等方面制定包括电动、氢燃料电池等不同类型运输装备的企业推广应用方案，着重考虑技术模式统一、充能方式标准化、建设快速便捷、易于改建调整等因素，开展新能源运输装备应用示范，不断减少厂区内车辆碳排放，规划建设厂区内公共应急充电设施，优化交通道路网络结构，发展智慧物流。

（三）赋能全价值链碳中和，提升发展合力

在执行范围一和范围二减排措施的同时，中国中车还需践行产业链“链长”职责，探索范围三的减碳路径，实现全产业链的碳中和，具体建议如下：

一是引导并帮助供应链企业实现低碳发展。充分发挥中国中车产业链“链长”的作用，积极引导并推进产业链上下游企业使用绿色能源，建立供应链的碳排放核算核查机制和碳排放指标监测评价标准。对于上游主要供应链企业的产品和服务，通过资质准入、政策倾斜、绿色能源供给等方式，出台相关约束性规范，建立供应链企业绿色能源使用分级评价标准，引导供应链企业达到年度绿色能源占比的目标。帮助产业链上下游企业实施清洁生产改造，强化绿色设计，推动低碳绿色产业聚集，推广绿色低碳技术，引进人才聚集型服务业，助力上下游企业绿色转型升级。

二是围绕轨道交通产业集群积极布局建设零碳园区。中国中车可以各主机厂为主体，围绕区域零碳园区发展需求，在园区零碳综合解决方案方面不断探索。在零碳管理方面，提高评估园区低碳绩效并提供改善方案，帮助政府制定严格的园区低碳生产和入园标准，组织建立园区零碳运营绩效评价体系。在零碳服务方面，主要帮助园区企业开展碳盘查，识别低碳转型潜力，参与碳排放权交易，进行碳资产管理；帮助政府建立园区碳排放平台，实现减排效果的可测量、可报告、可核查（MRV）及可视化；打

造园区零碳文化，组织园区零碳发展的宣传、交流和培训；提供共享服务。

三是提供中国中车独立的低碳零碳物流解决方案。上游交通与运输是重要的碳排放源，中国中车可集合自身在新能源汽车、物流领域培育的能力和优势，制定服务于轨道交通上下游企业的低碳化零碳化的解决方案，促进电动、氢燃料电池等不同类型运输装备的企业推广应用，围绕园区绿色物流升级需求开展新能源运输装备示范和推广，不断减少园区内各上下游企业物流车辆碳排放，规划建设园区内公共应急充电设施，建立具有中国中车轨道交通装备特色的绿色化、标准化、快捷化、网络化智慧物流体系。

四是更新并推出绿色化、智能化的装备。围绕使用已售轨道交通装备产品的碳排放，建议中国中车进一步研制安全可靠、先进成熟、节能环保的绿色智能谱系化产品，以信息网络、智能制造、新能源和新材料为代表的新一轮技术赋能轨道交通装备，近期重点提升机车、货车用能效率，未来需充分预见后工业化时期大宗商品运输量下滑的趋势，未雨绸缪，及时调整机车、货车业务，在“双碳”目标背景下，研发制造节能、低碳、智慧的轨道交通物流装备。尽快引领轨道交通行业开展基于全生命周期的产品碳足迹研究和评价，从设计源头开始，通过绿色化、数字化、智能化技术对产品原材料获取、生产制造、应用运维、报废处理等各阶段实现绿色赋能，促进轨道交通装备全生命周期的节能降碳。

五是充分发展再制造，促进全生命周期节能降碳。促成再制造成为中国中车降本增效、节能降碳的重要途径，也是全价值链节能减碳的关键和未来。中国中车可从“全寿命周期费用+全生命周期排放”的角度考虑再制造经济效益和环境效益。长期以来，轨道交通装备的检修、维修实施系统内定价，维修费用以技术规范为参考统一核定，如果维修企业开展再制造，势必加强技术手段运用，提高装备的质量和性能，但是企业将面临加项不调价的困境，导致企业再制造动力不足。

围绕“双碳”目标，中国中车可考虑推进轨道交通装备再制造，充分对接铁路总公司，从全寿命周期费用的角度重新核定再制造费用，促进再制造产品应用，进而调动维修企业开展再制造技术研发、应用并实际开展再制造的积极性，真正实现再制造推动轨道装备升级转型发展的目标。一方面，要加强轨道交通装备再制造技术研发。经过长期努力，目前我国高铁建设、制造和运行已经居于世界领先地位。随着“一带一路”建设不断拓展，我国高铁及铁路建设制造正稳步向全球进军。随着时间的推移，轨道交通装备的关键零部件到了磨损期。同时，很多核心装备部件原材料和制造依赖进口，加强核心部件的再制造技术研发，不仅将有效推动装备的降本增效，还将反哺制造技术的提升。中国中车应开展以增材制造、无损检测、智能监测为支撑的再制造技术研发，以铁路机车、轮轴等高值量大的核心部件再制造为突破口，带动铁路运输绿色发展的转型升级，为轨道交通发展创造更大的经济效益和社会效益。另一方面，要加快轨道交通装备再制造技术标准体系的建立。轨道交通装备相关再制造工作虽然得到有序推动和发展，但由于大修与再制造的差别，规范之间的冲突仍然非常突出，主要是缺乏指导行业再制造的技术标准和规范，导致认识和技术水平的差异巨大，要健康持续快速推动轨道交通再制造的发展，中国中车需开展再制造技术标准体系的规划，制定相应具体的标准，规划再制造相关生产活动。

（四）聚焦“减碳工艺+绿能使用”，挖掘绿色创新潜力

根据《中国中车碳达峰碳中和行动计划》，以及中国中车产业发展、产品升级以及新领域的拓展需求，基于中国中车“一核三极多点”的既有技术特色与积累，未来应从减排降碳、绿色能源应用两个方面进行技术攻关，支撑中国中车生产低碳化、产品低碳化，同时抓住低碳行业发展的机遇期培育新型低碳技术产业。

一方面，针对减排降碳技术重点攻关。加强以二氧化碳为工质的负碳制冷供热技术攻关，实现轨道交通车载空调、工厂环境热泵空调等多领域应用，从装备到生产领域实现制冷供热系统负碳运行；研究基于环境、客流分布和运行工况的列车辅助负载（空调、照明、风机、余热利用等）能量高效管理技术，提高车辆能源利用率，降低直接/间接碳排放。加快研发焊接工艺综合降耗减碳技术、涂装工艺综合降耗减碳技术，探索焊接、涂装高耗能高排放工艺过程中提高资源和能源利用效率的方法。通过碳纤维复合材料及轻合金材料的应用技术开发，以及应用结构轻量化材料实现轨道交通装备关键部件减重和运行过程中减碳。

另一方面，针对绿色能源技术重点攻关。以“氢能、风电、新能源汽车、风光储”四轮驱动开拓中国中车绿色发展赛道。一是针对轨道交通装

备运用环境、工况特性，开展燃料电池动力系统适应性及控制策略优化研究。结合车载储氢、地面加氢技术，构建中国中车以氢能源动力为核心的低碳动力技术的全产业链、全价值链和全技术链，打造零碳排放轨道交通装备，推动氢能低碳技术创新。二是积极开展陆上及海上大功率风力发电系统关键技术布局，重点加强高功率发电机、大功率海上风电机组、低速重载风电机组用滑动轴承、10MW 以上超大功率海上风力发电机组整机平台研究，提升中国中车风电从整机到关键部件全产业链研制及产业化能力。通过风力发电实现绿色能源的推广应用，大幅度降低化石燃料带来的碳排放。三是积极开展新能源商用车关键技术研究与装备研制。重点构建从整车、关键系统解决方案到智能运营服务支持等产业链关键环节的新能源商用车技术架构。探索电驱动、储能、智能网联等关键部件的集成技术，增强国际先进的智能纯电动客车关键零部件的研发、生产、测试能力。四是探索风光储等综合供能系统关键技术。重点研究光伏、风电、地热能等多种形式的可再生能源的生产、储存及循环利用。研究利用企业内可利用空间（如厂房屋顶、仓库货场等）建设光伏、风电等发电设施和储能设施的可行性方案。采用传感技术、物联网等技术，开发工厂能源供应系统集中管控的智能运维模式，扩大可再生能源应用比例。

（五）发展低碳产业，提升绿色品牌公信力

“双碳”目标将推动中国经济结构和经济社会运转方式产生深刻变革，中国中车需在战略规划层面抓住与“双碳”目标相关的国家能源和交通战略调整带来的产业发展机遇，科学规划绿色产业发展方向，塑造中国中车绿色发展品牌形象。交通领域碳排放占碳排放总量的10%左右，目前实现碳达峰的国家，交通运输领域碳排放占比约为25%，要实现“双碳”目标，中国中车需要加快推出更多品类的绿色低碳交通运输工具，满足国家绿色低碳交通运输发展需求，着重推广新能源、智能化、轻量化的轨道交通装备，加强在低碳物流和绿色出行等方面的绿色低碳品牌宣传，抓住公转铁、空转铁、城市化进程等发展机遇，加快推出一些适合于城市群发展、都市圈发展的绿色智慧交通装备，形成绿色出行解决方案。围绕“双碳”目标对产业发展的影响，中国中车除了以轨道交通装备为核心之外，应着重围绕绿色主题，加强在风电、新能源客车、新材料三个绿色产业领域的品牌宣传，巩固技术优势和市场地位，进一步培育扩大电控系统、光

伏、氢能装备等绿色产业，形成“中车低碳技术”“中车绿色产品”“中车绿色解决方案”，将中国中车打造成为中国和全球知名的绿色制造解决方案提供商。

四、推动轨道交通装备产业低碳发展的未来布局

面向未来，轨道交通装备产业低碳发展应将“减排放”和“抓机遇、抓布局”相结合，明确行业中远期低碳发展目标，发现“双碳”背景下的轨道交通产业绿色发展的市场需求，开发绿色交通服务市场；协同轨道交通装备大中小企业共建“双碳”治理发展平台，积极探索发展循环经济，在“双碳”战略指引下推动轨道交通装备产业绿色低碳发展。

（一）聚焦轨道交通绿色发展短板，开发绿色交通服务市场

当前，国家已将“交通运输绿色低碳行动”列入“碳达峰十大行动”，明确要求构建绿色高效交通运输体系，打造高效衔接、快捷舒适的公共交通服务体系，积极引导公众选择绿色低碳交通方式。对此，建议中国中车及产业链上下游企业积极合作，开发绿色交通服务市场。首先，积极开拓多式联运市场。关注港口物流枢纽建设和铁路物流基地布局，抓住多式联运市场机遇，挖掘和发现冷链、危化品、国内邮件快件等专业化联运发展需求，加快铁路装备、物流车等绿色新产品开发，利用新能源、可再生能源技术，提高能源利用效率，通过技术革新、运输组织优化等措施，确保中国中车在综合交通运输体系中保持产品领先和技术领先。其次，加快布局绿色线路评价及绿色认证。当前民用建筑领域的绿色建筑评价标准对于城市轨道交通并非完全适用，而国际上的绿色轨道交通、绿色基建相关技术标准对我国也并非完全适用。可在这一领域搭建以绿色策划、规划设计为指引，涵盖轨道交通的全范围、全专业和全过程，实现“站、场、线”全覆盖的轨道交通行业的标准及体系，对促进城市轨道交通“双碳”目标的实现具有重要支撑意义。最后，围绕绿电应用，加快布局“光伏+节能储能”。重点将地铁基建和光伏相结合，帮助运营方解决碳排放的问题，同时为车站基础设施送去绿色电力；重点关注隧道施工、站厅照明、车辆牵引、数据中心等节能新技术以及复合储能、智能飞轮储能、智能能量计量、能耗监测等新技术手段，择机投资布局，应用至城市轨道交通领域，

促进绿色轨道交通发展。

（二）探索“双碳”协同治理模式，积极布局循环再制造

我国高度重视再制造产业的培植和发展，绿色发展已经成为我国走新型工业化道路、调整优化经济结构、转变经济发展方式的必然要求，巨大的市场需求为再制造产业发展提供了强劲的动力。在轨道交通装备领域，“大量生产、大量消费、大量废弃”的传统生产和消费模式将难以持续。再制造是轨道交通领域绿色制造的重要组成部分，符合我国产业发展方向，我国轨道交通领域再制造产业拥有巨大的发展空间。因此，建议以中国中车为代表的装备制造企业首先做好各类机车、柴油机及其零部件、轮对、电机、风电变流器等关键部件再制造业务，然后根据自身积累的一系列技术，择机向其他再制造产业领域赋能和布局，拓宽业务范围，实现一定营收。

（三）以数字化技术助力碳中和，打造“双碳”治理行业平台

当前，数字化技术已成为实现智能制造、能源智慧化管理、碳排放监测管控的重要工具。在数字化技术赋能下，轨道交通企业需要借助数字化技术有效助力生产制造，在生产过程中减少碳排放；通过数字化助力运营服务，实现整体降本增效提质。重点关注智慧能源管理平台及“双碳”监测管理平台。智慧能源管理平台和“双碳”监测管理平台应用前景广阔，能够实现能耗数据的采集、统计和分析，优化节能策略，实现自动管控。获取企业内部涉“碳”的各种信息，把“碳”管起来，摸清碳家底、规范碳核算，以信息化手段建设基于云平台的智慧能源管理系统和“双碳”监测管理系统，从而促进绿色转型、节能降本，赋能绿色发展。数字化技术及行业平台是中国中车所需，在轨道交通领域和其他跨行业领域有广阔的应用前景，因此，建议轨道交通企业加速布局面向轨道交通行业的“双碳”治理数字化平台。

（四）大力发展绿电，实现“清洁能源+轨道交通”融通发展

以风电、光伏为代表的可再生能源已成为助力“双碳”目标实现的主力军。中国中车作为相对低碳的生产制造实体企业，不仅需要考虑采购绿

色电力来实现运营碳中和，还要抓住风电、光伏市场机遇，实施碳资产管理与经营，创造新的价值。建议中国中车除了重点做大做强风电业务外，重点关注光伏产业，尤其是加强屋顶光伏应用和投资，围绕各子公司绿电需求，探索建设分布式屋顶光伏，帮助中国中车推动生产过程化石能源替代。探讨布局和投资光伏电站的规划、建设、运营管理等相关领域核心技术，提升能力并积累经验，形成中国中车屋顶光伏建设运营系统解决方案，加快进入该市场领域。

当前，中国中车可充分发挥产业链“链长”作用，结合中国中车在风电领域、数字化领域、环境领域的产业基础和能力，带动上下游企业共同减碳，以打造轨道交通零碳园区为抓手，助力园区实现经济发展与碳排放脱钩，将中国中车打造成为零碳园区综合解决方案提供商，重点布局零碳管理服务，加强对轨道交通产业园区绿色产业的导入和落地，开展能源回收利用、废弃物利用等节能环保业务，面向高端装备生产制造环节提供节能环保服务、面向轨道交通运营环节提供绿色轨道交通装备、面向轨道交通运营场站提供新能源利用解决方案，构建轨道交通产业园区产业共生系统，加快绿色产业链延伸聚集，并带动中国中车相关绿色低碳产业发展，形成集聚效应。

课题承担单位：中车工业研究院有限公司
课题组核心成员：徐铭辰　田　钢　韩剑龙　蒋辰迪　马俊兰

深化创新体系推动轨道交通装备持续领跑研究

作为中国高铁装备领域的龙头企业，中国中车始终坚持自主创新，以“交通强国、铁路先行、装备支撑”为战略基点，秉承“产业报国、勇于创新，为中国梦提速”的中国高铁精神，历经引进消化吸收再创新过程，逐步形成自主创新能力，推动构建中国高铁装备自主可控的产业创新生态，树立以企业为主体推动实现高水平科技自立自强的成功范例。

一、研究背景

2021 年 1 月，习近平总书记视察京张高铁时指出“我国自主创新的一个成功范例就是高铁，从无到有，从引进、消化、吸收再创新到自主创新，现在已经领跑世界。要总结经验，继续努力，争取在‘十四五’期间有更大发展”，为中国高铁装备自主创新管理模式研究工作提供了根本遵循和强大动力。

中国高铁装备自主创新的成就，是以习近平同志为核心的党中央高度重视、亲切关怀的结果，是国务院国资委以及国家部委悉心指导、大力支持的结果，是国铁集团、科研单位、高等院校以及中国中车全体员工特别是科技工作者团结协作、攻坚克难的结果。中国高铁装备自主创新模式能够为中国中车坚定“一核两商一流”战略定位，优化“一个三极多点”业务结构，高质量实现“七个新突破”，推动我国企业更快形成自主创新能力，构建更稳健的“双循环”新发展格局提供坚实助力。

二、内涵及主要做法

中国高铁装备自主创新模式，是在党对科技创新的领导下，面向国家重大需求，积极发挥新型举国体制优势，以高铁装备国内外市场为主要牵引，面向轨道交通装备科技自立自强，以破解关键核心技术以及形成颠覆性技术、前沿引领技术为根本，以完整、先进的产业链创新链协调发展为支撑，以精益管理、数字赋能为抓手，以人才为先、红色基因为保障，高效实现中国高铁装备全产业链高水平自主可控的中国式科技创新管理模式。整体而言，中国高铁装备自主创新模式的核心内容可以概括为“一体双链四支撑”。其中：“一体”指新型举国体制支撑；“双链”指产业链与技术链双元驱动实现价值创造；“四支撑”指以精益为本、数字赋能、人才为先、文化为魂实现固本强基。中国高铁装备自主创新模式见图1。

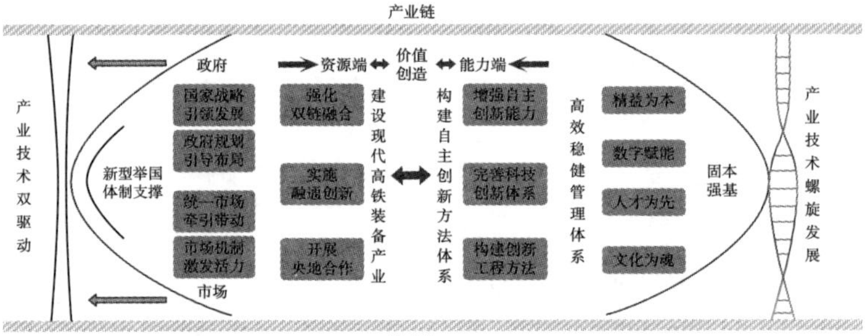

图1　中国高铁装备自主创新模式

（一）践行新型举国体制，助推高铁装备领跑

新型举国体制强调将国家战略、产业规划、资源配置与市场机制有机结合，形成以政策为引导、市场为导向、企业为主体的产业技术创新体系，集聚力量进行原创性引领性科技攻关。

中国高铁装备产业成功实现从弱到强、从追赶到领跑的重要跨越，是新型举国体制下政府、用户、企业、大学和研究院大力支持、协同攻关的结果。中国高铁装备的自主创新，是在国家战略的引领下、政府规划的引导下、统一市场的牵引下以及市场机制的推动下实现的。

1. 国家战略引领发展

中国高铁装备的自主创新，是在国家战略的引领下实现不断演进的。自2004年1月《中长期铁路网规划》揭开我国大规模建设高铁的新篇章后，遵循“引进先进技术，联合设计生产，打造中国品牌”的基本方针，国务院及相关部门陆续发布一系列发展规划。国家层面规划的制定和实施，保证了中国高铁发展的持续性，极大地推动了高铁装备的自主创新。

“十一五”期间，国务院发布《国家中长期科学和技术发展规划纲要（2006—2020年）》，明确提出将“高速轨道交通系统”作为优先发展主题。“十二五”期间，国务院印发《“十二五”国家战略性新兴产业发展规划》，将高速动车组等高铁关键技术装备纳入国家战略性新兴产业重点发展方向；国务院印发《中国制造2025》，大力推进先进轨道交通装备突破发展成为国家战略任务要求。“十三五”期间，《国民经济和社会发展第十三个五年规划纲要（2016—2020年）》提出，要加快推进高速铁路成网，到2020年实现高速铁路营业里程达3万公里，覆盖80%以上大城市。国务院印发的《交通强国建设纲要》，将交通装备先进适用、完备可控作为重点任务之一，并提出强化前沿关键科技研发。

“十四五”以来，党的二十大报告中明确提出以国家战略需求为导向，集聚力量进行原创性引领性科技攻关，坚决打赢关键核心技术攻坚战；国务院印发《国家综合立体交通网规划纲要》，作出构建现代化高质量国家综合立体交通网的重大战略部署；《中华人民共和国国民经济和社会发展第十四个五年规划和2035年远景目标纲要》提出，深入实施制造强国战略，推动先进轨道交通装备等产业创新发展，加快建设交通强国，聚焦高端装备等战略性新兴产业；国务院印发《“十四五”现代综合交通运输体系发展规划》，提出开展CR450高速动车组、13T轴重下一代高速列车的研发应用。

2. 政府规划引导布局

中国高铁装备的自主创新，是在政府科技规划的引导下实现有序布局的。政府依托国家科技计划，采用“产学研用”相结合的一体化组织方式，统筹规划、分步实施，加强关键核心技术的自主攻关。

“十一五”期间，原铁道部和国家科技部联合行动，发挥联合优势，为构建中国特色的高铁装备技术创新链提供强力支撑。“十二五”期间，通过国家科技计划的有序安排，实现高铁装备相关研究“承上启下”，支撑相关理论、技术与产业的可持续发展。“十三五”期间，国资委通过组织实施“1025”专项一期推进关键核心技术攻关，国家科技部通过启动国家重点研发计划“先进轨道交通重点专项”抢占科技竞争制高点。

“十四五”以来，国家科技部与国铁集团签署“高铁引领”科技攻关联合行动计划合作协议，全面启动CR450科技创新工程国家层面的重大科技攻关。此次合作是继2008年两部联合实施《联合行动计划》以来，贯彻落实习近平总书记重要指示的又一重大举措。

3. 统一市场牵引带动

中国高铁装备的自主创新，在统一市场的牵引下实现迭代升级。全国“一张网”、全路“一盘棋”的统一规划，带来巨量的市场需求，加速形成国内统一大市场，进而带动高铁装备技术的引进消化吸收、迭代优化再创新和自主创新。

大规模高铁建设带来巨量市场需求，为高铁装备技术和产品的应用提供了广阔的试验场，促进高铁装备技术的快速进步。高速铁路网规划布局从2004年版国家中长期铁路网规划中的“四纵四横”到2016—2030年版的“八纵八横”，在原铁道部、铁路总公司的统筹组织和国家各部委的支持下，中国高速铁路营业里程已超过4万公里、服役动车组超过4000列。同时，随着经济社会的快速发展和人民生活水平的大幅提高，国人对快速、便捷、舒适出行的要求迅速增加。由此，在国家战略层面和人民需求层面，高铁装备的巨量市场需求形成，从而为高铁装备技术提供了世界上独一无二的应用机会。这种应用也为高铁技术和产品的研发、试验、验证以及运用提供了广阔天地。通过大规模的应用实践所积累的数据，不但可以反馈到技术和产品的创新与改进中，促进新技术、新产品的迅速应用，而且增加了安全运营经验，促使全行业加快成熟和逐步完善，最终拉动高铁装备产业实现跨越式发展。

国家对铁路（系统）市场的集中控制形成统一大市场，保证了高铁装备企业的技术学习。中国铁路始终坚持运输集中、统一指挥和垂直管理。原铁道部不仅是高铁装备企业的行业主管部门，而且是中国高铁行业唯一的设备采购主体。通过统筹配置资源，形成国内统一大市场，并据此采取了有利于我国企业自主创新的举措。对外，通过在设定招标条件、指定技术接收平台等方面制定有利于中国高铁装备发展的标准和规则，实现对先进技术的低成本引进，以较小代价提升国内高铁装备技术和制造水平，确保中国企业对引进技术和制造工艺的充分掌握。对内，通过标准逐步提高的多次招标采购，形成内在激励，不断推动装备、系统和零部件国产化，锻炼国内企业的研发设计和生产制造能力，做强做大骨干企业，培养零部件配套企业，形成高铁装备行业全产业链。

4. 市场机制激发活力

中国高铁装备的自主创新，在市场机制推动下持续激发活力。新型举国体制强调市场机制的作用。以中国中车为代表的高铁装备制造企业，坚持市场是牵引自主创新的原动力，通过产品创新和技术创新，实现技术自主化和国产化，打破跨国公司的技术垄断，形成完整的产业链。

深研市场规律，找准需求痛点，开展产品创新。用户需求带动了中国高铁装备的自主创新。中国中车积极顺应市场需求和趋势，以提供更加安全、便捷、智慧、绿色、舒适、多元、经济的出行服务和体验为牵引，借助国内大市场提供的反复试验验证条件，不断循环迭代解决大量系统问题，孕育出完整的产品谱系及其配套设备。中国中车现有产品包含 35 种型号动车组，涵盖时速 160~350 公里等级，覆盖不同运用环境、编组形式及用途。

结合产业和市场特点，整合资源攻克重大创新目标，推进技术创新。无论是自主探索阶段完成的“大白鲨号”“先锋号”“长白山号”“蓝箭号”和“中华之星号”等动车组，还是全面自主创新阶段研制的 CRH380 系列高速动车组等，中国中车都是在市场需求的牵引下，整合轨道交通装备制造企业、高校、研究所、实验室、工程中心的产学研创新资源攻坚克难。由此，逐步完成自主创新能力的积累、内化和升华。

（二）强化双链融合，带动产业集群共赢发展

中国中车通过深化产业链与创新链双链融合、实施融通创新、深化央地合作，实现产业链供应链稳定安全、产业集群共赢发展。由此，中国高铁装备逐步形成全系统发力、全要素集聚、全产业链把控、全方位拓展的竞争优势。

1. 强化双链融合

中国中车围绕产业链部署创新链、围绕创新链部署产业链，通过双链深度融合、协同联动，确保产业链稳定安全。一方面，通过科技创新解决产业发展中的关键技术问题，针对产业链的断点、痛点、难点、堵点进行科技攻关。另一方面，畅通科技成果产业化渠道，形成新的产业布局，支

撑产业高质量发展。

围绕产业链部署创新链，推动产业关键共性技术突破。中国中车充分发挥科技创新对产业自主发展的支撑作用，围绕产业链部署创新链，聚焦重点专业领域开展关键核心技术攻关，依托创新链破解产业链的重大技术难题，实现关键核心技术自主可控。例如，以重大专项为抓手，持续开展高速列车 IGBT 功率芯片、转向架轴承等关键零部件和其他轨道交通装备用控制系统、制动系统等进口关键零部件的国产化替代研制，着力解决“卡脖子”问题，提升产业自主可控程度。

围绕创新链部署产业链，带动产业集群共赢发展。中国中车通过产业链带动新材料、新能源、高端电子元器件等上下游产业的发展。中国中车对产业链的带动效应强，且具有以下突出特点。一是涉及省份多，达 28 个；二是涉及企业多，一二级配套商 2000 多家；三是涉及行业多，带动钢铁、铝型材、机械、电子、电气、精密仪器等 10 余个行业发展。目前湖南株洲地区已建成全球最大的轨道交通装备产业集群。株洲轨道交通装备产业集群有上下游企业 380 多家，主要位于被誉为世界轨道交通“梦工厂”的株洲市石峰区“田心”地区，方圆约 5 公里内就可找到生产动车组所需的上万个零部件的配套生产企业。

2. 实施融通创新

中国中车以“帮管服”方式开展融通创新，带动配套企业共同参与产品技术研发，确保供应链稳定安全。作为产业整体发展引领者，中国中车以产品创新为牵引，挖掘关键部件与子系统发展所需的核心和关键技术，在此基础上，面向产业链上下游中小企业的发展需求，建立关键共性技术研发平台。同时，不断将自身在高铁装备生产与制造上积累的技术创新成果、研发管理经验以及技术优势，延伸到 500 余家产业链上下游企业的供应链管理中，引导供应商在研发、设计环节参与原始概念模型与产品设计的团队协作交流，推动供应商在技术、工艺、质量等方面改进提升。

系统内组成部件的可靠性直接影响集成产品的可靠性。根据高铁装备产业的特征，打造一条完整、良性、畅达的系统—部件—主机的供应链链条，并确保链条上的参与者有能力满足以主机企业为主导的发展需求，对于主机企业与产业整体发展至关重要。通过融通创新，不仅大幅提升了上下游企业的配套和服务支撑能力，培育了一支国产化供应商队伍，而且通过进一步推进标准化、模块化、集成化、平台化，推动了产业整体技术水平的提升。

3. 开展央地合作

中国中车持续深化央地合作，与核心城市在产业发展上形成良性互动，推动优质要素资源汇聚，打造专业化集群基地。目前已形成以青岛、长春、唐山为核心的产业制造集群基地，建成株洲、常州、南京、西安、北京等核心系统的配套基地，以及北京、上海、广州、武汉、西安、成都、沈阳等维保基地。凝聚的产业合力为中国中车在较短时间内研制产品奠定了坚实基础，同时有力拉动了区域经济快速发展。

以青岛轨道交通产业示范区为例。以国创中心、中国中车三大主机厂为依托的高铁装备核心产业，为智能制造、大数据、新材料、新能源等关联产业乃至工业文旅、教育培训等延伸产业，提供了技术研发平台和应用场景，实现了产业链的“跨界”对接。沉淀多年的整车制造技术基因，让青岛轨道交通产业示范区自成立至今引进了 64 个大项目签约落地，总投资约 700 亿元，有力推动了青岛乃至胶州湾产业高质量发展。

（三）坚持自立自强，强化国家战略科技力量

中国高铁装备产业的自主创新能力，是在以中国中车为龙头的中国高铁装备企业，不断坚持科技自立自强的过程中实现全面跃迁的。在此过程中，中国中车与产业共进演化，构建了开放协同的科技创新体系和独具特色的中国高速列车创新工程方法，也将自身淬炼为推进中国轨道交通装备现代化进程、支撑产业高质量发展的国家战略科技力量。

1. 增强自主创新能力

中国中车始终以自主研发为基础，坚持自主研发与引进消化吸收再创新的统一，实现自主创新能力的持续进阶。中国中车在高铁装备创新历程中的各个阶段，始终主动承担技术创新主体责任，坚持提升企业自主创新能力与提升国家创新能力的统一，始终明确自主研发是增强企业自主创新能力的基础，消化吸收再创新是增强企业自主创新能力的有效手段，从而实现自主创新能力的不断跃迁。中国中车自主创新能力进阶历程见图 2。

自主探索阶段（2004 年以前），实现自主创新能力的基础积累。此阶

段主要进行技术理念模仿下的自主研发。中国高速动车组最初的技术研发吸纳了来自世界各国的多种技术理念，但是当时受技术、资金等方面的限制，只是对国外高铁列车的技术理念进行模仿，具体技术参数计算与仿真依靠自主研发。

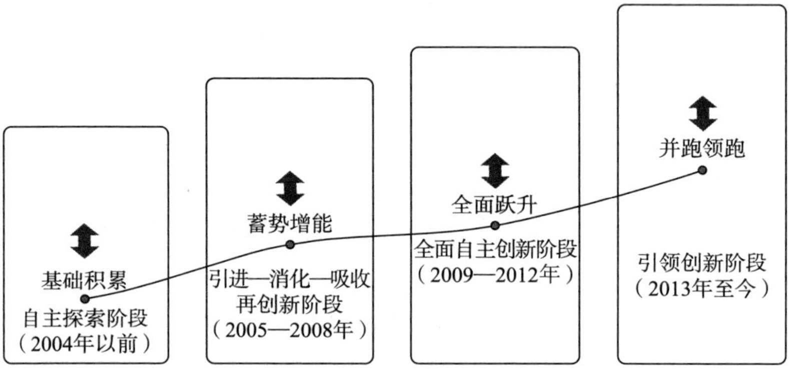

图 2　中国中车自主创新能力进阶历程

虽然此阶段相对成熟稳定的产品较少，但是在自主研发过程中沉淀了大量经验和技术，实现了自主创新能力的基础积累。“先锋号”“蓝箭号”和“中华之星号”均是此阶段的代表车型。

引进—消化—吸收再创新阶段（2005—2008 年），实现自主创新能力的蓄势增能。此阶段，在“引进先进技术、联合设计生产、打造中国品牌”总体方针的指导下，采取“两条腿走路”——引进消化吸收再创新与自主研发同时进行，走出“引进—落后—再引进—再落后”的怪圈，为自主创新能力的形成蓄势增能。

（1）引进消化吸收。采取关键技术转移需达到至少 70%、合资合作不合并等技术引进原则，确定“先僵化，再固化，后优化”的消化、吸收再创新的路线，实施“1∶3”策略加速消化吸收再创新进程，即每花 1 元钱引进技术，配套 3 元钱用于消化吸收，以实现核心技术自主可控。

“先僵化”，即先严格按照国外标准要求执行，通过对原型车图纸的自主学习、技术培训和联合设计，对动车组总体技术性能、参数、结构、主要系统、配件性能形成全面认知。

“再固化”，即对技术图纸和资料进行转化，形成动车组产品的技术文件、操作规程等，把技术精髓固化下来，加速技术的吸收和应用。

"后优化"，即在"固化"的基础上，结合国情和路情，综合动车组运用单位的意见和要求，由动车组及关键部件配套研制企业进行技术改进和自主创新，以适应国内运行环境要求，由国内技术承接企业在原型车平台上进行环境适应性改进，根据国内运输需求开发新车型。

通过"先僵化，再固化，后优化"路线，有效实现了先进技术从"为我所用"到"唯我适用"，推动了产业升级与技术升级。

（2）自主研发。对整个研发体系进行布局，组织全国优势资源，开展产学研协同创新，并构建开放式创新体系，通过分工协作，全力推进。

分工上，中国中车内部优势子企业联合研发，分工重点攻克高铁动车技术难题。协作上，进一步联合原铁道部的科学研究院、清华大学、北京航空航天大学、西南交通大学、同济大学、浙江大学等，建立以主机厂为主体、产学研用相结合的一体化研发设计体系，以集各方力量共建的开放平台，实现关键技术攻关和关键技术能力获取。同时，只进行一次技术引进。例如，在引进时速 200 公里的技术平台后，在此基础上进行自主创新，先后自主研发出时速 300 公里和 350 公里的 CRH2C、时速 380 公里的 CRH380 系列动车组。

此阶段，中国中车快速积累了高速动车组的设计理念、制造工艺、零部件选用等技术能力，建立起支撑自主技术创新的产品研发平台，初步形成追赶国际先进同业的自主创新能力基础和系统保障。

全面自主创新阶段（2009—2012 年），实现自主创新能力的全面跃升。在"联合行动计划"的引领下，中国高铁装备制造业步入通过协同创新实现自主创新能力全面跃升的新阶段。CRH380 系列高速动车组项目便是以企业为主体开展协同创新的集中呈现。子企业协同、产学研协同、产业链协同，聚合成为 CRH380 系列高速动车组自主创新成功的重要保障。

（1）协同创新。子企业协同。采用"两场三地"模式，在不同子企业进行资源共享，实现研发周期缩短 40%。产学研协同。联合国内一流重点高校、科研院所、国家级实验室等协同攻关，同时邀请国外知名科研院所、技术技能专家开展广泛合作，实现技术创新资源最大化"为我所用"。产业链协同。构建中国轨道交通装备产业链，培育出一支国产化供应商队伍，实现产品制造水平的大幅提升。

（2）分层研发。形成前期研究和工程化应用两个研发层次，推动核心技术突破、战略性产品开发，持续巩固发展优势、加速产品迭代升级。依托国家级研发机构突破核心技术，开发战略性新产品，研究基础性、前瞻性技术与共性技术；依托企业技术中心，面向市场进行产品研发和产品实现。

此阶段，中国中车掌握了动车组的牵引性能、车体强度与模态、转向架动力学性能等制约速度提升的关键技术，进一步提升自主研发能力，初步具备正向设计能力。2010 年中国中车株洲所自主研制的高速牵引电传动系统，运用于 CRH380A 高速动车组，从专利角度打破了当时高铁“走出去”的最后障碍，被誉为高铁核心技术的“王冠明珠”。

引领创新阶段（2013 年至今），实现自主创新能力的并跑领跑。在高铁产业国际化进程加速、国家推行“一带一路”倡议和高端装备制造业“走出去”战略、“八纵八横”铁路网规划发布等产业环境下，中国中车以高度的制度自信和技术自信，秉持更加开放的理念进行协同创新。

（1）体系创新。在统筹协调国内近百家科研院所、高等院校、实验室工程研究中心的基础上，在全球布局 18 个海外研发中心、83 家境外机构，建立了“开放、协同、一体化、全球布局”的科技创新体系。

（2）平台创新。建立了整机、系统、部件三级产品技术平台，形成高速动车组技术研发流程，以及“探索一代，预研一代，研制一代，装备一代”的产品研发路线，并建立了涵盖全技术链产品链的技术产品研发体系。

此阶段，中国中车拥有了正向设计能力，建立了涵盖全技术链全产品链的技术产品研发体系，以及具有高铁特色的中国高速列车创新工程方法。由此，中国中车具备了面向全技术链的技术研究能力、面向全产品链的产品开发能力、面向全生命周期创新保障的科技支撑能力，实现了技术研究、产品研制和试验验证的同步推进，适应国内市场环境、动车组运用和认证管理需求。不断提升的自主创新能力持续驱动原始创新成果涌现，研发出 CR400、CR300 系列复兴号动车组，支撑了高速磁浮交通体系研发。

2. 完善科技创新体系

中国中车构建了以“开放、协同、一体化、全球布局”为特点的科技创新体系，形成“两纵两横一贯通”的科技创新格局。中国中车坚持“四个面向”，在以强国使命、国家意志和人民需求为导向的战略引领下，按照“自立自强、产品导向、开放协同、人才为本”原则，以中车研究院和国创中心两大平台为中心构建科技创新体系，为中国中车支持国家战略、勇担现代产业链“链长”、打造原创技术策源地、实现“一核两商一流”战略目标提供不竭动力。中国中车科技创新体系见图3。

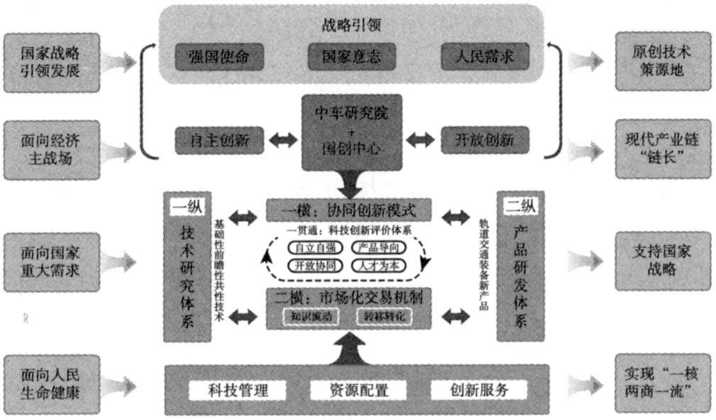

图3　中国中车科技创新体系

开放。以国创中心为主体，打造一个从技术研发到技术服务、成果转化、产业发展全过程、全要素机制创新的开放式新型创新平台。国创中心联合国内外科研院所、高校、企业共同开展多个深层次、全方位、多形式的合作项目，通过开放式创新，汇聚全球高铁装备技术创新资源以及创新要素，构建协同联动的创新生态。

协同。集团层面制定完整的产学研用战略，通过建立常设的产学研创新平台，开展深度长期的产学研合作，与近40家国内一流科研院所和高校、50余家骨干企业进行协同创新。

一体化。以中车研究院、国家级研发机构、国家级企业技术中心为主干，以海外研发中心、省部级研发机构、省部级企业技术中心、产学研联盟等各级各类机构为支点，建设一体化科技创新生态。

全球布局。建立全球科技合作网络，加强国际合作的全面布局。在尖端科技人才丰富、技术基础设施完善、技术创新活跃的国家和地区，根据需求分阶段建设海外研发机构，进行全球研发能力布局。同时，与当地高校院所、科研机构、同行企业等建立联合研发中心或产学研联盟，跟踪相关学科和前沿技术发展动态，针对优势学科领域，集聚区域优势科技资源。目前中国中车所属子公司及研究院（代表中国中车）在全球7个地区13个国家共建设18家海外研发机构，逐步完善海外技术合作格局。

两纵两横一贯通。“两纵”，即优化技术研究体系、强化产品研发体系。“两横”，即建立完善协同创新模式、构建技术市场化交易机制。“一贯通”，即建设科技创新评价体系。具体而言，以协同创新模式，推动技术研究和产品研发一体化发展。按照分层研发构建体系，由中车研究院、国创中心牵头，协同各级各类研发平台，开展基础性、前瞻性技术和共性技术研究，建立技术研发体系；核心子企业发挥产品研发牵引作用，协同各级各类研发平台，开展高铁装备新产品研发，建立产品研发体系。由此，实现全产品链全技术链创新能力和全生命周期创新保障能力的提升。以加速知识流动和技术转移为主线，推进科技创新和成果转化，建立技术市场化交易机制。通过科技创新评价提升科技管理水平、优化创新资源配置、提高科技创新效益。

3. 构建创新工程方法

中国中车基于高速列车技术创新与产业化重大工程的具体实践，形成具有高铁特色的中国高速列车创新工程方法（见图4）。该方法强调技术与产业协同推进，以高速列车技术要素为牵引、产业要素为拉动，技术促产业、产业拉技术，双元驱动、螺旋式向前发展，实现从整车、系统、关键零部件的研发制造到运用维护的全要素协同提升，为高效、有序、和谐的高速列车创新工程管理活动提供有力保障。

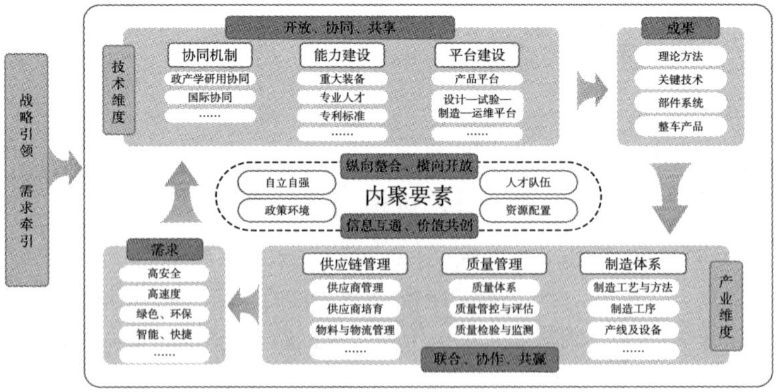

图4　中国中车创新工程方法总框架

具体而言，通过战略引领、需求牵引，在政策、机制、人才、资源等内聚要素的串联与激发作用下，从技术维度上，以开放、协同、共享的理念推动协同机制、能力建设、平台建设等不断升级，产出理论方法、关键技术、部件系统及整车产品的系列新成果，以此为载体，为产业发展输入新鲜血液；进一步地，在产业维度上，以联合、协作、共赢为内生动力，持续强化供应链管理、质量管理和制造体系建设，并催生出高安全、高速度、绿色、环保、智能、快捷的新一代列车技术与产品新需求，进而以需求为目标，拉动技术创新；由此循环，螺旋式发展，最终解决技术与产业能力快速成长、高效迭代升级的难题。

该方法充分体现了中国高铁装备自主创新的特色。一是建成高速列车学科体系，实现以“列车学科”为载体的工程化路径优化。该学科体系包括振动噪声、车辆动力学、空气动力学等8个学科35个方向，搭建了基础理论研究向产品工程化应用转化的桥梁，打通了前沿技术向产业输送的快车道，大幅缩短从理论到产品的开发周期。二是建立高速列车全链条开发方法。在“顶层设计、系统匹配、指标分解、性能优化”的全链条开发方法下，形成虚拟仿真—部件试验—在线试验、数据寻优的高速列车集成设计能力。三是提出“按需定制、高效设计、柔性制造”的高速列车谱系化方法。基于数字化，提出分层设计、模块构建的列车设计制造新思路，开发周期缩至2~3年，形成满足定制化需求的高速列车产品自主创新能力。四是建设高速列车设计—制造—产品三大技术融合平台。打造精益生产、全程管控的平台化制造模式，实现单一产品研发向产品平台转变，构筑自主安全可控的技术创新平台体系。

（四）精益为本、数字赋能，保障产业高质量发展

中国中车通过精益化管理和数字化转型，高质量保障产业安全发展。通过精益化管理夯实数字化转型的基础，通过数字化转型助力精益化管理持续升级，以“精益化+数字化”实现创新研发、生产运营的提质增效，以及产品质量的体系化把控。

1. 精益为本：以精益化管理强化提质增效

中国中车以精益化管理实现生产运营的提质增效。以“三大重点管理工程”为抓手，打造以“工位制节拍化生产”为特征的精益制造模式，进而将精益理念与方法从制造环节向技术和管理环节全方位延伸，构建以“6621运营管理平台”为主体的精益管理体系，以及用于体系化质量管控的“中车Q质量管理体系”。由此，推动中国中车制造体系向精益智能化

转型，拉动中国中车管理体系向精益数字化提升。

三大重点管理工程。一是突出基础管理的“强基工程”。围绕聚同管理理念、优化组织架构、完善制度体系、致力协同运营、突出风险管控、构建特色体系六个方面的重点任务，强化基础平台保障。二是突出制造为先的“示范工程”。建设精益制造单元，形成可复制、可平移的精益体系。三是突出专业管理的“雁行工程”。建立管理流程与制造流程高度协同的运营模式，不断完善精益运营的体系和标准。

工位制节拍化生产。该精益制造模式具有轨道交通大型装备特色：“基于价值工程逻辑，聚焦过程增效，将管理流程指向工位，将管控对象聚焦至节拍，实现制造过程在时空和资源上的系统协同，以及价值创造的最优组合。”

6621 运营管理平台。通过工位建设和节拍管控，打造一条高效的产品生产线，建立与精益制造流程高度匹配的运营系统，对原有相对分散和割裂的职能管理进行系统集成和协同。

中车 Q 质量管理体系。中国中车实施体系化质量把控，形成具有企业特色的质量管控机制，搭建具有轨道交通装备制造业特色的质量管理标准体系。通过开展内部质量管理、供应链质量管理，确保高铁装备的运营安全。

2. 数字赋能：以数字化转型助推智造升级

中国中车以数字化转型赋能高铁装备的“智”造升级。通过数字赋能产品全生命周期、产品创新、精益制造、企业定位转变，推动高铁装备由模仿创新向自主创新转变。

一是数字赋能产品全生命周期，塑造价值创造优势。在研发设计端建立“智能产品研发数字化体系”，在生产制造端建立“生产指挥数据驾驶舱”，在经营管理端建立“经营管理数据驾驶舱”，在产品服务端建立“全生命周期数据驾驶舱”，构建具有中国中车优势和特色的“价值创造模型”。

二是数字赋能产品研发，支撑产品创新。通过建立支撑产品研发的仿真分析软硬件平台和管理体系，基本实现产品结构设计、工艺开发的全三维设计，有效支撑谱系化高速动车组等产品的快速研发。

三是数字赋能精益制造，助力创新活动降本增效。通过建立高速列车谱系化设计制造一体化平台、高速列车设计—制造—产品三大技术融合平台，提高协同研发效率与创新精益性。

四是数字赋能企业定位转变，助推产业整体创新能力提升。逐步由产品制造商向全寿命周期市场服务商和系统解决方案供应商转变，推动高铁装备制造业实现标准化和数智化，从而提升整体产业的创新能力。目前获批国家智能制造新模式项目26个、智能制造试点示范项目12个。

（五）人才为先、文化为魂，筑基企业强动力创新

中国中车以人才聚力兴企，以文化铸魂凝心，将人才和文化的软实力转化为中国高铁装备自主创新的硬支撑。中国中车通过人力资本管理创新落实人才强企战略，通过弘扬具有新时代特征的企业文化树立文化自信、激发创新活力，为实现中国高铁装备的创新驱动发展提供核心力量和精神支柱。

1. 人才为先：构筑创新人才高地

中国中车通过人力资本管理创新加强人才管理，为中国高铁装备实现全面自主创新构筑人才高地。以构建“全球一体化人力资本管理体系”为主线，以“八大精品人才工程”为抓手，不断深化人才发展体制机制改革，形成具有中国中车鲜明特色的人才管理体系。

全球一体化人力资本管理体系。中国中车全面对标世界一流企业，以“人与组织的匹配”为核心理念，以“职位+能力”为主线，构建了包括5大系统、12个模块、37个项目的全球一体化人力资本管理体系（见图5）。该体系以中国中车18万名员工数年来的管理实践为基本检验，是具有系统集成创新特征的人力资源管理理论、方法、制度和工具体系，有力推动了中国国有企业、本土企业的人力资源管理理论创新。

八大精品人才工程。中国中车推进实施“选人用人、职位管理、招聘配置、薪酬绩效、人才盘点、人才发展、平台支撑、实施管控”八大精品人才工程。一是持续深化干部管理机制改革，形成具有中国中车特色的、以领导力模型为基础的选拔培养配置管理体系。二是规范职位体系，建设链接业务与职位的战略学科体系，构建完善员工多维职业生涯发展通道。三是创新招聘管理，深化用工制度改革，建立人才共享机制与平台。四是深入推进分配制度改革，坚持以人为本，努力营造公平、和谐、进取的制

度环境和文化氛围。五是瞄准全球一体化人才规划，为战略执行、业务开展提供科学有效的数据化、前瞻性管理支持。六是优化完善培训课程、培训师、培训管理三大体系，为驱动中国中车驰骋全球提供强大的智力引擎和人才保障。七是全面构建大集中部署模式的人力资源信息化管理平台。八是加强对子公司人力资源管理过程与结果的指导、跟踪、监督和反馈。

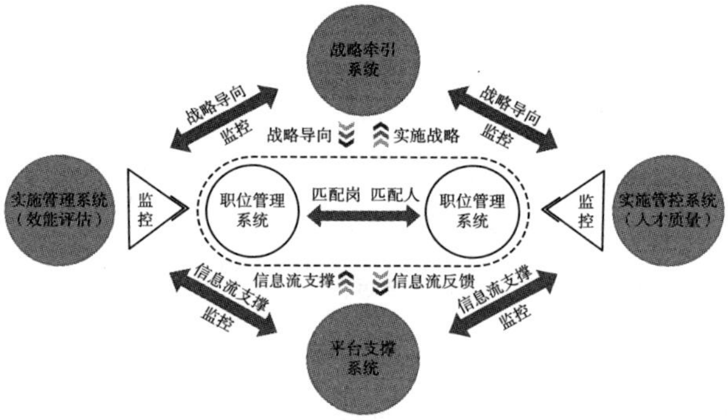

图 5　中国中车的全球一体化人力资本管理体系

2. 文化为魂：坚守文化自信自强

中国中车以企业文化铸就文化自信，为中国高铁装备从跟随追赶走向自立自强凝聚精神动力。根植于制造业的中国特色工业文化以及传承红色基因的中国高铁工人精神，汇聚起文化自信的磅礴力量，激发出中国中车人锐意进取的创新活力，面对挫折越战越勇，团结协作完成使命。

根植于制造业的中国特色工业文化。这是中国高铁装备自主创新的内生动力和精神力量。中国特色工业文化是在工业化进程中萌发、积淀和升华的。新中国成立以来，我国在推进工业化的探索实践中孕育了大庆精神、“两弹一星”精神、载人航天精神等先进工业文化。改革开放后，“劳模精神”“工匠精神”“劳动精神”等工业精神更是深入人心。这些共同构成中国特色工业文化的丰富内涵，为中国中车承担交通强国、制造强国使命提供软实力支撑。

传承红色基因的中国高铁工人精神。“产业报国、勇于创新，为中国梦提速”是中国高铁工人精神的内涵。从被誉为“北方的红星”的长辛店机车厂建立，到党领导的第一次工人运动高潮——京汉铁路工人大罢工，产业工人的爱国情怀、奋斗精神彰显了中国铁路工业的鲜红底色。中国中车人作为新一代产业工人，传承忠党爱国、勇担使命、无畏困难、无私奉献的红色基因，以守正创新、踔厉奋发推进文化自信，以文化自信筑基科技自立自强。

三、实施效果

在习近平总书记视察中国中车重要指示精神的指导下，中国高铁装备历经长期积累、高速发展和运用实践，实现从“跟跑”到“并跑、领跑”的飞跃。中国高铁装备落实了国家制造强国、交通强国等战略部署，践行了开放环境下的新型举国体制，探索出以技术创新国际化为基础的全球化经营模式，使中国高铁成为国家的“金名片”。

（一）坚决贯彻国家决策，坚持服务国家战略

以“交通强国、铁路先行、装备支撑”为战略基点，将企业发展与国家战略协同，服务并融入构建新发展格局，发挥国家战略科技力量的核心作用。“十三五”期间，主动承接国家科技体制改革先行先试任务，牵头组建国家科技部、国资委推动的“十三五”首个国家技术创新中心——国家高速列车技术创新中心（以下简称“国创中心”）；按照“运营公司+产业联盟”模式，在株洲组建国家先进轨道交通装备创新中心。“十四五”期间，对接国家双碳战略，开展交通强国建设试点工作。例如，贯彻绿色发展理念，研发更绿色的轨道交通装备产品及服务模式；在中高速磁悬浮列车研制及工程化应用方面展开技术研发，持续增强中高速磁浮交通系统和装备自主工程化能力。

（二）发挥体制机制优势，践行新型举国体制

形成开放、协同、融合、共享的科技攻关模式，深刻阐释了开放环境下新型举国体制的实践运用场景。在国家和主体企业的牵头组织下，统筹复杂系统工程的多元管理和资源配置，凝聚国内外相关学科优势科研力量，集中攻克难题，形成列车和整机牵引、系统和部件突破、科研院所分工协作的创新生态，为高铁装备快速发展提供理论、技术和产品支撑。国

家科技支撑计划“中国高速列车关键技术研究及装备研制”重大项目，共统筹68名院士、500多名教授和2万多名工程技术人员，联合25所重点高校、11家科研院所、51家国家重点实验室和工程研究中心协同创新、联合攻关。“复兴号”动车组自主化研发历程中，共有47个高校及科研院所、58个国家级创新平台参与。

（三）开展产业链大协作，推动高端装备制造

在中国高铁装备快速发展的历程中，形成技术链拉动产业链、产业链促进技术链的“双链互促”良性局面。主机企业与系统部件企业协同开展技术攻关，通过产业链带动材料、能源、元器件等上下游产业发展，形成了“高铁经济圈”。一列“复兴号”动车组4万多个零部件，辐射20多个省市、600余家一级配套企业、1500余家二级供应商，产业拉动效应达到1∶5。产业链大协作形成“部件—主机”“技术—产业”良性循环促进的产业生态，产生良好的裂变效应。

（四）坚持以人为本理念，打造高级人才队伍

作为执行党的政治任务的经济组织，中国中车以企业形式为国家培养了一批掌握核心技术、引领技术创新的高铁装备领域管理和科技人才队伍，以产业形式为国家保留了一支覆盖高铁装备全产业链的国家战略科技力量。目前中国中车已形成由2名中国工程院院士领衔，包括22名“百千万人才工程专家”等国家级科技专家、21名中车科学家、102名首席技术专家、535名资深技术专家、2290名技术专家、36000余名工程技术人员的科技团队。

（五）践行服务双碳战略，打造持续发展路径

制定“碳达峰、碳中和行动计划”，助力国家“双碳”战略目标落地。明确六大路径、七大保障措施，主动适应高速化、重载化、服务化、智能化、绿色化、轻量化发展趋势，统筹谋划重大技术和产品布局。同时，坚持绿色低碳发展，将节能、低碳、可持续发展理念落实到产品设计环节、生产制造工序中，开发更多环保设备和产品，为世界各地提供绿色、环保、智能的低碳出行方案。

（六）实施全球战略管理，形成国际化经营模式

秉承“融合、共享”的思想，主动融入全球轨道交通行业秩序重构，以“五本模式”开展国际化经营，即本地化生产、本地化采购、本地化用工、本地化售后服务和维修、本地化管理，既增强了供应方持续获得订单的能力，实现全产业链向海外平移，也为需求方创造更多经济发展和就业机会，是中国中车创造的互利共赢的国际市场新模式。

课题承担单位：中车工业研究院有限公司
课题组核心成员：孟祥萌　刘　衡　于欣灵　岳佳欣　褚宏飞

碳中和目标下中央企业推动港澳能源电力低碳转型的路径及策略研究

面对日益严峻的气候变化问题和国内高质量发展的迫切需求，党中央高瞻远瞩提出“二氧化碳排放力争于2030年前达到峰值，努力争取2060年前实现碳中和”的重大战略决策。实现碳达峰碳中和是一场广泛而深刻的经济社会系统性变革。党的二十大报告指出，推动经济社会发展绿色化、低碳化是实现高质量发展的关键环节，应加快构建新发展格局，完整准确全面贯彻新发展理念，推动国民经济绿色低碳高质量发展。

香港和澳门作为实践“一国两制”基本国策的特别行政区，是粤港澳大湾区中心城市，也是我国对外开放的窗口和桥梁，如何推动港澳高质量发展是党中央历来高度重视的问题。2019年2月18日，中共中央、国务院印发《粤港澳大湾区发展规划纲要》，粤港澳大湾区建设进入全面实施阶段，港澳加速融入粤港澳大湾区建设。2021年3月，全国人大表决通过《中华人民共和国国民经济和社会发展第十四个五年规划和2035年远景目标纲要》分别赋予了香港“八大中心”，澳门“一个中心、一个平台、一个基地”的战略定位，港澳在国家经济发展和对外开放中的地位和作用空前提升。港澳的长治久安和繁荣稳定离不开能源支撑，能源电力绿色低碳发展在助力港澳地区实现碳中和目标进而推动社会经济高质量发展的过程中将继续发挥重要作用。

中央企业在关系国家安全和国民经济命脉的主要行业和关键领域占据支配地位，是国民经济的“稳定器”和“压舱石”。2021年，国务院国资委发布《关于中央企业做好碳达峰碳中和工作的指导意见》，把碳达峰碳中和工作纳入国资央企发展全局，中央企业积极落实碳达峰碳中和部署，积极研究制定“双碳”工作路径及行动方案，在推进碳达峰碳中和进程中彰显央企担当。2022年，国务院国有资产监督管理委员会发布的《中央企业高质量发展报告（2022）》中提出中央企业要深入贯彻落实粤港澳大湾区建设等区域重大战略，积极落实碳达峰碳中和部署，全面提高能源资源利用效率，加快发展绿色低碳产业。在新发展格局下，中央企业将继续肩负新时代新征程党中央赋予的使命任务，推动港澳能源电力低碳转型发展。

本文通过梳理港澳当前能源电力和碳排放现状，分析港澳能源电力低碳转型所面临的主要挑战，研究港澳能源低碳转型路径。从电力、石化、综合等三个类别介绍了中央企业在港澳能源电力领域发展和布局情况，剖析了中央企业推动港澳能源电力发展面临的主要问题，从顶层设计、基础设施、科技创新、市场机制、深度融合等方面，提出加强各央企港澳业务统筹协同、加强电油气管网能源基础设施互联互通建设、超前布局能源低碳转型前沿技术、探索港澳融入全国统一能源市场、以合作共建推动深度融合、发挥港澳国际化平台作用等相关建议，为港澳能源电力低碳转型贡献央企智慧力量，为央企在港澳实现合作共赢提供决策支持。

一、港澳能源电力发展现状及面临的挑战

（一）香港特别行政区

1. 社会经济概况

香港特别行政区由香港岛、大屿山、九龙半岛以及新界（包括 262 个离岛）组成，包括中西区、东区、南区、湾仔区等 18 个行政分区。香港岛和九龙半岛之间的维多利亚港为“世界三大天然良港”之一。

经济发展方面，香港是全球最具竞争力的发达经济体之一，以当年价格计算，2022 年地区生产总值（GDP）达 2.82 万亿港元，人均地区生产总值约为 38.4 万港元。2021 年香港特别行政区政府发布《北部都会区发展策略》，系统规划了未来香港北部都会区的发展前景。预计整个北部都会区未来最终可容纳约 250 万人居住，并提供约 65 万个就业岗位，包括 15 万个创科产业的相关职位，也是未来香港经济的重要增长点。

产业结构方面，香港服务业发达，以服务业为主的第三产业占地区生产总值 90%以上，是世界上服务业占比最高的经济体之一。其中，第三产业占比最高的行业为贸易及物流、金融、旅游、工商及专业服务，同时也

是香港经济的四大支柱行业。以农业、渔业为主的第一产业占比基本维持在0.1%左右，以制造、电力燃气和自来水供应、建造为主的第二产业占比基本维持在6%~8%。

2. 能源发展概况

能源供应方面，香港本地能源资源较为匮乏，所需能源全部依赖中国内地或海外进口。煤炭方面，香港煤炭供应全部依靠区外进口，主要来自印度尼西亚和俄罗斯等国家，通过海运方式调入。石油方面，香港主要为成品油消费，全部依靠区外调入，其中航空汽油与煤油、柴油、石脑油等主要依靠中国内地供应，无铅车用汽油主要依靠新加坡、韩国供应，燃油主要依靠新加坡、马来西亚供应。天然气方面，香港的管道天然气主要来源于中国内地，通过中国石油西二线送入；海上天然气主要来源于中海油海南崖城海气。电力供应方面，本地天然气发电供应电力约占一半，本地煤电和区外大亚湾核电分别约占1/4，本地可再生能源发电占比不到1%。

能源消费及结构方面，能源消费总量总体呈现下降趋势，2022年一次能源消费总量约为1676万吨标准煤，同2021年相比下降约8%。随着清洁燃料替代工作推进，天然气消费占比显著增加，煤炭消费占比显著降低，石油消费占比基本维持在20%~27%，一次电力及其他消费占比缓慢上升。电力是香港地区最主要的终端能源消费形式，在终端用能中占比超五成。电力用户以商业和住宅为主，两者用电量合计占比超过九成。

能源电力碳排放方面，香港本地碳排放已于2014年达峰，发电及其他能源工业是香港最大的温室气体排放源，受清洁燃料替代等因素影响，发电及其他能源工业二氧化碳排放当量总体呈下降趋势。

（二）澳门特别行政区

1. 社会经济概况

澳门特别行政区由澳门半岛、氹仔、路氹及路环四个区域组成，澳门半岛是澳门的核心，其东北面小部分陆地与中国内地连接，是国际知名的自由港和旅游休闲中心。

经济发展方面，澳门是发达开放的微型经济体，以当年价格计算，2022年GDP已达到1773亿澳门元，人均GDP约为26.1万澳门元。

产业结构方面，澳门特别行政区的产业结构中没有第一产业，只有少量的第二产业，而第三产业占据主体，其占澳门 GDP 比重保持在 90% 以上。澳门的第二产业主要可分为工业和建筑业两个部分，其中工业包括制造业、水电及气体生产供应业。制造业以纺织制衣业为主，发展模式为劳动密集型和外向型，大部分产品供应美国及欧洲市场。澳门的第三产业以博彩业为主，除此之外还有批发及零售业，维修行业，酒店及饮食业，运输、仓储及通信业，金融保险，不动产、租赁及商业服务业，公共行政、社会服务及个人服务业等。

2. 能源发展概况

能源供应方面，当地能源资源匮乏，基本靠外部供给，能源对外依存度高。其中，石油主要来自中国内地、沙特阿拉伯、新加坡；天然气全部依靠中国内地的横琴—澳门天然气管道供应；电力供应约九成来自南方电网公司。

能源消费及结构方面，能源消费总量总体呈波动下降趋势，2022 年能源消费总量约为 110 万吨标准煤，相比上一年下降 0.6%。澳门以电力消费为主，占比超过五成，电力消费主要集中在第三产业以及家庭用电。

能源电力碳排放方面，澳门已经进入碳排放峰值波动区间，由于外购电占比较高，能源电力领域碳排放随着区外送入电力平均碳排放因子降低而逐年减少。

（三）能源电力低碳转型面临的挑战

受限于自身条件和外部环境因素，港澳能源电力低碳转型发展面临以下挑战：

一是能源供应保障存在隐患。港澳化石能源几乎全部来源于进口，对外依存度高，当前，世界进入动荡变革期，安全威胁多元化等外部形势对能源进口安全带来了严峻挑战。同时，随着全球气温升高，极端天气频发，处在台风多发区的港澳地区，存在极端天气下发生能源电力安全事故的风险。

二是清洁能源发展潜力有限。港澳本地清洁能源特别是风电、光伏等新能源发展目前刚开始起步，发电量占比小于 1%。受土地、资源、环保和政策等因素限制，港澳本地风电、光伏后续开发难度较大，发展潜力有限。

三是能源转型成本压力增大。天然气作为港澳本地主要发电燃料，主要依靠区外进口，受俄乌冲突等复杂国际形势影响，天然气价格屡创新高，中长期来看，天然气价格仍将保持稳定增长态势，不断上涨的燃料价格，将为港澳电力清洁低碳转型带来一定的成本压力。

四是能源转型路径尚不清晰。传统能源的逐步退出必须建立在新能源安全可靠替代的基础上，目前节能改造技术仍处于研究探索阶段，未来商业和住宅建筑节能改造量巨大，完成节电目标难度较高。同时，港澳未来能源低碳转型依靠的碳捕集、利用与封存（CCUS）和生物质能结合碳捕获与封存（BECCS），氢能等，仍存在成本、技术、安全等诸多问题有待解决，在各方面条件成熟前，能源绿色低碳转型路径尚不明朗。

二、港澳能源电力低碳转型路径研究

（一）港澳实现碳中和相关规划

1. 香港碳中和规划

早在2013年，香港特别行政区政府就公布了《香港清新空气蓝图》，提出了多项减排措施推动空气质量改善。2020年，香港正式公布了2050年实现碳中和的目标。2021年10月公布的《香港气候行动蓝图2050》，细化了“零碳排放、绿色宜居、持续发展”愿景的路径，提出了净零发电、节能绿建、绿色运输、全民减废四大减碳策略。

2. 澳门碳中和规划

澳门环境保护局2022年初公布《澳门环境保护规划（2021—2025）》，提出“绿色发展”“生态保育”“全民参与”“区域合作”的规划理念，共同构建低碳澳门。2023年12月30日公布《澳门长期减碳策略》，提出“分领域、分阶段积极落实减碳措施”，在2030年前达到碳达峰，并推动电力、陆上交通运输领域优先于2050年前达到近零排放。

（二）港澳能源电力低碳转型研究

本文基于能源领域常用的长期能源替代规划系统（LEAP）模型，采用情景分析法对港澳能源电力领域未来发展趋势和路径开展相关研究。设置了基准情景和绿色低碳情景作为对比，其中基准情景继续延续“十三五”期间的实施力度推进碳减排工作；绿色低碳情景以特别行政区政府最新公布的碳减排规划为指导，以能源电力绿色低碳转型为导向，调整能源消费结构，加快清洁能源替代升级，加大碳减排工作推动力度。

1. 香港能源需求及碳排放未来趋势分析

能源需求趋势分析。基准和绿色低碳两种情景下能源消费总量总体均呈现缓慢下降趋势。基准情景下，预计 2035 年、2050 年一次能源消费总量分别约为 1691 万吨标准煤、1540 万吨标准煤，绿色低碳情景能源消费总量相较基准情景有所减少，预计 2035 年、2050 年一次能源消费总量分别约为 1589 万吨标准煤、1417 万吨标准煤。天然气和一次电力方面，2035 年前天然气作为更加清洁的能源将逐步替代煤炭和石油气，消费占比呈现稳步增长趋势，2035 年后一次电力及其他消费占比快速增高，天然气消费占比逐步降低。石油消费方面，2035 年前香港将逐步停止新增燃油车，清洁能源汽车将快速发展，逐步取代汽油车与柴油车，石油需求整体将呈下降趋势。煤炭消费方面，2035 年前煤炭消费将呈现快速下降态势，2035 年后煤炭消费基本维持在极低水平。电力消费方面，预计随着香港经济的发展和电气化率的提高，全社会用电量仍将保持平稳缓慢增长趋势，增速逐步放缓。

碳减排趋势。香港 2014 年已经碳达峰，基准情景和绿色低碳情景下，碳排放下降速度均为先快后慢。由于 2035 年前关停燃煤发电，2035 年前碳排放总量下降速度较快，2035 年后进入深度减排区间，此时需要采用零碳和负碳降碳技术以实现 2050 年发电净零排放。

2. 澳门能源需求及碳排放未来趋势分析

能源需求趋势分析。基准情景和绿色低碳情景下，能源消费总量均在 2030 年前达峰，达峰后呈现缓慢下降趋势。基准情景下，预计 2035 年、2050 年一次能源消费总量分别约为 123 万吨标准煤、113 万吨标准煤，在绿色低碳情景下，电力作为更清洁的能源将进一步替代石油和天然气，预计 2035 年、2050 年一次能源消费总量分别约为 118 万吨标准煤、110 万吨标准煤。电力消费方面，未来澳门全社会用电量仍将保持平稳缓慢增长趋势，增速逐渐放缓。

碳减排趋势。无论是基准情景还是绿色低碳情景下，澳门均已经进入碳排放峰值波动区间。与基准情景相比，绿色低碳情景下澳门可以实现以较低的碳排放峰值波段达峰。节能减排政策力度越大，政府对于能源结构等方面的要求越高，越有利于抑制碳排放量的增长。

（三）港澳能源电力低碳转型路径分析

碳中和是一个较为缓慢的转型过程，不可能一蹴而就，需要分阶段稳步推进。考虑港澳自身的特点，分析得出适合港澳高质量发展的能源电力低碳转型路径，在碳中和目标下将港澳能源电力低碳转型划分为三个阶段：

加速转型期（目前至 2035 年）。该阶段煤炭、石油消费占比逐年下降，天然气消费占比升高并达峰，电力消费占比持续提升。本阶段碳减排核心在于实现发电减排。逐步采用更为清洁的天然气发电替代燃煤（燃油）发电，香港 2035 年前淘汰燃煤发电，澳门逐步使用天然气替代重油发电；大力发展本地风能、太阳能、生物质能等清洁能源；增加邻近区域零碳电力输入，该阶段南方电网送入电力碳排放因子将小于澳门本地发电碳排放因子，如增加送入电力，可使澳门碳达峰时间提前。

深度减排期（2036 年至 2050 年前）。该阶段零碳技术和相关布局得到大规模应用，将使得碳排放量快速下降，天然气消费占比达峰后逐年降低，电力消费总量达峰，电力消费占比逐年增加，石油、煤炭消费占比较小。本阶段碳减排核心在于实现零碳发电。天然气发电综合利用 BECCS/CCUS 等技术可实现零碳发电；经过前期技术积累，氢能和天然气混合燃料发电技术逐步推广应用，氢能发电占比持续提升；由于本地可再生能源基本开发殆尽，本阶段可再生能源增长主要通过区外投资可再生能源项目，将所发零碳电力回送的模式，进一步降低外购电力的间接碳排放因子；考虑继续增加内地送港澳清洁电力，保障港澳清洁电力需求；参与全国统一的电力市场，积极参与绿色电力市场交易，大量购入风电、光伏发电等零碳电力，进一步扩大零碳电力所占比例。

碳中和期（2050 年及以后）。该阶段零碳能源发电占比接近 100%，煤炭、石油消费占比已经非常小，电力消费占比持续提升。本阶段发电领域已基本实现以零碳电源为主的电力系统，通过进一步研究零碳和负碳技术可以实现净零发电。本阶段核心在于采用各种方式完全中和难以减少和避免的碳排放，对于仍无法实现零碳排放的部分，可以通过向国际碳汇市场购买碳汇，或加强自然环境资源管理、购买相关负碳资源等措施来抵消。

三、中央企业推动港澳能源电力低碳转型现状及面临的挑战

（一）中央企业基本情况及分类

中央企业是“中央管理企业”的简称，是指由中央人民政府（国务院）或委托国有资产监督管理机构行使出资人职责，领导班子由中央直接管理或委托中央组织部、国务院国资委或其他等中央部委（协会）管理的国有独资或国有控股企业。中央企业在关系国家安全和国民经济命脉的主要行业和关键领域占据支配地位，是国民经济的重要支柱企业。

根据产业属性和管控主体，中央企业大体分为四类：一是实业类中央企业，主要为由国务院国资委代表国务院履行出资人职责的中央企业。二是金融类中央企业，主要为由财政部（或委托汇金公司）代表国务院履行出资人职责的中央金融、保险、证券类企业。三是文化类中央企业，主要为由财政部代表国务院履行出资人职责的中央文化企业。四是其他职能类中央企业，主要为由财政部代表国务院履行出资人职责的企业。

（二）实业类央企在港澳能源电力领域发展现状

在助力港澳能源电力发展过程中，中央企业扮演着重要角色，特别是相关实业类央企纷纷借助港澳优质平台，充分发挥企业核心科技优势，以新发展理念为指导，在合作、开放的发展浪潮中，加快建设世界一流企业步伐。按照在港澳能源电力领域业务拓展情况，将实业类央企划分成电力、石化和综合三种类别：

电力类央企。中国南方电网公司目前通过 11 回高压输电线路与香港联网，通过 8 回 220 千伏主供线路和 4 回 110 千伏备用线路与澳门联网。送港电量约占香港总用电量的 1/4，为港澳经济社会发展注入了强劲动能。国家电网公司投资持有香港电灯有限公司 21%股权，与其在电网运行和维护等领域开展交流合作。南光集团是澳门最大的能源产品供应商，拥有澳门唯一的油气储存和航煤供应设施，是澳门天然气管网的建设和运营商，澳门电力公司的最大股东（股权占比约为 42%）。华能集团、华电集团、

国家电投集团、三峡集团、中广核集团等央企，均在香港设立子公司，开展境内外清洁能源投资、建设、管理、开发和其他相关业务。

石化类央企。中石油集团利用香港市场优越的融资条件，筹集资金支持海外油气业务发展，设立了第一家境外红筹上市公司中国（香港）石油有限公司（后更名为昆仑能源有限公司），目前在香港运营 17 座油气站，同时提供船舶加油、航空燃油等服务。中石化集团全力拓展原油、成品油和化工品等国际贸易规模，积极搭建金融服务开放平台。目前，中国石化在香港共有 1 个代表处和 7 家独立运营的专业公司，拥有 54 座油气站和 2 座油库。中海油集团已为港澳持续稳定供气 27 年，是澳门的唯一供气方，在香港的天然气市场份额达到 68%，对香港、澳门年均供气量超过 30 亿立方米。国家管网集团主要负责西气东输二线香港支线，将来自中亚的天然气送抵香港中电集团青山电厂，实现了发电燃料的清洁替代。截至 2022 年底，国家管网已累计向香港供应天然气超 125 亿立方米。

综合类央企。中节能集团香港公司协助监管部门深度参与了香港地区多项绿色金融和 ESG 标准制定，在节能环保先进技术引进、海外项目投资及融资、国际碳资产交易等领域均有所布局。华润集团布局了新能源、综合能源业务、碳市场和绿电市场等板块，组织旗下华润物流、华创物业与华润电力就香港本地太阳能发电项目开展深度合作。布局 CCUS 领域，建成投运亚洲首个多线程碳捕集测试平台，并与香港理工大学等科研院所开展密切合作。招商局集团布局开展园区开发与运营、社区开发与运营和增量配电网等业务。集团旗下的招商蛇口在低能耗建筑、超低能耗建筑、零能耗建筑等方面均开展了相关研究和应用。

（三）央企在港澳能源电力领域发展面临的挑战

能源电力政策制度差异明显。香港和澳门与内地存在不同的政策和法律制度等方面的差异，当地能源电力市场具有相对独立性与特殊性，在此背景下央企在港澳地区能源电力公司运营可能存在政策、法律等方面限制，给央企开拓和发展港澳市场带来了较大的挑战和困难，也对央企的运营和发展提出了更高要求。

港澳能源市场高度竞争化。中华电力、香港电灯、澳门电力等电力企业在各自负责区域存在一定垄断经营现象。港澳本地企业熟悉当地市场的法规政策，汇集整合相关优势资源，具有先发优势和本土竞争力。同时在港澳国际化平台，央企还面临来自海外国际一流企业的竞争压力。

企业生产要素成本压力大。港澳地区的生产资源、土地成本、劳动成本相对较高，央企在港澳的经营和发展面临较大生产要素和成本压力，央企在港澳开展能源电力等相关业务需要更多的生产要素配置投入。

能源低碳产业融入程度有待加强。当前央企在港澳布局主要集中于投融资领域和对接国际市场，各类央企以实体产业形式参与港澳能源电力低碳转型的力度仍有待加强。央企需要投入更多资源融入港澳的能源电力产业，助力港澳实现碳中和。

四、央企推动港澳能源电力低碳转型策略研究

（一）总体策略

中央企业作为国民经济命脉，担负起维护国计民生、国家安全的重任，应坚持以习近平新时代中国特色社会主义思想为指导，牢牢把握中央企业战略定位和党中央赋予的职责使命，充分发挥央企的骨干和表率作用，服务国家工作大局和地方经济社会发展，央企在港澳能源电力发展主要从以下三个方面把握总体策略：

首先，维护港澳稳定，保障重要行业和关键领域能源供应安全。做好能源供应等关系国计民生的重要物资保供稳价，服务好国家战略发展大局，保持与党中央的决策和规划相一致，遵守港澳基本法和有关法律法规，同时充分尊重港澳地区的经济制度和市场规律，发挥央企先进的技术、丰富的资金和管理经验等优势，积极参与港澳经济建设，促进港澳地区的繁荣稳定。

其次，凭借港澳国际化平台，加快国有经济布局优化和结构调整，推动国有资本和国有企业做强做优做大，提升企业核心竞争力。全面加快建设世界一流企业，围绕产品卓越、品牌卓著、创新领先、治理现代要求，对标和学习世界一流企业。

最后，发挥港澳平台与央企优势，实现深度合作，优势互补，合作共赢，利益共享。提升港澳与央企整体竞争力，不断增强区域经济的创新力和竞争力，融合推动高质量发展，开创港澳与央企融合新局面。

（二）战略重点

结合央企在港澳能源电力领域总体发展策略，重点在以下四个方面开展工作：

保障供应。党中央赋予央企服务港澳的责任和使命，港澳央企应不断提高能源资源等领域的保障水平，着力强化保障公益民生和普遍服务能力，加大民生基础设施投入力度，在事关港澳地区稳定和民生的电力、化石能源供应等方面提供坚强的兜底保障服务，在关系国计民生的能源电力的保供稳价方面，不计代价坚决打好能源保供攻坚战，为港澳保持长期繁荣稳定打下坚实基础。

绿色创新。央企在港澳能源电力领域应对标国际一流水平，做精主营业务，加大创新研发投入，依托粤港澳科技创新高地和香港国际创新科技中心，建成高效协同的科技创新管理体系，推动人才、技术、资金等创新要素有效集聚，显著提升自主创新能力，聚集力量推动能源低碳转型关键核心技术攻关，打造原创技术“策源地”。强化央企创新主体地位，加快与港澳各高校院所、各创新主体构建相互协同的创新联合体。

交流合作。加强与港澳政府和本地企业交流合作，通过港澳平台加强与国外交流合作，依托粤港澳国际化平台，加快建设人才交流机制，打造国际人才聚集高地。

品牌形象。提升央企国际形象和品牌影响力，努力打造拥有全球知名度和影响力的世界一流企业。在相关技术领域形成专业话语权和行业影响力，积极承担社会责任，加强服务质量，做好宣传工作，提升公众舆论形象。

五、央企推动港澳能源电力低碳转型相关建议

（一）加强央企间统筹协同，积极参与港澳能源战略规划

加强央企间的统筹布局和协同规划。加强各央企港澳业务的统筹管理，明确各央企在港澳发展目标和战略定位，围绕实现港澳碳中和目标制定、央企驻港澳公司相关规划和战略目标，统筹布局协同规划，将港澳各央企目前“各自为政”转变成“抱团出海”和“分工合作”，服务国家全

局战略要求。

积极参与港澳政府的能源战略及规划制定。加强与港澳政府能源战略及相关规划的衔接。强化与港澳政府间沟通交流，加强港澳政策研究分析，深入理解港澳政策相关指向性，积极为港澳政府献言献策。与港澳政府间建立定期的互访机制，增进双方互动交流。

（二）加强能源基础设施互联互通，保障能源安全可靠供应

加强电力基础设施建设。进一步提升深圳对香港、珠海对澳门电网供应保障及输电能力，强化粤港澳三地电力互济运行，提高大湾区电力系统可靠性与灵活性，保障区域能源安全可靠供应。持续推动清洁电力增送港澳，提升港澳电力清洁低碳水平，促进粤港澳三地电力融合，提升粤港澳电力基础设施互联互通水平，强化电力安全兜底保障能力。

加强油气管网基础设施建设。加快推进粤港澳三地油气管网互联互通，以现有珠三角成品油管网为依托，加强对港澳成品油供应能力，提高成品油供应可靠性。提升对港澳天然气供应保障及管道输送能力，满足港澳新增用气需求，适时新增对港澳天然气输送通道，提升粤港澳互济供应能力。

加强能源安全风险管控。为应对自然灾害等不可抗因素导致的能源安全事故，在港澳的央企应积极制定相关风险管控措施，并建立完善的风险管理体系，及时发现和化解潜在的风险和危机，保障对港澳能源安全可靠供应。

（三）全力打造全球科创新高地，超前布局低碳转型关键技术

积极助力港澳打造全球科创新高地。依托香港国际创新科技中心，推动港澳央企聚焦能源电力核心业务，共建粤港澳大湾区联合创新基地。加快建设创新型和科技先导型企业，向产业链价值链中高端集中，服务国家发展战略，当好产业基础能力提升的支撑者、产业发展方向的引领者和产业协同合作的组织者。带头落实加强产学研深度融合，提高科技成果转化和产业化水平，强化央企科技创新主体地位，发挥科技型骨干央企引领支撑作用，推动创新链、产业链、资金链、人才链深度融合。

提前开展“零碳产业+负碳技术”布局。未来，港澳在发电以及部分

难以脱碳的行业，对脱碳技术有较大的需求，建议央企在相关领域提前布局“零碳产业+负碳技术”，推动港澳特别行政区深度减碳。需要充分发挥央企科技创新主力军作用，重点聚焦研发新一代 CCUS 和 BECCS 技术，拓展更广泛的二氧化碳应用渠道，探索建立 CCUS 区域商业化运行模式。发展跨产业、跨领域、交叉渗透的碳循环利用产业。形成多技术耦合、源汇匹配优化的 BECCS/CCUS 发展路径和新型产业集群。提前开展氢能技术相关储备研发和布局，重点攻克相关“卡脖子”技术问题，探索研究氢能关键技术的相关产业链的构建。

推动低碳创新技术发展。未来港澳对于建筑领域节能有较大需求，中央企业可发挥用电节能领域技术优势，开展建筑节能降耗、节能管理服务、节能认证咨询等业务。开展电化学储能、氢储能等技术攻关及示范研究，保障清洁能源规模开发、经济消纳。深挖电力系统调峰潜力，聚合电动汽车调节潜力，加快研究构建虚拟电厂，提升电网灵活调节能力。设立能源低碳发展研究机构，加快低碳实验室建设，培育国际科技创新平台。

（四）推动港澳融入全国统一电力市场体系，探索碳市场领域相关业务

推动港澳融入全国统一电力市场体系。加快推进港澳地区融入南方区域电力市场，助力港澳实现能源绿色低碳发展愿景。考虑港澳地区能源绿色转型、深化电能替代等需要，与内地电力交互需求将呈现持续增长态势，因此，推动港澳地区融入南方区域电力市场，为港澳提供绿色低碳能源电力，强化粤港澳三地电力互济运行具有现实必要性。当前，港澳仍然维持发输配售垂直一体化供电模式，而南方区域电力市场已启动试运行，具备良好的市场基础。因此，需结合港澳与内地经济社会发展融合进程，考虑港澳能源电力管制放开程度，逐步推动港澳融入南方区域电力市场。

积极探索碳市场领域新业态。央企可加强与港澳在碳资产投资和管理、碳减排、碳转化等方面的业务合作，与港澳企业积极探索和拓展碳标签、碳认证、碳盘查、碳资产托管、碳金融、核证自愿减排项目开发等业务。

（五）以合作共建推动深度融合，发挥港澳国际化平台作用

积极推动项目合作开发。与港澳本地企业合作开发港澳周边区域清洁能源项目，共同推动成立光伏、风电项目建设和服务港澳能源转型。加快开展电化学储能规模化合作与应用，共同推动储能产业链高质量发展。

积极承担港澳当地社会责任。积极参与当地的公益事业，主动捐赠资金和物资，积极开展低碳环保、能源科普教育等社会公益事业，提高企业的社会责任和公众形象。

加强国际交流。利用港澳的国际化平台和多元化文化，加强国际合作和交流，拓展海外市场，提升央企的国际竞争力。积极举办和参与国际能源技术论坛和展览会等对外交流活动，与国际能源领域的企业、机构建立联系，促进合作交流，提升央企国际影响力和品牌形象。

课题参与单位：南方电网能源发展研究院有限责任公司
课题组核心成员：朱浩骏　曾金灿　姚尚衡　何耿生　张舒涵
李　沛

建筑央企产业工人队伍建设研究

一、前言

中国化学工程第三建设有限公司（以下简称公司）源于国家建设淮南化肥厂，1962 年在淮南注册，隶属中国化学工程集团有限公司（以下简称集团公司）。公司是以化工、石油化工、机电、房建和市政工程建设为主，集研发、设计、投资、建造、运营于一体的国际化工程公司，具有石油化工工程施工总承包特级，化工石化医药行业设计甲级，建筑、市政公用、机电工程施工总承包一级，钢结构、环保、消防设施、地基处理工程等专业承包一级以及监理、工程咨询等资质。公司技术力量雄厚，在行业首家获得高新技术企业，较早获得国家认定企业技术中心，拥有 500 多项国家技术专利，100 多项国家、省部级工法和省部级以上科技成果。

作为共和国化工事业的国家队和主力军，公司参与几乎所有重大工程项目的主要装置建设，是行业领头羊、排头兵，成立以来已在国内外建成 5800 多项化肥、炼油、石油化工、煤化工、精细化工、建筑、市政、环保、电力、新能源、交通、矿业、轻纺、食品、医药等大中型项目。在建成的项目中，荣膺省部级以上奖项 430 多项，包括“中国建设工程鲁班奖”11 项、“国家优质工程奖”15 项。“十四五”时期，公司把握高质量发展机遇，提出了“打造更宽工程领域综合解决方案的服务商，高端化学品和新材料生产供应商，建设研发、设计、投资、建造、运营一体化的国际一流工程公司”的奋斗目标，确定了专业化、多元化、国际化的业务发展路径，聚焦主责主业，不断增强核心功能，提高核心竞争力，努力建设更加综合型的中央企业。

在矢志建设的道路上，人是关系企业发展的核心和基础，特别是作为建筑央企，工程建设和管理离不开数量庞大、质量优秀的产业工人队伍。

公司一直高度重视产业工人队伍建设，在“选育用留”上下实劲、出实招、有实效。特别是2016年习近平总书记在视察公司承建的国家能源集团宁夏煤业公司煤制油项目时，发出了“社会主义是干出来的”伟大号召，公司深受鼓舞、倍感骄傲，把总书记的殷殷嘱托转化为团结带领广大干部职工撸起袖子加油干的强大动力，在近年来的复杂形势下，一步一个脚印，实现了生产经营大跨越，从年均营业收入50亿元规模，一跃进入了百亿央企行列，开启了高质量发展新篇章。其中，以“五支队伍”为代表的产业工人队伍，为公司发展注入了不竭动力、作出了巨大贡献。

作为“全国能源化学地质系统产业工人队伍建设改革示范单位”，公司深入贯彻落实习近平总书记关于产业工人队伍建设改革的重要论述和致首届大国工匠创新交流大会贺信精神，持续推动知识型、技能型、创新型的新时期产业工人队伍建设，打造了具有鲜明特色、独一无二的中化三建“五支队伍”，为建筑央企建设高水平的产业工人队伍进行了积极的探索。

二、绪论

（一）课题研究的背景

2022年10月22日，中国共产党第二十次全国代表大会胜利闭幕，习近平总书记在报告中指出：“从现在起，中国共产党的中心任务就是团结带领全国各族人民全面建成社会主义现代化强国、实现第二个百年奋斗目标，以中国式现代化全面推进中华民族伟大复兴。”在新时代新征程中，实施科教兴国战略，培养造就大批德才兼备的高素质人才是国家和民族长远发展大计。为此，习近平总书记强调“加快建设国家战略人才力量，努力培养造就更多大师、战略科学家、一流科技领军人才和创新团队、青年科技人才、卓越工程师、大国工匠、高技能人才”①，为现代化建设提供强有力的人才支撑，筑牢全面建设社会主义现代化国家的战略性基础。培养高素质的产业工人，是党和国家心心念念的“大计”。

作为我国的支柱产业，建筑业的蓬勃发展同样离不开庞大的产业工人队伍。近年来，港珠澳大桥、北京大兴国际机场等一批世界级标志性重大

---

① 引自习近平总书记在中国共产党第二十次全国代表大会上的报告。

工程相继建成，展现了“中国建造”的强大实力。中国拥有2亿产业工人，其作为世界上最大的行业劳动群体，为建筑业快速发展提供了充足的人力资源保障，为新时期改革发展作出了重要贡献。随着国内经济从高速增长阶段迈向高质量发展阶段，建筑业开始步入品质建造时代，项目规模的广泛扩大，现代化施工装备的普遍运用，绿色化、工业化、智慧化建造方式的大力推进，对产业工人队伍提出了更高要求。

为了加快行业改革、推动产业升级，习近平总书记对产业工人队伍建设改革作出了重要指示，国务院、全国总工会相继出台了《关于促进建筑业持续健康发展的意见》《新时期产业工人队伍建设改革方案》和《关于培育新时期建筑产业工人队伍的指导意见》等文件，大力推进行业劳务用工制度深化改革和建筑产业工人培育。从国家层面来看，当前我国产业工人队伍整体素质偏低，初级技工多，高级技工少；传统型技工多，现代型技工少；单一技能型技工多，复合技能型技工少。同时，一线建筑产业工人普遍文化程度不高、缺乏技能培训，作业人员流动性强、老龄化问题突出，疫情之下迭加了企业的用工荒、用工贵难题，加之产业结构升级和企业转型发展，对于高素质产业工人需求更大，目前的产业工人结构已经难以满足高质量发展目标要求，人才缺口十分庞大。

从本行业来看，由于石油化工行业工程建设性质的特殊性，项目装置多为高温高压，易燃易爆，对于工人的素质要求更高，标准要求更严格，相应的专业工人培养周期漫长，来源较为有限，叠加疫情影响，人才流失严重，技术人员紧缺。

针对上述情况，在经济新常态下，破而后立，解决企业的用工荒问题，更好地推动建筑业迈向“高品质建造”时代，为建筑企业高质量发展提供强大的人力资源支撑，建立建强高素质的产业工人队伍具有非常重大的意义。

（二）课题研究的意义

1. 打造高素质的产业工人队伍，有利于提高中央企业的国际竞争力

“一带一路”倡议深入推进以来，中央企业果断先行，以高水平、高质量的建筑产品率先树立形象、打响品牌，较好地发挥了国际市场的开路先锋作用。打造高素质的产业工人队伍，能够推动建筑类央企加快业务结

构调整，更好地融入全球建筑创新链、产业链和价值链，提供高附加值的优质产品，加快培育形成一批具有总承包管理能力、世界影响力的大型建筑企业，充分参与全球市场竞争，引导中国建筑企业逐步走向世界顶端。

2. 打造高素质的产业工人队伍，有利于落实中国化学“两商一流”新战略，推进公司强基补链

随着国企改革三年行动的深入推进，中国化学对标“创建世界一流企业”标准，确立了争创“两商”、打造一流的“十四五”新战略。公司作为中国化学系统内建筑板块的领头羊、排头兵，按照总体战略引领，不断加快转型升级，优化业务布局，延长产业链条，推动企业高质量发展。随着公司规模的快速扩大、业务板块的不断拓展、工程项目的显著增多，用好专业工程公司、三级综合公司自有施工队伍、“核心层”企业、社会协作队伍和海外本土化人力资源五种力量，打造高素质的产业工人队伍，既可以为公司工程建造能力的快速提升提供强有力的支撑，为公司拓展新业务、做强做优做大提供不竭动力，同时也有助于妥善应对建筑业智能化、机械化、自动化的发展趋势，通过着力优化产业工人队伍结构，转变用工方式，进一步压降成本、提质增效。

三、外部发展环境、公司产业工人队伍现状分析及存在的问题

（一）外部发展环境

1. 经济发展基本态势

近年来，中国经济探底过程中，经济发展至现阶段所形成的“四高”特征（即高债务杠杆、高要素价格、高结构风险、高环境压力）对国家政策和企业选择形成了强约束。同时，经济新动能已初现雏形，围绕新要素、新基础设施和新产业的新一轮产能扩张蓄势待发，为促进经济发展孕育了新的希望。通过经济基本面分析，意味着中国进入了高质量发展的通道，通过国际经验比较发现，中国经济也正在迈入增速换挡期和高质量发展新阶段。国内外经济发展对照见图 1。

主要国家和地区		德国	日本	韩国	中国台湾	平均	中国
高速追赶期	持续期	1951—1965年共15年	1951—1973年共23年	1961—1996年共36年	1951—1989年共39年	28年	1978—2013年共36年
	增速（%）	6.6	9.3	8.5	8.8	8.3	9.8
	期末人均GDP（1990年国际元）	9186	11434	12860	8538	10504	9802
	期末人均GDP相对于美国水平（%）	68.5	68.5	51.0	41.1	57	30.1
中速追赶期	持续期	1966—1972年共7年	1974—1991年共18年	2001—2010年共10年	1990—2010年共11年	14年	2014—2033年共20年
	增速（%）	4.0	3.7	4.9	5.1	4.5	5.3
	增幅（%）	61.0	40.0	58.2	58.1	54	54
	期末人均GDP（1990年国际元）	11966	19355	21701	23292	19078	27284
	期末人均GDP相对于美国水平（%）	71.7	84.7	71.2	76.4	76	56.5
GDP规模（2019年，万亿美元）		3.8	5.1	1.6	0.6	—	14.4

图 1　国内外经济发展对照

2. 建筑行业发展整体趋势

2011—2021 年中国建筑业总产值变化趋势（见图 2）。

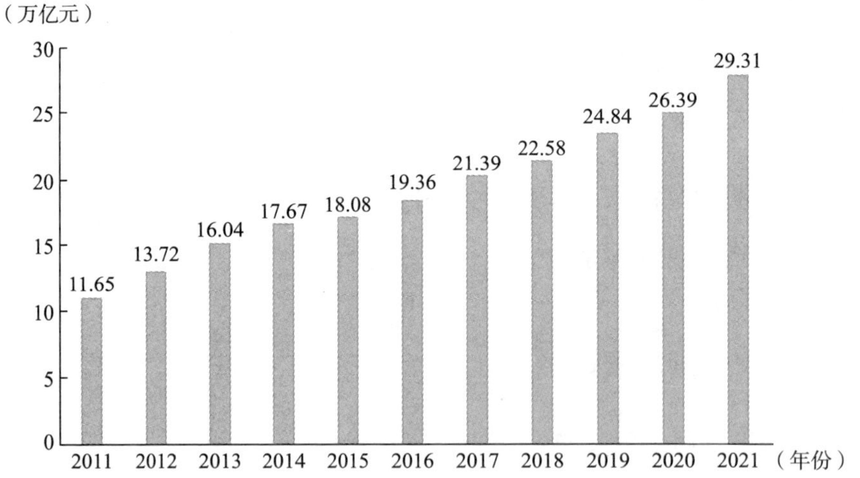

图 2　2011—2021 年中国建筑业总产值变化趋势

总体来看，建筑市场的增量空间较有限，整体红利难以为继，存量竞争施压供给端。同时，成本端持续施压，转型升级成必然，提升管理效率、挖掘利润空间、进一步抢占高价值环节成为竞争的关键。

3. 产业工人结构分析及相关政策

长期以来，中国的高级技工缺口很大。日本的产业工人中，高级技工约占40%，一般技工约占60%；德国的产业工人中，高级技工和一般技工各占50%；而我国的高级技工仅占技工总数的5%。随着我国由高速发展向高质量发展转型，对高级技工的需求不断上升，在能力结构上也提出了新的更高要求，深入开展产业工人队伍建设刻不容缓。

党的十八大以来，以习近平同志为核心的党中央高度重视产业工人队伍建设，2017年4月14日，党中央、国务院发布《新时期产业工人队伍建设改革方案》，着力建设知识型、技能型和创新型劳动者大军，努力打造产业工人的四种力量。该改革方案出台后，国家有关部委先后出台《关于加强和改进新时代产业工人队伍思想政治工作的意见》《关于推行终身职业技能培训制度的意见》《关于健全完善新时代技能人才职业技能等级制度的意见（试行）》等政策，采取措施积极推进该改革方案落地见效，涉及产业工人队伍思想政治建设、薪酬待遇、职业发展、技能培训、权益保障等多个方面。为贯彻落实中央企业人才工作会议精神，建立一支专业结构优化、总量规模合理、适应企业业务结构与发展规模的高技能人才队伍，集团公司于2022年6月发布了《关于加强技能人才队伍建设的指导意见》，聚焦四类核心专业技能人才，成为未来一段时期指导集团技能人才队伍建设的指导方针。

高质量发展是全面建设社会主义现代化国家的首要任务，发展的根本目的是使人民共享发展成果，实现共同富裕。发展的目的在人，发展也需要人，2亿产业工人的去留是事关国计民生的大事。在当前新旧动能转换、产业结构升级、人口老龄化的大背景下，如何使用好、建设好、发展好产业工人队伍，事关国家建设基调，事关高质量发展。

（二）公司产业工人队伍现状

公司的产业工人队伍数量大、质量高，有效承担了工程建设主力军的重任。现有职工6546人，其中，产业工人2551人，占比39%；年龄在45岁以下的产业工人1084人，占产业工人总数的42.5%；首席技师10名，高级技师110名，技师312名，初级技师553名，普通技工1566名（见图3）。人数众多、种类齐全的产业工人队伍，充分保障了公司的专业优势，成为公司在传统化工项目建设领域的核心竞争力。

公司是建筑行业为数不多拥有自有关键产业工人队伍的企业，具有自主评价职业技能等级资质，多次代表集团以及行业参加国家、省市等举办的吊装、焊接等各类职业技能竞赛，曾先后获得全国焊接大赛团体二等奖，安徽省焊接个人第一名、第二名等优异成绩，被授予多项荣誉称号，包括第二批中央企业“大国工匠”培养支持计划1名，能源化学地质行业“大国工匠”2名，“中华人民共和国成立70周年百名功勋工匠”2名、全国技术能手4名、“安徽工匠”1名、“江淮工匠”1名、“淮南工匠”3名、“化工建设行业优秀工匠”5名、享受“国务院政府特殊津贴”产业工人1名，“全国工人先锋号”1个、“全国安康杯竞赛优胜班组”1个、“安徽工人先锋号”2个。公司建立了省级技能大师工作室2个，市级技能大师工作室3个，培养了一大批高级技师、技师。

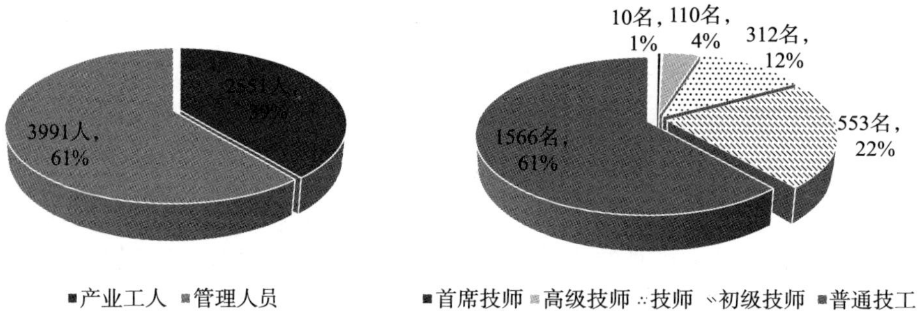

图3　公司产业工人总体比例及技能分布

2021年，公司荣获“全国能源化学地质系统产业工人队伍建设改革示范单位”称号，是中国化学唯一获此殊荣的所属企业，标志着公司产业工人队伍建设工作得到了中国能源化学地质工会和集团公司的一致认可。“十四五”期间，公司提出聚焦建筑工程、环境治理和实业三大业务板块，努力打造工程领域综合解决方案的服务商、高端化学品和新材料生产供应商的总体战略定位，并规划了到2025年新签合同额达300亿元等一系列发展目标。为支撑战略目标实现，结合国家和集团产业工人队伍建设要求，2022年7月，公司提出了“蓝‘鹰’护航”的“一十百千”技能人才项目，为今后一段时期产业工人队伍建设指明了方向。

通过剖析当前产业工人管理现状，公司的产业工人在数量规模、专业种类等方面虽然具有一定的优势，但是从支撑企业高质量发展的根基来深入剖析，还存在着一定的问题亟待解决，如顶层设计不足、产业工人来源不足、引进速度较慢、技能等级评定体系不完善、薪酬差异化管理激励性不足等。

四、产业工人队伍建设实施路径

在长期实践过程中，公司始终坚持以习近平总书记关于产业工人队伍建设的重要讲话精神为指引，深入贯彻落实总书记致首届大国工匠创新交流大会贺信精神，坚持问题导向和目标导向，以高度的企业和社会责任感，锚定“筑牢企业根基、推动行业进步、积极投身全面建设社会主义现代化国家”的远大目标，确定了从四个层次培育高技能产业工人、组织动员产业工人努力建功新征程。

一是在加强思想政治引领上下功夫，团结引导产业工人坚定不移听党话、矢志不渝跟党走；二是在大力弘扬劳模精神、劳动精神、工匠精神上下功夫，讲好劳模故事、劳动故事、工匠故事，引导广大干部职工特别是青年人走技能成才之路；三是在激发产业工人创新创造热情上下功夫，广泛开展各种形式的劳动和技能竞赛，深入开展群众性创新活动，积极创建劳模和工匠人才工作室；四是在深入推进产业工人队伍建设改革上下功夫，支持“大国工匠”、首席技师等工匠人才发挥骨干带头作用，高度重视工匠人才、关心爱护工匠人才，让工匠人才的聪明才智充分涌流。

同时，结合石油化工行业施工生产特点，公司有针对性地打造“三型”产业工人队伍。在“知识型”产业工人队伍培养方面，注重新知识的学习培训和日常教育，扩大工人知识面，尤其在“四新”技术方面拓展工人视野，紧跟行业发展步伐，补齐新能源、新材料方面知识短板，助推产业工人队伍适应时代潮流发展；在“技能型”产业工人队伍培养方面，注重实际操作能力的提高，解决施工生产过程中的实际问题，在实战中锻炼、培养产业工人队伍，发扬“工匠”精神，传承“工匠”技艺，铸造精品工程；在“创新型”产业工人队伍培养方面，注重技术改革与创新，在平凡的工作岗位上大力倡导小改小革，大胆应用新的工法、新的思维工作模式，解决施工生产中的常见问题，提高工效。

通过“两轮”驱动，有力地锻造出满足企业和行业发展要求的独具中化三建特色的“蓝鹰”队伍。

（一）加强顶层设计，“三个文件”统领建设工作

1. 中国化学工程第三建设有限公司深化产业工人队伍建设改革专项行动方案

为了打造高素质产业工人铁军队伍，公司深入贯彻落实全国总工会产业工人队伍建设改革专项行动启动会议精神，大力推进产业工人队伍建设改革专项行动，围绕中国化学“两商”战略和“十四五”规划，坚持以高站位谋划、高起点推进、高质量落实的政治自觉和行动自觉，结合企业实际，制定了《中国化学工程第三建设有限公司深化产业工人队伍建设改革专项行动方案》，明确了产改工作的指导思想、基本原则、行动时间、主要目标。

2. 中国化学工程第三建设有限公司产业工人队伍建设三年、五年、十年规划

2022 年，公司在广泛调研和对外对标对表的基础上，结合企业现有人力资源和用工实际，以集团公司《关于加强技能人才队伍建设指导意见》为统领，以公司“十四五”战略规划为中心，以持续优化产业工人队伍结构、提升技能水平、增强公司核心竞争力为目的，结合公司实际，制定了产业工人队伍建设三年、五年、十年规划，努力建设一支领衔行业的知识型、技能型和创新型产业工人队伍。

3. 中国化学工程第三建设有限公司产业工人队伍建设实施细则

为了推进产业工人队伍建设三年、五年、十年规划，公司按照分类实施的原则，编制了《产业工人队伍建设实施细则》，对产业工人培养工作进行全方位、全过程的部署与安排，逐层逐级推进和落实，确保了总体建设目标的落实落地。

通过上述三份文件，从顶层设计层面明确了产业工人队伍建设工作的指导思想、方向、实施路径、保障措施等，为全面推进队伍建设、保质保量完成各项节点目标擘画了“路线图”。

（二）突出关键路径，“六大抓手”打造优质队伍

1. 抓好制度建设，打通产业工人职业发展“双通道”

公司着力加强产业工人职业发展体系建设。针对产业工人职业发展通

道狭窄、天花板较低等问题，制定了《职务职级管理办法》。从纵向发展上，规定了从“初级工”到“首席技师”共八个技能等级，从制度上为产业工人成长搭建了畅通的职业发展通道，明确其成长方向。从横向发展上，增设了产业工人职业发展的“双通道”，可以在公司专业技能通道和管理通道中相互转换，即表现优异的产业工人，可以转换为管理岗位，参与生产管理。通过“双通道”体系建设，培育出了一大批既懂专业技能，又懂质量安全和生产经营等关键岗位管理工作的复合型技术人才和管理人才。

2. 抓好关键需求，推动产业工人队伍持续发展

公司以满足项目建设需要为中心，紧密围绕高质量发展新要求，深入开展产业工人队伍结构分析，对测量工、焊工、钳工、起重工、电气调试工和仪表调试工“六大关键工种”可能面临短缺的问题进行提前研判，着力实施“六大关键工种”培养计划，提升公司施工保障的核心竞争力。根据智能化和信息化的发展趋势，以及公司业务发展和转型升级需要，适时完善关键工种类型。产业工人的目标需求明确以后，公司的各项工作更具有指向性，指导性更强。通过整合社会资源、校企合作、关键工种技术工人专场招聘等措施，有针对性地招录紧缺技术工人，保证了公司产业工人队伍规模始终维持在合理水平，结构得到持续优化，核心竞争力不断增强。

3. 抓好目标引进，全方位吸收壮大产业工人队伍

在产业工人的引进方面。公司坚持多元合作，打造出了产业工人培育的新模式。重点是按照企业高质量发展对人才结构优化升级的要求，以技师和高级技师为培育重点，不断完善以企业为主体、职业院校为基础，学校教育与企业培养紧密联系、政府推动与社会支持相结合的产业工人队伍培养体系。

一是坚持社招与校招“双管齐下”。短期内，以社会招聘为主，加大对成熟工的招聘力度，快速解决高技能产业工人断层问题。中长期以校园招聘为主，加强与相关中（高）职院校的合作和联系，加大青工招聘力度，加强雇主品牌建设、宣传与维护。创新校企合作办学模式，提高技能人才与公司业务发展的匹配度，为公司高质量发展奠定基础。

二是做好转业军人的安置工作，即贯彻国家关于退役军人安置工作的

要求，积极与地方政府部门对接，每年招收一定数量的退役军人从事关键技术岗位工作。

三是将产业工人引进与助力乡村振兴相结合。在持续巩固脱贫攻坚成果的基础上，深化与定点帮扶的甘肃省环县政府合作，定向引进专业技能人才，有效补充产业工人队伍数量。

通过三大途径的人才输送，保证了公司产业工人队伍的“新鲜血液”源源不断。同时，在充分进行专项调研的基础上，从2022年开始每年引进数十名专科学历以上人员作为青工进行培养，突破了以往技能人才的学历上限，立足长远考虑，新入职技工以劳务派遣用工形式签订合同，采取半年一考核、一年一评价，纳入职工一并考核，表现优秀人员符合身份转换的，可按时将身份转为职工，为今后公司培育高素质工匠人才奠定了良好的基础。“功勋工匠”陶余安就是由一名普通农民工成长起来的工匠优秀代表。

4. 抓好日常培养，确保产业工人“质量双优”

（1）构建多方协同的技能人才培训体系。

公司坚持产教融合、校企合作的职业教育方向，以公司职工培训中心为主，充分利用省内外中（高）职院校资源，形成多层次、多渠道的技能人才培训体系。

一是充分发挥内部资源在技能人才培养中的主体作用。建立公司职业技能培训师资库，加强师资队伍建设，鼓励公司高层次人才担任兼职培训师，推进公司高技能人才资源共享。高质量、高标准打造公司职工培训中心，紧紧围绕公司改革发展、产业转型升级对高技能产业工人的需求，优化专业设置、健全教学标准、完善课程设置，提高培训的针对性和实效性，将其建设成为集理论学习、技能培训、技能鉴定为一体的综合型产业工人学习、成长平台，以及公司技能人才的源头活水。依托国家级企业技术中心成立各关键工种分中心，重点培养和输出公司关键工种高技能人才。加大对产业工人创新创效扶持力度，充分发挥技能大师聚合效应，做实做强技能大师工作室，推进高技能人才的培养和选拔。

二是积极整合利用社会资源，推进产教融合模式。加大与相关中（高）职院校的合作力度，充分利用职业院校师资和设备等优势，大力实施企业新型学徒制，将其建设成为公司技能人才培训基地。

（2）完善技能人才培养模式。

一是积极开展内部技师评聘，为产业工人成长搭建平台。在国家规定的高级技师、技师两个层级技师等级基础上，企业内部增设“首席技师”和“初级技师”，打破了人才成长的“天花板”。要求每名首席技师至少带2名徒弟，形成了首席技师带动高级技师、高级技师带动技师的良性培养体系，打造更加合理的技师梯队。2021年3月，公司获批安徽省职业技能等级认定资格，开展技能人才评价工作，为技能人才的成长创造条件和提供支持，拓宽技能人才的发展渠道，提高社会认可度。

二是不断健全长效培训机制，注重加强在岗技能提升培训，以在岗培训、岗位练兵为重点，加大对现有产业工人的培训力度，提高其技能水平。强化施工现场技能培训，对于较大的工程项目，在进行技术交底或施工方案讲评时，参与人员的范围扩大到现场所有参战的相关工种技术工人。集中开展培训，每年利用春节前后或施工淡季举办各类培训班100余场次，分工种进行培训，保证全员培训率达到90%以上，不断提高产业工人技能。

三是充分发挥导师带徒的“传、帮、带”作用，发放师带徒津贴，不断完善现有导师带徒制度，构建导师带徒弟的长效机制。建立技师等级以上的导师库，加大师带徒的考核和奖惩力度，做到导师能进能出，师徒双向选择的形式进行结对。

（3）加强高层次产业工人培养。

一是完善职业技能竞赛体系。发挥技能竞赛引领作用，构建分（子）公司（直属项目经理部）“练兵赛”、各分（子）公司和专业工程公司（厂）“选拔赛”、公司“总决赛”三级竞赛联动机制，定期开展岗位练兵、技能比武等竞赛活动。以赛代练，以赛促学，以赛提能，通过比赛培养和选拔各工种技能尖子。

二是加大高技能人才培养力度。对标“中华技能大奖”“大国工匠”等各类高级别技能人才标准，整合公司高技能人才资源，高标准、高要求开展高技能人才培养工作，实现竞赛与培养的耦合效应，提升技能竞赛对人才的选拔功能，定期从各类竞赛中遴选技能水平高、发展潜力大的技能骨干员工参与公司技术攻关、重点项目技术改进，多举措推进高技能人才培养。

5. 抓好“五支队伍”，打造独具特色的工程建造依靠力量

公司坚持集中统一管理，在组织架构中设置“施工作业层”，下设20家直属专业化工程公司，较好地发挥了专业施工保障和产业工人培养的作用。随着国企改革的深入推进，原有较为单一的产业工人培养模式已经逐渐难以满足做强做优做大的新要求。为了进一步提升公司的工程建造能力，实现发展新跨越，结合当前生产经营管理组织模式改革实际，公司调整了原有的组织模式，将作业层队伍按照“核心层”“紧密层”“普通层”三个层次进行分类，并实行差异化管理，打造了具有鲜明企业特色的五支“强队精兵”。

（1）持续加强专业工程公司建设。通过规模发展和专业化建设，持续打造一批有利于技术传承进步、有利于人才成长发展、专业覆盖面更广、综合保障能力更强的综合型专业工程公司。一方面，按照分（子）公司业务发展方向，遵循业务相近、地域相邻、利于发展的原则，对现有专业工程公司进行适度整合。另一方面，按照“突出特色提升一批”的改革思路，以做专做优为方向，进一步拓展专业工程公司专业领域，择优选择直属专业工程公司作为试点，打造综合型专业公司。同时，按照企业化、综合化、国际化发展要求，狠抓专业工程公司班组建设，不断提高施工保障能力，培养好关键工种，输送好技能人才，更好地将公司优势体现在国内外重点项目和核心装置上。

（2）鼓励区域性分公司成立自有施工队伍。为了增强分（子）公司的生产经营一体化能力，打造属地标杆企业，公司积极推动分（子）公司充分整合属地化社会资源，指导、帮助基础较好、实力较强的单位建立自有施工队伍并进一步做大规模，努力使其成为保障分（子）公司施工任务的重要力量。分公司成立了10余支直属施工队，部分直属施工队完成营业收入已超过1亿元。

（3）深入推进“核心层”作业队建设。按照集团公司“核心层”作业层建设要求，公司制定了《“核心层”作业层实体建设指导意见》，积极推动以员工为主体的作业队伍通过现金入股方式，成立股权多元化实体公司，形成了一批具有完善法人治理结构的“卫星企业”。按照市场化竞争机制，通过专业或劳务分包方式，实行契约化机制运行和管理施工项目，法人治理结构趋于完善、市场化用工机制初步建立，企业运营平稳。

（4）积极引进优质社会协作队伍。公司坚持“引进来”和“留得住”两手抓、两手硬，一方面，不断扩大社会资源的来源渠道，引进更多成建制、有资质、有自我管理能力和较强资金实力的优秀协作商，充实战略合作商库，使他们发展成为公司项目建设的主体力量，承担更多的施工任务，为做强做优做大储备力量；另一方面，狠抓协作队伍的培养与使用，纳入公司统一管理体系，帮助其提高管理效率和盈利能力。重点培养多年来在公司履约情况良好、承担重要工程任务的优秀协作商，鼓励其不断扩大规模，与公司共同发展。

（5）大力推进海外人力资源本土化。公司在长期“走出去”参与海外市场竞争的过程中，主动对接境外市场，狠抓海外劳务基地建设，符合条件的直接设立海外劳务基地，持续引进海外属地或第三国资源，在机构当地或者第三国聘用更多的外籍管理人员和技术工人，不断扩大外籍人员的使用比例。直接引进成熟的境外协作队伍，整合外籍人员资源组建境外项目自有施工队伍，满足境外项目建设需要，进一步提高公司全球化资源整合利用能力，为后疫情时代境外项目的顺利开展提供保障。

通过强化专业工程公司、三级综合公司自有施工队伍、“核心层”卫星企业、优质社会协作队伍、海外人力资源本土化建设，不仅有效整合了社会资源，而且为自有产业工人队伍的培养提供了更多的机会和更广阔的平台，进一步提高了产业工人的综合素质。

6. 抓好正向激励，激发产业工人队伍活力

想要激励干部职工更好地干事创业，必须充分激发他们的精气神。在产业工人队伍建设过程中，公司运用好正向激励的“指挥棒”，引导广大产业工人在公司高质量发展的前进道路上心往一处想、劲往一处使。

一是实施薪酬激励。公司遵循公平、公正和向一线倾斜的原则，推行产业工人项目班组承包制，保证其收入高于市场平均水平。

二是设立技师津贴。公司按技能等级的不同，给予技师300~3000元不等的津贴。技师津贴制度的实施，极大地鼓舞了广大技术工人参与工程项目建设和刻苦学习、钻研业务技术的积极性和主动性。

三是选树先进典型。公司积极向上级组织推荐先进典型，一批产业工人获得劳模、工匠等荣誉称号。在公司组织的劳模评比中，坚持向基层一线产业工人倾斜，产业工人参与公司建设的积极性大幅提升。落实先进典

型待遇政策，建立多层次的产业工人疗养体系，创造条件开展家庭疗养，选派先进典型参加上级工会组织的疗休养活动。

五、产业工人队伍建设结论

多年来，公司坚持以人为本，不断加强产业工人队伍建设，持续优化完善建设方案，在顶层设计上明确了产业工人队伍建设的目标，回答了“培养什么样的产业工人”这个首要问题，成为整个建设工作的“主心骨”。同时，在长期实践过程中，公司锚定“知识型、技能型、创新型”产业工人队伍建设的总体思路，总结出了六条关键路径，系统地回答了“如何培养产业工人”这个核心问题，即一是要抓好制度建设，打通产业工人职业发展“双通道”；二是要抓好关键需求，推动产业工人队伍持续发展；三是要抓好目标引进，全方位吸收壮大产业工人队伍；四是要抓好日常培养，确保产业工人“质量双优”；五是要抓好“五支队伍”，打造独具特色的工程建造依靠力量；六是要抓好正向激励，激发产业工人队伍活力。结合公司的生产经营实际，创造性地提出了建设专业工程公司、三级综合公司自有施工队伍、“核心层”卫星企业、社会协作队伍、海外人力资源本土化五种力量，多层次打造优质施工保障力量，为企业高质量发展注入了强劲动力。在高素质的“三型”产业工人队伍支撑下，公司工程建设能力不断提高，践行建造强国、“一带一路”等国家战略的步伐更加坚定，建成了一大批国内外重点大项目，其中神华宁煤煤制油示范项目和国家能源集团榆林化工有限公司年产40万吨乙二醇项目接受了习近平总书记亲自视察，中沙延布炼厂项目在习近平总书记见证下正式投产，总结出的产业工人队伍建设经验也为建筑企业在新形势下整合内外部资源、赋能高质量发展提供了支撑和保障。

六、对产业工人队伍建设的政策建议

（一）明确规划定位

要确定产业工人队伍建设在新发展阶段企业发展中的重要地位，将引进和培养高素质、高技能产业工人纳入企业总体规划，统筹考虑、全面布局，破除产业工人队伍建设的体制机制障碍，从顶层设计层面做好保障，努力营造有利于产业工人队伍建设的内部环境。

（二）“引”与“培”双赋能

要坚持“引进”与“培养”两手抓、两手硬，一方面要拓宽引进渠道，聚焦主责主业全面引进关键技能人才，不断为产业工人队伍输送新鲜血液；另一方面要构建多方协同的技能人才培训体系，持续提高产业工人的劳动技能、创新能力，以适应数字化和人工智能时代的工作转型。

（三）充分保障权益

要通过完善机制来维护好和发展好产业工人的权益，建立支持产业工人工资收入与企业发展同步增长的机制，保障产业工人分享企业高质量发展果实的权利。要保证产业工人的政治地位，大力弘扬模范事迹，有效引导产业工人持续追求精益求精的工匠精神，推动中国迈向“建造强国”。

参考文献

［1］崔婧雯．关于新时代产业工人人才培训的思考［J］．现代企业，2021（12）：5.

［2］李健．非公有制企业产业工人队伍建设现状问题与改进［J］．现代企业，2022（3）：31.

［3］李珂，张善柱．高素质产业工人队伍建设发展的实践路径分析［J］．中国劳动关系学院学报，2017，31（1）：7.

［4］林伯海，马宁．习近平关于工匠精神重要论述的生成、意蕴及实践路径［J］．思想教育研究，2021（12）：4.

［5］钟锭，张治国，杨金花，等．湖南省产业工人健康质量调查［J］．职业与健康，2018，34（17）：6.

［6］严永纯．提高建筑工人素质　夯实质量安全工作基础［J］．决策探索（中），2020，642（2）：11-12.

［7］孙岩．上海产业工人队伍评价体系研究［J］．工会理论研究，2017（5）：6.

[8] 于洋．建立职业技能培训评价体系　培养新时代建筑产业工人队伍［J］．建筑，2021（9）：2.
[9] 范卫华．搭建职业技能发展管理平台　促进产业工人队伍建设——以中车南京浦镇车辆有限公司员工培训为例［J］．中国培训，2021（3）：2.
[10] 程鸿，李翠萍，董玉安．智能建筑行业职业技能体系逐步建立［J］．智能建筑，2018（7）：4.

课题参与单位：中国化学工程第三建设有限公司
课题组核心成员：占德庆　潘来安　梁华金　顾士新　张家龙
蔡向阳　赵亚明　张玉龙

能源转型背景下能源央企参建“一带一路”机会与模式研究

当前全球能源格局加速转变的背景下，能源央企参与共建“一带一路”能源合作面临新形势，需要结合“一带一路”沿线国家（以下简称“沿线国家”）新形势、新需求作出调整，以实现全球资源优化配置。本报告在分析沿线国家能源转型发展需求的基础上，首先利用 PEST-R 分析法从东盟、中东欧和非洲区域筛选出有投资潜力的重点国家，挖掘各国可能的投资机会；结合各重点国家自身禀赋、经济发展水平差异，提出差异化能源投资合作模式，提出新形势下深化与沿线国家能源电力合作的策略及建议。

一、引言

“一带一路”倡议自 2013 年提出以来，为“一带一路”沿线发展中国家经济社会发展提供了助力，为欧美日等发达国家开展第三方合作搭建了平台。后疫情时代，全球绿色复苏呼声加大，特别是随着新能源技术发展和成本下降，能源绿色转型和低碳发展正在从《巴黎协定》共识走向各国主动作为，在当前全球合作应对气候变化以及全球能源转型加速背景下，特别是碳中和目标下，推动“一带一路”建设的高质量发展，加深“一带一路”能源合作的“绿色低碳”底蕴尤为迫切，这也是形成能源国际合作新格局的重要依托。目前大部分沿线国家积极支持和推动应对气候变化国际合作进程，提交并更新国家自主贡献承诺（NDC）。沿线国家多为发展中国家，电网等基础设施建设落后，电气化水平较低，人口和经济的快速增长使这些国家电力需求增速较高，电力短缺问题长期存在，沿线国家普遍将电力作为各国优先发展的重点行业，提升电力可及性、提升电力供给能力是主要诉求；在碳中和目标背景下，各国的能源转型需求较迫切，

表1展示了东盟、非洲及中东欧区域电力发展现状及未来转型需求。

表1 东盟、非洲及中东欧区域电力发展现状及未来转型需求

类目	东盟区域	非洲区域	中东欧区域
电力发展现状	东盟整体电力供给能力发展极不均衡	人口增速显著，用电需求旺盛； 电力供应能力较弱，电气化率较低，无电人口占比较高	区域内国家电力结构差别较大。 区域内国家普遍面临较为严峻的电网建设压力
可再生能源	太阳能、地热能、生物质能、水能等可再生能源丰富	水能、太阳能、风能等可再生能源资源丰富	风能、光能和水能资源条件较好，可再生能源发展程度较高
电力发展规划	到2025年东盟可再生能源占总发电量的23%、占总装机35%	到2030年，西非地区至少再增加15.5GW装机容量，以满足需求	希望加大核电、水电、风电、光伏等电源建设，以减少电力领域对天然气的需求
电力合作诉求	区域内主要国家均存在较大的电力开发需求	IEA预测，2040年非洲人口将增加8亿，电力需求将增加75%。 电力可及性问题非常突出	电力系统的平衡和稳定运行。 亟须提升现有电力系统灵活性

2022年3月，国家发展改革委等部门提出了《关于推进共建“一带一路”绿色发展的意见》，认为推进共建“一带一路”绿色发展，是践行绿色发展理念、推进生态文明建设的内在要求，是积极应对气候变化、维护全球生态安全的重大举措，是推进共建“一带一路”高质量发展、构建人与自然生命共同体的共同载体，提出要加强绿色产业合作。鼓励企业开展新能源产业、新能源汽车制造等领域投资合作，推动企业绿色低碳发展“走出去”，鼓励企业赴境外设立聚焦绿色低碳领域的股权投资基金，通过多种方式灵活开展绿色产业投资合作。2021年9月22日，总书记提出停止新建境外煤电项目，为推动“一带一路”建设的高质量发展、加深“一带一路”能源合作的“绿色低碳”底蕴明确了方向，也提出了更高要求。

能源央企是关系到我国经济安全和国计民生的重要经济支柱企业，是能源保供的“压舱石”。实现能源的绿色低碳转型是实现“双碳”目标的关键，从电源到电网，再到消费侧的电力供应，能源央企在能源的绿色低碳转型中都发挥着非常重要的支撑作用。能源央企参与共建“一带一路”是贯彻落实习近平总书记“四个革命、一个合作”能源安全新战略的要求，有助于国家实现开放条件下能源安全。习近平总书记在第三届“一带一路”研讨会讲话中指出，要正确认识和把握共建“一带一路”面临的新形势，夯实发展根基，稳步拓展合作新领域，更好服务构建新发展格局。为能源企业“走出去”指明了大方向，要支持发展中国家能源绿色低碳发展，推进绿色低碳发展信息共享和能力建设，深化生态环境和气候治理合作。党的二十大报告进一步提出了“推动共建‘一带一路’高质量发展”的要求。

当前世界面临百年未有之大变局，新冠疫情和俄乌冲突等“黑天鹅”事件对全球能源贸易格局、能源投资合作以及能源转型产生了深远影响，能源央企参与共建“一带一路”能源合作更需要结合沿线国家能源转型发展需求作出调整，以实现全球资源优化配置，增强我国供应链产业链保障能力。

二、“一带一路”沿线重点区域投资环境分析

在 PEST 分析框架基础上，考虑到能源行业的特殊性，增加了资源（R，Resource）维度，深入分析了东盟区域 9 个国家、中东欧区域 16 个国家和非洲区域 54 个国家的投资环境；结合各国在所属区域中 PEST-R 加权平均得分排名和电力发展需求，从三个区域 79 个国家中共筛选出了 8 个重点投资国家，基于 8 个重点投资国家的自身条件提出了可重点关注的领域。

（一）PEST-R 分析法简介

PEST 分析法是一种宏观环境分析法，主要对包括政治（P，Political）、经济（E，Economic）、社会（S，Social）以及技术（T，Technological）等 4 大类影响合作的主要外部环境因素进行分析（见图 1）。考虑到能源行业的特殊性，我们增加了资源（R，Resource）维度，通过建立 PEST-R 扩展分析工具，提出国别市场投资建议。

（1）政治环境指标。

政治环境是指对投资活动具有实际与潜在影响的政治力量和有关的法律、法规等因素。当政治环境发生变化时，企业的投资决策和战略就需要随之调整。政治因素指标包括政局稳定性、政策有效性、政府腐败程度、法治程度以及外部冲突，这些因素影响了投资该国的风险大小（见表 2）。

国内外多个研究机构对世界各国的政治环境已有较为成熟的评估机制，将选取世界银行数据库中的全球治理指数（Worldwide Governance Indicator，WGI）以及我国外交部、商务部的相关数据进行综合评估。

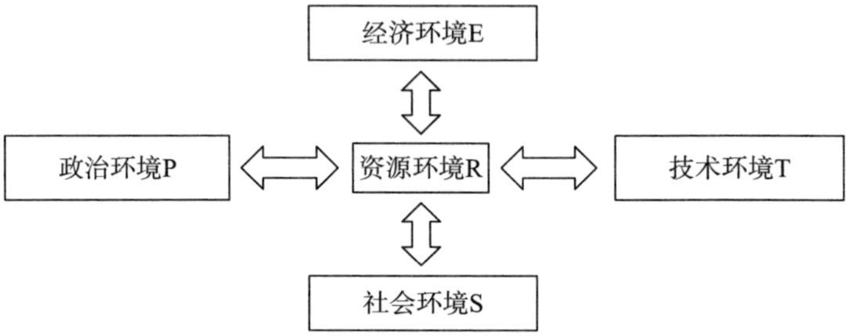

图 1　PEST 分析法框架

表 2　常用政治环境指标

指标名称	指标含义	数据来源
政局稳定性	衡量东道国政府保持现有政权稳定，而不出现政局动荡甚至被其他党派和民众暴力推翻的能力	WGI
政府腐败程度	衡量东道国国内政治体制的腐败程度，考虑各种类型的腐败行为，以及上层人士、精英阶层和私人利益集团等为牟取私利而滥用公共权力的现象	WGI
政策有效性	衡量东道国公共服务质量，公务人员素质及其独立于政治压力程度，政策制定和实施质量，以及政府承诺可信度	WGI
法治程度	衡量东道国法律规制的有效性，尤其是履约质量、产权保护、司法公正等	WGI
外部冲突	衡量东道国所面临的来自他国政府及组织的非暴力行为（外交压力、停止援助、贸易限制、领土纠纷及其他制裁等）以及暴力行为（跨境冲突、战争等）的风险	ICRG

资料来源：世界银行、PRS 集团。

（2）经济环境指标。

经济环境指标包括经济规模、经济绩效、增长稳定性、偿债能力及基础设施（见表 3）。一国的 GDP 及其发展趋势等体现了该国的经济基础和发展速度，将作为评估经济发展水平的参考；偿债能力的评估将依据一国的债务水平和主权信用评级评估；市场竞争情况将综合考虑该国的市场机制、竞争政策、外资自由度、银行系统等。经济指标中大多有可供查询的定量数据，将通过各渠道汇总后进行数据分析。

表3　常用经济环境指标

指标名称	指标含义	数据来源
经济规模	GDP总额，衡量东道国的经济状况与市场规模大小；人均GDP，衡量东道国的经济发展水平	WEO
经济绩效	GDP增长率，衡量东道国经济增长速度； 通货膨胀率，以居民消费价格指数（CPI）增长率表示	WEO
增长稳定性	GDP增长波动率，通过近5年GDP增长率计算增长波动系数	WEO、WDI
偿债能力	银行业不良贷款率，商业银行不良贷款占总贷款余额比重； 外债占国民总收入（GNI）比重，衡量公共部门的负债水平	WDI
基础设施	航空运输量及注册运营商全球出港量，衡量跨国运输便利性； 物流绩效指数，衡量东道国物流服务的综合水平； 互联网覆盖率，东道国每百人中可以使用互联网的人数	UNC-TAD WDI

资料来源：世界银行、国际货币基金组织、联合国贸发会议。

（3）社会环境指标。

社会环境指标主要关注一国的社会稳定程度，社会稳定程度影响项目建设、运营和维护期间的安全，二级指标将包括种族冲突、宗教与文化冲突、国内犯罪指数和全球恐怖主义指数（见表4）。

表4　常用社会环境指标

指标名称	指标含义	数据来源
种族冲突	衡量东道国内部由于种族、国籍或语言差异所导致的内部紧张程度	ICRG
宗教与文化冲突	衡量东道国不同宗教之间的冲突，及其所认同的文化之间的差异与冲突	ICRG
全球恐怖主义指数	衡量东道国受到的恐怖主义活动影响	全球恐怖主义报告
国内犯罪指数	衡量东道国犯罪现象出现的可能性	NUBEO

资料来源：ICRG、NUBEO、经济与和平研究所。

（4）技术环境指标。

技术环境素关注一国的劳动力水平。当地劳动力情况将影响雇用当地员工的便利度和成本，主要考虑一国的居民受教育程度。

（5）资源环境指标。

资源环境包括能源资源禀赋、电力发展情况和电力规划发展目标。能源资源禀赋包括化石能源和水、风、光等可再生能源的开发潜力。电力发展情况包括发电结构和电力供需等情况。电力规划发展目标则体现了一国未来的电力缺口和空间市场。

（二）东盟区域投资环境分析及重点关注领域

由于新加坡本土无新建电站，没有土地，只能在境外建电站，进行电力输送。因此，本部分在分析时将新加坡剔除，东盟其他各国从政局、安全、经济和外交关系等方面看，均具备基本合作条件，包括 9 个国家，分别是泰国、菲律宾、缅甸、印度尼西亚、文莱、老挝、越南、马来西亚和柬埔寨。

1. 基本情况

东盟区域经济增长潜力大，能源和电力需求增长潜力大。2020 年，东盟超越欧盟成为我国第一大贸易伙伴。东盟区域的劳动力成本优势使东盟逐渐成为下一个承接发达国家加工组装订单地区，中国的部分产业也逐渐向东盟地区转移。2017—2021 年，越南、印度尼西亚、马来西亚的 GDP 增速均保持 5%以上增长率，即使受到 2020 年新冠肺炎疫情的冲击，越南的 GDP 增速仍保持为正且高于中国。预计未来东盟区域将继续承接产业转移，保持较高的经济增长潜力，因此对能源和电力的需求也将不断增长。根据美国能源信息署（EIA）的预测，东盟作为全球经济增速最快的地区之一，2030 年前能源需求年均增速或达 3%左右。

东盟区域投资环境相对较友好。2020 年，由东盟推动的《区域全面经济伙伴关系协定》（RCEP）签订，对各国外商投资政策产生了一定的影响。例如在能源领域，越南将新能源的生产，特别是太阳能、风能、生物燃气、地热能和潮汐能等新型能源的应用均列入“特别鼓励投资目录”，而高新技术应用、有利于生态环境保护的行业、自然资源的有效利用等均是鼓励目录中明确指明的投资领域，其投资法中取消了优先采购、使用越南产品及国产化比例的限制。

2. 东盟区域 PEST-R 综合分析结果

基于 PEST-R 模型分析结果，东盟区域的马来西亚、印度尼西亚、越南三国的综合评分较高，投资风险相对较小，投资潜力较大（见表 5）。

表 5　东盟国家 PEST-R 综合评价结果

排名	国家	政治环境	经济环境	社会环境	技术环境	资源	加权平均分
1	马来西亚	9.6	6.8	9.6	7.4	7.1	8.1
2	印度尼西亚	7.6	8.8	8.0	8.0	7.5	8.0
3	越南	7.9	6.0	8.0	8.2	9.0	7.8
4	泰国	7.3	8.8	9.2	5.6	7.5	7.7
5	文莱	7.1	6.6	9.4	8.2	1.6	6.6
6	菲律宾	5.4	8.6	7.4	6.2	4.2	6.4
7	柬埔寨	7.2	5.9	6.4	6.6	4.8	6.2
8	老挝	6.9	3.0	7.0	5.4	5.0	5.5
9	缅甸	5.4	3.2	5.5	5.8	5.2	5.0

3. 东盟区域重点关注领域

马来西亚太阳能资源丰富，光伏发电潜力达 442.0TWh，其中，东马来西亚太阳能资源优于西马来西亚；水能资源较丰富，目前东马来西亚水能开发利用程度较低。马来西亚将绿色投资免税和绿色所得税免税优惠延长至 2025 年，通过绿色科技融资计划（GTFS）3.0，为企业融资金额的“绿色成本”部分提供政府担保，资金规模达 20 亿马来西亚林吉特（约合 4.85 亿美元）。马来西亚规划未来不再新建燃煤发电厂，鼓励能源行业探索浮动光伏发电场和垃圾发电项目建设机会。我国央企可重点跟踪光伏项目、垃圾发电项目和水电项目。

越南拥有丰富的风能和太阳能资源。沿海地区超过 3000 公里的海岸线，保证了良好的风速。在西南沿海地区，海平面 100 米以上的风速可以超过 9 米/秒，风能总潜力在 7000~8700MW；越南拥有 1600~2700 年日照小时数，光伏可利用土地面积约为 20762.4 平方千米，占国土面积的 6.3%。越南出台一系列新能源投资支持政策，包括所得税率减免、外国投资者和越南国内投资者适用统一租地价格和融资条件、进口货物免税、土地和水域的使用费减免等。越南本土风电产业链尚不完备，几乎没有本土风电制造企业，尤其是整机商和 EPC 企业。这使得中国、美国、丹麦、德国等拥有世界级整机制造企业的国家，纷纷涉足越南风能设备供应与工程建设。光伏方面，越南电力公司（EVN）的数据显示，截至 2021 年，越南已跻身“全球光伏发电量十强”，达到 16660MW，占全球的 2.3%。我国央企可重点跟踪海上风能和光伏项目。

印度尼西亚水能、太阳能、地热资源较丰富，风能资源较少。该国岛屿众多，目前全国尚未建有统一的电网，互联程度较低。印度尼西亚太阳能技术可开发量为 1.36TW，占东盟太阳能技术可开发总量的 13.7%，以屋顶光伏为主的分布式光伏潜力也十分巨大。根据最新版的印度尼西亚电力发展规划，2030 年，印度尼西亚光伏项目规划建设规模为 4.68GW，其中 3.6GW 为屋顶光伏。印度尼西亚政府为促进可再生能源发展，出台了优惠贷款、进口货物免征增值税、优先发展可再生能源等扶持政策。我国央企可重点关注光伏、水电和电网建设项目。

（三）非洲区域投资环境分析及重点关注领域

首先按照“一票否决”的原则对非洲地区存在政局动荡、安全形势严峻、经济体量小、未与中国建交的国家进行剔除，筛选出具备基本合作条件的国家。

1. 基本情况

非洲区域能源和矿产资源丰富，适宜进行新能源产业链协同发展。非洲是全球经济最不发达地区，电力供应短缺问题十分严重，在全球应对气候变化背景下，非洲地区面临能源转型与提升电力可及性的双重压力更为凸显，该地区主要国家各类能源合作需求均较大。基于非洲能源资源禀赋，以大规模开发可再生能源为突破口，并结合大电网及微电网建设，助力非洲国家实现联合国 2030 年人人享有可持续能源目标，促进非洲能源绿色发展。可以优先推动基础好、工期短、见效快的太阳能、风能、地热能等可再生能源开发利用。通过已有电网延伸，解决电网可及，且人口相对密集的无电区用电问题；通过建设分布式电源和微电网，解决偏远地区无电人口的用电问题。近中期推动电网与电源协调发展，逐步降低输电损耗和输电成本，提高供电的经济性。中长期不断优化电源结构、降低发电成本，通过加强跨国区域电网互联互通，提升可再生能源消纳能力，进一步提升可再生电力占比，实现以可再生能源为主满足非洲地区电力需求。

除能源资源外，非洲地区金属矿产也非常丰富，包括铁、锰、金、铜、镍、铝土矿、铅、锌、磷、金刚石及锡、铬、锑、钽等，发展新能源需要锂、钴、镍、稀土、铜和铝等重要金属，据国际能源署（IEA）预测，未来20年，铜和稀土需求增量将超过40%，镍和钴需求增量60%~70%，锂需求增量则接近90%。IEA 2021年《关键矿产在清洁能源转型中的作用》报告中指出，未来全球清洁能源矿产如锂、钴、镍、铜等需求将呈现“井喷式”增长。围绕清洁能源矿产的全球布局和竞争将愈演愈烈。地缘政治影响下，供应链风险日益增加，未来清洁能源矿产资源将会成为全球地缘政治的新焦点。因此，在对非洲区域进行能源投资时，金属矿产资源产业可与可再生能源产业协同开发和发展。

2. 非洲区域PEST-R综合分析结果

基于PEST-R模型分析结果，非洲区域的南非、埃塞俄比亚、埃及的综合评分较高，投资风险相对较小，投资潜力较大，适宜优先开展能源投资（见表6）。南非、埃塞俄比亚、埃及三国均可发展水电、风电和光伏开发项目，其中，南非可重点关注新型矿产资源开发项目。

表6 非洲国家PEST-R综合评价结果

排名	区域	国家	政治环境	经济环境	社会环境	技术环境	资源	平均分
1	南部非洲	南非	7.1	6.6	6.6	7.9	8.6	7.4
2	东部非洲	埃塞俄比亚	7.5	7.1	7.1	8.8	5.0	7.1
3	北部非洲	埃及	6.3	8.4	7.1	7.4	5.3	6.9
4	北部非洲	阿尔及利亚	4.4	8.0	7.3	8.2	4.3	6.4
5	西部非洲	尼日利亚	4.1	8.2	6.7	8.1	4.9	6.4
6	东部非洲	肯尼亚	6.8	6.7	7.2	5.8	4.9	6.3
7	西部非洲	加纳	6.5	6.6	7.2	7.4	3.2	6.2
8	北部非洲	摩洛哥	5.3	6.8	7.1	6.2	3.6	5.8
9	东部非洲	坦桑尼亚	3.7	6.8	6.5	7.4	4.8	5.8
10	南部非洲	安哥拉	7.3	4.1	6.0	7.8	3.9	5.8
11	北部非洲	突尼斯	5.6	7.0	6.4	6.7	3.0	5.7
12	南部非洲	纳米比亚	8.3	4.0	7.1	5.5	3.0	5.6
13	西部非洲	科特迪瓦	5.9	6.5	6.2	6.7	2.8	5.6
14	南部非洲	博茨瓦纳	4.8	6.1	6.3	7.4	2.7	5.5
15	南部非洲	赞比亚	5.2	3.8	7.0	6.7	3.7	5.3
16	中部非洲	喀麦隆	5.5	6.2	6.5	4.5	3.8	5.3

续表

排名	区域	国家	政治环境	经济环境	社会环境	技术环境	资源	平均分
17	南部非洲	马达加斯加	6.3	4.0	6.4	4.0	3.6	4.9
18	中部非洲	加蓬	4.6	4.1	6.0	6.6	2.6	4.8
19	东部非洲	乌干达	4.5	5.6	3.8	6.4	3.8	4.8
20	西部非洲	塞内加尔	6.0	2.7	4.6	6.7	2.2	4.4
21	中部非洲	刚果（金）	4.0	1.9	2.9	7.6	4.4	4.2

3. 非洲区域重点关注领域

南非的年平均直接正常辐射（DNI）位居世界前列，南非约75%的土地面积风荷载系数高于0.3①。南非针对可再生能源发展提出了进口关税减免、简化审批流程等扶持政策。比如企业可以在第一年抵消100%的太阳能投资。自2019年起，500MW以下可再生能源项目不再需要部长级审批。南非矿产资源丰富，储量约占非洲总量的50%，是世界五大矿业国之一，也是铂族金属（PGM）、煤、铁、锰、铬和镍的主要供应商，可与新能源产业协同发展。

埃塞俄比亚水资源非常丰富，全国蕴藏水力资源总量366451GWh，技术可开发容量48030MW；全国风能可装机规模为1350GW，可装机规模较大的地区如索马里州为4258kWh/(m^2·a)；全境年均单位面积太阳能辐射能量密度为1992.2 kWh/(m^2·a)，东部和北部的许多地区超过2300kWh/(m^2·a)。在埃塞俄比亚特定地区投资发电项目可以免除特定年限的所得税。投资发电的公司也可以取得资本货物和设备上的关税免税。可重点关注该国水风光互补示范项目建设。

埃及水能基本开发完毕，开发潜力小，风能、太阳能丰富。苏伊士湾等地区风能年等效满负荷小时数在3500 h以上，日照每年长达2400 h以上，埃及与周围国家存在电力互联，远期可以向欧洲、中东输电；在生产、输送、销售或配送电力领域有免征增值税、进口设备增值税减免等优惠政策。可重点关注该国抽水蓄能电站项目，依托已有水电站开展水风光互补或风光互补项目。

---

① 0.25及以上的容量因数水平的风能项目在经济上是可行的。

（四）中东欧区域投资环境分析及重点关注领域

1. 基本情况

近年来，中东欧地区经济增长势头良好，营商环境不断改善，成为欧洲经济发展的重要新兴力量。根据世界银行发布的《2020 年营商环境报告》，中东欧地区各国营商环境排名均分布在前 90 名，整体营商环境较好。目前中东欧地区电力装机仍然以化石能源装机为主，部分机组面临设备老旧的问题，2030 年前将被新的发电机组代替。中东欧国家可再生能源消费占比情况较欧盟 2030 年目标尚有一定差距，部分国家差距较大，随着欧盟能源转型要求的提高，未来中东欧地区将大力发展可再生能源。尤其是风光发电，2030 年前具有巨大的增长潜力，技术进步和成本下降使得风电和光伏的竞争力日益强劲。此外，欧盟能源转型目标对电力系统提出了新的要求，许多国家的电网系统不能满足用电量增长及可再生能源接入的需要，电网基础设施建设空间较大。

2. 中东欧区域 PEST-R 综合分析结果

基于 PEST-R 模型分析结果，波兰、匈牙利的综合评分较高，投资风险相对较小，投资潜力较大（见表 7）。波兰和匈牙利均可重点跟踪风能项目、煤电绿色转型项目和核电项目，此外，匈牙利可重点关注技术创新合作项目。

表 7　中东欧国家 PEST-R 综合评价结果

排名	国家	加权平均分
1	波兰	7.6
2	匈牙利	7.2
3	罗马尼亚	6.1
4	捷克	6.0
5	希腊	5.3
6	爱沙尼亚	5.3
7	斯洛文尼亚	5.0
8	斯洛伐克	4.7
9	拉脱维亚	4.5

续表

排名	国家	加权平均分
10	克罗地亚	4.4
11	塞尔维亚	4.2
12	保加利亚	4.2
13	北马其顿	2.3
14	黑山	1.7
15	阿尔巴尼亚	1.7
16	波黑	0.7

3. 中东欧区域重点关注领域

波兰煤矿资源丰富、煤电所占比例高，近年来随着欧盟节能减排要求的提高，波兰的煤电项目发展减缓，央企可积极探索煤炭绿色转型、清洁高效燃煤发电的合作。波兰国土的40%适宜风力发电，近年来，波兰审批的电力项目大多为风电项目，计划或在建的风电项目装机超过10000MW，我国央企可积极拓展风电设备销售渠道，在当地开展风电项目。根据波兰的规划，2020年开始建设核电站，2030年前建成至少两座拥有4500MW装机量的电厂，我国央企可抓住窗口期积极开展与波兰的核电合作。此外，波兰政府为新能源提供多项优惠政策，包括增值税优惠税率、补贴电价等。对于大规模公用级别的项目，政府提供补贴电价的竞拍机制，有资质的开发商可以通过参与竞拍，获得长达15年的固定电价补贴，以极大地提高收入现金流稳定性。即使没有获得补贴，项目也可以通过与企业签订长期的电力供应协议锁定电力出售价格，从而使项目获得更稳定的收入，同时也更易获得银行融资。

匈牙利电力市场相对成熟和开放，投资环境较好，生物质能、太阳能、风能等资源丰富，匈牙利风力最大的10%地区距地100米处平均风速为6.73m/s，平均风功率密度为375W/m^2，我国央企可利用自身在风电发电、技术、装备方面的优势，积极接洽当地开发商，销售风电设备，并拓展风电工程承包项目。匈牙利宣布将在2025年关闭其剩余的最后一座燃煤电厂，将煤电退出计划提前了五年，退役的煤炭产能将被天然气、太阳能取代，我国央企可拓展匈牙利的煤电清洁转型项目。此外，匈牙利距离德国等制造业大国较近，有良好的创新基础，我国央企应充分利用匈牙利的先进技术和地理位置优势，打造能源科技创新项目，引进先进技术，建立研发中心或合作园区，助力能源的高效利用。

三、能源央企参建“一带一路”的模式设计和相关建议

（一）因地制宜，制定差异化综合能源投资发展模式

“一带一路”沿线国家能源禀赋各异，其经济发展阶段社会环境和技术水平也存在较大差异，应注意因地制宜，根据目标国当地发展情况制定差异化的发展模式，实现“1+1>2”的一体化运营收益。可以按区域分为以下三种发展模式：

第一，产城融合发展模式。

东道国基础设施的完善有助于提升投资产业的增长潜力和运营成效。针对基础设施建设相对较弱，但未来增长潜力较大的国家，如东盟区域，可采用能源建设、电力产业投资和城市建设相融合的发展模式。东盟已逐渐成为中国低端制造产业转移承接地，贸易额快速增长，其对电力的需求将大幅增长。针对东盟已有火电项目宜将其改造拓展为新能源与火电耦合发展的模式，在不新增火电的基础上，布局新能源发电项目，以改造后的火电作为兜底调节电网负荷；在建设新能源发电的同时完善当地电网等配套基础设施建设，以能源发展带动当地城市发展，拉动就业，有助于提升中国企业影响力。

第二，产业纵向一体化发展模式。

针对矿产资源丰富，技术、电力和经济发展落后的地区，如非洲地区，可采用能源产业纵向一体化发展模式。新能源发展所需的关键矿产资源多分布在南非、西非等非洲国家，建议我国以能源产业为基点，通过能源产业的关联效应带动产业链上下游整体发展，构建“电力—采矿—冶金—工业园—贸易”全产业链，以矿冶产品支持新能源发展。建议根据当地实际技术水平和需求，选择适宜的投资切入点，在支持我国新能源产业市场的同时为当地带来技术溢出和良好的产业生态，助力当地发展。

第三，多能横向融合发展模式。

针对经济发展情况较好，可再生能源发展相对成熟且发展需求较强的

地区，如中东欧区域，可以当地既有能源产业为枢纽，借助当地绿色生产技术相对先进的技术优势、距离西欧区域较近的地理优势，联合开展可再生能源技术攻关；在可再生能源逐步替代化石能源进程中，采用多种能源互补、渐进融合的发展模式实现多能协同供应和能源综合梯级利用，满足经济发展需求的同时实现减碳目标。

（二）多维发力，保障能源央企投资经营走深走实

1. 事前审慎决策，确定合理目标收益率

投资前广泛开展国际调研合作，深入分析目标国风险。跨境投资中，国别/地区风险是最大的风险点。一旦选择进入了国别风险较高的国家，汇率、利率、通胀、战争等问题会让项目推进和经营面临持续重大考验，短期内难以改变和退出，因此投资目标地区选择应审慎对待，建议联合金融机构和企业开展重大合作项目评估，形成科学、客观、公正的评估报告。由于我国国家风险、通胀及无风险利率均较低，而沿线多数国家的国别风险将在很大概率上高于我国，建议企业在出口设备或海外投资时，以中国的风险评级为基准，根据目标国的相对风险和通胀水平，制定可对冲风险损失的投资收益率目标。

2. 事前统筹投资布局，构建新能源产业链一体化运营模式

结合国家需要和国际形势对“一带一路”能源投资项目开展科学分类，推动分布式新能源等服务民生的“小而美”项目，制定有针对性的分期规划，明确阶段性目标。可考虑综合性、一体化新能源项目，构建新能源产业链一体化运营模式。积极介入与太阳能、风能、动力电池等紧密相关的上游资源投资，尤其是加强与钴、锂、镍等关键矿产资源重点国家合作，联合开展重要矿产资源的勘探开发，统筹设计合作研发和技术交换等合作战略，以保障和支撑新能源产业可持续发展。基于海外矿山资源布局及双边合作基础，在传统能源出口大国探索联合开采、就地加工、就地销售等发展模式，分享矿业开发红利，建立长期贸易关系；在新兴资源密集型国家如刚果、印度尼西亚等国，采取收购矿权、绿地投资、合资开发、参股控股等多种方式开展国际合作。

3. 事中聚焦风险，多层次协同控制风险

国家层面，建议推动双边投资协定的签署和执行，建立起对投者的关

于风险管控、保险制度、产权保护、资产收益汇出、损失赔偿等方面的支持制度，降低企业投资风险和成本；完善我国海外投资保险制度，尽快出台专门的企业海外投资保险法，为企业提供现实指导。加强与多边融资机构在“一带一路”项目的绿色金融合作，拓宽资金来源渠道。企业层面，建议推进属地化建设，降低企业经营、合规风险。通过积极与当地沟通、融入当地社会，与当地企业开展各类合作、适时适当并购当地优质企业、雇用当地技术管理人员等推进属地化建设方式，建议主动参与当地市场化竞争，着力融入当地市场，适应当地成熟的招标和交易流程，在市场化机制中逐步提升企业国际竞争力。建议企业加强与多边融资机构在“一带一路”项目的绿色金融合作，从标准一致或相近的绿色金融项目入手，拓宽资金来源渠道。

4. 事中重视合作，多方共赢、风险共担

建议企业通过强强联合或第三方合作的方式，联合优秀国内企业抱团出海，或与国际能源企业合作开发第三方市场，利用各方优势选定合作领域和区域，将我国的优势产能、资金技术优势及东道主国家需求有效对接。国内风电光伏产业的成熟和平价时代已初见端倪，2021 年以来我国风机设备造价的快速下降使国产化风机在国际市场具备价格竞争力，国内风电光伏设备造价和性价比超过海外设备的趋势日益明显，国内主机和部件厂家也在积极拓展海外制造产能。建议能源央企在国际业务开拓中同时加强与国内制造商和海外开发商的合作，在满足技术要求的前提下寻求最高性价比的机组选型和运维管理方案。建议与本土设备厂家、金融机构协同“走出去”，实现多方共赢、风险共担，共同推动第三国绿色产业发展、基础设施水平提升和民生改善。

5. 加强技术攻关，强化投资经营和技术人才队伍培养

“一带一路”沿线国家的新能源基础设施与技术水平均落后于发达国家，推动技术升级是沿线国家能源发展的重点之一。合作开展煤电清洁高效利用改造。“一带一路”沿线国家煤电机组面临服役年限较长、发电效率较低和污染物排放超标等多重压力，在俄乌冲突的背景下，一些国家和区域都出现了“重返煤电”的趋势，煤电清洁高效利用可作为“一带一路”能源合作的重要契机。积极开展新兴技术的联合开发和示范项目，通过建设风、光设备产业园和配套新能源示范场站，加强氢能、储能等方面

的技术交流，提升区域能源低碳发展的基础能力。实施关键核心技术和产品攻关工程，密切跟踪和支持钙钛矿光伏电池、固体电池、新一代电力系统、能源物联网等重大技术研发示范，动态调整技术路线；积极引进国外节能环保、可再生能源利用方面的技术和设备，配套引进技术的消化、吸收措施，促进国产化进程。主动参加和牵头开展新能源领域国际标准制定和修订，共同开发沿线国家新能源市场，不断扩大我国新能源技术、产品和标准的市场份额。实施好人才队伍建设专项工程，实现人才数量和质量双提升，将企业打造成能够吸引人才、留住人才、用好人才的人才高地。

6. 强化海外绿色投资考核，以事后总结反哺投资决策

加强对中央企业海外绿色投资绩效考核。建议推动将“一带一路”能源绿色高质量发展纳入中央企业考核评价体系，研究出台企业主体绿色评级制度方法，制定绿色金融信息披露标准，在绩效考核中体现参与“一带一路”能源转型领域投资相关内容，进一步强化绿色“一带一路”项目审评机制，加强企业环境信用体系建设。组织力量长期及时总结海外项目投资经验。双碳目标和共建“一带一路”倡议下，能源央企扩大海外投资是必然趋势，当前国企“走出去”已持续20年，监管部门组织力量及时总结能源央企海外项目投资经验，建立事后评价反哺投资决策良性循环，做好“走出去”案例分析，共享海外投资经验教训和雷区，将事后评价成果作为规划制定、项目审批、投资决策、项目管理的重要参考依据，提升能源央企投资决策水平。

课题参与单位：国家能源集团技术经济研究院
课题组核心成员：姜青言　马文静　毕竟悦　王雪莲　朝克图
李　燕　王　文　韩　冰　郝晋阳

全面电动化背景下中央企业资源风险应对策略研究

一、背景

交通是全球能源消耗、资源消耗、污染物和温室气体排放的重要部门。全球交通行业的二氧化碳排放量逐年增加，是碳排放量第二大部门（2019 年二氧化碳排放量占全球的 24%），也是城市空气污染的主要原因（全球由于交通运输的尾气排放造成的与环境细颗粒物（PM2.5）和地面臭氧引起疾病而死亡的人数分别占总人数的 11.7%和 11.4%）。近年来，各国政府积极推广电动汽车来减少交通行业的能源消耗、资源消耗、温室气体排放和环境污染。在过去十年（2010—2020 年）中，新能源汽车的保有量在全球呈现指数性增长的趋势，2020 年全球新能源汽车保有量约 1020 万辆，是 2019 年的 1.4 倍（见图 1）。其中，中国是全球最大的新能源汽车市场，2020 年存量达 451 万辆，占全球电动汽车存量的 44.2%，欧洲和美国紧随其后。

与传统汽车相比，新能源汽车将带来大量额外矿产资源的消耗，其中包括与动力蓄电池相关的锂、钴、镍等关键资源。随着新能源汽车市场不断扩大，动力电池对关键资源的需求也快速上涨，全球关键矿产资源竞争激烈，上游原材料价格飙涨，资源风险问题凸显，资源风险研究亟须开展。企业拥有更多的矿产体量和开采权，就能在资源的各个应用环节中掌握主动权。中央企业是我国公有制经济的中流砥柱，在重大困难与挑战面前，将为我国经济改革发展稳住基本盘，提供必要的缓冲、恢复空间。但是，目前电动化背景下的资源风险对动力蓄电池相关中央企业的影响尚不清晰。此外，进行风险应对时，会面临不同的资源风险应对技术措施的选择问题，科学合理的选择将有效降低资源风险，保障新能源汽车产业健康稳定发展。

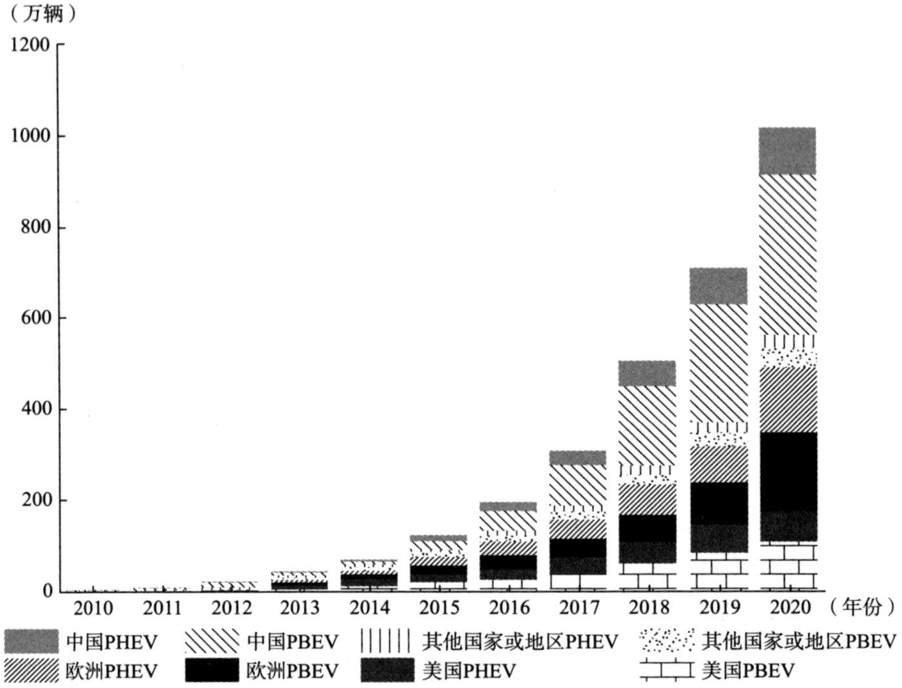

图 1　全球不同地区的新能源汽车保有量（2010—2020 年）

二、研究内容

本研究聚焦全面电动化背景下的关键金属资源风险评估，主要内容如下：

（一）全面电动化背景下的资源风险分析

通过对我国及全球锂、镍、钴资源储量分布、开采情况进行调研，清晰目前的全球矿产供应状况，从供给侧识别潜在的资源风险，并结合我国与全球新能源汽车规模预测、未来动力蓄电池发展方向等要素，对我国及全球新能源汽车行业镍、钴、锂资源需求量进行预测，结合供给侧进一步分析我国面临的资源风险。

1. 供给侧资源风险分析

（1）我国资源供给分析。

1）我国锂资源供给研究。

根据自然资源部《2020 年全国矿产资源储量统计表》，截至 2020 年，我国锂资源已探明储量约为109万吨（金属当量），主要分布在江西、青海、西藏、河南、新疆和四川等地（见表1）。正在开发的盐湖锂资源主要集中在青海和西藏，矿石锂资源集中在江西，主要为锂云母矿石。与国外相比，中国锂资源丰富且潜力巨大，但国内锂产业却面临着硬岩锂开采难度大、高镁锂比盐湖提锂分离技术尚未完全成熟、科技含量高性能先进的深加工锂产品需要大量从海外进口等现实问题。

表1　中国锂资源储量分布情况

区域	锂矿储量（万吨金属锂）	占比（%）
全国	108.93	100.0
青海	70.51	64.7
江西	17.14	15.7
四川	10.08	9.4
西藏	9.15	8.4
河南	1.90	1.7
新疆	0.14	0.1

2）我国镍资源供给研究。

我国镍资源以硫化镍矿为主（主要分布在甘肃、青海、新疆等地），红土镍矿储量少，是一个镍资源相对缺乏的国家。根据自然资源部《2020年全国矿产资源储量统计表》，就各省份来看，甘肃储量最多，占全国镍矿总储量的66.0%，其次是青海和新疆，分别占22.1%和4.5%（见表2）。目前在产的镍矿山仅有金川、新疆新鑫及吉恩镍业三家，均为自用，年产量稳定在10.5万吨，未来随着夏日哈木矿的投产，预计产量将增至13万吨左右。

表2　中国镍资源储量分布情况

区域	镍矿储量（万吨金属镍）	占比（%）
全国	399.64	100.0
甘肃	263.62	66.0
青海	88.19	22.1
新疆	18.14	4.5

续表

区域	镍矿储量（万吨金属镍）	占比（%）
陕西	7.94	2.0
贵州	6.70	1.7
云南	6.03	1.5
吉林	4.49	1.1
内蒙古	3.43	0.9
四川	0.72	0.2
湖南	0.32	0.1
广西	0.06	0.0

3）我国钴资源供给研究。

根据自然资源部《2020 年全国矿产资源储量统计表》，截至 2020 年，中国钴基础储量约为 14 万吨（金属钴），分布于 11 个省区（见表 3），其中甘肃的钴资源最为丰富，储量为 9.87 万吨金属钴，占比达到了 71.8%。我国钴资源特点是富矿少，贫矿多，品位较低，平均品位仅为 0.02%。目前国内在产的矿山只有甘肃金川龙首矿和新疆富蕴喀拉通克等矿。由于我国是贫钴国，原料基本靠进口，2019 年我国钴原生料的自给率约为 3%。

2020 年中国精炼钴产量为 10 万吨，同比增长 11.1%，其中钴盐产量接近 8.4 万吨，金属钴产量约为 1.2 万吨，钴粉产量约为 5000 吨。预计到 2025 年我国精炼钴产量将达到 15 万吨，从 2020 年至 2025 年复合年均增长率约为 8.4%。

表 3　中国钴资源储量分布情况

区域	钴矿储量（万吨金属钴）	占比（%）
全国	13.74	100.0
甘肃	9.87	71.8
吉林	1.28	9.3
内蒙古	0.97	7.1
山东	0.35	2.5
四川	0.34	2.5
陕西	0.31	2.3

续表

区域	钴矿储量（万吨金属钴）	占比（%）
新疆	0.24	1.7
江西	0.20	1.5
湖南	0.09	0.7
云南	0.06	0.4
湖北	0.03	0.2

（2）全球资源供给分析。

1）全球锂资源供给分析。

根据美国地质调查局（USGS）报告，2020 年全球锂储量约为 2100 万吨（金属锂含量），折合约 1.1 亿吨碳酸锂当量。其中，智利的储量最多，约 920 万吨金属锂，占比约 43.7%；澳大利亚储量排名第二，储量约 470 万吨金属锂，占全球锂资源储量的 22.3%；阿根廷资源储量排名第三，占全球总储量的 9.0%（见表 4）。

表 4　2020 年全球锂资源储量及开采量

国家	锂资源开采量（万吨金属锂）	锂资源储量（万吨金属锂）	储量占比（%）
美国	—	75	3.6
阿根廷	0.62	190	9.0
澳大利亚	4	470	22.3
巴西	0.19	9.5	0.5
加拿大	—	53	2.5
智利	1.8	920	43.7
中国	1.4	150	7.1
葡萄牙	0.09	6	0.3
津巴布韦	0.12	2.2	1.0
其他国家	—	210	10.0

全球锂矿资源主要分为岩石矿物和卤水矿物两大类型，其中封闭的盆地卤水（盐湖）占 58%，伟晶岩（包括富锂花岗岩）占 26%，锂蒙脱石

黏土占7%，油田卤水、地热卤水、锂硼硅酸盐矿各占3%（来自安泰科）。

卤水锂矿资源主要分布在南美智利、阿根廷、玻利维亚的“锂三角”高原地区和美国西部及中国西部等干燥地区，世界上的岩石锂矿资源主要分布在澳大利亚、中国、津巴布韦、葡萄牙、巴西、加拿大、俄罗斯等国。

2）全球镍资源供给分析。

据USGS的最新数据，2020年全球镍资源储量约为9400万吨（镍金属量），其中红土镍矿占60%，硫化镍矿占40%。按照2020年的矿产量计算，还可开采约38年，资源储量相对比较丰富。硫化镍矿主要分布在俄罗斯、加拿大、澳大利亚、南非和中国，红土镍矿主要分布在南北回归线以内的国家，以澳大利亚、新喀里多尼亚、印度尼西亚、巴西和古巴为主。全球镍资源分布不均衡，主要集中在：印度尼西亚（22.4%）、澳大利亚（21.3%）、巴西（17.0%）和俄罗斯（7.3%）（见表5）。最新的调研报告指出，到2025年，全球约50%的新增镍产量将来自印度尼西亚红土镍矿项目，使得该国对亚洲乃至全世界的镍资源供应链都起着至关重要的作用。

表5 2020年全球镍资源储量及开采量

国家	镍资源开采量（万吨金属镍）	镍资源储量（万吨金属镍）	储量占比（%）
美国	1.6	10	0.1
澳大利亚	17	2000	21.3
巴西	7.3	1600	17.0
加拿大	15	280	3.0
中国	12	280	3.0
古巴	4.9	550	5.9
多米尼加共和国	4.7	—	—
印度尼西亚	76	2100	22.4
新喀里多尼亚	20	—	—
菲律宾	32	480	5.1
俄罗斯	28	690	7.3
其他国家	29	1400	14.9
全球	24.75	9390	100.0

3）全球钴资源供给分析。

根据 USGS 报告，2020 年全球钴储量约为 712 万吨（金属钴含量），其中 51%来自非洲铜矿带（ACB）。钴极少单独成矿，多伴生于铜、镍、锰、铁、砷、铅等矿床中，且全球资源分布极不均衡，主要集中在：刚果（50. 5%）、澳大利亚（19. 6%）和古巴（7. 0%）。刚果拥有世界上最大的钴储量，约 360 万吨金属钴。全球钴产业链极度依赖刚果钴矿资源，2020 年刚果钴矿产量为 95000 万吨（见表 6）。

表 6　2020 年全球钴资源储量及开采量

国家	钴资源开采量（吨钴）	钴资源储量（吨钴）	储量占比（%）
美国	600	5. 3	0. 7
澳大利亚	5700	140	19. 6
加拿大	3200	22	3. 1
中国	2300	8	1. 1
刚果	95000	360	50. 5
古巴	3600	50	7. 0
马达加斯加	700	10	1. 4
摩洛哥	1900	1. 4	0. 2
巴布亚新几内亚	2800	5. 1	0. 7
菲律宾	4700	26	3. 6
俄罗斯	6300	25	3. 5
南非	1800	4	0. 6
其他国家	6400	56	8. 0
全球	135000	712	100. 0

2. 需求侧资源风险分析

（1）研究方法。

1）新能源汽车行业锂、镍、钴资源需求研究方法。

新能源汽车行业的锂、镍、钴资源需求主要取决于新能源汽车每年的销量及动力蓄电池的相关参数，计算考虑电池结构、电池能量、电池能量密度、动力蓄电池金属资源含量等。电池能量参数设置方面，分别对乘用车/轻卡、客车/公交、重卡三大类车型进行电池能量的设置，电池能量参考 IEA 研究报告，以及来自近百款新能源汽车车型的具体调研。

电池结构设置中考虑镍钴锰酸锂电池（NCM）与磷酸铁锂电池（LFP），NCM 电池中共考虑四种电池类型，即 NCM111、NCM523、NCM622 与 NCM811。在本研究中乘用车考虑上述所有的动力蓄电池类型，商用车全部采用 LFP 电池的处理，电池结构设置预测至 2035 年，2030 年之后年份的动力蓄电池结构统一按照 2030 年设置，数据来源于 CRU（英国商品研究所）和中国电化学与物理电源行业协会统计数据。

当前电池能量密度根据电池企业调研获得，后续的预测根据《中国制造 2025》中对动力蓄电池的能量密度目标要求按同比例提升处理，预测至 2030 年，2030 年之后年份的动力蓄电池能量密度统一按照 2030 年处理。当前电池关键资源含量数据来自于 IEA 研究报告，后续预测数据根据《中国制造 2025》中对动力蓄电池的能量密度目标要求按比例折算处理，预测至 2030 年，2030 年之后年份的动力蓄电池关键金属含量统一按照 2030 年处理。

2）其他行业锂、镍、钴资源需求研究方法。

我国储能行业资源需求按照储新比进行预测，储新比即为新能源发电装机量（主要指风光电）与所匹配的储能装机量之比，据陈永翀等的研究进行处理。当前我国储能状况（装机量、各类储能占比等参数）参照《储能产业研究白皮书 2021》；我国未来风光电发展状况来自中国电力企业联合会研究预测与《“十四五”现代能源体系规划》；我国未来抽水蓄能发展来自《抽水蓄能中长期发展规划（2021—2035）》；化学储能结构来自《中国储能、二轮车、电动工具锂电池行业大数据》。

我国及全球 3C 电池行业资源需求参照历年《锂电池产业发展白皮书》与夏利爽等的研究，在上述研究预测的基础上，未来预测赋予了手机、平板等消费电子稍小的增长率，赋予其他消费电子产品（智能家电等）稍大的增长率。

不锈钢行业资源需求量研究参照中国地质调查局、中国冶金产业研究院与上海有色网等机构的研究结果。

其他传统行业资源需求量参照中国地质调查局、上海有色网、安泰科等机构的历史研究数据进行线性预测。

（2）情景假设。

本研究根据不同的技术参数设置，在研究中设置两种情景——理想情景与保守情景，见表 7。两种情景的区别体现在回收水平、锂电池结构与电池能量密度的差异上，保守情景保持2020年的回收水平、锂电池结构与电池能量密度不变，理想情景则分别根据专家调研、文献调研等方式设置相应的发展趋势——回收水平与电池能量密度持续提升，低钴锂电池持续发展。

表7　保守情景与理想情景设置

类型	技术因素		
	资源回收水平	锂电池结构	电池能量密度
保守情景	保持2020年不变	保持2020年不变	保持2020年不变
理想情景	持续提升	低钴锂电池持续发展	持续提升

（3）我国新能源汽车销量预测。

与欧美等发达国家相比，我国千人汽车保有量水平较低，汽车保有量与销量在未来仍有较大的提升空间，因此本研究参照了中国汽车生命周期评价车队模型（CALCM-Fleet）中的汽车销量预测结果，结合《中国汽车全面电动化路线2035研究》新能源汽车渗透率结果与新能源汽车寿命变化结果对中国未来新能源汽车销量进行预测，预测结果见图2。研究预测到2040年，我国乘用车新车销售实现全面电动化（包括纯电动汽车、插电混合动力汽车与氢燃料汽车），销售量在3542万台；到2045年，我国商用车新车销售实现全面电动化，销量在581万台。

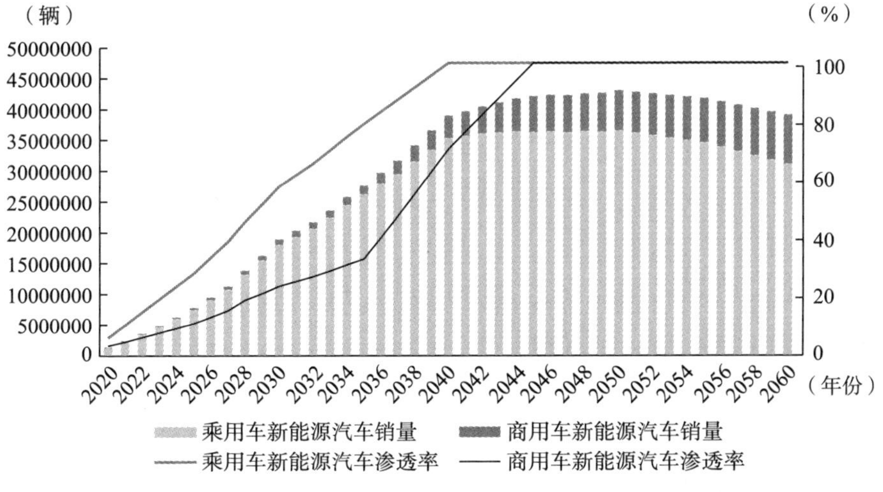

图2　我国乘用车新能源汽车、商用车新能源汽车销量及渗透率

（4）关键金属需求量预测。

1）中国新能源汽车行业关键金属需求量预测。

我国新能源汽车行业锂资源需求量预测结果见图 3，在 2040 年前，随新能源汽车销量不断提升，新能源汽车行业锂资源需求量持续提升，2040 年后锂资源需求随全面电动化而逐步稳定。理想情景与保守情景下，新能源汽车锂资源需求量有着较为明显的区别，到 2035 年保守情景下我国新能源汽车行业锂资源需求量约为 139 万吨（LCE 当量），而理想情景下约为 72 万吨，需求降低幅度接近 50%。2030 年后，相对于保守情景，理想情景需求量一直保持 50%左右的降幅。

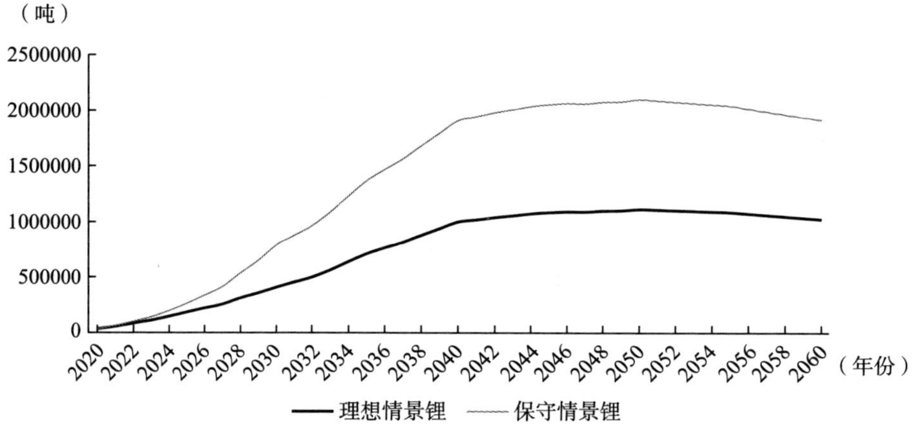

图 3　我国新能源汽车行业锂资源需求量预测（LCE）

我国新能源汽车行业镍资源需求量预测结果见图 4，在 2040 年前，随新能源汽车销量不断提升，新能源汽车行业镍资源需求量持续提升，2040 年后镍资源需求随全面电动化而逐步稳定。理想情景与保守情景下，新能源汽车镍资源需求量有着较为明显的区别，到 2035 年保守情景下我国新能源汽车行业镍资源需求量约为 79 万吨（金属镍），而理想情景下约为 44 万吨，需求降低幅度接近 45%。2030 年后，相对于保守情景，理想情景需求量一直保持 45%左右的降幅。

我国新能源汽车行业钴资源需求量预测结果见图 5，在 2040 年前，随新能源汽车销量不断提升，新能源汽车行业钴资源需求量持续提升，2040 年后钴资源需求随全面电动化而逐步稳定。理想情景与保守情景下，新能源汽车钴资源需求量有着较为明显的区别，到 2035 年保守情景下我国新能源源汽车行业钴资源需求量约为 26.6 万吨（金属当量），而理想情景下约为 5.3 万吨，需求降低幅度接近 80%。2030 年后，相对于保守情景，理想情景需求量一直保持 80%左右的降幅。

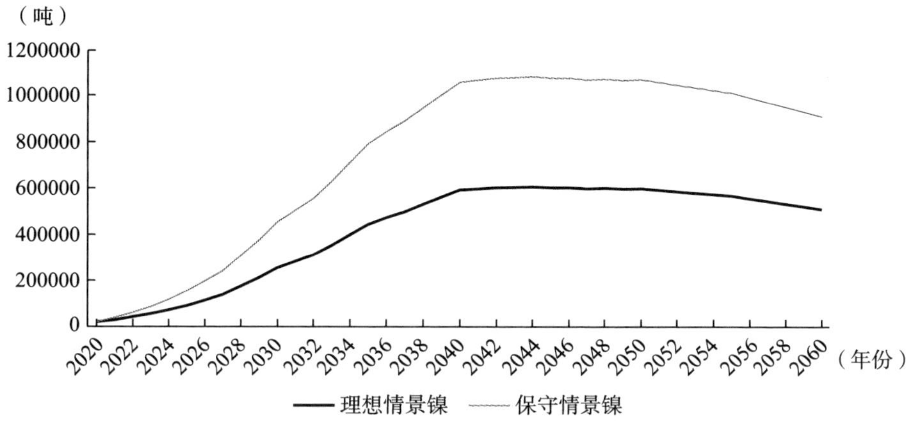

图 4　我国新能源汽车行业镍资源需求量预测

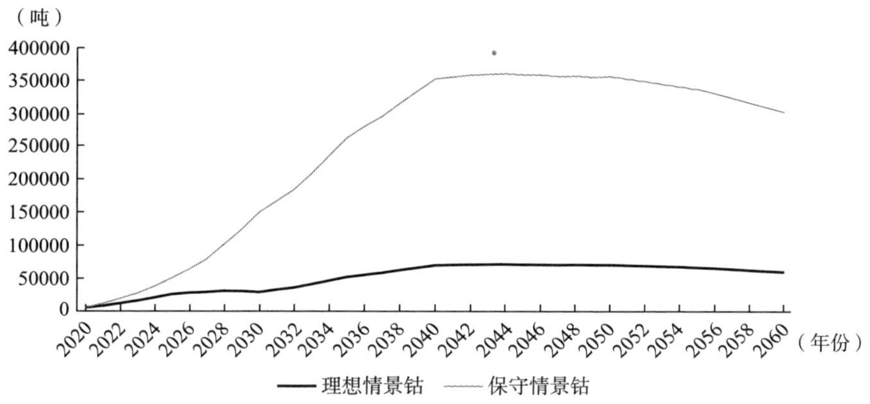

图 5　我国新能源汽车行业钴资源需求量预测

2）中国全行业关键金属需求量预测。

我国各主要行业与整体锂资源需求量预测见图 6。当前，我国全行业锂资源消费主要集中于 3C 电池行业与其他行业，但随着全面电动化的推进，动力蓄电池所消费的锂资源占比逐渐增大，由 2020 年的 30%左右提升至 2045 年 80%以上，未来面临较小的来自其他行业的资源竞争。在理想情景处理下的动力蓄电池行业，可较大降低全行业锂资源需求量，2030 年后普遍可以降低 40%以上的全行业锂资源需求。

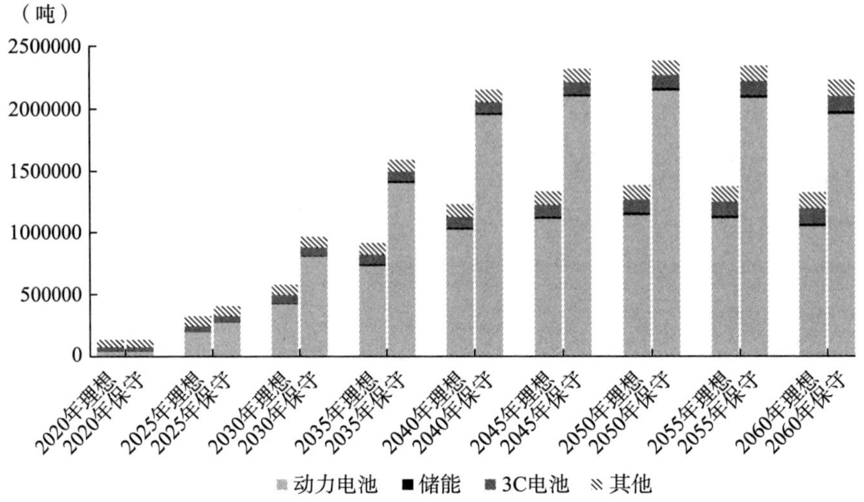

图 6 我国全行业锂资源需求量预测

我国各主要行业与整体镍资源需求量预测见图 7。无论是当前还是未来，不锈钢行业一直占据最大的镍资源消费比例，而随着电动化逐步推进，动力蓄电池镍资源需求占比也逐步增大，从 2020 年的不足 2%，到 2035 年的超过 15%。未来，新能源汽车行业将持续面临来自不锈钢行业的资源竞争压力。另外，在理想情景处理下的动力蓄电池行业，可在一定程度上降低全行业镍资源需求量，2035 年后普遍可以降低 10%以上的全行业镍资源需求。

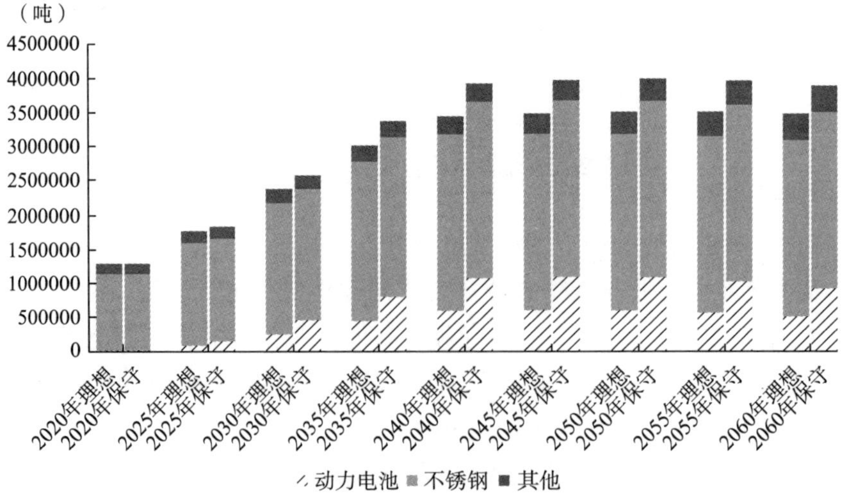

图 7 我国全行业镍资源需求量预测

我国各主要行业与整体钴资源需求量预测见图 8。无论是当前还是未来，3C 电池行业一直占据较大的钴资源消费比例，未来新能源汽车发展将持续面临 3C 电池行业的资源竞争。而随着电动化逐步推进，动力蓄电池钴资源需求占比也逐步增大，但是不同情景下动力蓄电池钴资源需求在全行业钴资源需求占比中有较大的差别，在理想情景下动力蓄电池锂资源需求占比从 2020 年的 9%提升至 2035 年的 27%，而在保守情景下这一比例将提升至 65%。另外，在理想情景处理下的动力蓄电池行业，可大幅降低全行业钴资源需求量，2035 年后普遍可以降低 40% 以上的全行业钴资源需求。

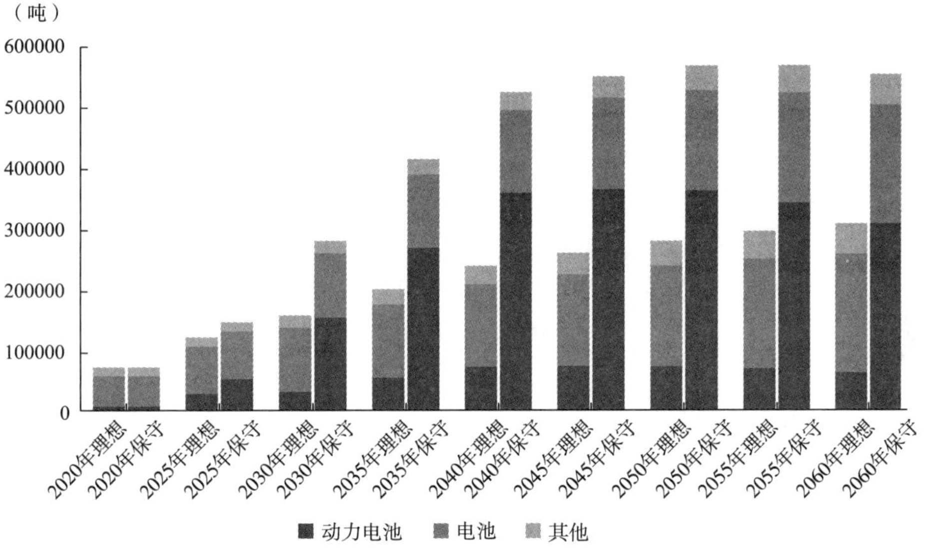

图 8　我国全行业钴资源需求量预测

3. 供需资源风险分析

我国资源供需曲线包括四部分，即需求曲线、一次资源国外供给曲线、一次资源总供给曲线（国外一次资源总供给量+国内一次资源总供给量）与资源总供给曲线（一次资源总供给量+二次资源总供给量）。一次资源国内供给曲线以我国 2020 年自供资源为基点，一次资源国外供给曲线以 2020 年我国进口资源为基点，采取 USGS 报告中我国十年矿产开采复合增长率对其进行预测。锂、镍和钴进口比例根据文献处理。

（1）锂资源供需风险分析。

我国锂资源整体供需曲线见图 9，在不考虑二次资源供给的情况下，理想情景 2038 年一次资源供给可以满足我国全行业锂资源需求，保守情景下 2045 年可以满足需求。在考虑二次资源供给的情况下，理想情景与保守情景供需平衡点分别提前至 2036 年与 2042 年。

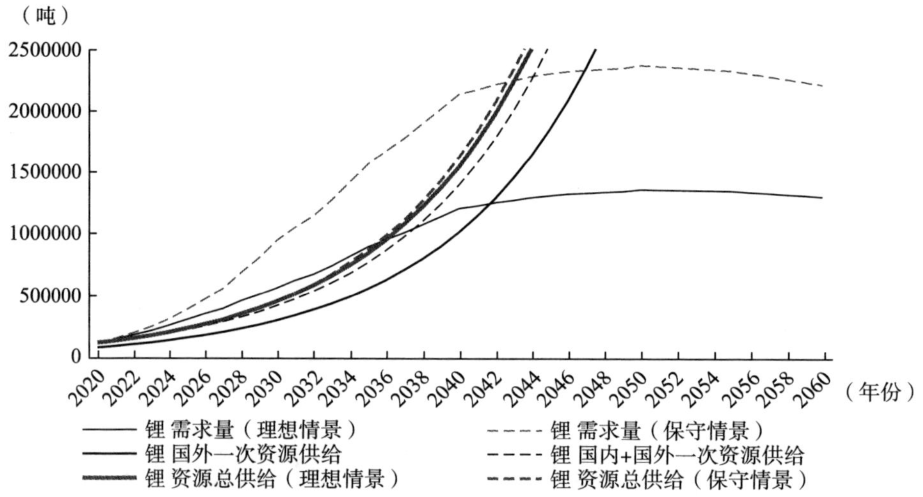

图 9　我国锂资源总供需（LCE）

（2）镍资源供需风险分析。

我国镍资源整体供需曲线见图 10，在不考虑二次资源供给的情况下，理想情景下我国镍资源几乎可以始终保持供需平衡，保守情景 2041 年一次资源供给可以满足我国全行业镍资源需求。在考虑二次资源供给的情况下，保守情景供需平衡点提前至 2038 年。

（3）钴资源供需风险分析。

我国钴资源整体供需曲线见图 11，在不考虑二次资源供给的情况下，保守情景下我国钴资源供给始终无法满足需求，理想情景 2049 年一次资源供给可以满足我国全行业钴资源需求。在考虑二次资源供给的情况下，理想情景供需平衡点提前至 2046 年，同时保守情景可以于 2054 年达到供需平衡。

4. 资源储量风险分析

采取“资源的动态储量”参数对锂、镍、钴资源的储量风险进行评估，该参数指每年年末矿产资源的剩余量，该参数由上一年资源剩余储量、本年资源消耗量、本年新勘探资源量、资源回收量等参数构成。

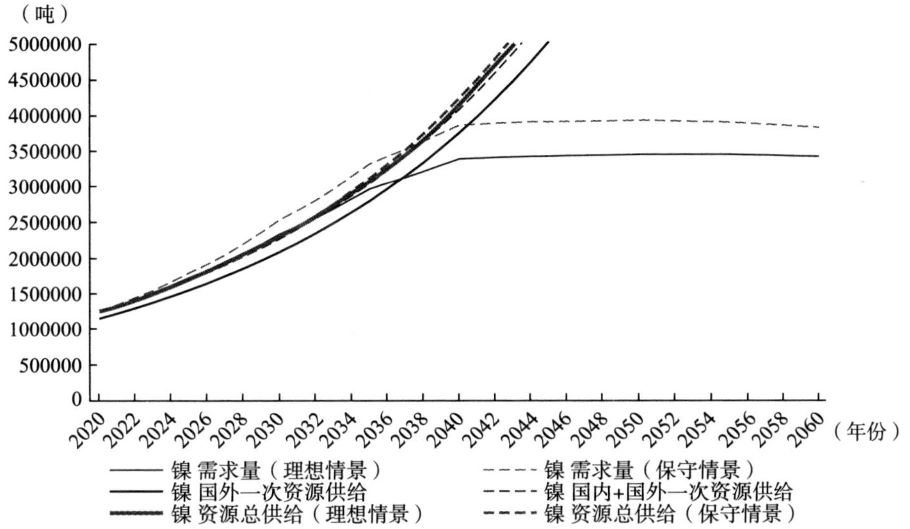

图 10 我国镍资源总供需

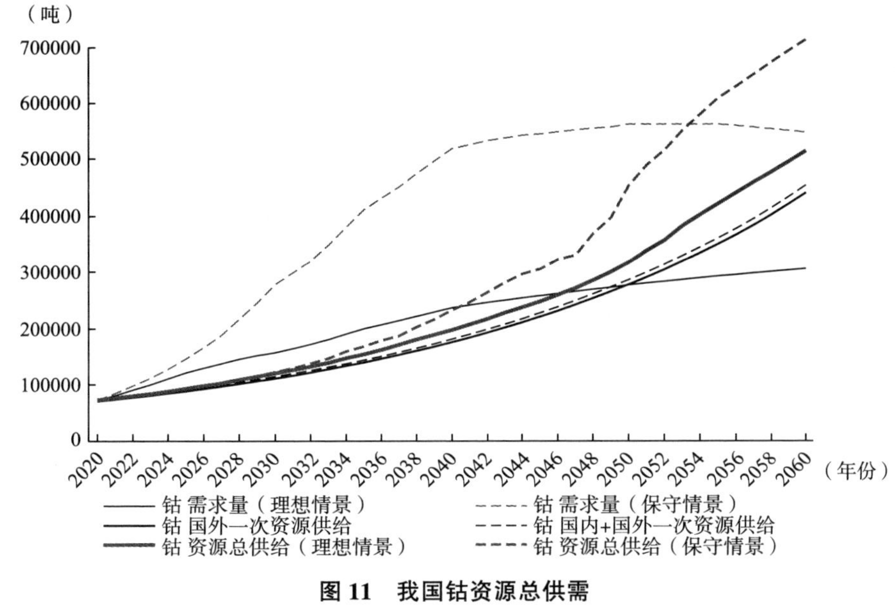

图 11 我国钴资源总供需

（1）锂资源储量风险分析。

我国锂资源动态储量预测见图 12，我国锂资源储量较为丰富，两种情境下都不会遭遇资源储量危机，不存在资源耗竭风险。

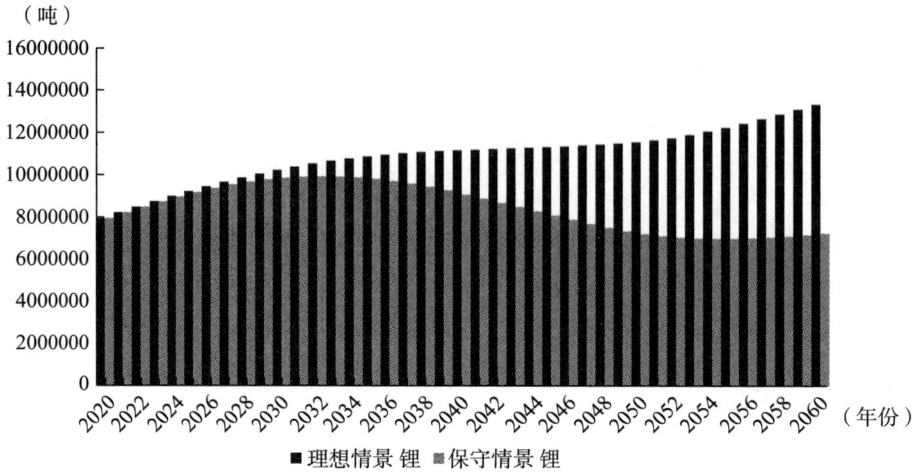

图 12　我国锂资源动态储量预测（LCE）

（2）镍资源储量风险分析。

我国镍资源动态储量预测见图 13，我国镍资源储量相对较少，不足以支撑未来我国产业发展，未来会遭遇资源储量危机，理想情景在 2051 年面临资源耗尽的风险，保守情景在 2047 年面临资源耗尽风险。

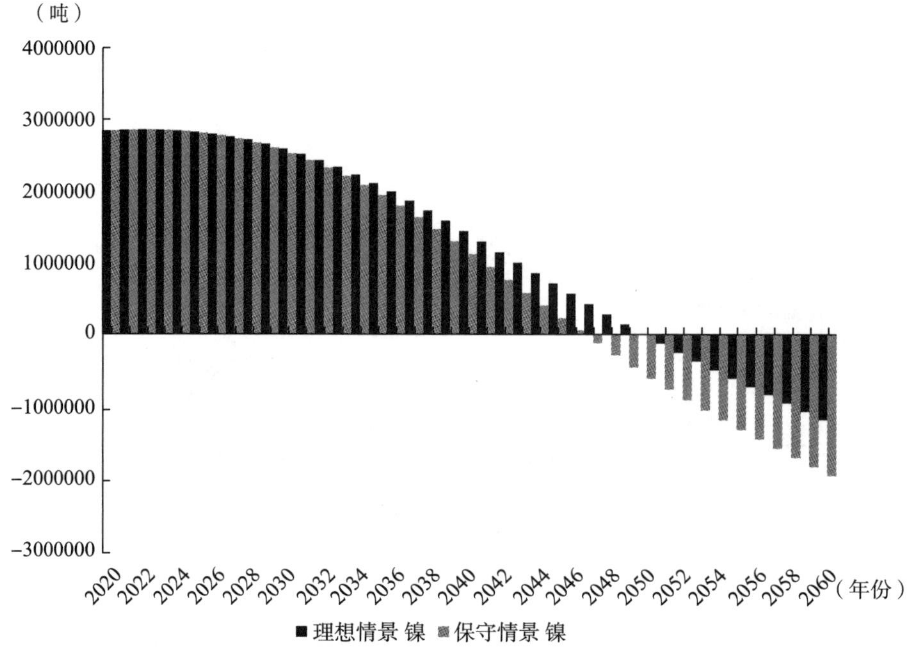

图 13　我国镍资源动态储量预测（LCE）

（3）钴资源储量风险分析。

我国钴资源动态储量预测见图 14，我国钴资源极度缺乏，远不足以支撑我国未来产业发展，未来会遭遇资源储量危机，理想情景在 2042 年面临资源耗尽的风险，保守情景在 2035 年面临资源耗尽风险。

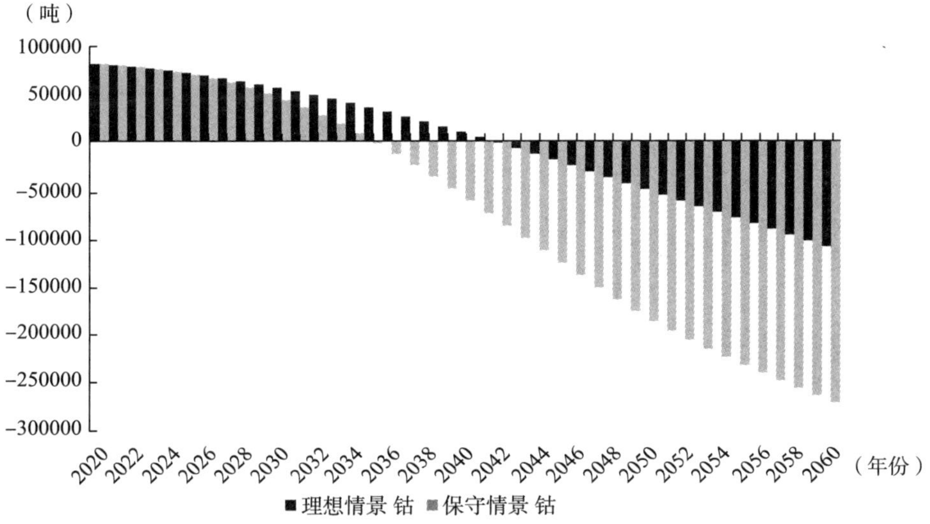

图 14　我国钴资源动态储量预测（LCE）

5. 小结

资源风险供需风险分析显示，我国镍、钴资源未来无法实现自给自足，锂资源长远来看（2048 年后）有实现自给自足的可能性；我国整体供需上，镍资源存在较小的供需平衡风险，钴资源存在较大的供需风险（2046 年后供需平衡），其次为锂资源（2036 年后供需平衡）。

储量风险分析显示，我国锂资源储量相对丰富，镍、钴资源储量相对匮乏，镍、钴资源将分别于 2047 年与 2035 年后面临资源耗尽的风险（保守情景下）；全球锂、镍资源都相对充足，钴资源相对匮乏，2036 年后面临资源耗尽风险。

（二）资源风险对于中央企业的影响分析

通过对中央企业矿产开采阶段关键资源供应进行数据调研分析，辨识中央企业在动力蓄电池关键金属资源供应中的影响力，并评估资源风险对相关中央企业所带来的影响。

1. 锂资源对中央企业的影响分析

全球锂开采企业数量及分布。全球维度，锂资源产量澳大利亚企业MRL、美国企业ALB、智利企业SQM占据前三，中国企业天齐锂业、赣锋锂业、蓝科锂业排名靠前，产量共计占比17.51%。近三年国内企业碳酸锂资源产能见表8。中国维度，除了以上企业，中国国央企也在积极参与锂市场，主要有中国五矿集团有限公司、中国矿产资源集团、中信集团、中国宝武等。但从锂资源产量、项目投资等角度来看，中央企业的市场占比较小。据统计，2022年中央企业的碳酸锂产能总计占比仅约为6%，但近年来中央企业也在加速提高锂矿产量、扩大项目布局。2022年7月正式成立的中矿资源集团有限公司拥有2.5万吨电池级氢氧化锂和碳酸锂的生产能力以及6000吨电池级氟化锂的生产能力，在中国氟化锂市场上占据了较高比例的市场份额，并成功进入特斯拉供应链体系。

表8　2021年至2023年国内企业碳酸锂资源产能　　单位：万吨

碳酸锂生产企业	是否为国央企	锂矿地址	2021年产能	2022年产能	2023E
天齐锂业	否	greenbush矿山	9.6	11.5	13.9
蓝科锂业	否	察尔汗盐湖	1.2	1.4	1.8
青海锂业	否	东台吉乃尔盐湖	0.9	0.9	0.9
中信国安	是	西台吉乃尔盐湖	0.3	0.3	0.3
赣锋锂业	否	marion矿山+Pilgangoora矿山等	7.8	11.7	13.0
天宜锂业	否	Mibra+Manono+Pilgangoora矿山	0.9	2.0	3.0
川能动力	否	李家沟+马尔康党坝矿山	0.5	0.5	1.5
雅化集团	否	Cattlin+Finniss+李家沟矿山	1.9	2.4	3.1
盛鑫锂能	否	业隆沟+Altura+Cattlin矿山	1.7	2.9	2.4
中矿资源	是	Arcadia+Tanco矿山	0.7	1.0	1.3
锦泰锂业	否	巴伦马海盐湖	0.5	0.7	0.7
五矿盐湖	是	一里坪盐湖	0.7	0.7	0.7
大华化工	否	大茶旦盐湖	0.1	0.1	0.1
西藏矿业	是	扎布耶盐湖	0.3	0.3	0.3
融捷股份	否	康定甲基卡矿山	1.1	1.6	1.8

续表

碳酸锂生产企业	是否为国央企	锂矿地址	2021年产能	2022年产能	2023E
藏格控股	否	察尔汗盐湖	0.7	0.8	0.8
荣汇锂业	否	Pilgangoora+Mibra 矿山	1.0	1.5	1.9
银河资源	否	MtCattlin 矿山	0.1	0.1	0.1

2. 镍资源对中央企业的影响分析

全球镍开采企业数量及分布。全球维度，从镍资源产量上来看，俄罗斯企业 Nomickel、巴西企业 Vale、瑞士企业 Glencore 镍产量占据前三，中国仅中国中冶集团跻身镍产量前十排行榜，排名第十，占比为3%。我国主要镍矿企业当前镍金属在产、建设及规划项目的权益产能情况见表9。中国维度，中国镍资源行业的头部企业主要有中国中冶集团、华友钴业、盛屯矿业、中伟股份、格林美等，其中以中央企业中国中冶集团为龙头企业。中国中冶集团的镍矿布局中最引人关注的则是其海外矿产资源，位于巴布亚新几内亚的瑞木镍钴项目，2022年氢氧化镍钴的权益产能约为1.8万吨，达产率位列世界湿法冶炼红土镍矿第一位。从镍金属在产、建设项目规模上来看，华友钴业在项目布局方面较为领先。从镍产品的在产产能方面看，华友钴业、格林美、中国中冶集团和盛屯矿业均有产线在投产运行。从项目性质来看，除中国中冶集团的瑞木镍钴项目有自有镍资源之外，大部分公司布局的均为镍金属冶炼项目，对应的矿产资源主要依托和当地矿产商的合作，绝大部分项目布局在印度尼西亚。

表9　我国主要镍矿企业当前镍金属在产、建设及规划项目的权益产能情况　　单位：万吨

企业名称	是否为央企	项目地址	镍产品	2022年权益产能	规划产能
华友钴业	否	印度尼西亚	NPI+高冰镍+氢氧化镍钴	4.4	9.2
格林美	否	中国+印度尼西亚/青山	硫酸镍	2.0	3.6
盛屯矿业	否	印度尼西亚+赞比亚	NPI+高冰镍	1.5	2.8
中国中冶集团	是	巴布亚新几内亚	氢氧化镍钴	1.8	—

续表

企业名称	是否为央企	项目地址	镍产品	2022 年权益产能	规划产能
中伟股份	否	印度尼西亚	高冰镍	—	4.2
伟明环保	否	印度尼西亚	高冰镍	—	2.8

3. 钴资源对中央企业的影响分析

全球钴矿企业产量占比，瑞士嘉能可公司、中国洛钼集团以及刚果本土企业 Chemaf 占据前三名，前三贡献率为 49%，其中嘉能可作为老牌钴矿供应公司，掌握着全球钴矿探明储量的 25%左右，对于全球钴供应有决定性影响力。洛钼集团自 2016 年以来大手笔收购，钴资源量超越嘉能可成为全球第一钴矿，但目前钴产量处于爬坡期，追赶嘉能可仍需时日。

从中国角度总体来看，中国在国际上有影响力的企业较多，有洛钼集团、金川集团、华友钴业、中国中冶钴矿供应跻于全球前十强。其中金川集团和中国中冶分别属于省属国企和中央企业，共占据 7%左右的钴矿市场份额，跻身国际前列，具有一定的影响力，但是与嘉能可、洛钼集团这些头部企业相比仍有一定差距。

当前国内钴矿投资主要集中在刚果（金）和巴布亚新几内亚，据 USGS 数据，2021 年刚果（金）全球开采量占比达 70%以上，有研究表明非洲其他钴矿可能是下一阶段的增量，但仍需一段时间过渡，本研究仅统计刚果（金）及巴布亚新几内亚的矿产投资情况，见表 10。

表 10 国内公司海外钴矿投资项目产能 单位：吨

公司	项目	是否国央企	投资地	2021 年产能	2022 年产能	2023 年产能
洛钼集团	TFM	否	刚果（金）	18000	18000	18000
中色集团	Deziwa	是	刚果（金）	8500	8500	8500
中铁资源	Sicommines/MKM/绿纱	是	刚果（金）	2600	2600	2600
金川集团	金川国际	是	刚果（金）	4300	5000	5000
万宝矿产	卡莫亚铜钴矿	是	刚果（金）	1500	2000	2000
紫金矿业	Kolwezi	是	刚果（金）	1500	1500	1500

续表

公司	项目	是否国央企	投资地	2021 年产能	2022 年产能	2023 年产能
安胜矿业	绿纱铜钴矿	否	刚果（金）	1500	2500	3000
五矿集团	瑞木项目	是	巴布亚新几内亚	3000	3000	3000
盛屯矿业		否	刚果（金）	3500	3500	3500
华友钴业	CDM/MIKAS	否	刚果（金）	18000	18000	18000
总计				62400	64600	65100

从企业属性来看，中央企业积极参与钴矿海外布局，中色集团、中铁资源、金川集团、万宝矿产、紫金矿业、五矿集团均加入海外布局行列，充分发挥了中央企业保障重要产业链健康发展的带头作用。而从产能来看，洛钼集团、安胜矿业、盛屯矿业、华友钴业 2023 年产能占比预计为 65%，其中洛钼集团和华友钴业占比分别为 32%、30%，国央企产能占比预计为 35%，非国央企公司海外钴资源拥有量和投资力度高于国央企。

4. 小结

锂资源方面，全球维度来看，澳大利亚企业 MRL、美国企业 ALB、智利企业 SQM 掌握大量锂资源，合计市场占比达 50%以上。中国维度来看，中国五矿集团有限公司、中国矿产资源集团等中央企业积极布局锂矿，但是目前市场占比较小，产能占比不足 10%。

镍资源方面，全球来看，俄罗斯企业 Nomickel、巴西企业 Vale、瑞士企业 Glencore 产能累计占比 60%以上，市场集中度较高，中央企业中冶集团跻身前十，但占比 3%左右。中国维度，中冶集团、金川集团、华友钴业等中央企业在中国具有绝对影响力，具备行业核心和龙头地位。

钴资源方面，全球维度来看，瑞士嘉能可公司、中国洛钼集团以及刚果本土企业 Chemaf 占据前三，贡献率为 49%，中国企业洛钼集团具有很强的行业影响力，钴资源量世界第一。中央企业金川集团和中冶集团也跻身世界前列，但市场占比合计 7%左右，影响力较小。中国维度，中央企业积极进行海外布局，但是国央企产能低于非国央企。

综上所述，中央企业在国际上资源掌握量尚未处于领先位置。除镍资源外，在国内产能也没有占据核心和龙头地位。随着新能源行业的大力发展，中冶集团、中国五矿等企业正在积极布局国内外矿产，但是目前矿产竞争激烈，海外矿产产能提升空间有限。

（三）中央企业资源风险的应对策略分析

结合调研分析和综合评估，面向全面电动化，提出应对资源风险的相关技术策略。在此基础上，从矿产、技术、政策维度提出可行性建议。

选取四个资源风险应对策略（再生回收水平提升、能量密度提升、低钴电池使用与钠离子电池使用）的资源减量能力进行敏感性分析，探究各风险应对策略在新能源汽车行业具体的风险应对效果，以便为企业资源风险应对提供科学策略依据。采取一次资源需求量来衡量各风险应对策略的风险应对效果，一次资源需求量越小说明风险应对效果越好。敏感性分析以保守情景为研究基准，再生回收水平提升、能量密度提升与低钴电池使用三个参数分别采取理想情景的参数设置，钠离子电池使用方面，采取合理假设。

1. 锂资源风险应对策略分析

不同风险应对策略下锂资源减量能力敏感性分析结果见图 15，在 2054 年前钠离子电池使用与动力蓄电池能量密度提升所对应的一次锂资源需求量最低，其风险应对效果最好，2054 年后，再生回收水平提升策略拥有最好的风险应对效果。2020—2060 年，相对于基准曲线，能量密度提升、钠离子电池使用、再生回收水平提升、低钴电池使用累计一次资源需求量分别降低 40%、32%、14%、11%。

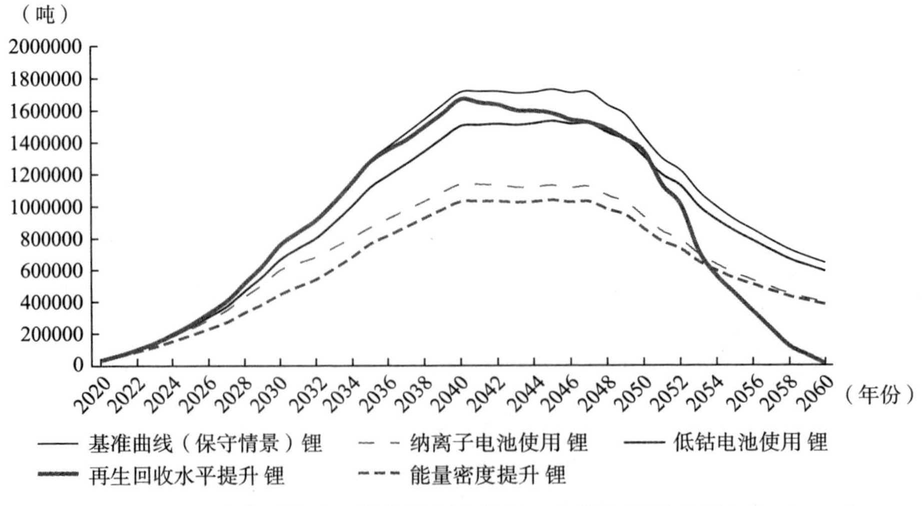

图 15　不同风险应对策略下新能源汽车行业一次锂资源需求量变化（LCE）

2. 镍资源风险应对策略分析

不同风险应对策略下镍资源减量能力敏感性分析结果见图 16，在 2054 年前钠离子电池使用与动力蓄电池能量密度提升所对应的一次镍资源需求量最低，其风险应对效果最好，2054 年后，再生回收水平提升策略拥有最好的风险应对效果，并且在 2057 年可以使一次资源需求量降低至 0。2020—2060 年，相对于基准曲线，能量密度提升、钠离子电池使用、再生回收水平提升、低钴电池使用累计一次资源需求量分别降低 39%、29%、8%、7%。

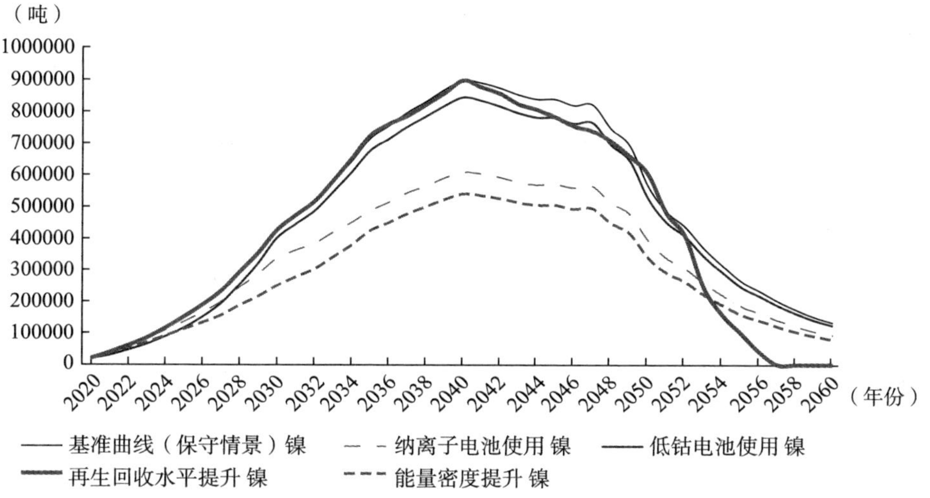

图 16　不同风险应对策略下新能源汽车行业一次镍资源需求量变化（LCE）

3. 钴资源风险应对策略分析

不同风险应对策略下钴资源减量能力敏感性分析结果见图 17，在 2055 年前低钴电池使用策略所对应的一次钴资源需求量最低，其风险应对效果最好，其次为钠离子电池使用与动力蓄电池能量密度提升，2055 年后，再生回收水平提升策略拥有最好的风险应对效果，并且在 2057 年可以使一次资源需求量降低至 0。2020—2060 年，相对于基准曲线，低钴电池使用、能量密度提升、钠离子电池使用、再生回收水平提升累计一次资源需求量分别降低 66%、39%、29%、8%。

4. 政策和建议

结合以上研究结果，从矿产、技术、政策三个方面提出可行性建议。

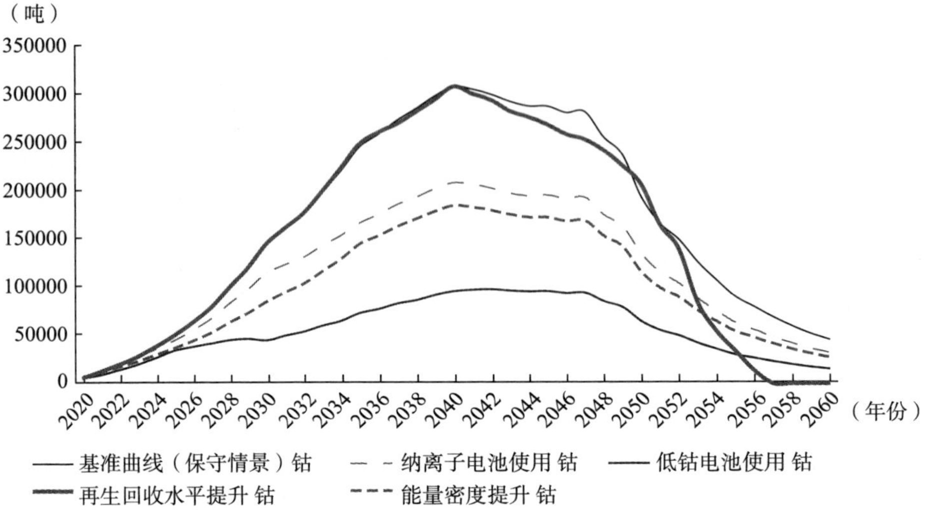

图 17　不同风险应对策略下新能源汽车行业一次钴资源需求量变化（LCE）

第一，矿产方面。

（1）降低锂资源矿产风险的根本在于对国内矿产的开采，将“看得到”的锂资源变为“用得上”的锂资源。锂资源作为战略矿产资源，要发挥中央企业的资源优势，开展锂矿、锂盐开采技术科技创新活动，推进开采技术的科研成果转化，逐步提升我国锂资源开采水平，提升初级资源利用效率，提高锂资源自给能力，提升锂资源供应链稳定性。

（2）降低镍、钴资源矿产风险的关键在于对国外矿产进口的保障。一是采取外交措施，与富镍、钴矿国家（如巴西、古巴等）签订国家间贸易协定，拓展上游矿产资源供应商，保障进口资源供给；二是采取经济措施，以国有企业为主体开展对国外镍、钴矿的投资、收购，开发新矿场、提高旧矿产能，发挥镍矿中央企业的龙头作用，增强中央企业对钴矿的影响力，保障镍、钴资源的供应；三是采取市场激励措施，鼓励企业与国外矿场签订长期供应协议，鼓励企业参与入股、收购国外矿场，保障企业自身的供应链稳定。

第二，技术方面。

（1）推进新型电池包的研发及应用。一是推进低钴/无钴电池的研发及应用，针对风险性最高的钴资源，采取降钴措施势在必行，不断降低动力蓄电池含钴量，逐步降低与摆脱对钴资源的依赖；二是探索钠离子电池的分场景使用，在电动自行车、低速汽车以及无长续航需求的市内运营的商用车上采用钠离子电池，替代部分锂离子电池市场份额，抵消该部分锂、镍、钴资源的需求；三是探索混合电池包的应用，降低三元锂电池的使用量，同步降低镍、钴资源的需求。

（2）推进高能量密度锂离子动力蓄电池包的技术攻关。据中汽数据研究，电池密度的提升是降低资源风险的最有效技术措施之一。一是要提升动力蓄电池单体能量密度；二是研究单体电池的合理布局，提升电池包的单体电池容纳量。

（3）推进低碳替代燃料发展，减轻电动车快速发展伴随的资源压力。鼓励低碳燃料技术革新，推进低碳生物燃料研发、绿氢等低碳替代燃料发展，分担电动车面临的锂、钴、镍资源压力。

第三，政策方面。

（1）完善、健全回收法规，保障新能源汽车行业二次锂、钴、镍资源供应。一是采取更严格的新能源汽车和动力蓄电池回收与再生法规，扶持高水平资源再生企业发展，提高资源使用效率，提升二次资源供应能力，间接降低供应链资源风险；二是建立完善废 3C 电池、电动自行车电池、废不锈钢回收与再生法规，标准化 3C 电池、废不锈钢行业回收再生产业，降低 3C 电池、废不锈钢行业一次锂、镍、钴资源需求量，大幅减轻新能源汽车行业锂、钴、镍资源需求压力；三是考虑允许进口国外废弃动力蓄电池与 3C 电池，增加我国二次资源储备；四是鼓励企业于海外建立废弃动力蓄电池与 3C 电池回收、再生工厂，保障我国二次资源供应。

（2）建立动力蓄电池标签/护照制度，推进资源使用效率的提升，同步提升新能源汽车国际竞争力。通过建立动力蓄电池标签/护照制度实现对动力蓄电池资源使用的信息披露，包括资源使用量、一次资源与二次资源使用量以及全生命周期碳足迹信息等，进一步激励企业使用二次资源，推进资源使用效率的提升，同时提升我国新能源汽车软实力，提高我国新能源汽车国际竞争力。

（3）成为规则制定者，提升产品竞争力，把握资源的主动性。一是支持鼓励国内企业、机构积极参与、引领国际规则的制定，并加强中国认证机构在相关机制、业务领域的能力，提高中国动力蓄电池、汽车产品在国际市场的符合性，提升产品竞争力。

（4）建立动力蓄电池资源税制度，保障资源使用效率稳步提升。对锂、钴、镍等关键资源，建立动力蓄电池资源税制度，动力蓄电池所采用的一次资源需缴纳一定量的资源税，所采用的二次资源可给予一定补贴。

三、研究目的

对全面电动化背景下关键金属资源供需进行分析，全面了解中国电动车关键金属资源供应能力和对外依存度，分析在动力蓄电池方面存在的潜在资源风险，清晰中央企业的资源影响，并提出针对性的风险应对策略，提升应对资源风险的能力，为我国汽车全面电动化转型提供资源保障。

课题参与单位：中汽数据有限公司
课题组核心成员：赵冬昶　赵明楠　孙　锌　徐树杰　焦显辉
李建新　吴金龙　雷振鲁　张红杰　赵天宁

2022年以来金属矿业产业链价格传导阻滞的分析与建议

2022年以来，金属原材料价格上涨向产业链中下游及消费端传导压力增大，金属矿业行业凸显严重滞胀，产业链价格传导受阻。钢铁行业受成本挤压利润骤降，铁矿石与冶炼环节利润分配极不合理，累计吨钢利润骤降至历史最低水平。有色基本金属价格普涨，推高下游金属消费行业生产成本；以钨、锑为代表的中国优势金属产业链中游产品成本增大，对外依存度增加，原有优势减弱；新能源电池材料价格暴涨行情导致下游汽车行业承压严重；而以铬为代表的稀缺金属资源端价格坚挺，加工应用端濒临停产。

金属矿产品是一国工业发展的“粮食”，这一环节的通畅程度，直接决定我国工业整体的发展状况。综观金属矿业整体产业链，上游原材料资源端作为价格上涨的源头，行业地位相对稳固，可以通过产量调节供需保证利润空间，而且其价格上涨压力极易向中下游传导；中游冶炼、压延加工端由于产能极大，出于市场份额维护和经营压力只能被动地接受高原料价格并维持低利润乃至不亏现的状态运行；而下游材料应用端则需要把成本上涨的压力和影响及时、有效地传递给消费者以换取整体链条的“生态通畅”，否则整体产业链将陷入严重的价格传导阻滞并进而形成全行业的滞胀，如果疏导不力，严重者甚至将导致国民经济的全面、全线停顿，对我国经济“稳中求进”战略形成严重阻碍。从整体格局上看，2020年后的各种突发事件已经导致全球金属矿产品供需格局发生深度重构。短期内面对种种不确定性因素的干扰，大宗金属矿产品价格传导阻滞问题难以缓解。战略性矿产资源稳供保供是中国经济稳中求进的关键。

因此，必须坚持持续的“扩有效内需”政策，将提振内需作为化解“悬顶之刃”的关键手段，必须严控无效低效产能，避免无效低效产能对有限资源的浪费和占用，建议充分考虑中国股票市场的普惠作用，提振终端消费，积极防范金属矿业行业价格传导不畅带来的市场冲击风险，必须做好风险应对预案，坚持底线思维、空头思维，做好价格研判，避免因金属原材料价格波动引发颠覆性风险。最终，借全球资源供需格局重构之机，多举措施策，打造国家战略性金属矿产资源安全保供新布局。

一、2022年金属矿业行业凸显滞胀问题严重，产业链价格传导受阻

2022年以来，国内多地频发新冠肺炎疫情、全球地缘政治危机极端化等多重因素导致我国经济发展挑战增多、增速下滑。根据国家统计局公布的初查数据，2022年我国实现国内生产总值（GDP）121万亿元，同比增长3.0%。同期，规模以上工业企业利润只有84038.5亿元，同比下降4.0%。其中，金属矿业行业累计实现营业收入172057.7亿元，占全国规模以上工业企业累计实现营业收入的12.5%，累计实现利润4275.4亿元，同比下降接近51%，累计利润占全国规模以上工业企业累计利润总额的5.1%，行业总体利润率仅为2.5%，低于规模以上工业企业累计利润率3.6个百分点。金属矿业是一国国民经济的基础行业，其营业收入占比常年维持在全国规模以上工业企业营业收入总和的1/8左右。通过对以上数据的对比，可以清晰看出2022年我国金属矿业行业存在严重的滞胀问题，即营业收入占比同比持平的情况下的行业利润占比锐减，说明金属矿业行业原材料价格上涨，下游接受能力减弱，产业链越向下游延伸，价格传导压力越大，最终导致产业链利润下降。

在金属矿业行业中，黑色金属冶炼及压延加工业（即钢铁行业）仅实现利润365.5亿元，同比下降超过91%，行业利润率仅为0.4%；黑色金属矿采选业实现利润594.9亿元，同比下降超过23%，行业利润率为12.1%；有色金属冶炼及压延加工业实现利润2571.5亿元，同比下降近18%，行业利润率为3.4%；有色金属矿采选业实现利润743.5亿元，同比增长近45%，行业利润率为20.5%。

从图1中可以看出，黑色金属冶炼及压延加工业的价格传导问题最为突出。作为金属矿业行业的重要子领域和一国工业生产资料重要组成部分，钢材价格的有效传导对国民经济的稳定发展至关重要。2022年中国钢

铁行业表现出的利润严重下滑的状况充分显示出我国当期钢铁行业产业链条节点整体传导受阻、纾解不畅的严重问题。

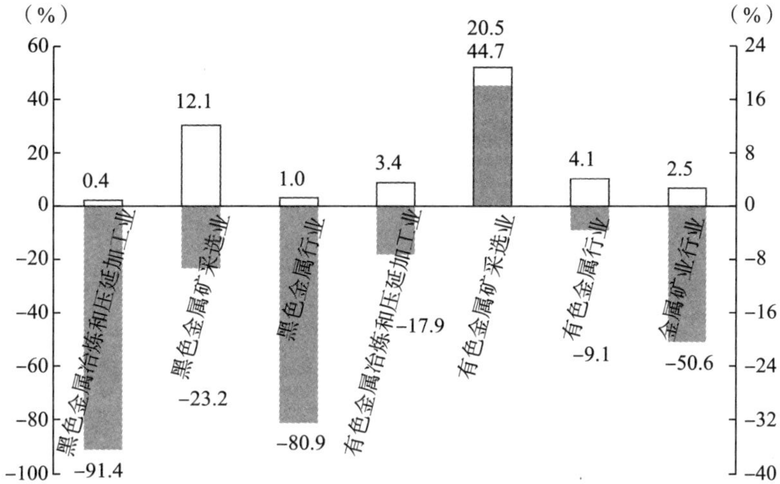

图 1　2022 年中国金属矿业各子行业利润率及累计利润同比涨跌幅

数据来源：五矿经研院。

二、2022 年我国金属矿业各子行业价格传导受阻严重

（一）铁矿石与冶炼环节利润分配极不合理，累计吨钢利润骤降至历史最低水平

2022 年，受下游地产和基建行业需求偏弱的影响，国内钢材市场整体表现为先扬后抑，弱势运行，钢材价格平均同比下降 13.5%。从五大类钢材品种全年的平均价格走势上看，螺纹钢（HRB400E，20MM）均价为 4482 元/吨，较 2021 年年均价格下降 10.0%；线材（6.5MM）均价为 4872 元/吨，较 2021 年年均价格降幅为 11.4%；中厚板（普碳，20MM）均价为 4664 元/吨，较 2021 年年均价格降幅为 13.9%；热板（3.0MM）均价为 4566 元/吨，较 2021 年年均价格降幅达到 15.6%；冷板（1.0MM）均价为 5007 元/吨，较 2021 年年均价格下降 17.0%。同期，经同一来源数据统计，2022 年我国钢坯（Q235）平均价格为 4099 元/吨，较 2021 年同比下降 13.7%（见图 2）。

根据国家统计局公布的数据计算，2022 年我国钢铁行业月度行业利润下滑明显，下半年呈现净亏损460.6亿元（见图3）。

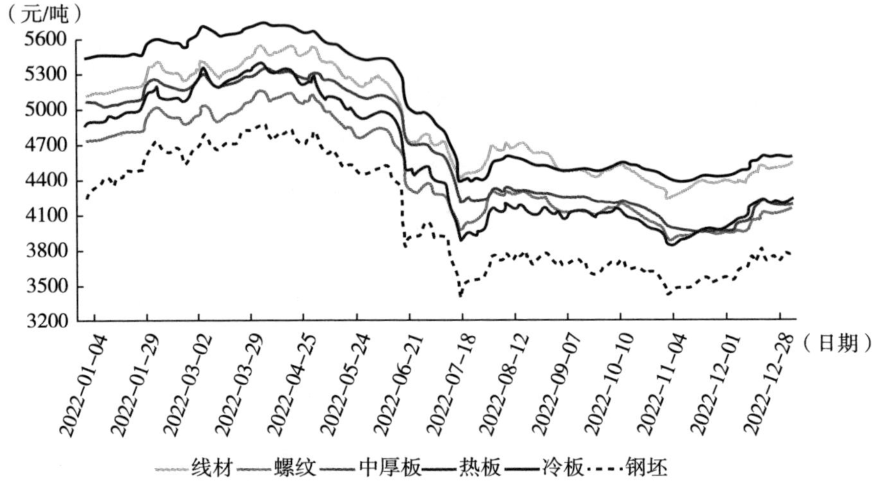

图2　2022年中国五大类钢材品种及钢坯价格走势变化

数据来源：五矿经研院。

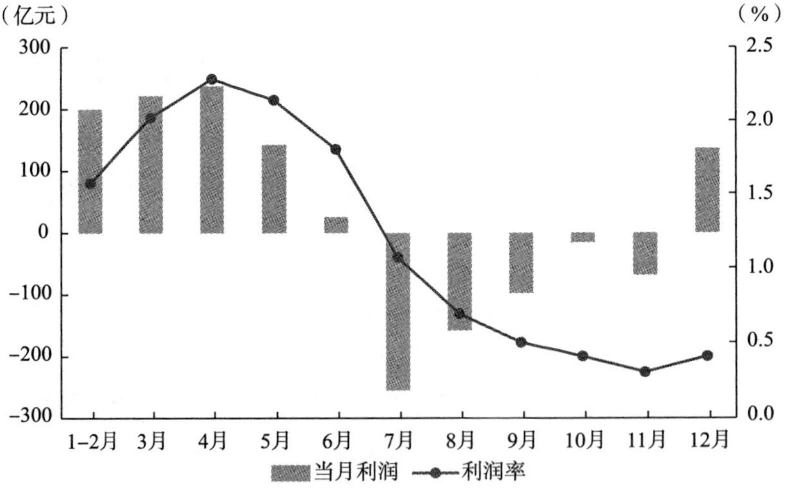

图3　2022年中国黑色金属冶炼和压延加工业月度利润、利润率变化情况

数据来源：五矿经研院。

据同期数据计算，2022年全年，我国黑色金属矿采选行业共实现营业收入4935.8亿元，实现营业利润594.9亿元，行业利润率为12.1%，累计利润也因钢铁行业整体弱行带来行情下行而同比下降超过23%。经行业合并计算，2022年全年，我国黑色金属行业整体累计利润仅为960.4亿元，同比下降接近81%，累计行业利润率仅为1.0%。

从吨钢利润上看，2022年我国钢铁行业累计粗钢吨钢利润仅为36元，为2010年以来的历史最低点（见图4）。

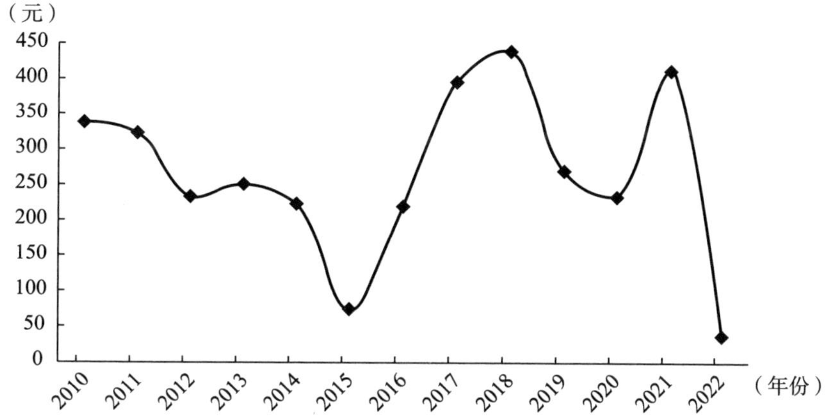

图4　2010—2022年中国吨钢（粗钢）利润变化情况

数据来源：五矿经研院。

2022年，受钢材价格下行压力影响，伴随着钢材价格的走势变化，中国进口铁矿石价格亦呈“前高后低”的震荡下跌行情。2022年全年普氏铁矿石价格指数最高162.8美元/吨，最低79.5美元/吨，年均价格为120.1美元/吨，较2021年同比下降24.7%（见图5）。如果仅从数字层面上看，2022年铁矿石价格的下降幅度明显大于五大类钢材平均13.5%的跌幅。

但从商品利润的角度看，2022年年均120.1美元/吨的价格水平较2022年全球铁矿石平均FOB价格成本溢出水平高达近200%，即便计算海运费、港杂费后的中国到港成本（落地成本）的溢出水平也达到了120%以上。也就是说，中国每生产1吨粗钢，海外四大铁矿巨头将分得超过700元的毛利，而中国钢铁生产企业仅仅得到36元的微利，其中矿端与成品材（冶炼端）的利润分配比例超过19∶1。

反观钢材下游消费市场，房地产、基建行业两大主要用钢行业表现疲软，其他用钢行业虽有起色但难改整体弱势大局，对钢材价格上涨接受度减弱，整体成交冷淡。2022年，相对较高的原料价格带来较高的生产成本，钢材价格难以被下游较为低迷的市场消费所接受，价格无法有效向下游传递。2022年钢铁行业整体滞胀的表现充分显示出我国以钢铁行业为突出代表的金属矿业乃至整体工业行业价格传导阻滞的严重问题。

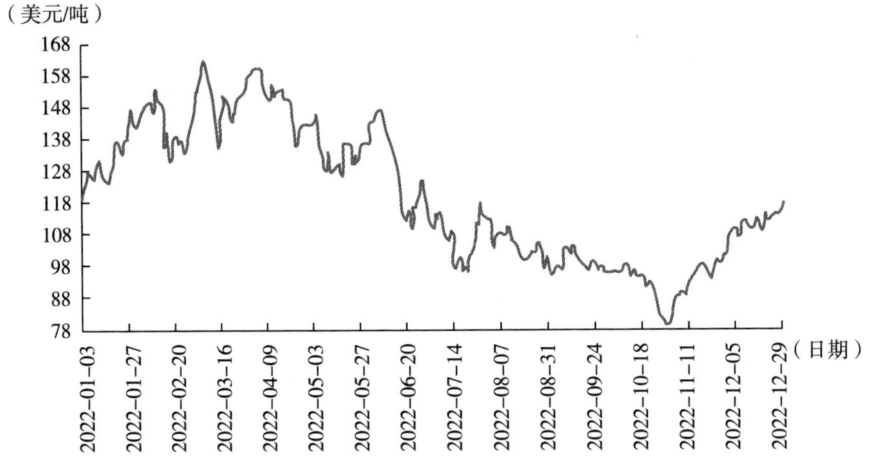

图5　2022年普氏铁矿石价格指数价格走势

数据来源：五矿经研院。

（二）有色基本金属价格普涨，推高下游金属消费行业生产成本

2022年，受突发极端地缘政治事件影响，以铜为代表的基本金属价格一度大幅上扬，铜价（LME3个月，电子盘收盘价）于3月4日创历史新高10600美元/吨，镍价更是在资本“暴力”炒作下创下超过10万美元/吨的场间和8万美元/吨的收盘价历史纪录。之后，有色基本金属价格受全球经济不景气、预期转冷等因素影响而走低，但年均价依然保持较高位置，与钢材价格低迷形成鲜明对比。2022年，铜（LME3个月，电子盘收盘价）均价依然达到8786美元/吨，较2021年均价下降5.5%；铝均价为2713美元/吨，较2021年均价上涨9.1%；铅均价2144美元/吨，较2021年均价下降2.0%；锌均价3442美元/吨，较2021年均价上涨14.5%；镍均价26934美元/吨，较2021年均价上涨45.9%；锡均价30950美元/吨，基本与2021年持平。除铅外，其他有色基本金属2022年年均价格明显较2012年以来长期价格的75分位线高出30%左右（见图6）。

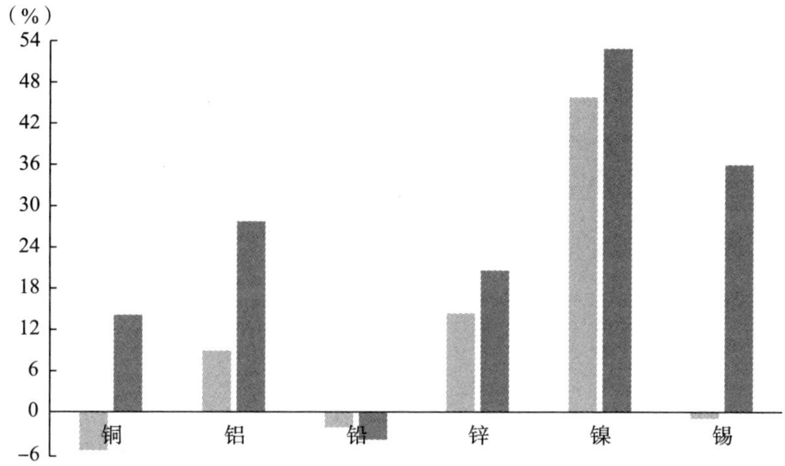

图 6　2022 年有色基本金属年均价同比变化及年均价与长期价格 75 分位均价线涨跌对比

数据来源：五矿经研院。

有色基本金属价格大幅上涨直接推高了金属下游材料价格。比如镍价的大幅上涨就直接推高了我国镍基（300 系）不锈钢的生产成本，而下游不锈钢制品业对不锈钢价格上涨的接受能力有限，造成 2022 年我国不锈钢生产企业举步维艰。再以铜为例，2022 年铜价的上行使得下游精铜杆、精铜管、电缆企业成本压力激增，对下游电力传输、家电、机械、汽车等铜主要消费行业的生产成本造成极大的压力，迫使行业企业不断寻找铜的替代品以降低成本，但同时也可能带来相关替代品在使用寿命、工作效率上的减少。

（三）以钨、锑为代表的中国优势金属产业链中游产品成本增大，对外依存度增加，优势减弱

由于极端地缘政治事件影响，全球主要钨、锑生产国俄罗斯相关产品出口受阻，全球采购的买家不得不将采购重心向作为传统资源输出大国的中国转移，助推中国国内钨市场延续 2021 年上涨势头。2022 年，国内钨品价格整体呈现上涨态势，价格中枢显著抬升。全年钨精矿（WO_3，65%）平均价格为 11.4 万元/吨，同比上涨超过 12%；APT（WO_3，88.5%）平均价格为 17.3 万元/吨，同比上涨 13%。两种钨品价格均处于十年长期价格的 75

分位以上（见图 7）。

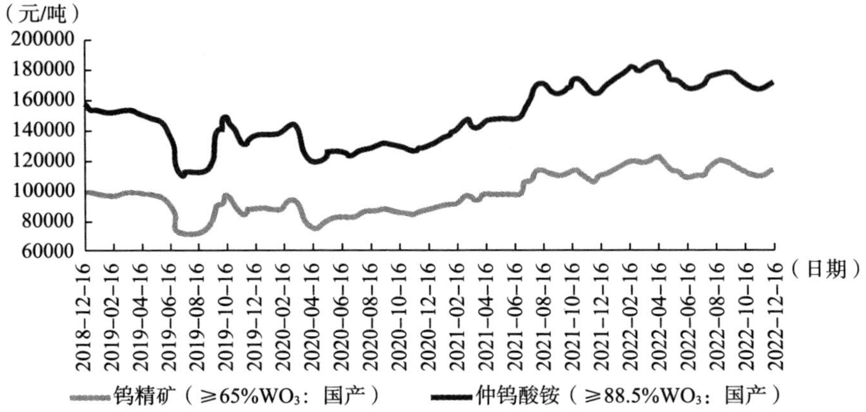

图 7　2018 年以来钨精矿、钨 APT 价格（出厂价、含税）走势

数据来源：亚洲金属网，五矿经研院。

但是仅以这两种钨品为例，钨矿作为原料，其价格的上涨不断向中下游传导，作为产业链中游的仲钨酸铵（APT，88.5%），受到高矿价影响，叠加硫酸、片碱等辅料成本上涨影响，2022 年的生产成本大幅飙升，全年完全成本均线在 17.8 万元/吨左右，高于 APT 的年均价。也就是说，2022 年有相当数量的独立仲钨酸铵生产企业实际处于亏损状态。而下游的硬质合金企业，在面临碳化钨粉价格上涨压力下，多次提高其硬质合金产品报价，对“中国制造”所需的机床刀具市场形成较大的压力。

作为我国另一优势金属资源的锑，在极端地缘政治事件影响下，全球近 1/4 的锑矿供应无法有效供给全球市场，各国纷纷转向中国寻求资源。锑价一度冲高运行，带动价格中枢呈现较大幅度上涨，2022 年全年，锑锭（2#，99.65%）年均价 7.43 万元/吨，处于长期价格曲线的较高位置，较 2021 年年均价格上涨超过 23%。与此同时，由于中国优势资源的不断减少，2022 年我国锑资源的对外依存度或将较 2021 年水平有所上升。

锑的价格上涨，推高下游应用行业的生产成本，而高成本最有可能影响锑行业企业不断探索新能源应用领域的积极性。

（四）新能源背景下暴涨的锂价推高三元材料价格，汽车行业承压严重

在2022年全球经济全线下行的整体背景下，以三元电池为代表的新能源电池行业成为为数不多的增长亮点，促成碳酸锂成为金属矿产行业的明星。2022年，在中国国内新能源汽车行业的快速发展和国外以澳大利亚皮尔巴拉为代表的锂矿资源拍卖价格“哄抬物价”的作用下，电池级碳酸锂市场价格“一飞冲天”，最高涨至近60万元/吨，年内均价为48.6万元/吨，较2021年的年均价格上涨298%（见图8）。疯狂上行的原料价格大幅推高了三元电池材料生产企业乃至国内电动汽车厂成本，而最终的后果只能是由广大电动车消费者“买单”。

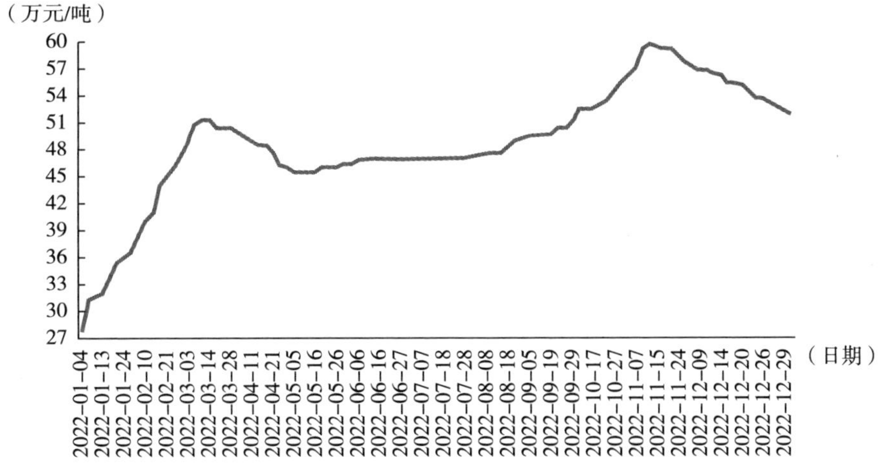

图8　2022年中国碳酸锂（电池级）价格走势

数据来源：五矿经研院。

（五）以铬为代表的稀缺金属资源端价格坚挺，加工应用端濒临停产

铬属于中国极稀缺资源，对外依存度接近100%，而且我国近八成进口铬资源来自南非，单一来源的风险极高。2022年由于南非的极端天气、工会组织运动的影响，中国进口铬矿（南非，42%，CFR中国主要港口）一度上扬至6月初327.5美元/吨的高位，之后伴随着中国钢铁市场弱行影

响，不锈钢产量下行，铬矿价格有所下行。整体看，2022 年中国铬矿（42%，南非，CFR 中国主要港口）进口价格震荡上行，年均价达到 263.4 美元/吨，同比上涨近 43%（见图 9）。

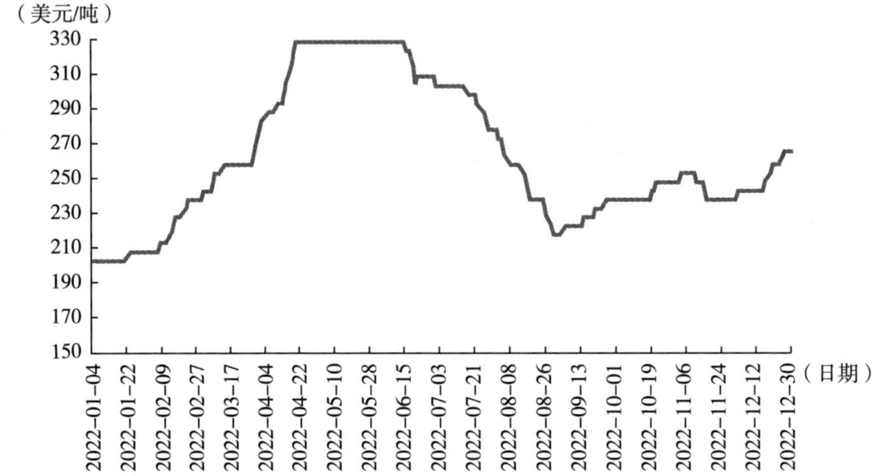

图 9　2022 年中国进口铬精矿（42%，南非，CFR 中国主要港口）价格走势

数据来源：五矿经研院。

铬铁作为铬矿下游的主要消费领域，由于中国国内不锈钢行业整体低迷而需求偏弱。2022 年我国高碳铬铁（Cr52%，C8%）年均价为 8726 元/吨，同比下降 1.5%。铬矿与铬铁年均价同比涨跌的对比，充分体现出原料端的“涨”和金属加工消费端的“滞”之间的严重问题。2022 年 10 月末，因行业整体运行形势低迷不振，中国铁合金协会就曾发出倡议，号召全国铁合金生产企业联合主动限产、停产以应对行业利润的整体下滑。

三、金属矿业行业价格传导阻滞，对我国经济“稳中求进”战略形成严重阻碍

（一）原材料向产成品价格传导压力加大

根据国家统计局的数据，2022 年 1—12 月，中国制造业 PMI 均值为 49.1%，同比下降 2.77 个百分点，充分表明在疫情冲击、极端地缘政治冲

突及美元加息对全球经济影响等多个不确定性因素影响下，中国经济下行压力极大。由于疫情以来全球普遍宽松释放的巨量流动性的推动，原材料价格大幅上涨，给产业链中下游带来巨大成本压力。尽管在2022年3月以后，随着美联储激进加息推进，原材料价格受到一定程度的抑制，但同时也导致全球经济基本面转弱，出口等持续承压，进而对产成品价格形成压制。2022年9月以后，随着大宗商品价格的再度反弹，中下游企业面临的原材料采购成本压力进一步加大。国家统计局数据显示，我国12月的主要原材料购进价格PMI为51.6%，环比上涨0.9个百分点，出厂价格PMI为49.1%，尽管环比上涨了1.6个百分点，但仍然在荣枯线以下。出厂价格PMI与主要原材料购进价格PMI的缺口短暂缩小后再度拉大，显示出我国工业生产过程中原材料至产成品链条间的价格传导极为不畅，中下游企业持续面临较大成本压力，这将使得制造业恢复基础薄弱，很难呈现持续的景气，一旦原材料价格大幅上涨，将对制造业企业信心及复苏进程造成较大干扰（见图10）。

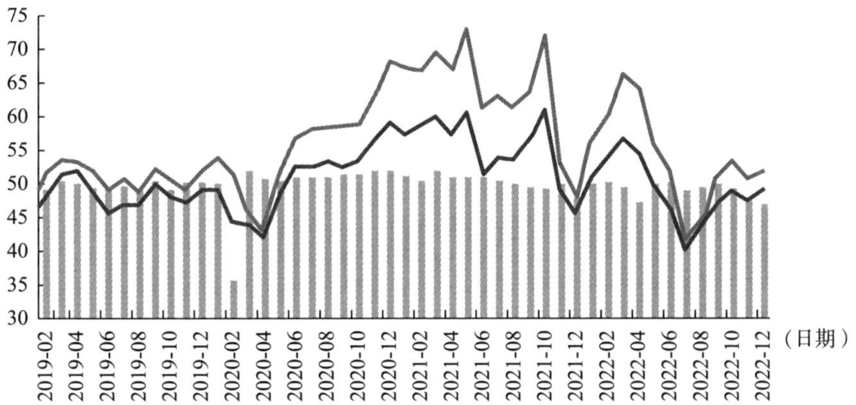

图10　2019年2月至2022年12月中国PMI指数变化

数据来源：五矿经研院。

（二）原料行业对中下游制造业利润形成较大程度的挤压

根据国家统计局的数据，2022年，在41个工业大类行业中，21个行业利润总额比上年增长，19个行业下降，1个行业由亏转盈。主要行业利润情况如下：石油和天然气开采业利润总额比上年增长1.10倍，电力、热力生产和供应业增长86.3%，煤炭开采和洗选业增长44.3%，电气机械和器材制造业增长31.2%，专用设备制造业增长3.4%，汽车制造业增长0.6%，通用设备制造业增长0.4%，农副食品加工业增长0.2%，化学原料和化学制品制造业下降8.7%，计算机、通信和其他电子设备制造业下降13.1%，非金属矿物制品业下降15.5%，有色金属冶炼和压延加工业下降16.1%，纺织业下降17.8%，石油、煤炭及其他燃料加工业下降82.8%，黑色金属冶炼和压延加工业下降91.3%。从以上数据可以充分看出工业行业利润向原料端汇集，而价格向下传递不畅的状况。从2020年以来的我国采矿业和制造业增加值走势图（见图11）中更能看到，自2021年8月后，采矿业（原材料）价格的上行就持续对中下游制造业的利润形成侵蚀。尽管随着美联储持续加息、大宗商品价格阶段回落，制造业增加值的缺口与采矿业增加值的缺口一度缩小，但因原材料价格反弹及出口、消费等疲弱，制造业增加值再度大幅回落，反映了产业链条价格传导阻滞导致上下游企业盈利情况的分化，上下游企业间的博弈加剧。

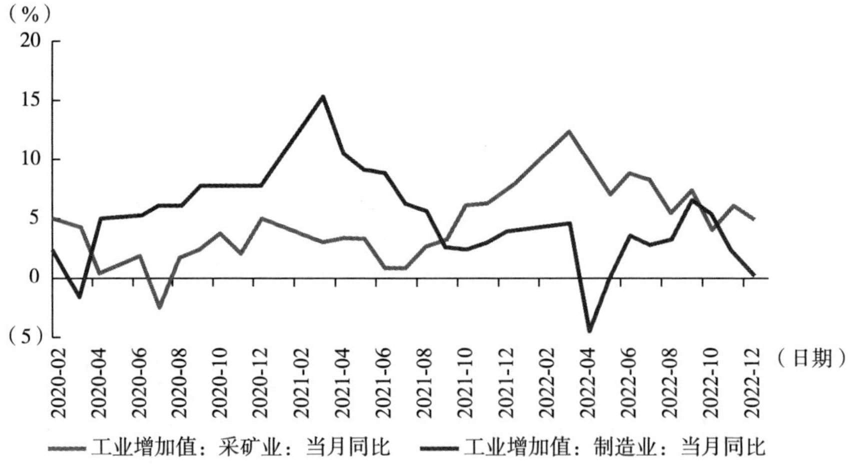

图11　2020年2月至2022年12月中国采矿业增加值与制造业增加值对比变化情况

数据来源：五矿经研院。

（三）CPI与PPI指数变化显示价格传导阻滞现象仍然严重

从2019年以来的居民消费价格指数与工业生产者指数的走势对比上

看，自2021年5月后，由于原材料价格的普遍上扬，推高PPI指数大幅上行，尽管在2021年11月后“剪刀差”有所收窄，但一直到2022年7月，PPI仍然高于CPI，反映出工业产品价格上涨压力无法有效向消费端传导。作为受疫情冲击最直接的领域，消费恢复一直比较缓慢，CPI年内虽有所抬升，但始终处于相对低位，这必然对工业产品价格形成反制。2022年7月后，PPI大幅回落，并于10月跌入负区间，充分显示了工业生产成本不断增加与实际消费相对较弱之间构成的滞胀现象。从工业制成品内部看，生活资料PPI始终保持为正，生产资料PPI大幅下降且于2022年10月跌入负区间，表明在消费疲弱情况下，生活资料生产行业相对稳定、价格有一定刚性，生产资料行业则面临较大价格下行压力，后续恢复仍需看国内消费整体恢复情况（见图12）。

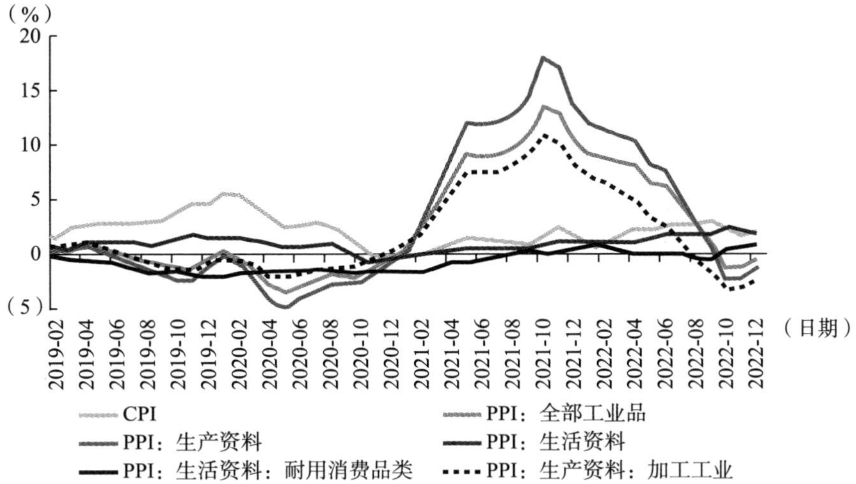

图12　2019年2月至2022年12月中国CPI、PPI相关指标对比情况

数据来源：五矿经研院。

四、对我国金属矿业行业价格传导问题的思考

（一）2020年后的各种突发事件已经导致全球金属矿产品供需格局发生深度重构

2020年全球新冠肺炎疫情暴发，各国采取量化宽松的货币政策应对疫

情困扰，导致资本流动性增加。资本的逐利性使得放水资金不断向资源端汇集，导致原材料价格暴涨，加上各国实际抗疫效果不同，资源输出国资源保护主义抬头，全球经济呈现出类“重启”模式。经济“重启”带来原本积累已久的众多不确定因素浮出水面并成为经济发展的干扰因素。由美联储的持续加息以及超预期延续的极端地缘政治事件引发的美西方国家对俄罗斯的制裁不断加码，原俄罗斯资源被大规模“替代”，美西方在面对中国“大国崛起”而采取的各种攻击、限制和制约的背景下，中国实现中华民族伟大复兴的百年奋斗目标对关键矿产资源的保供稳价提出了更高的要求。众多因素影响下，全球大宗金属矿产品市场供需格局正在发生深度重构。

（二）短期内面对种种不确定性因素的干扰，大宗金属矿产品价格传导阻滞问题难以缓解

当前的全球宏观政治经济形势依旧有利于金属商品行情发酵，一方面，极端地缘政治事件超预期地持续，地缘对抗阻碍局部地区资源输出，导致全球大宗金属矿产资源供应链重构，为原材料价格的大幅波动提供了支撑。另一方面，美联储阶段性持续加息的政策使得美元汇率成为收割各国抗疫成效的“利器”，各国（尤其是资源输出国）为稳定本国货币汇率而采取的应对措施也将迫使大宗金属矿产品价格波动加大。此外，多因素困扰下的我国经济“稳增长”政策不断加码，稳经济方面的政策实施力度还将进一步不断加大，众多有利于经济发展的政策还将相继出台，对金属矿业资源端的需求形成有效支撑，从而导致生产原料价格居高不下。同时，在众多不确定因素影响下，市场炒作资本依旧将汇聚于原料端，而产业中下游阻滞仍无法有效疏导。在此背景下，中国作为全球最大的金属矿产消费国，金属矿业产业链链条上的价格传导阻滞问题的纾解还需长期综合施策，方可有效解决。

（三）战略性矿产资源稳供保供是中国经济稳中求进的关键

未来在大国竞争的格局下，美西方对我国进行资源干扰、防控乃至极端情况下的封锁将成为常态。资源竞争将成为大国竞争的关键，谁拥有资源，谁就拥有绝对话语权。2022 年突发极端地缘政治事件导致全球矿产资源供需格局产生结构性重构。中国作为全球矿产资源消费的第一大国，每年消费的

金属矿产资源量约占全球总量的半数左右。同时，中国经济尚处于工业化后期，未来对金属矿产品的需求还将保持绝对数量的高位。因此，战略性金属矿产资源保供稳价的战略地位更加突出，如何通过全球化配置实现我国战略性资源的保供稳供将是我国实现经济稳中求进、高质量发展的关键性支撑。

五、有效纾解我国金属矿业行业价值链传导问题的建议

（一）持续的“扩有效内需”政策是化解“悬顶之刃”的关键手段

我国作为全球制造中心，原材料价格上涨将导致我国的输入性通胀压力加大。需求端收缩的反向传导，最终将成为原材料价格的“悬顶之刃”，如果不能有效控制，必将进一步增加我国宏观经济复杂性，压缩我国政策调控空间。这就需要将“稳消费”作为“稳增长”关键点，持续地将扩内需、增加有效需求作为关键措施，充分利用国内大市场，做好国内大循环，通过积极有效的财政、货币、金融政策，大力刺激、保证实际有效需求的增长，积极纾解原料价格向下游传导而不是反向淤积。消费作为最终需求，是经济恢复发展的内在动力，也是价格传导阻滞能否最终被疏通的关键。因此，未来提振总需求、稳定宏观经济大盘的过程中，也要加大对消费领域的倾斜力度，充分发挥消费对“稳增长”的支撑作用。

（二）严控无效低效产能是化解价格阻滞的重要手段

中国作为全球的制造中心，长期形成的产业链中间制造加工环节产能过剩问题十分严重。大量低效乃至无效的产能一旦作为实际产量释放，无疑是对本已高涨的原料资源的浪费并将恶意推高有效原料供给的价格。2016—2017 年，我国通过严打“中频炉、地条钢”，有效遏制了“劣币驱逐良币”的市场行为，保证了螺纹钢等建筑钢材市场的稳定，同时对一度上行的铁矿石价格形成了有效遏制，助力中国钢铁行业 2017 年成为一个“丰收年”。而反观 2021—2022 年，我国碳酸锂价格的暴涨行情，其背后无疑是盲目短视扩张和市场投机力量恶意炒作。对此，建议应认真审视过往行业的教训，积极审视新能源行业的发展规划，严格控制无效低效产能的建立和扩张，有效化解新能源电池产业链价格阻滞问题，确保我国新能

源领域“弯道超车”战略目标的实现，而不是再造一批新能源金属的加工基地。

（三）中国股票市场的普惠作用是提振终端消费的重要手段

利用目前中国股票市场相对较低，从事股票投资的家庭、人数基数大，有市场发展潜力的上市公司数量较多，中小企业上市意愿浓厚的契机，将超常规刺激经济的要素应用其中。通过提振股市，吸引社会资金流入、提升上市公司融资能力、普惠股民，进而提振终端消费能力，实现“一举多得”。

（四）积极防范金属矿业行业价格传导不畅带来的市场冲击风险

当前全球宏观政治经济形势极其有利于金属商品行情发酵，多重因素或使金属原材料价格维持相对高位，持续向中下游施压，但金属矿产品价格波动性也可能变大。面对当前金属矿业领域价格传导压力增大且局部不畅问题，建议国内企业充分做好产业链供应链潜在风险应对预案。坚持底线思维、空头思维，做好价格研判，加强跨区域、跨时序的业务协调，合理把握业务节奏、库存规模，做好客户供货进度、应收账款管理，避免因金属原材料价格波动引发颠覆性风险。

（五）尽快打造国家战略性金属矿产资源安全保供新格局

突发的极端地缘事件导致全球矿产资源供需格局重构，我国作为全球矿产资源加工、消费第一大国，必须按照“一带一路”基本国策的方针要求，着力大力部署我国经济发展所需的矿产资源（特别是战略性矿产资源）的重点保障区、保障带，在科学合理规划下实施资源保供的重点布局。

1. 继续做好金属原材料的“保供稳价”

对于铜、铝、铁等对外依存度较高的基本金属品种，应该进一步增强资源掌控力，特别是通过支持国内大型矿业企业采取并购、扩建、参股等多种方式，扩大海外资源开发，并以国内市场为依托，增强矿产品贸易议价能力，增强保供能力。对于钨、锑等我国具有资源优势的品种，应继续增强全产业链优势，依托行业龙头企业，发挥全产业链优势，向高端应用升级，化资源优势为材料优势、产业优势，发挥对国内产业和国家战略的支撑作用。

2. 加大对再生金属资源的充分有效利用

再生资源是原生资源形态的转换，是发达国家自循环式发展的基础，也是发达国家保持国际市场竞争力的关键手段之一。目前，发达国家在铜、铁、镍、锰等重要战略性金属上的循环利用能力和技术水平远高于我国，这也是我国在资源上高度依赖原生资源输入的重要原因之一。面对全球供应链不畅、主要大国加大对矿产资源竞争的新格局，我国需要充分研究对外依存度高、国内经济发展需求量大的品种的再生利用，尤其应重点构建废钢和废旧电池开发利用基地，降低原生资源对外依存度。

3. 合理安排我国战略性矿产资源的“回国”通道

对我国经济建设必需、急需的战略性金属矿产资源安全回国路线进行合理安排，通过大国外交影响力，保障资源“投得准、采得出、运得回”。充分借助全球资源供给格局因极端地缘事件重构之机，着力规划、计划、打造我国战略性矿产资源稳供保供新格局，确保“中国人的饭碗牢牢端在自己手中”。

课题参与单位：中国五矿集团有限公司中国金属矿业经济研究院

课题组核心成员：金志峰　左　更　李晓杰　吴　越

新型电力系统下可再生能源多目标价值模型研究与应用

一、研究背景和意义

党的二十大报告提出我国将深入推进能源革命，加快构建成本低廉、清洁低碳、安全高效的新型能源体系。积极稳妥推进碳达峰碳中和，立足我国能源资源禀赋，坚持先立后破，有计划分步骤实施碳达峰行动，推动能源清洁低碳高效利用，形成绿色低碳的生产方式和生活方式。在双碳目标的大背景下，传统电力系统加快向适应新能源电力发展需要的新型电力系统发展，可再生能源发电价值由以电能量价值为主，逐步向“电力+环保+减碳”的多目标价值转变，包括巨型水电、海上风电在内的各类可再生能源的价值衡量方式亟待更新。

本课题拟在新的电力市场环境下，运用经济学理论，建立科学的模型，全面、准确、客观地量化评估可再生能源多目标价值，为其参与电力市场交易、开展电价协商提供有效参考，并对可再生能源的市场交易机制完善提出政策建议，促进可再生能源的交易和消纳，助力新型电力系统建设和双碳目标的实现。一是有利于新型电力系统建设过程中充分发现可再生能源的多目标价值并兑现绿色价值；二是有利于保障新能源投资主体在参与市场交易背景下回收投资成本，进一步促进新能源高质量持续发展；三是有利于大型国有新能源发电企业资产保值增值，更好地保障能源供应安全。

（一）电力商品多维价值体系逐步建立

新型能源体系下，电力市场需要考虑的因素显著增加，呈现目标多元化趋势，需要有机统筹“效率、环保、安全”三者之间的关系。电力商品多维价值逐步建立，从单一的电能量价值向电能量价值、灵活性价值、可靠性价值、绿色低碳价值体系转变。新能源项目可通过参与电能量市场、绿电及绿证市场、碳市场等获取收益。电能量价值是以往电力商品的主要属性，随着新能源的发展、占比的提升，生产成本出现下降，系统总成本增加，电能量价值在总价值中的比例降低。新能源的随机性、波动性大幅增加了电力系统对调频、调峰资源的需求，电力商品的灵活性价值通过辅助服务市场体现，反映系统灵活调节能力，保障电网安全稳定运行。新能源大规模发展，支撑性电源不足提升了对电力可靠性的要求，可靠性价值通过容量市场体现，反映系统容量充裕度和调节充裕度，引导各类电源协调发展。绿色低碳价值通过碳市场、绿电及绿证市场体现，以市场机制实现绿色价值的外部属性内部化，推动能源电力低碳转型。

（二）可再生能源参与市场交易价格逐步下降

随着新型电力系统中新能源占比的不断提高，传统的电力供需结构正发生一系列变化，包括系统负荷的峰谷比拉大、峰谷时段动态调整、受天气影响显著等。在这种新形势下，原有电量交易无法体现不同时段的电力稀缺程度，已逐步向时效性更强的电力交易转变，具体表现为电力现货市场建设进一步深化，电力中长期交易也需要约定带时标的电量、电价及电力曲线。这就意味着巨型水电、海上风电等可再生能源发电也要参与到复杂、激烈的电力市场竞争中。受电地区不仅关注可再生能源的总发电量，更关注不同季节、不同时点的出力特性，电力曲线成为电价协商中的重要考量。然而，新能源参与市场交易的电量价格呈现下降趋势，零电价、负电价在部分地区、部分时段更加普遍。

（三）可再生能源的环保、减碳价值有待市场充分体现

当前无论是绿电、绿证市场，还是全国碳市场均处于起步阶段，相关市场机制设计仍处于不断完善过程中。受政策制定历史因素影响，目前国内部分省市组织开展的绿电交易也暂未将巨型水电、海上风电纳入，其环保、减碳属性未能得到量化体现。2022 年 8 月国家发改委、国家统计局、国家能源局印发的《关于进一步做好新增可再生能源消费不纳入能源消费总量控制有关工作的通知》（发改运行〔2022〕1258 号）已明确将绿证核

发范围拓展至常规水电、海上风电在内的所有可再生能源发电项目，以促进绿色电力消费，进一步压实能耗双控考核。但由于业界对水电绿证参与市场交易存在着冲击风电、光伏绿证市场交易规模及价值等方面的担忧，水电绿证的交易模式以及收益分配机制仍存在较大不确定性。

二、可再生能源参与市场配套机制

（一）电能量市场有关情况

1. 新能源参与市场情况

随着我国新型电力系统建设逐步推进，风电、光伏等新能源持续快速发展。2021 年 6 月，国家发改委印发《关于 2021 年新能源上网电价政策有关事项的通知》（发改价格〔2021〕833 号），提出 2021 年起，新增集中式光伏、陆上风电项目中央财政不再补贴，实行平价上网；新建项目可自愿通过参与市场化交易形成上网电价，以更好体现光伏发电、风电的绿色电力价值；新核准（备案）的海上风电项目上网电价由当地省级价格主管部门制定，具备条件的可通过竞争性配置方式形成。在“碳达峰、碳中和”目标下，我国明确 2030 年风电和太阳能发电总装机容量达到 12 亿千瓦以上。到 2025 年，全国统一电力市场体系初步建成，有利于新能源、储能等发展的市场交易和价格机制初步形成；到 2030 年，新能源全面参与市场交易。

近年来我国对新能源主要采用“保量保价”的保障性收购方式，新能源上网电量执行批复电价，不参与市场化交易。部分新能源占比高的省份，如甘肃、内蒙古、山西等以“保障性消纳+市场化交易”方式消纳新能源，“保量竞价”电量参与电力市场。2021 年新能源总体参与市场的比例为 30%左右，未来新能源参与电力市场将成为必然趋势。

随着技术进步和产业规模化发展，海上风电加速实现平价上网。《国家能源局关于 2018 年度风电建设管理有关要求的通知》（国能发新能〔2018〕47 号）提出，2019 年起，各省（自治区、直辖市）新增核准的集中式陆上风电项目和海上风电项目应全部通过竞争方式配置和确定上网电价。2020 年 1 月 20 日，财政部、国家发改委、国家能源局印发《关于促进非水可再生能源发电健康发展的若干意见》，进一步明确新增海上风电项目不再纳入中央财政补贴范围。2022年起，海上风电开发进入地方补贴接力时期。随着海上风电补贴退坡，各省鼓励海上风电通过参与市场化交易、绿色电力交易等方式提高项目收益。

2. 巨型水电参与市场情况

随着我国电力市场化改革及现货市场建设加速推进，巨型水电面临计划与市场双轨制运行带来的风险，作为巨型水电消纳基础的优先发电计划政策保障力度逐步下降。巨型水电优先发电价格按照“保量保价”和“保量竞价”相结合的方式形成，“保量竞价”通过市场化方式形成价格，优先计划电量以外部分参与受电地区市场化竞价。然而，优先发电计划存在政策性执行偏差，在当前煤价高企、市场交易价格明显提升的外部环境下，优先发电计划保量竞价部分未能按政策实现随市场涨价。

巨型水电以参与省间市场交易为主，逐渐由参与中长期交易向“中长期+现货”模式转变，各现货市场规则差异较大，各省规则与省间规则未能有效衔接，增加了巨型水电参与市场交易的难度。

（二）绿电、绿证市场运行情况

1. 绿证市场情况

2017年2月，国家发改委、财政部、国家能源局联合发布《关于试行可再生能源绿色电力证书核发及资源认购交易制度的通知》（发改能源〔2017〕132号），提出2017年7月起在全国范围内试行可再生能源绿色电力证书核发和自愿认购，以引导全社会绿色消费、促进清洁能源消纳利用。随着2021年6月平价绿证上线，以及2022年9月国家能源局推动北京电力交易中心、广州电力交易中心开展绿证交易，绿证交易量迅速攀升，新能源绿色价值进一步兑现。

截至2022年底，全国累计核发绿证约5954万个，累计交易数量1031万个，其中补贴绿证约8万个，无补贴绿证约493万个，绿电绿证约530万个。2023年1月，国内绿证线上交易风电补贴绿证均价每个260元，光伏补贴绿证均价每个750元，风电无补贴绿证均价每个46.70元，光伏无补贴绿证均价每个48.90元。相较于补贴项目绿证数百元的价格水平，无补贴绿证的线上成交价格在每张50元左右，有效缓解了绿证价格偏高导致的成交量低迷问题，提升了市场活跃度。

2022 年 8 月国家发改委、国家统计局、国家能源局印发《关于进一步做好新增可再生能源消费不纳入能源消费总量控制有关工作的通知》（发改运行〔2022〕1258 号），提出建立全国统一的绿证体系，绿证核发范围及应用场景进一步拓展。一是包括水电在内的新增可再生能源均不纳入能源消费总量；二是明确绿证核发范围覆盖所有可再生能源发电项目；三是以绿证作为可再生能源电力消费量认定的基本凭证；四是提出绿证原则上可转让。

2023 年 2 月，国家发改委、财政部、国家能源局三部委联合下发《关于享受中央政府补贴的绿电项目参与绿电交易有关事项的通知》（发改体改〔2023〕75 号），提出由电网保障性收购并享受国家可再生能源补贴的绿色电力，可由电网企业统一参加绿电交易或由承担结算服务的机构将对应绿证统一参加绿证交易，溢价收益等额冲抵国家可再生能源补贴或归国家所有。

2. 绿电市场情况

2021 年 8 月 28 日，国家发改委、国家能源局正式批复《绿色电力交易试点工作方案》，正式复函国家电网公司、南方电网公司推动开展绿色电力交易。9 月 7 日，绿电交易试点正式启动，首场交易共有 17 个省份的 259 家市场主体参与，共成交 79. 35 亿千瓦时电量，环境溢价 2~3 分/千瓦时。2021 年，全国绿电交易总量为 85. 65 亿千瓦时。

2022 年，广东、浙江、江苏、宁夏等多个省份开展常态化绿电交易。浙江省累计交易绿电 25. 76 亿千瓦时，较 2021 年增长 611. 21%；江苏省绿电交易超过 20 亿千瓦时，位居华东区域首位；广东省绿电交易超过 13 亿千瓦时；宁夏回族自治区绿电交易 32. 41 亿千瓦时，交易规模位居国网第一。根据中电联发布的数据，2022 年各地电力交易中心组织的绿电交易成交电量呈渐进上升趋势，全年累计组织完成绿电交易超 220 亿千瓦时，绿色电力消费显著提速。

（三）可再生能源配额制

2005 年，《中华人民共和国可再生能源法》首次提出了可再生能源配额的概念。2018 年，国家发改委、国家能源局分别发布了三轮可再生能源配额制实施征求意见稿，明确了我国承担配额义务的市场主体和配额考核办法。2019 年 5 月，国家发改委、国家能源局印发了《关于建立健全可再生能源电力消纳保障机制的通知》，正式提出了建立健全可再生能源电力消纳保障机制，按省级行政区域对电力消费规定应达到的可再生能源电量比重。2020 年 6 月 1 日，国家发改委、国家能源局在《关于印发各省级行政区 2020 年可再生能源电力消纳责任权重的通知》中明确了可再生能源电力消纳责任权重。

可再生能源电力消纳保障机制涉及两类权重指标，包括可再生能源电力总量消纳责任权重、非水电消纳责任权重，涵盖了全部的可再生能源品种。在承担消纳责任的市场主体实际消纳可再生能源电量难以完成消纳量责任权重对应的消纳量情况下，可选择通过消纳量转让和自愿认购绿证两种方式完成消纳责任权重。两种替代方式为并行关系，没有先后顺序，但两者还是有一定区别的，水电消纳量不能用于非水电可再生能源电力消纳责任权重考核，但绿证可用于可再生能源电力总量消纳责任权重考核和非水电可再生能源电力消纳责任权重考核。

可再生能源电力消纳保障机制及可再生能源电力消纳责任权重为配额制的实施提供了科学的保障机制，并且为承担消纳责任的各市场主体设计了明确的消纳责任权重。然而，配额制在实施过程中仍存在一些障碍，配额制的制度设计有待进一步完善。我国当前配额制的约束对象主要是地区政府、电网公司等“中间用户”，消纳责任权重与考核没有传导到用户，随着所有工商业用户全部参与市场并拥有自主选择“绿电”和“非绿电”的权利，如仍延续目前“指标到省”方式，用户在没有具体配额及考核责任的情况下将仅按低成本原则进行选择，不符合促进绿色电力消费的方向和要求。此外，我国当前配额制的约束责任主要是约束可再生能源消纳量，绿证仅是完成消纳权重的一种补充方式而并非强制性手段，市场主体认购量不高，认购绿证动力不足，购买绿证的驱动力主要来自履行社会责任、提升品牌形象、减免碳关税、提升海外竞争力等，未形成强制性约束。

（四）碳市场运行情况

2011 年 10 月，国家发改委下发《关于开展碳排放权交易试点工作的通知》，批准在北京、天津、上海、重庆、湖北、广东和深圳等七个省市开展碳排放权交易试点工作，试水碳排放权交易市场建设。2017 年 12 月，国家发改委发布《全国碳排放权交易市场建设方案（发电行业）》，启动全国碳交易体系建设。2021年1月，生态环境部出台《碳排放权交易管理办法》，全国碳市场第一个履约期启动。

作为我国实现双碳目标的重要抓手，全国碳排放权交易市场自2021年7月16日上线交易以来，市场主体积极参与交易，开市首周碳配额成交量483.30万吨，总成交额24969.68万元。当前全国碳市场虽然仅纳入了火电行业，但已覆盖了超过全国碳排放总量的30%。近中期扩展到火电、建材、钢铁、有色、石化、化工、造纸和航空等八大行业后，预计覆盖率将提升至六成左右。

2022年，全国碳市场共运行242个交易日，碳排放配额累计成交量5088.95万吨，累计成交额28.14亿元。2022年全国碳市场的整体运行情况如下：一是全年交易量主要集中在年初和年末，1—2月、11—12月成交量分别占全年总成交量的19%、66%；二是交易价格整体变化幅度不大，挂牌协议交易单笔成交价在50.54~61.60元/吨之间，大宗协议交易单日成交均价在42.54~62.54元/吨之间；三是交易量以大宗协议交易为主，挂牌协议交易年度成交量621.90万吨，年度成交额3.58亿元，大宗协议交易年度成交量4467.05万吨，年度成交额24.56亿元。2022年全国碳市场碳排放配额各月成交量、价情况见图1。

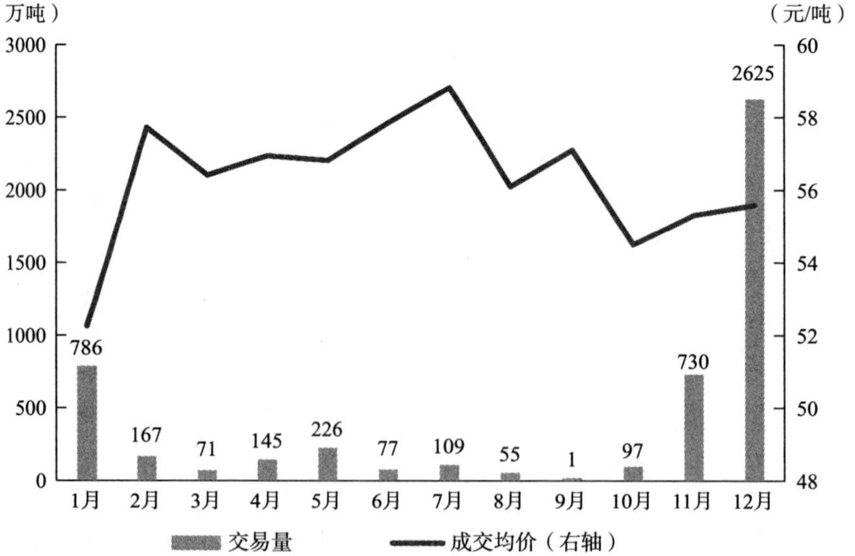

图1　2022年全国碳市场碳排放配额分月成交量、价情况

三、可再生能源多目标价值分析模型

（一）计划模式下水电多目标价值模型

计划模式下，巨型水电的价值评估结果可以支撑消纳方案框架下合约价格的协商工作，本项目采用能同等程度满足受端省份电力系统电力和电量需要的替代方案的费用及污染物排放量来量化计划模式下巨型水电在各消纳省份的经济价值、碳减排价值和环境价值。

1. 经济价值分析

巨型水电的经济价值主要通过最优等效替代工程费用法，当拟定的工程不能兴建或使用时，采用具有相同功能的另一工程为替代，替代工程所需的投资折算年值与年运行费（含燃料费等）之和即为该水电站的年均经济价值。经济价值分析结果可以直观反映受端政府如不购买巨型水电电量，自建满足同等用电需求的火电站需要产生的资金费用。

根据替代方案基本参数，替代工程经济效益包括年折算投资、更新改造费用、燃料费及年运行费四部分，则有：折算总费用年值=投资折算年值（含更新改造）+燃料费+年运行维护费。其中，投资折算年值（含更新改造费用）指替代工程在整个计算期的总投资折算至正常运行期的年费用。总体思路为，求出计算期内基准年的总现值，然后摊还至各年，计算期的时间基准点定于开工的第一年初，社会折现率取5%。

根据替代方案基本参数，替代燃煤火电投资=单位千瓦造价×替代规模；替代火电站的更新改造投资按火电站总投资的70%估算，分两年更换，设备更新改造年限按25年考虑；煤耗率参照中国电力企业联合会发布的《中国煤电清洁发展报告》中的数据，电煤价格参考最新的中国电煤价格指数中受端省份数据，并考虑后续价格走势，则：替代燃料费=（替代发电量×煤耗率）×电煤价格。

2. 碳减排价值分析

电力工业的碳排放在能源相关的碳排放总量中占有举足轻重的地位，影响未来碳减排总体目标的实现，水电作为低碳、优质的清洁能源，相比火电将给受电省份带来巨大的二氧化碳减排效益。根据受端电网电量边际排放因子（OM）和容量边际排放因子（BM），结合全国碳市场交易情况以及经济价值分析中的替代工程规模，可求得二氧化碳减排效益的交易价格，然后将年平均减排效益平摊到年发电量上即可得到单位电量二氧化碳减排效益，即二氧化碳电价。

$$P_{i,CO_2}=(0.5\times OM_{电量边际排放因子}+0.5\times BM_{容量边际排放因子})\times P_{碳市场价格}$$

3. 环境价值分析

虽然目前环境效益并不计入发电的经济成本中，但是对环境污染和破坏的修复需付出巨大的经济和社会代价。在各种电源中，以水电为代表的各种可再生能源发电方式对环境的污染几乎为零，是清洁能源，而火电对环境的影响比较显著，燃煤机组在发电过程中会产生大量的二氧化硫、氮氧化物和烟尘等排放物。以清洁的水电替代火电，一方面可大量减少火力发电产生的有害气体，减轻大气污染物排放；另一方面还可以减少原煤消耗，变相为各省内电厂减轻电煤储备压力，为受电省份腾出盈余环境空间，实现多方共赢。

因此，根据生态环境部环境规划院发布的《中国经济生态生产总值核算研究报告》中我国环境退化成本、大气环境退化成本，以及全国生态环境统计公报发布的全国二氧化硫排放量、氮氧化物排放量、烟尘等颗粒物排放量，由大气环境退化成本、各污染物排放量、污染当量值可计算得出各污染物造成的单位环境退化成本。

$$P_{i,SO_2、NO_x、烟尘}=\frac{C_{总环境退化成本}\times\dfrac{Q_{该污染物排放量}}{S_{污染当量值}}}{\left(\dfrac{Q_{该污染物排放量}}{S_{污染物当量值}}+\dfrac{Q'_{其他污染物排放量}}{S'_{其他污染物当量值}}\right)\times Q_{该污染物排放量}}\times I_{该污染物对应替代工程排放绩效}\times L_{省内火电装机占比}$$

（二）市场模式下水电多目标价值模型

水电的市场价值特性与水电发电机组的特性息息相关，一方面，水电作为清洁的可再生能源，具有技术成熟、成本低廉、运行灵活、综合效益显著等特点，相比火电及新能源机组，水电机组工作灵活、启动迅速、跟随负荷能力较强；另一方面，水电机组又属于能量受限机组，出力受水库来水、调度方式、航运、供水等影响明显，机组运行具有很强的约束性、不确定性和时间相关性。特别是在电力市场下，由于市场需求和市场电价等因素，使得这种不确定性更为强烈。

市场模式下，本项目采用一种满足占优策略激励相容的基于 VCG 理论的价值模型来评估水电市场价值。VCG 机制的显著优点在于，无论是在同质物品拍卖交易还是在组合拍卖交易中，以及无论是在出售拍卖还是在采购拍卖中，它都可以实现拍卖的分配效率。借鉴 VCG 机制的理论和思想，考虑电力系统的运行约束，定义集中式市场一台发电机组的价值为该发电机组对其他发电机组的替代效益，即该发电机组参与市场前后，其他发电机组总发电成本的变化。这种市场价值分配机制能够激励发电机组按照自身真实成本申报，满足激励相容原理，相比采用其他市场理论，基于 VCG 理论的价值分配机制更加精准、更加真实地衡量电站发电机组的价值。

同时，本项目充分考虑税金及环境效益的影响，将巨型水电参与各受端省份中长期市场的价值分为两个部分，一是在受端省份消纳电能所带来的电能量价值，即上述 VCG 理论计算下的电力市场价值；二是通过长距离的水火置换，减少受电地区污染物和二氧化碳排放的价值，体现水电的清洁低碳属性。其中后者主要借助计划模式下的水电替代火电的污染物和二氧化碳减排量，结合我国大气环境退化成本和当前全国碳市场碳排放权价格完成测算。市场环境下巨型水电参与中长期交易的多目标价值计算过程见图 2。

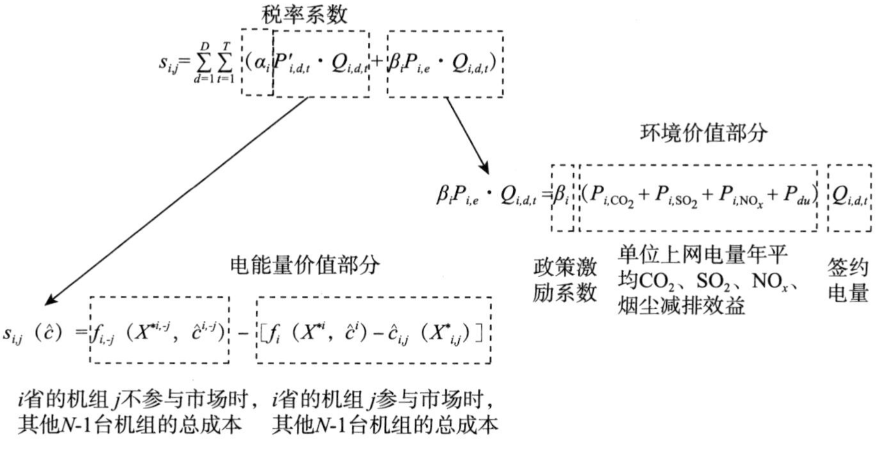

图 2　市场环境下巨型水电参与中长期交易的多目标价值计算过程

综合上述模型，以三峡电站、江苏响水海上风电一期为例进行分析测算，有关结论如下：一是模型中碳减排价值和环境价值量化方法，对巨型水电、海上风电为受端省份绿色低碳产业政策和环境友好带来的正外部性进行合理兑现，可作为“双碳目标”下电价协商的基础依据。二是计划模式下，巨型水电、海上风电的多目标价值评估模型结果能够准确反映其在各消纳省份的综合价值，支撑消纳方案框架下合约价格的协商工作。三是市场模式下，多目标价值评估模型结果能够在分析水电、海上风电市场价值特性的基础上，为发电企业参与中长期市场双边合约谈判提供决策支撑。

四、可再生能源参与市场总体策略

（一）巨型水电参与市场有关策略

对于当前市场建设的过渡阶段：巨型水电市场化交易面临不确定性径流过程预报、梯级水电站群紧密的水力电力联系、跨省跨区域多元电力市场、地方政府和电网影响力较大等多维困难，使得巨型水电参与电力市场异常复杂，制定交易策略难度巨大。一是加强来水预测基础管理，提升综合来水预测准确率。及时掌握流域范围内径流变化规律，做好中长期来水预测和发电计划编制，并构建长期径流预报模型，不断提高来水预测准确率。二是维护好跨省区中长期交易机制，不断适应更高的交易要求。①开展巨型水电分时价格机制相关研究工作，保障巨型水电在电力市场不同发展阶段长期、稳定的售电效益。②维持巨型水电当前在北交、广交开展中长期交易的机制不变，同时促进市场运营机构对省间和省内中长期交易的有效衔接。三是积极开展“点对点”交易模式研究，做好前瞻性交易准备。选择市场机制相对健全、经济发达的巨型水电受电省份，利用小部分电量探索开展“点对点”交易，同时控制交易电量规模和风险。四是积极争取绿证交易政策，兑现绿电价值。目前水电已被纳入绿证核发范围，后续通过水电绿证的交易，实现水电的绿色价值。

对于未来成熟市场阶段：巨型水电应逐步与售电公司签署双边合约，由面临单一买家局面向面临多买家局面过渡，增加双边合约议价能力。一是精细化水库调度运行分析，深挖水库利用潜能。在新型电力系统的市场交易模式下，发电计划刚性执行，“超发、欠发”都需要支付相应的考核费用。巨型水电需要在做好来水预测管理的基础上，精细化地做好水库调度运行分析，建立基于来水预测、水位控制目标、洪水预报、机组振动区和运行效率、综合用水需求预测等多元化的组合算法报价模型，科学合理地制定发电计划和报价策略。二是合理制定交易策略，提高总体收益水平。通过构建优化决策策略及模型，开展年度合约签订、月度合约签订、合约曲线分解、现货报价决策等决策工作，在各市场间合理配置水电资源，以获取稳定利益和减少市场风险带来的损失。三是做好机组调节能力分析，科学参与辅助服务市场。以风光为主的新能源随机性、波动性、间歇性强，高比例接入电网后，将导致系统调节需求资源更加弥足珍贵。在确保运行安全的基础上，通过优化水库调度，参与调频服务辅助市场，可以最大限度地发挥水电站的综合效益。四是积极参与绿证绿电交易，兑现绿色价值。随着绿证政策的完善，绿证将成为所有可再生能源电力环境属性核算及经济价值转换的重要媒介，市场化的水电项目应积极参与绿证绿电交易，兑现合理绿色环境价值，实现水电环境权益转移的闭环管理。

（二）海上风电参与市场有关策略

对于当前市场建设的过渡阶段：当前沿海地区海上风电消纳兼具经济性和技术性优势，消纳情况较为良好，部分地区例如福建，海上风电参与中长期市场化交易，市场化交易电量占比约为70%，交易价格约为燃煤标杆电价。未来随着海上风电持续快速发展，清洁能源装机占比逐步增加，海上风电或将面临电力供需形势变化，存在一定限电风险。一是持续关注主要消纳省份电力供需变化情况，积极跟踪电力市场行情，提前开展营销工作，确保项目所发电量全额上网。二是积极参与消纳省份电力交易政策规则制定，争取有利市场化交易规则。三是通过制定符合消纳省份电力市场改革的交易策略及优化方案，尽可能参与高价交易，减少市场化让利，保障项目收益。

对于未来成熟市场阶段：无论是带补贴海风项目还是平价海风项目，都将进入市场。一是研究制定差异化中长期策略，对冲价格波动风险。①全力锁定较高电价水平成交中长期交易，中长期合约的签订电价原则需不低于市场均价。②合理制定年度中长期参与比例，在限电严重地区适当提升中长期签约比例以减少限电，在参与现货结算地区适当控制中长期签约比例以规避出力波动导致的差价结算风险。③对于省间交易电价高于省内价格的省份，积极沟通突破省间壁垒，主动拓展跨省区增量交易。二是全力做好参与现货市场准备，千方百计提高现货市场收益。①持续开展发电预测研究工作，提高功率预测和电力市场预测水平，减少现货市场偏差。②做好中长期与现货交易的衔接准备工作，不断优化交易策略，提高收益水平。三是积极参与绿证绿电交易，获取合理收益补偿。国家出台多种措施引导绿证市场化交易。根据文件的要求，各类平价新能源项目均可获得绿色电力证书，对于平价上网的海风项目，建议积极参与绿证绿电交易，通过兑现绿色环境价值获得合理收益补偿。

五、多目标价值模型应用成果——白鹤滩电站电价协商成效

2022年，白鹤滩电站进入全面投产发电的关键期，亟须签订达产期购售电合同保证电站顺利转入商业运行。而电价协商更是签订购售电合同的关键环节，事关保障三峡集团发电收益的及时回收。

白鹤滩电价协商面临时间紧迫、成本较高、协调面广、市场化冲击等多重困难。尤其在国家发改委《关于进一步深化燃煤发电上网电价市场化改革的通知》（发改价格〔2021〕1439号）发布以来，电力市场形势发生大幅变化，如何实现巨型水电价格随市场上涨、享受市场红利是三峡集团当下营销工作的重中之重。在电价协商过程中，三峡集团电力市场中心首次创新性地提出根据水电替代减排效益、绿电交易环境溢价、无补贴绿证均价等三种方式对白鹤滩电能环境价值开展研究测算，将巨型水电绿色价值作为突破口，合理体现其作为清洁能源替代同等规模当地电源所产生的环境效益，探索白鹤滩电站作为清洁电能的市场价值兑现路径。上述方法不仅实现了巨型水电机制的创新和突破，也对其他巨型水电绿色价值的测算与兑现具有重要参考意义。

通过前期白鹤滩电站绿色价值的分析测算和后期电价谈判工作的不懈努力，其绿色价值得到了江苏、浙江等受电省市的认可和支持，最终同意在落地电价中增加水电绿色价值1分钱、燃煤发电超低排放奖励1分钱。

六、可再生能源有关政策规则完善建议

（一）建议允许水电绿证逐步参与试点交易

中国是水能资源最丰富的国家，水电绿证参与交易有助于扩大绿证供给，降低绿证需求方的购买成本，提升绿色制造企业的国际竞争能力，同时形成可再生能源环境权益转移的闭环管理环境，构建公平、开放的绿证交易市场环境，推进以绿证为主体的统一绿色环境价值体系建立。但鉴于当前国内绿证市场交易尚不活跃且社会绿色价值消费需求不振的实际情况，由于水电发电量较大，大规模水电绿证进入绿证市场可能会带来一定程度市场风险的担忧，建议按照“科学规划、分步推进”的原则逐步将水电绿证纳入绿证交易市场。

建议区分不同项目类型，分批分类纳入市场交易。即允许市场化自负盈亏水电项目参与到绿证市场交易当中，对部分开发难度大、投资成本高的水电项目应优先纳入绿证市场试点；而政府承诺保障收益率的水电项目，相应绿证则可由国家持有，用于政府公益活动的绿色低碳认证。

（二）建议协调推进绿证绿电市场和碳交易市场的有机衔接

绿证绿电交易和碳排放权交易都是推进能源绿色低碳转型的重要市场机制，但目前无论全国碳市场或是绿证绿电市场均处于市场初期，且由于电力与碳排放数据、相关市场运行机制等分属不同部门管理，绿证绿电市场和碳市场协同度不高，联动机制尚未全面建成。一方面，近年来我国可再生能源发电量占比增长较快，电力碳排放权因子却长期未进行修订，难以全面真实反映各区域发电结构的变化；另一方面，绿证与 CCER 核发对象，以及需求对象存在高度重合，随着 CCER 市场的重启，需要加快构建电—碳市场的有机融合，形成政策合力、降低履约成本、提高出口贸易商品竞争力。

建议国家有关部门协调推进绿证绿电市场、碳交易市场的有效衔接，构建不同市场交易产品的互认衔接机制，逐步建立具有国家强制力的电—碳认证与标识机制；同时通过政策文件明确碳配额与绿证的折算关系，畅通不同市场间的价格信号传导，形成绿色价值的统一和闭环管理。

七、研究主要结论和后续展望

（一）研究成果总结

本项目顺应当前新型电力系统建设发展的形势，创新采用工程经济学中的等效替代法和类比分析法，并引入基于 VCG 理论的市场价值评估模型，量化巨型水电和海上风电等可再生能源为受电地区带来的电力经济价值和低碳环保价值，解决了新形势下可再生能源综合价值量化评估的难题，推动了相关定价理论的创新。定量分析结果为公司新投产的白鹤滩电站电价协商提供了有力支持，实现了巨型水电低碳环保价值的合理兑现。本项目提出多目标价值模型和方法也可应用于其他可再生能源项目。此外，深入开展多场景模型测算也为公司优化内部营销策略和参与国家有关政策研究提供了重要参考。

（二）建议与启示

本项目所构建的可再生能源多目标价值模型不仅有利于三峡集团可再生能源业务的高质量发展，还对提升可再生能源市场竞争力、强化全社会绿色消费意识、促进可再生能源产业可持续健康发展具有重要意义。

一是对于广泛的可再生能源发电企业，本项目所构建的模型可推广用于量化各类可再生能源相对于当地新建火电等电源的综合优势，在建设新型电力系统的过程中，为可再生能源发电企业提升市场竞争力、更好实现国有资产保值增值，提供了新的技术与理论支撑。二是对于国家主管部门和市场运营机构，模型构建方法和思路能够为完善可再生能源参与市场机制提供参考，并为更好体现可再生能源低碳环保属性提供指引，对电力体制改革和市场建设作出积极贡献。三是对于全社会电力用户，通过对可再生能源多目标价值模型的应用和推广，能够向全社会推广可再生能源低碳环保价值的分析方法，有利于各方对可再生能源市场价值形成统一、合理的认识，提升全社会绿色消费意识，助力能源结构低碳转型。

（三）后续研究方向

在前序研究的基础上，为进一步丰富研究内容、提升研究成果的应用空间，拟计划继续开展以下三方面研究：

一是在价值分析中引入水电工程建设对生态环境的影响。尽管水电在运行阶段具有显著的低碳环保效益，但在电站修建、水库蓄水的建设阶段，对当地生态环境普遍会产生较大影响，这也是各方评估水电环境价值的一个关键要素。后续拟采用基于生命周期的评价方法，以三峡集团巨型水电站为典型案例，开展水电站建设的环境影响分析，研究范围包含从原材料的生产至水电站废弃处置的整个生命周期过程，如水库淹没及移民安置、水库蓄水及调度运行、大坝阻隔以及施工期废水、废气、废渣、噪声等，并基于上述研究成果，进一步优化完善本课题分析模型中水电的环境价值评估测算。

二是将多目标价值分析模型拓展应用于水风光多能互补项目。我国水、风、光等可再生能源具有较好的互补特性，推动水风光一体化协同发展是可再生能源未来发展方向，《国务院关于印发 2030 年前碳达峰行动方案的通知》等也明确提出“推动西南地区水电与风电、太阳能发电协同互补”。当前本课题研究重点聚焦于多目标价值分析模型在水电、海上风电等单一可再生能源项目的应用，后续将统筹考虑水风光资源的互补、协调作用，将模型拓展应用于水风光多能互补项目。

三是进一步完善分析模型以体现多维价值间的平衡关系。对本课题提出的可再生能源多目标价值分析模型开展进一步深化研究，结合模型中经济价值、碳减排价值、环境价值对国家构建新型能源体系，以及对可再生能源发电企业自身的不同意义，研究上述三类价值间的平衡关系，考虑通过引入权重、优先级等方式方法，对模型体系开展优化研究，并科学引导国家主管部门后续关于可再生能源的政策导向，为其对可再生能源企业开展综合评价和考核提供参考。

课题参与单位：中国长江三峡集团有限公司电力市场研究中心
课题组核心成员：李秀峰　黄日福　代慧涛　许　可　张俏影
徐天遥　尚玉涵

新时代中央企业新型智库建设研究

一、中央企业新型智库的概念、特征及定位分析

（一）智库的定义和全球发展概况

智库（Think Tank），又称智囊团、思想库，是现代决策体制的产物。现代意义的智库诞生于20世纪初期，最早成立的智库包括政治研究所（布鲁金斯学会的前身，1916年成立）、美国罗素·塞奇基金会（1907年）、英国费边社会（1884年）、德国汉堡经济研究所（1908年）、日本野村综合研究所（1906年）等。

美国宾夕法尼亚大学劳德研究所智库和公民社会项目（TTCSP）将智库定义为，以公共政策为研究对象，以影响国内和国际政策选择为目标，为政策制定者和公众提供决策方案和对策建议等智力产品的组织机构；智库是一个常设的附属或独立研究机构，是学术界和社会与政策制定机构和国家的交流媒介，将应用研究或基础研究成果展示给政策制定者和公众。

根据其对智库的定义，每年TTCSP经过提名、同行及专家排名、专家筛选三个环节，通过问卷调查、专家评议等方式，连续15年发布权威报告《全球智库报告》，对全球智库机构进行综合评价和排名。《全球智库报告》将智库研究领域分为：国防和国家安全研究、国内经济政策研究、教育政策研究、能源与资源政策研究、环境政策研究、外交政策与国际事务研究、国内健康政策研究、全球健康政策研究、国际发展政策研究、国际经济政策研究、科技政策研究、社会政策研究、透明度和善治理、食品安全、水安全等。对于智库类型，则涵盖了政府智库、准政府智库（由政府资助但不隶属政府机构）、大学智库、政党智库、营利智库（公司智库）、独立智库、准独立智库（由非政府的利益集团控制和资助）等。

根据《2020年全球智库报告》数据，2020年全球智库达到11175家，亚洲、欧洲、北美洲、中南美洲、撒哈拉以南非洲、中东和北非智库数量分别为3389家、2932家、2397家、1179家、679家和599家。从国别看，美国以2203家位列第一，中国以1413家位列第二，印度以612家位列第三。从智库能力看，美国布鲁金斯学会连续三年入选全球顶级智库综合榜单第一位，被评为“卓越智库”。“2020年全球顶级智库综合榜单”共有174家智库。排名前十的分别是美国卡内基国际和平基金会、比利时布鲁盖尔研究所、巴西热图利奥·瓦加斯基金会、美国国际战略研究中心、法国国际关系研究所、英国皇家国际事务研究所、美国兰德公司、日本国际问题研究所、美国彼得森国际经济研究所、美国伍德罗·威尔逊国际学者中心。

对于智库未来发展趋势，《2020年全球智库报告》提出的影响因素包括：技术创新、大数据、人工智能、公司竞争、政治两级分化、智库资源来源的变化。如果智库想要在如今这个充满创意和政策建议的全球市场中生存下去，它们就必须变得更聪明、更好、更快、更敏捷、更具创新精神和技术头脑。需要特别注意的是，《2020年全球智库报告》首次编制“全球最佳人工智能政策和战略智库”，上榜的54家智库中，美国企业占据28家。这充分反映了人工智能等新兴技术对智库建设具有重要作用。

（二）我国智库发展概况

我国智库的雏形是古代的智囊制度。从先秦时期的博士议政制度到魏晋南北朝时期的门客制度，再到唐宋时期的谏官系统、翰林制度，再到明清时期的幕府组织等，这些智囊机构在一定程度上承担着为统治阶级出谋划策，并参与政事的职能。近现代我国的决策咨询体系是在承袭苏联模式和借鉴西方智库体制的基础上逐渐发展起来的。在改革开放之前，我国的政策性研究机构主要集中于体制内部。改革开放后，我国智库建设事业快速发展，为党和政府决策提供了有力的智力支持。

党的十八大以来，习近平总书记提出建设中国特色新型智库，为我国智库发展指明了方向。2015年1月，中共中央办公厅、国务院办公厅印发《关于加强中国特色新型智库建设的意见》（以下简称《意见》），明确中国特色新型智库以服务党和政府决策为宗旨，以政策研究咨询为主攻方向，全面系统地提出了中国特色新型智库体系的建设方案。2015年11月，中宣部印发《国家高端智库建设试点工作方案》，并于 2015 年 12 月公布了 25 家国家高端智库试点单位。2020 年 2 月 14 日，中央全面深化改革委员会第十二次会议通过《关于深入推进国家高端智库建设试点工作的意见》。2020 年 3 月 2 日，中宣部公布新增 5 家国家高端智库建设试点单位。目前，全国共有 29 家国家高端智库建设试点单位。其中，党中央、国务院、中央军委直属的综合性研究机构 9 家，依托大学和科研机构的专业性智库 17 家，国企智库 1 家，社会智库 2 家。

自《意见》出台以来，党政机关、高等院校、科研院所、军队、企业等纷纷加强智库建设。中国特色新型智库体系逐渐完善，格局日益清晰，智库数量大幅增长。根据《全球智库报告》数据，2020 年我国智库达到 1413 家，较 2013 年增长近 2.3 倍（426 家）。

《意见》提出，中国特色新型智库是以战略问题和公共政策为主要研究对象、以服务党和政府科学民主依法决策为宗旨的非营利性研究咨询机构。按照资金来源渠道和隶属关系，我国智库可以划分为政府智库、社会智库、高校智库、企业智库。政府智库主要由政府相关部门资助，直接或者间接隶属党委和政府的政策研究和咨询机构，包括中央和地方各级党政部门的政策研究室、隶属机构和事业单位，社会科学院、党校行政学院等系统。社会智库是由境内社会力量举办，采取社会团体、社会服务机构、基金会等组织形式，一般具有法人资格。高校智库是由国内高等院校全资资助建设的研究院（中心）、实验室、软科学研究基地，以及与第三方资助或社会捐助的合作研究机构等。企业智库是由企业出资设立，主要为出资企业提供服务，重点对行业产业政策、发展规划、技术创新、投资评估等开展决策咨询研究；参与政府智库、社会智库的决策咨询服务，满足政府部门多层次、多方面的决策需求；利用博士/博士后工作站等平台，发挥人才培养功能。

此外，为智库提供研究方法、分析工具、技术手段，基础数据服务、信息采集分析，重大项目、课题评估评审，人力资源、会计、审计、税务、内控等管理咨询，聚焦金融、网络安全、采购及供应链、数字化转型、人工智能等特定领域的国际和国内的营利性咨询公司，也是当前中国特色新型智库建设中不可忽视的一股力量，间接参与公共政策研究、决策咨询。

（三）中国特色新型智库建设要求

党的十八大以来，习近平总书记多次对中国特色新型智库建设作出指示，并对如何建设中国特色新型智库提出了明确要求："建设中国特色新型智库是党中央立足党和国家事业全局作出的重要部署，要精益求精、注重科学、讲求质量，切实提高服务决策的能力水平。"

坚持党的领导，以服务党和政府决策为宗旨。智库需紧密围绕党和政府决策急需的重大课题，聚焦党和国家事业发展中的重大理论和实践问题，进行前瞻性、针对性、储备性的研究布局。

创新人才培养，建好专业研究团队。加强智库人才队伍建设，发掘、培养、集聚一批高素质人才和高水平创新团队，建立开放、竞争、有序的人才培养交流机制，深化智库人事管理制度改革。

提高研究质量，注重发挥智库作用。提高综合研判和战略谋划能力，提出专业化、建设性、实用性的意见和建议，切实提高服务决策的能力水平。智库是共建"一带一路"的重要力量。要建设好智库联盟和合作网络，强化智库的支撑引领作用，加强对"一带一路"建设方案和路径的研究，在规划对接、政策协调、机制设计上做好政府的参谋和助手。

完善组织形式和管理方式，引导推动智库健康发展。不断强化智库建设和运行的机制体制保障，完善组织形式和管理方式，通过优化内部管理、建设研究—应用闭环体系、推动智库合作交流、搭建成果共享机制等举措，妥善解决制约智库建设发展的瓶颈问题，为智库建设发展提供良好环境和全面支撑保障，引领智库持续健康发展。

完善科技决策机制，建设高水平科技智库。要加快建立科技咨询支撑行政决策的科技决策机制，注重发挥智库和专业研究机构的作用，完善科技决策机制，提高科学决策能力。

（四）新时代中央企业新型智库的定位分析

一是服务国家战略和党的建设。纵观当今世界各国现代化发展历程，智库在国家治理中发挥着越来越重要的作用，是国家治理能力的重要体现。进入全面深化改革历史新阶段的中国，智库已经深深融入国家决策的开放性平台之中，成为中国政策决策体制的一部分。这也是《意见》中为中国新型特色智库重点指出的方向。央企智库要把握时代发展大势，站在“两个大局”的高度，密切跟踪国内外宏观形势新动向，准确研判形势，把握时代特征，提高研究的前瞻性和预见性，更加鲜明地展现“央企思想”，生动地讲述“央企故事”，清晰地提出“央企建议”，及时发出“央企声音”。

二是服务国资国企发展改革监管。国有企业是我们党执政和国家治理的重要政治基础和经济基础，是中国特色社会主义现代化建设的重要依靠力量和坚强支撑。国有企业改革一直是我国体制改革十分重要的环节，长期被置于整个经济体制改革的首要位置。恰逢当今世界百年未有之大变局，国有企业发展面临新的严峻挑战，迫切需要集聚国资国企智库研究力量，研究和解答一系列事关国资国企改革发展全局和长远的问题，围绕如何对标世界一流企业，提升国有企业的管理能力和水平，如何增强国有企业的核心竞争力，如何实现国有企业高质量发展等问题形成更有针对性和实用性的研究成果，为做强做优做大国有资本和国有企业提供科学决策支撑，进一步突出智库在国有企业高质量发展中的智囊和参谋作用。

三是服务行业产业转型升级。中央企业在关系国家安全和国民经济命脉的重点行业和关键领域占据主导地位，其智库研究成果可能会影响一个企业、一个行业，甚至一个产业链。央企智库应注重发挥央企作为国家经济命脉的作用，围绕新时期科技革命和产业变革大趋势，积极开展所在行业的战略性、综合性和基础性重大问题研究，积极参与国家相关行业标准和国际标准制定，强化标准引领，促进产业上下游标准对接，以标准全面提升带动技术创新和产业升级，为行业高质量发展贡献央企智慧，增强链长企业影响力和话语权。此外，央企是国家“走出去”和“一带一路”建设的先行者和主力军，助推央企在国际化进程中发出中国声音，也是央企智库的重要研究方向。

四是服务企业生产经营决策。作为企业智库，要把握功能定位，立足战略研究，围绕重大问题，积极主动地发挥决策支撑作用。着眼于涉及全局的、长远的重大战略和政策问题，比如战略转型、结构调整、创新战略、商业模式、体制改革等，进行前瞻性研究和预判性分析，要坚持做到“超前、超脱”，形成独特的“第三方观点”。

二、世界一流企业智库成功经验及启示

当今世界正经历百年未有之大变局，国际形势复杂多变给各国发展带来了巨大的风险和挑战。后疫情时代，全球将面临秩序重构的新趋势，各国对智库的依赖性增强。建设新时代中央企业新型智库，必须站在全球前沿，深入研究世界一流企业智库建设实践，吸纳借鉴成功经验，为抢占制高点提供标杆参考，获取宝贵的“他山之石”。

（一）案例选取

全球智库数量众多，其业务特征和创新特征按照所属行业存在明显差异。为了给我国中央企业提供合适的标杆，本报告在选择国际优秀企业案例进行研究时遵循如下基本原则：一是先进性原则。所选智库在各自行业中极具竞争力和知名度。二是广泛性原则。所选智库兼顾不同的业务类型，以便从中寻找到可参照的样本。三是可比性原则。所选智库多为现代企业智库，与今天中央企业有相似的发展情境和共性问题。

因此，基于以上原则，在案例的选取上，综合考虑了国内国外、国有企业与民营企业、行业性质、业务特点等因素。从世界一流智库的角度考虑，选取了世界最著名、成立时间早、最有影响力的美国兰德公司和IBM公司全球企业咨询服务部、日本野村证券研究所、韩国三星经济研究院进行研究；从企业类型、行业性质的角度考虑，选取了首批纳入国家高端智库建设试点的中石油经济技术研究院、中国能建集团首家混合所有制的企业智库北京纵横五洲管理咨询公司、航天科工集团的航天五院进行研究；从业务特点和发展趋势看，选取了民营企业中最具社会影响力、利用互联网等新技术的企业智库阿里研究院进行研究。综上所述，通过对美国兰德公司、日本野村综合研究所、三星经济研究院、阿里研究院、IBM公司、中石油经研院、航天五院、中国能建北京纵横五洲管理咨询公司等智库特征进行归纳梳理，总结世界一流智库发展经验。

（二）共性特征

课题组通过系统梳理和深入分析，提出了国际优秀企业技术创新体系

的五大共性特征。

特征一：立足企业发展，并以企业战略为智库发展的纲领。

一是根据企业战略的要求，明确智库发展目标。三星经济研究院的任务是制定集团长期的发展战略：例如研究社会发展将给三星带来哪些机会，在宏观经济、产业和技术、企业战略和中韩关系四个方面进行基础性研究，为企业发展提供即时策略等。作为三星智库，投资方对它的发展目标和战略有明确的要求，具体体现在明晰的发展战略目标和精准的市场业务定位，这是智库不断发展壮大的基本前提。

二是通过提升研究能力、细分研究主题、协调统一等措施实施智库任务分解。阿里研究院采用科学方法从不同的角度细分研究方向。阿里研究院根据研究层面将研究方向细分为微观层面研究、中观层面研究和宏观层面研究。同时又将微观层面的研究分为C2B商业模式研究、未来组织模式等的模式创新研究；将中观层面的研究分为针对产业互联网化的研究，如电商物流研究、农村电商研究等；将宏观层面的研究分为互联网对消费、投资、进出口、就业的影响研究等。

特征二：注重核心资源建设，为智库建设打造坚实基础。

一是打造多学科、多元化的国际一流战略专家人才队伍。兰德公司打造"旋转门"式、多元化、专业化、高端化、国际化的人才队伍，是高端智库经久不衰的根本保障；中石油经研院拓宽人才成长通道，着力培养智库高端人才，形成以首席专家和学科带头人为核心、骨干力量相对稳定、具有优势特色的高水平研究团队。高端智库必然拥有一批高级智囊，打造高端化、专业化、多元化、国际化的研究队伍是高端科技智库成功的前提。世界一流企业智库把聚集国际一流高端战略专家作为科技智库建设的"突破口"，努力造就一支"战略专家队伍"。

二是有稳定充足的资金与研发条件保障。阿里研究院、中石油经研院依托大企业——兰德公司锁定相对稳定的高端服务对象与客户群，使得智库运行拥有充足的资金支持和研发条件保障。智库是高端人才活动的场所，需要在研发经费、国际交流、职称晋升、论文发表、学习深造等方面为研发人员创造相对稳定的、国内外一流的工作环境。

三是有独到的方法体系与足够的数据积累。方法与数据是企业智库的"撒手锏"，企业智库建设，信息是"原料"、方法是"车间"、专家是"工人"、选题是"图纸"、报告是"品牌"、质量是"生命"。兰德公司、阿里研究院等企业智库将“最好的数据、最强的方法、最聪明的大脑”有机结合的做法值得借鉴，加速实现研究方法由“上网络、下基层、写体会”为主向“重数据、建模型、找规律”的根本性转变。

特征三：注重管理能力建设，为智库研究提供服务保障。

一是塑造独特的智库文化。文化是软实力、感召力、影响力。高端智库必须有独特、鲜明的创新文化，突出求实、创新、严谨等战略研究的基本要素，创建独特的智库文化，把文化建设作为队伍建设、制度建设的重要组成部分。讲科学、重人才，讲事实、重规律，事实胜于雄辩，真理面前人人平等，探索科学规律、挖掘内在逻辑、预测未来趋势。

二是构建灵活高效的组织管理体系。中石油、中能建集团、航天五院积极整合央企内部所有的研究力量和资源，积极构建央企智库生态圈，形成企业内部跨部门、跨领域研究团队，持续提高企业智库参与群体决策的广度。野村研究所构建柔性灵活高效的组织体系，建立适应环境、不断变化的事业部制，根据项目需要采用矩阵式组织结构模式作为项目组织形式，实现横跨部门、强强联手组建团队，更好地完成项目。

三是形成完善的智库报告质量控制体系。兰德公司建立完善、严格、程序化的智库报告质量控制体系；野村研究所开发了独特的质量控制体系和包括项目计划、执行、跟踪、评估全流程的质量控制流程。智库报告质量是智库生存与发展的生命线，必须像企业重视产品一样重视每一份智库报告的质量。要从选题正确、方法科学、资料翔实、逻辑清晰、结论可靠、观点明确、建议可行、文笔规范等八个方面制定可考核的指标体系，对每一份研究报告进行科学评估，防止出现系统偏差与偏见，特别要防止像写工作汇报、学习体会一样写智库报告，防止重复、解释别人的观点，没有独到的见解与建议就不能成为智库报告。

四是建立健全企业智库动态管理和考核评价体系。中石油经研院不断完善业绩考核和激励机制，将激励机制作为调动人才积极性、激发创造力的重要手段；中能建纵横五洲公司采取混合所有制的形式构建灵活的体制机制，秉持“业绩至上、业绩为王”的理念制定市场化、多元化的薪酬体系。企业智库的内部管理在于建立健全适宜科学的管理制度、管理架构、管理体制和运营机制。企业智库应该按照“目标导向”和“结果导向”的原则，分解落实企业智库规划发展目标和年度工作任务，建立对智库、智库内部专业研究单位、研究人员的评价考核指标体系，让每一名专家、员工的智慧和创新都体现在不断产生创新成果和不断积累智库软实力上。航天五院对研究人员成果采用情况采取考核计分制度，同一成果只计最高得分，不重复计分。

特征四：打造高质量成果，塑造智库核心竞争力。

一是形成一批具有影响力的智库品牌产品。高端智库必然有一批高端品牌产品，兰德公司、野村研究所、阿里研究院等智库均定期发布特色的品牌产品，如红皮书（重大科技战略、重要指示）、白皮书（科技进展报告）、黄皮书（政策报告）、绿皮书（技术预测报告）、青皮书（科技统计报告）、蓝皮书（规划报告）、紫皮书（战略新兴产业报告），定期发布不同国家的创新指数，不同省区、行业的科技贡献率以及全要素生产率。

二是有相对稳定的智库成果推送渠道。智库成果的推广应用是智库充分发挥自身作用的重要途径，高端科技智库要有自己相对稳定的成果推广途径与宣传渠道，让服务对象能够及时、全面地得到智库的最新研究成果，服务决策、支撑发展、引领未来。如中石油经济技术研究院通过智库报告/专报为中石油集团战略决策和企业运营提供决策支撑，兰德公司通过其发布的“七色书”系统为国家/行业提供预测研究报告。

三是利用大数据等新技术手段为智库研究提质增效。大数据拓宽智库的研究视野和思路。智库可以借助大数据手段发现社会发展变化过程中的新变量，挖掘出更多的因果解释机制，为决策者提供新方案、新视角、新思路。提高智库研究成果的时效性和科学性，增强智库研究成果展现形式的可读性。智库在进行成果发布和成果转化的过程中，可借助大数据技术，通过图表、图形等方式更加直观地阐释数据背后的故事。智库依托大数据技术手段实现成果的可视化，便于决策者迅速抓取有效信息，理解相关智库的主要观点，提高决策效率；帮助媒体更有效地进行报道传播，建立与智库的良性互动机制；将复杂问题以简单易懂的方式进行呈现，增强公众对政策制定过程和智库研究成果的参与和认可。

特征五：注重合作交流，提升智库影响力。

一是构建了开放的智库合作生态体系。兰德公司、中石油经研院、IBM公司等高端智库均与国内外建立广泛的合作与交流体系，借鉴方法、共享信息、打造人才有序流动的“旋转门”机制。高端智库需要在国内外建立广泛的合作与交流体系，与经济、科技、外交、文化、区域、企业等不同类型的智库建立广泛、密切的合作关系，借鉴方法、共享信息、人员交流，工作中相互学习、相互支撑。

二是提升国际合作的深度。现实工作中，深化国际交流合作、提升国际影响力越来越成为智库建设的重要内容。中石油经研院、中能建纵横五洲管理公司等国有大型能源企业智库，配合国家开展和发挥公共外交和能源外交功能，促进国家能源产业国际合作和高质量发展，促进和帮助国家获取全球或区域油气产品定价权，不断提升国内能源企业在国际能源市场的影响力和话语权。通过国际合作为国家、油气工业和企业发展营造良好的国际环境，不断提升央企的自身软实力，加快央企智库国际化发展步伐。

（三）相关启示

根据企业智库特点和央企发展的实际情况，在分析并归纳其智库体系的建设经验基础上，得出以下启示和借鉴。

1. 世界一流企业智库经验总结

（1）打造高质量的研究成果是智库的“生命线”。世界一流企业智库均非常重视研究成果的质量。在当前复杂的国际政治经济社会环境下，智库面临一轮洗牌的压力，想在激烈的竞争中寻求立足与发展，获得更多话语权，最根本的还是生产出高质量、专业的研究成果。

（2）构建符合智库发展规律的管理体制机制是“蓄水池”。采取“线上+线下”结合的工作模式，去掉不必要环节，打通管理链条，给智库人员松绑，建立高效灵活的项目管理机制，具有市场竞争力的激励机制，市场化的运营管理模式等。

（3）人才是打造世界一流企业智库的“着力点”。智库的核心是“智”，载体是人才。建设央企特色智库，关键是要想方设法提升人才的创新活力，将人才作为打造世界一流企业高端智库的核心竞争力。遵循人才成长规律和科研规律，深化“选对人是源头，育成人是过程，用好人是保证，聚住人是成效”的认知，构建人才全寿命周期管理模式。

（4）提升智库影响力是打造新时代新型智库的“必修课”。持续提升国内外影响力。深化智媒合作，积极发声，加强与政府、社团、公众的互动沟通和主流媒体的交流合作，完善对外宣传平台，提升国际合作的深度和主动性。

2. 中央企业打造一流智库的基础和优势

国有企业，尤其是中央企业是中国的经济支柱，关系着国家的经济命脉和国民生计，汇集以政府官员、企业家、教授学者、媒体界人士合纵连横，组建成立一个高级别的央企智库，是今后推进国企改革的一个出路。正所谓，一流的智库需要一流的学者，同样，一流的智库也造就一流的学者。中央企业建设一流智库的优势如下：

第一，央企智库身兼市场和社会双重职能。央企直接隶属国资委管理，其智库的部分研究成果可通过国资委影响政府决策过程，进而影响社会。与此同时，央企智库还承担为企业服务、塑造央企形象和发挥央企社会责任的功能。因此央企智库兼具为自身服务的市场功能，以及为政府和社会服务的社会功能。

第二，央企智库的研究成果价值作用明显。目前大部分央企都处在直接关乎国家经济命脉的重要行业或产业，故其智库的研究范围涉及轨道交通、金融、地产、能源、船舶、航天以及通信等国民经济的核心领域，承担产业发展、改革等方面的研究任务，对政策更敏感，且更能影响政策，研究影响力和独立性比较突出。另外，大多数央企在本行业内有着长期的数据管理以及数据研究经验，利用自身的数据优势和情报优势，央企智库可以产生出更有价值的研究成果，为决策者提供的建议更具实践性和可操作性。

第三，央企智库的资金来源更有保障。大型央企在自身的经济领域通常处于行业领先地位，可以为自己的智库提供充分的研究资金或研究上的物资支持。因此，大多数央企智库的研究资金来源于隶属的上级单位或企业总部，这是和一般的咨询公司以及社会智库最为明显的区别。完全市场化运作的咨询公司，本质上无法放弃对利润最大化的追求，研究成果及其客观性很大程度上受制于资本的支持。央企智库资金来源的稳定性及独立性，一方面使央企智库专家从烦琐的课题申请和经费筹措中解脱出来，另一方面在一定程度上保障了研究的独立性以及研究结果的客观性。

3. 中央企业打造一流智库存在的不足

同时，中央企业建设一流智库还存在以下不足之处：

第一，研究视角不够开阔。首先，作为央企的内部机构，央企智库基本局限于对总部或上级单位的支撑服务，过于聚焦内部，较难站在对行业乃至对国家贡献的角度思考问题。而放眼于行业的角度及国家的高度洞悉规律，恰恰是智库发挥决策咨询作用需要秉持的视野。只有基于该视野，研究成果才能为行业发展及国家出台政策带来重要参考。其次，央企智库在提供服务的过程中，往往结合企业发展中的重大事件，或者当前遇到的瓶颈，成果通常应用于内部和当下，缺少对外部和未来的预见性，再加上对全球经济发展状况的了解有待加强，对市场整体竞争环境的察觉能力需要进一步提升，使得央企智库在支撑决策方面效用不足。

第二，对智库作用的认识存在“言大于行”的现象。虽然央企重视智库在经营管理中的作用，但在实际操作中常常缺乏使用智库的习惯，尚未与现有决策方式有机衔接。央企智库本身也容易局限于只完成既定的支撑任务，为决策者预判需求、开发针对性产品或服务的活力有待增强。上述现状直接导致央企智库的一些研究成果没有得到重视，其表现有二：一是目前中国央企智库数量估计近百家，但在研究与评价工作中没有反映出来；二是少数优秀的央企智库有创新性的研究成果及方法，但并未受到经营管理决策者和研究者的关注。

第三，惠及基层的价值没有充分体现。央企智库通常被定位成总部或上级单位的执行机构，围绕其需求开展工作，因此涉及政策理论层面的研究较多，对于基层的关注较少，缺乏服务一线的咨政成果及工具型成果，很容易进入只追求“高大上”，不注重“接地气”的误区 。同时，缺乏相应的工作保障机制，也使智库难以清楚了解基层一线的问题或挑战，造成研究成果可能具有脱离企业实际的风险。目前，央企智库尚未完全意识到自身具备的“枢纽优势”，未能找到恰当的方式促使信息从上至下、从下至上通畅传递，进而打破区域化、部门化的信息孤岛。

三、中央企业智库建设现状及问题分析

（一）建设现状及成效

央企智库建设总体进展顺利。截至目前，半数以上央企成立了智库，涉及航空航天、能源化工、金属资源、机械制造、信息技术等多个行业。其中，国家高端智库试点单位和培育单位 3 家。央企智库立足企业领军优势，聚焦主责主业，发挥前沿技术突破、基础理论研究、标准体系建设、

高附加值数据资产等优势，以系统性、战略性、前瞻性、开放性思维，开展基础研究、理论研究、前沿技术研究、管理研究等工作，服务国家重大战略需求和行业、企业发展需要，在品牌影响力、专业能力、制度创新和党建引领四个方面取得了积极成效。

1. 智库影响力日益彰显

（1）政策影响力。

根植国家战略性、支柱性行业，参与、承担国家重大专项和重大课题研究，咨政建言水平持续提升，为中央决策部门制定规划和政策提供了有力支撑。

一是高水平支撑国家重点领域研究。航空工业发展中心、航空工业规划总院、航空工业科技委、航天科工战略研究联盟等全面参与航空航天领域重大型号立项、重大工程规划和项目论证评估，推动我国航空航天实现科技高水平自立自强。中国航空综合所深度参与《国家标准化发展纲要》编制，承担“中国标准2035”发展战略研究。中船经研中心参与海上LNG装备产业链工程、大型邮轮、船用低速机等重大创新工程论证。中冶总局矿研院累计完成国家“973”计划1项、国家科技支撑计划2项、国家重点研发计划2项、青藏科考3项。中移智库牵头新一代移动信息通信技术国家工程研究中心，研究方向入选了国家首批原创技术策源地。中机智库牵头构建我国“制造强国指标评价体系”，连续7年发布《中国制造强国发展指数报告》。

二是多渠道上报高质量自主研究成果。主动开展前瞻性、基础性、战略性课题研究，以专报、要报、内参等形式，向主管部门和决策机关报送咨询建议，大量成果获国家和部委高水平奖项。中咨公司报送的核电研究报告有力推动了“华龙一号”核电示范工程落地。航空工业科技委向工信部、国资委、科工局等上报了地方航空产业政策、航空工业元器件发展等研究成果。中石油经研院参加各部委座谈会近百人次。电规总院上报《加强煤电高效宽负荷灵活调节能力建设，支撑构建新型电力系统》等内参20余篇。2021年，国网能源院报送专报171篇，国网其他单位合计编报各类研究专报1200多篇（含内部）。《国内外油气行业发展报告》《世界与中国能源展望报告》《有色金属》《中国汽车产业研究参考》等智库内参在建言献策方面发挥重要作用。

（2）企业影响力。

与企业发展同频共振，全力支撑央企规划研究论证，深化拓展战略市场，为企业重大战略决策提供高层次、前瞻性、全局性的视角，助力了央企高质量发展。

一是支撑内部决策能力价值增强。通过重大课题研究、信息情报收集和指标对标监测等全面支撑企业战略决策和发展经营。中交战略研究院在中央企业率先制定《子企业主营业务管理办法》，加强对子企业战略牵引。中移智库支撑公司制定创世界一流“力量大厦”发展战略，十多年来累计向公司提交500多篇智库报告、输送各类人才550余人。国能技经院自主开发“开放式”“智慧式”新能源建设项目财务评价系统，支持了全集团4000个项目的“定制式”经济性测算，显著提高投资决策速度。华能能源院促成了华能碳资产管理公司、碳中和研究所的成立以及公司系统碳资产盘查和管理制度体系的建立。

二是成为降本增效重要抓手。能力体系完善、集成效能显著，部分智库实行市场化运作，经济价值有效提升。中投咨询2021年针对集团内委托项目提出4391项优化建议，为集团核减投资6.6亿元。航空综合所智库相关业务产值连续增长，2022年产值达1.85亿元，近五年年均复合增长达到11.37%。中节能研究中心2021年主营业务收入、利润总额、净利润分别完成全年预算目标的153%、357%、526%。中电科战略中心形成了知识付费、信息中介、第三方评估与学术活动等市场化成果输出模式，推动成本中心转变为价值中心。中国兵工人才院探索形成“独立承担”“联合攻关”“项目总包”和“外派常驻”四种管理咨询模式，加快业务“量产”。

（3）学术影响力。

研发投入加大，普遍形成了成果矩阵，研究报告和著作、论文、授权专利等量质齐升，溢出效应和学术影响力提升。

一是研发投入和成果显性化。投入方面，南网能源院公开设立开放基金，针对储备性研究、青年创新、“赛马”项目建立了经费投入机制。航天科工战略研究联盟以专项形式支持内部课题研究，研究总经费实现千万级突破。国能技经院近两年立项资金总额同比增长485%，中船综合技术经研院2022年累计发布各类开放基金超过260项。成果方面，近三年，国网能源院年均承担科研任务1500项，累计发表论文和主流媒体文章900余篇，出版研究专著12部；中石油经研院课题数量、科研经费年均增长

20%，高端研究占比显著提升；南网能源院发表 SCI、SSCI、EI 等高水平论文 59 篇，年均增长 8%，获得授权发明专利 29 项。

二是载体、阵地建设卓有成效。国家实验室等载体建设方面，中船综合技术经研院与多家国家级实验室组建了国内第一个跨行业、跨专业、跨地域的创新基地战略联盟，中汽政研中心成立中美荷新能源汽车政策实验室等多个国际合作载体，航空综合所建成了国家市场监管总局重点实验室和质量大数据实验室，中节能研究中心与人民大学共建“生态产品价值实现模拟交易实验室”，国网能源院建成运营 5 个企业级研究平台和实验室。期刊、媒体等理论阵地建设方面，《当代石油石化》《石油石化绿色低碳》《中国电子科学研究院学报》等影响因子显著提高。“中国电力”“学讲战略”“大柳树防务”“电科防务”“学术 PLUS”“能源智库”等新媒体平台成为行业权威信息阵地。

（4）国际影响力。

秉承开放办智库理念，品牌建设卓有成效，在国际舞台影响力全面提升。

一是国际合作往来机制不断深化。国际合作纽带桥梁不断丰富，建立常态化往来机制，有力推动了合作共赢。中石化经研院 2019 年在沙特利雅得成功举办了首届央企海外能源化工产业年度发布会。水电总院主导了中巴、中缅、中非等国家“一带一路”能源合作机制，为我国参与国际能源治理、推进能源合作提供技术支持。五矿经研院“亚洲铜业会议”“国际电池材料会议”、水电总院“年度抽水蓄能发展论坛”“东盟+3 清洁能源圆桌对话和东亚峰会机制”等成为具有全球影响力的行业平台。中石油经研院与国际能源署（IEA）、剑桥能源、道琼斯、伍德麦肯兹、FGE、沙特国王研究院等国际知名能源研究机构建立了紧密合作关系。

二是担任国际和地区权威组织重要职务。中移智库全面参与 3GPP、ITU、IETF、LFN① 等国际通信行业重要组织工作，担任 43 个国际组织领导职务，发起成立 NGMN②、GTI③、O-RAN 联盟，主导提交 2.1 万余篇国际标准化文稿，完成近 400 项国际标准，牵头 3GPP R18 项目数位居全球第一。中国航空综合所培养了 ISO 技术机构副主席、经理、工作组召集人

① Linux Foundation Networking Fund.

② Next Generation Mobile Networks.

③ Global TD-LTE Initiative，首个由我国主导的国际通信组织。

等国际任职。中海油经研院促成中海油加入国际燃气联盟，并受国际燃气联盟委托牵头编制《世界 LNG 报告》。

（5）社会影响力。

勇担央企三大责任，主动投身企业服务、乡村振兴、生态文明建设等多个领域，树立了负责任的社会形象。

一是致力于推动行业企业转型发展。机械工业规划研究院主动参与制造业转型升级，推进产品、技术对接，为民营企业争取国家资金支持，服务制造业企业超过 17 万家。中检研究院开展“国际认证认可法律法规及标准的动态跟踪和应对应用”，服务中国企业“走出去”。中广核研究俱乐部及时共享行业时事信息，推动今日关注超过 800 期，信息 6600 余条，专刊 110 余期。中机智库开展区域制造业、装备制造业规划研究超 60 项，近三年服务企业超 300 家。中智咨询近两年提供国资国企专项培训活动 40 余场，累计服务央国企 1500 余家，举办和赞助活动 120 余场。

二是创造了广泛的社会价值。中旅研究院持续实施“贫困地区干部教育培训帮扶计划”，先后组织 18 期帮扶点干部旅游行业专题培训班，组织实施定点帮扶县电子商务人才培养计划，与华润研究院等联合开展《央企小镇助力乡村振兴研究》。中节能研究中心深耕绿色发展，致力于碳达峰与碳中和、节能与清洁能源、生态环境保护与应对气候变化、健康产业与绿色金融等领域服务，共建民族地区生态文明价值实现示范基地、乡村振兴和共同富裕示范基地，引领中低排放央企“碳达峰、碳中和”行动。

2. 专业能力不断提升

（1）聚焦主业形成了差异化核心能力。

通过参与国家专项规划和产业政策制定、牵头行业标准工作、组织召开行业会议、输出行业研究成果等，长期引领和服务国家支柱产业发展。

一是在航空航天、船舶、机械制造、汽车等领域：航天科工战略研究联盟在网信安全、工业互联网、人工智能、自主可控技术等多领域开展了长期跟踪、论证与研究。中船经研中心推动老旧船舶淘汰更新政策出台，为船企在 2013—2015 年间创造新订单超 2000 万载重吨；发布《预见》、中国造船业景气指数、新造船价格中国指数等，促进行业交流和知识共享。机械工业规划研究院推动首台套应用、牵头实施工业强基一条龙应用计划项目，近三年制定相关标准 6000 个、支持技改项目 767 个，推动制造业高质量发展。中汽政研中心在建立之初即开展汽车领域复关/入世研究，支撑了我国入世汽车谈判和应对等。

二是在能源、资源、化工、材料领域：中石油、中石化、中海油三家经研院专注能源化工全产业链研究，积极应对全球能源市场变化。中石油经研院形成了5大类100余项产品，中石化经研院连续三年公开发行《中国能源化工产业年度发展报告》，中海油经研院编制发布国内首份《中国海洋能源发展报告2021》。五矿经研院、中铝经研院、中国钢研战略院等科学研判金属产业发展趋势，国能技经院、水电总院、电规总院、煤炭规划院等牵头开展煤炭、电力、蓄能、可再生能源等领域国家级规划研究，推动了企业和行业高质量绿色低碳转型发展。

三是在通信、检测、节能、电子、咨询等领域：中移智库主导制定的9大5G需求有8项被国际电信联盟ITU采纳。中检研究院组织20项标准立项、完成6项标准研发、报送内参12份，有利支撑国家市场监管、海关等部门工作。中节能研究中心作为“生态文明建设领域国家级企业智库”，强化碳中和标准和政策制定能力，探索特色生态产品价值实现路径。中电科战略中心将网络信息体系、智慧城市等研究成果，转化、应用于行业标准或政策法规。中投咨询、中咨公司、中智咨询、中旅研究院等在工程投资咨询、企业管理咨询、人才发展、旅游业发展等领域形成了成熟的业务布局。

（2）笃实创新凝聚了特色理论与工具。

理论与实践相结合，逐步构建了各具行业特色的研究体系，长期引领行业研究理念、方法、模式、工具创新。

一是理论创新取得突破。航空工业规划总院以系统化思维、体系化研究贯通了理论研究、模型构建、体系应用、实施评价全过程，创新提出能力建设与科研生产协同的“双V”模型，支撑数智航空能力新体系建设。中船理论创新研究部提出了“全局总体”概念、“信息辩证唯物论”，构建数智化技术路线图和“全局总体模型”。五矿经研院创立的证券期货“至简交易”投资理论突破了行业四大难题，支撑量化投资程序开发和期货市场跟踪分析，取得持续稳定回报的同时又利于金属矿业“保供稳价”。

二是专业工具不断进步。国网能源院累计形成各类模型工具280余项，各类分析模型130余项，软件工具140余项，获得专利授权86项、计算机软件著作权293项。国新研究院建立了综合反映国资公司运行质量的指标工具“中国国新国有资本运营指数”，形成了系统全面的监测指标工具箱。中机智库 1984 年首次建立了机械工业投入产出模型、获国家科技进步奖，1990 年率先导入生产力促进中心的模式，2017 年、2021 年首次提出工业母机自主化率评价模型和工业母机产业链图谱模型。煤炭规划院形成了以 CCTM 中国洁净煤全生命周期模型、TRLP 煤炭清洁利用综合评价模型、CCCE 煤炭全产业链碳排放综合模型为代表的一批工具方法。

（3）会聚人才形成了高水平研究合力。

集聚高水平专家资源，发掘和培养了一批高素质人才，凝聚企业内外、行业内外智慧，夯实了研究力量。

一是打造了专家资源“蓄水池”。航空工业科技委、航空综合所、中电科战略中心、中旅研究院、中咨公司、中石油经研院、中广核研究俱乐部、国新研究院等均采用“小核心、大外围”“小核心/小团队/小机构、大网络”“小核心、大协作”等组织形式和协作机制，组建了顶级的专家库或专家资源池，广泛聚智聚才聚力。其中，中咨公司专家库会聚 5.4 万名专家，航空工业发展中心共有 40 位专家享受国务院特殊津贴，中节能研究中心拥有近千人的专家库支持系统，国家电网专门制定了软科学专家库管理办法。

二是内育外引形成高质量人才梯队。人才队伍具有高素质、高水平的共性特征，硕士及以上学历占比普遍达到 80%以上。其中，国网能源院、中旅研究院超过 92%；平均博士学历占比约 30%；高级职称及以上占比过半。大力引才的同时，通过博士后工作站、导师制度、常态化培训，加强自主培养和人才指导。华能能源院、招商局创研院、华润研究院、中咨公司、中冶总局矿研院、中国能建党研院、电力规划设计总院等智库均设立或归口管理总部的博士后工作站，中石化经研院、中国船舶经研中心、湖南省能源大数据中心等设立了导师制度。

3. 制度创新形成体系

从组织管理、人才激励、数字化建设等方面创新体制机制，取得阶段性成效。

（1）组织管理创新。

一是主体形式多样。中国兵工人才院、中铁建等集约化发展，通过加挂牌子的方式，整合内外部资源，发挥协同效应。国家电网则形成了规模化智库体系，以国网能源院为高端智库主体，以专业智库和属地智库为主要组成，专业队伍规模近2000人。联通智库升级升维打造了“1+31+N”的网状智库研究体系，顶层设置1个党组智库研究中心，在31个省分公司设置专岗人员，在全国选取N个调研实践基地，将智库工作有效融入顶层、基层。航空工业科技委重视形成基层合力，将90多个基层单位科技委分为7个地区活动组，开展活动、召开会议。

二是组织架构多元。采用了开放式团队、柔性组织架构、非传统雇佣等形式，运行效能显著增强。南网能源院构建适应智库课题研究模式的去边界组织，撤销全部22个研究室，调整原有“院—所/中心—室”3级架构，组织柔性的25个项目团队，允许人员与团队双向选择、跨所流动，提高了组织韧性。中海油经研院创新性采用了“4+3+1+1”架构①，实现以“小机关、少层级、扁平化、矩阵式”为特征的创新式柔性组织架构，打破了传统“科层制”。招商局创研院“工作机构+柔性团队”的组织模式以19人研究团队归口管理集团博士后科研工作站、联络体系内9家研究机构和300余研究人员。中智咨询入选“双百行动”试点单位。

（2）人才制度创新。

通过首席制度、矩阵式管理、“揭榜挂帅”、“赛马”、“双牵头”、项目经理负责制、设立软科学奖项等激励机制和流动机制，激发了研究动能，优化了人才配置。

一是人才激励机制持续健全。南网能源院试行学术带头人负责制（PI），在研究路线、经费使用、选人用人、资源调度等方面充分赋能授权；建立智库成果产值分类核算机制，科学评价投入产出，健全内部市场化机制。中石油经研院引入市场化机制，全面实施项目经理负责制。国网能源院实行积分制评聘，取消了对行业认证及专报等硬约束，允许科研人员结合个人特长，充分发挥能力优势，动态更新调整，进一步拓宽了专业技术岗位晋升通道。国能技经院构建董事长奖励基金、执业资格证书奖励、省部级科技配套奖励等奖励体系，合理拉开收入差距，靶向激励作用显著发挥。

二是形成流动性、复合型梯队配置。联通智库采取“总监+总师”双通道管理制，智库总师总体把控、解决重大关键问题，领军、专家、骨干、新锐形成四级战略人才梯队，建立了智库人才跨板块流动机制。中汽

① 4部门、3中心、1所、1平台。

政研中心建立了包含资深首席专家、首席专家、学科带头人、青年科技骨干的人才体系，实现了人才均衡分布。中节能研究中心构建中长期“核心人才库”，实行动态调整重点培养计划。中石化经研院、中海油经研院、国能技经院、水电总院、国新研究院等采用“矩阵式”管理，实现跨部门资源配置和协同效应。

（3）数字生产力布局。

数字化转型加快，建成了一批高质量数据库和数字平台，有效促进了内外部专业协同与知识共享，量化支撑科学决策。

一是数据库建设增强新动能。国网能源院建成了16个数据库，依托全球能源研究统一平台建成统一接口数据信息平台。中国航空综合所依托大数据实验室，积累质量相关数据500TB，依托制造业质量竞争力指数评价体系，采集市县制造业能力基础数据百万余条。中移智库汇聚160万热点资讯、130万产业图表、20万数据、5万行业重点报告。中智咨询19年来积累了千万量级的对标数据、企业经营数据和人力资源数据。中机智库结合中国工程院制造强国发展指数，持续构建制造业强国发展指数数据库。湖南省能源大数据中心依托全省能源信息系统平台，共接入能源企业200余家，录入数据量超过1000万条。

二是数字化平台扩散影响力。中移智库知识管理平台推出7大知识专栏1400+智库报告，实现23大类5万+研发成果沉淀和检索。中车信息情报共享平台开设6大板块，提供文献类资源822份，期刊报告类1268份，资讯类780条，网站访问总量超35万次。水电总院、电规总院等建成了流域水电、电力实施等领域监测平台，定期发布各类监测报告。国网能源院拥有网站、微博、期刊、微信等13个舆论平台。中船经研中心船舶工业决策支持平台及App、中冶总局矿研院“冶金地质勘查云”平台、招商局创研院“招商智库”、华润研究院“智库在线”云平台等各类平台极大促进了内外部研究资源协同和信息成果共享。

4. 党建引领建成了中国特色智库

（1）开辟党建研究专业智库。

“不忘初心、牢记使命”，深入学习贯彻习近平新时代中国特色社会主义思想，打造国企党建高端智库。中国能建在建党一百周年之际，成立了国企党建研究院，设立国家级党建研究领域博士后科研工作站，引进培养党建研究等方向高端人才，形成了一系列具有自身特色的党建研究成果。中国兵工人才院作为中央、部委授予和批准的“全国人才理论研究基地”“全国干部党性教育基地”“人民兵工精神教育基地”，形成了涵盖国企党建、企业文化2个方向，10个领域的国企党建专业研究体系。《新时代国有企业党的建设教程》经中央党校出版社出版，累计发行10万余册。

（2）党业融合见实效。

持续提高站位，促进党业有机融合，以高质量党建引领保障企业高质量发展。中铁建管理研究院充分发挥“一套人马、三块牌子”的独特优势和协同效应，坚持党建引领，将研究工作与党建工作同步谋划、同步部署、同步落实，确保开展的各项工作与党的路线方针政策保持高度一致。电规总院全力参与总书记《深入学习习近平关于能源的重要论述》的编纂。国新研究院承担党校智库功能，《党建统领下的中央企业协同治理研究》获中央企业党建思想政治工作研究会奖项。中铁研究院承担的国资委重大课题《新时代国有企业党建工作探索创新研究》，研究成果以专著形式由中共中央党校出版社出版。

（3）党建融入企业文化。

打造了多个智库党建文化品牌，开展系列专项建设行动，将党建精神深刻融入企业文化。中海油能源院132名在岗员工中党员占101人，将党建融入企业特色文化，提出TRUST①——“求真、担当、创新、专业、协作”的核心价值观，通过文化铸魂凝聚团队力量。中投咨询树立多“咨”多“采”特色党建品牌，蕴含公司咨询、招采两大业务板块，举办“深度Talk”知识论坛，成立专项攻坚“青年突击队”，开展“闪亮党员身份，争当先行先锋”活动，将党建活动和业务发展深度结合。五矿经研院扎实开展“党建提升工程”强化管理，持续提升团队凝聚力和战斗力。

（二）存在的问题

在取得突出成效的同时，央企智库建设存在不平衡不充分的问题，主要体现在以下四个方面：

第一，智库层级和受重视程度有待提高。一是国家层面，目前央企智库数量近百家、研究成果繁多，但在研究评价工作中未得到充分体现。与

---

① Truth-Seeking，Responsibility，Unique-sight，Unique-insight，Teamwork.

硬科技人才对比，央企智库软科学研究人员缺乏评奖优势。二是企业层面，虽然央企越来越重视智库在经营管理中的作用，但在实际操作中常常缺乏使用智库的习惯，尚未与现有决策方式有机衔接，造成智库研究成果浪费。优秀央企智库的创新性研究成果及方法未受到管理决策者和学界关注。三是智库层面，向上沟通衔接通道有限，支撑价值有待提高。部分智库仍未建立成熟高效的决策支撑机制，成果对内部价值未得到充分发挥。

第二，智库资源配置有待进一步加强。一是人力资源匮乏阻碍了部分智库的长远发展。央企智库研究团队规模不一、人力资源差距悬殊，个别智库研究力量超千人，部分智库研究人员总数低于20人，还有部分央企未设立智库、由相关部门承担智库功能，经费使用、职称评定、成果奖励、研究支持、轮岗交流、职务晋升等政策体系还处在完善期。二是智库间开放性不足造成资源浪费。央企智库“扎堆”在国家重要和支柱性行业，研究领域存在交叉，一哄而上、闭门造车容易导致基础性、共性内容的重复研究，不能充分发挥资金、人才、数据等优势。

第三，智库制度有待进一步创新。一是缺乏科学评价标准。国家层面对央企智库的建设水平、软课题成果评价等尚未形成统一、科学的评价体系。二是市场化不足。除航空工业科技委、中电科战略中心、国网能源院、南网能源院、中节能研究中心等部分智库具有独立法人资格，其他大部分智库作为央企内部机构，是问题导向的成本中心，不参与外部市场，导致横纵向研究不平衡、成果转化度不高、激励成效不显著。三是特色有待加强。智库间存在盲目“跟风”现象，组织机构和运行管理机制难以满足企业发展和自身建设需求，缺乏行业特色和独立性，部分老智库还需加快推进工作重心转变、科研管理改革、数字化转型等。

第四，智库影响力有待进一步提升。一是研究视角有待进一步开阔。央企智库以服务企业内部需求为核心，易局限于对总部或上级单位的支撑任务，导致主动预判、前瞻研究的活力不强，智库建设停留在“企业智库—行业智库—国家智库—国际智库”建设路线的前半程。二是惠及基层的价值没有充分体现。部分央企智库作为总部直属下级执行机构，更注重政策理论层面研究，对基层工作和一线科研实践的关注较少，缺乏工具型应用、服务型成果和下沉工作保障机制，只追求“高大上”，不注重“接地气”，产出成果可能脱离企业实际。三是品牌建设需加快进度。智库推广传播进度不一，部分智库距离扩大声音、讲好故事、作出品牌、提升影响还有一定差距。

四、中央企业智库建设思路与目标

贯彻落实党的二十大新战略、新举措，迫切需要中央企业智库全面加强建设，推进改革创新，围绕党的建设事业、国家战略需求、国资国企发展改革监管、行业产业和企业发展，精益求精、注重科学、讲求质量，切实提高服务决策的能力水平，推动科学民主依法决策，支撑国企做强做优做大、世界一流企业建设，推动经济高质量发展取得新突破，为国家治理体系和治理能力现代化、增强国家软实力提供强有力支撑。

（一）基本原则

一是坚持党的领导，把握正确导向。坚持党管智库，坚持中国特色社会主义方向，遵守国家宪法法律法规，始终以维护国家利益和人民利益为根本出发点，立足我国国情，充分体现央企特色、央企风格、央企气派、央企责任。

二是坚持围绕大局，服务中心工作。不断提高新时代中央企业新型智库服务国家重大战略、国资央企改革发展能力，重点面向行业产业和企业发展，开展前瞻性、针对性、储备性政策研究，提出专业化、建设性、切实管用的意见和建议，着力提高综合研判和战略谋划能力。

三是坚持科学精神，鼓励大胆探索。坚持求真务实，强化问题意识，树立“精、专、深、透”的研究理念，加强基础研究、理论研究和跨学科、跨领域的应用研究，坚持专业化、特色化发展方向，积极面向决策、融入决策、服务决策全过程，强化智库的支撑引领作用。

四是坚持改革创新，提升整体实力。根据中央企业改革发展态势，科学谋划新时代中央企业新型智库的功能定位，加强顶层设计，突出优势和特色，完善组织形式和管理方式，强化智库建设和运行的体制机制保障，加快建立科学决策支撑机制，制定中长期发展规划，引入良性竞争，推动智库整体实力不断提升。

（二）目标方向

一是为中央企业提供决策支撑。围绕新时期中央企业发展战略和核心业务，积极为中央企业战略决策贡献智力支持，着力提高中央企业综合研判和战略谋划能力，扎实推动中央企业高质量发展。

二是为行业产业提供发展引领。围绕新时代科技革命和产业变革大趋势，深耕专业、精于致用，积极开展行业产业战略性、综合性和基础性重大问题研究，打造特色化品牌，为行业产业高质量发展贡献央企智慧，充分体现央企担当。

三是为国资国企监管提供决策参考。围绕新阶段国资国企的监管，积极开展全局性、长远性、核心性重大问题与对策研究，以优秀的研究成果为做强做优做大国有资本和国有企业提供科学决策参考。

四是为党和国家提供政策建议。围绕新征程党和国家在党的建设、改革创新发展的大政方针，积极开展前瞻性、针对性、有效性的政策研究，为政府政策制定和执行建言献策，协助政府提升专业领域决策质量。

（三）建设思路

1. 人才建设是央企智库建设的核心任务

人才是第一资源，智库建设的核心是人才建设。要完善高精尖软科学人才培养引进交流机制，深化“选对人是源头，育成人是过程，用好人是保证，聚住人是成效”的认知，深化央企智库高端人才管理改革，解决制约人才发展的体制机制问题，精准实施智库人才激励政策，构建不断学习、广泛学习、不断积累的学习型智库，着力形成一批具有较大影响力的智库专家，培育出一批功底深厚、视野开阔、善于创新的智库优秀人才，基本形成由首席专家、资深专家等构成的“高端人才雁阵”。

2. 数字化是央企智库建设的关键一招

数字经济时代，数据即价值。中央企业智库要加快建立“用数据研究、用数据决策、用数据管理、用数据创新”的有效机制，广泛收集通用数据、开源数据、独特数据，打造新型智库的数字化核心竞争力。建立探索适合智库发展规律的实验室、模型工具，完备信息采集与分析体系，创新研究方法库和工具库，运用互联网、大数据、云计算、人工智能等新技术新手段，提升智库研究能力和效率。

3. 平台化是央企智库做强做优的必然要求

依托中央企业集团公司巨大优势打造平台型智库，建设专业化平台和渠道，例如专家群、资政渠道、学术交流平台、成果发表渠道、咨询调研平台、媒体发声渠道等。一方面，提升央企智库思想引领性、研究战略性、信息前瞻性和品牌权威性，为其他智库研究提供基础理论研究、数据资源供给、研究模型开发、权威宣传渠道和智力资源整合等服务；另一方面，整合多方资源，繁荣央企智库生态，提升系统性解决复杂问题的能力。

4. 国际化是建设世界一流智库的必由之路

立足行业领域，依托“一带一路”优势，在对外政策研究和决策咨询中发挥作用。主动设置议题，提高央企智库国际话语权。加强智库间国际合作与交流，促进国际智库人才的双向交流，注重在国际上多途径、多语种、多方式宣传推广中国智库及其成果。树立央企智库国际化良好形象，助力开展智库外交。

5. 评价体系化是助力智库高质量发展的重要抓手

智库评价体系有助于在智库建设中把握正确方向、坚持目标导向，提升智库决策咨询能力和综合实力，激励智库供给更高质量的产品，为科学决策提供强大的智力支持。以前瞻性的战略思维、系统思维和创新思维设计中国特色中央企业智库评价体系，坚持政治性、社会性、实践性三大原则，建立以人才队伍建设、决策服务能力、影响力、信息化水平、创新能力为导向的智库评价体系。

五、中央企业新型智库建设重点举措

（一）服务国家发展，明确功能定位

1. 明确功能定位

一是在集团发展中做好决策支撑工作。以综合性、全局性、战略性问题为导向，先行于企业发展研究，为企业创新发展和转型升级提供理论与实践建议，突出智库在国有企业高质量发展中的智囊作用。

二是在行业所趋中突出决策参谋作用。面向垂直行业搭建开放式研究网络，强化与行业内兄弟企业联系，助力行业发展。立足所在行业，契合国家发展战略，研究新发展格局下的行业政策，制定行业标准，为推动行

业发展提供有力支撑。

三是在国家所需中发挥决策支持作用。充分发挥咨政建言、理论创新、舆论引导、社会服务、公共外交等重要功能，分析和预判国内外经济形势，为国家部委建言献策，确保制定的重大战略、出台的重要政策措施符合客观规律。

2. 清晰组织形式

一是发挥央企智库自身多样性作用。结合企业不同特点和实际情况，通过新建职能部门、挂靠成员单位、事业单位改制、组建独立法人单位等多种形式，组建形式多样、结构合理的央企智库体系。

二是发挥国资委央企智库联盟统筹作用。在国资委研究中心业务指导下，国资委央企智库联盟发挥统筹作用，形成资源共享，建立数据共享、成果共享平台，构建智慧共享、多行业深度融合、优势互补的央企智库协作机制。

三是发挥国家智库不同类型机构共享机制。探索与国家智库的协作共享机制，包括：党中央、国务院、中央军委直属的综合性研究机构，依托大学和科研机构形成的专业性智库，以及社会智库。

3. 确定主攻方向

一是助力企业改革，扩大企业决策影响力。围绕国有企业改革改制做好研究工作，实现国企高质量转型发展。研究国企业务布局政策意见，提供战略规划建议。

二是创新行业发展，提升行业决策影响力。关注行业政策动态，服务行业内重大工程项目决策可行性研究。围绕行业产业结构调整及发展规划，做好技术“产业化”研究工作，加快重点产业瓶颈和关键核心技术研发攻关工作。

三是服务国家战略，提高国家决策影响力。发挥央企智库在国家决策中的重要作用，面向国家重大需求进行深入研究，围绕推进全面深化改革等重大任务，提出推动形成经济社会发展的新政策新举措实施建议，为中央决策做好服务。

四是致力全球战略，打造全球影响力。总结企业“走出去”经验，研究海外市场需求，为企业、行业“走出去”做好适应性研究工作，为国家国际合作战略布局提供支撑性建议。服务国家积极参与全球治理、构建人类命运共同体的伟大实践，智库应搭建对外交流平台，做好对外传播工作，做到为国家的外交和外事工作建言献策。

（二）整合优质资源，激活“智”的动能

1. 加强决策快速响应

集中集团公司内部优势力量，联合集团公司各单位，协同构建共同专家库。在进行课题研究时，由牵头单位在专家库中遴选各单位专家（经各单位同意后）组成专家团队，集中优势力量快速得出解决问题的最佳方案。

建立央企新型智库内部快速响应机制，对于国家部委交办的决策研究课题，及时组织央企兄弟单位跨部门、跨领域开展专题研究，给出实践性和建设性可行方案，为决策部门提供及时、科学的咨询服务。

主动加强与国家部委的对接，积极参与研究论证、跟踪评估绩效，努力全面融入决策、全面服务决策，让相关高质量研究成果能及时呈递给相应主管部门。及时让具有参考价值的项目规划、专题建议、改革方案等知识成果进入党委和政府的决策视野，形成议题共定、信息共享、问题共研、政策共制、效果共评的协作互动。

2. 提高决策服务能力

搭建全面、高效、优质、精准的政策信息支撑平台。不断拓宽信息资源渠道，完善竞争性情报体系，引入大数据、人工智能、区块链等技术，开展深层次政策研究分析、多种类情报产品供应与智慧化服务，探索建立数据、应用平台、工具、服务模式的“试用—论证—引入”的快速迭代机制，提高智库研究成果的时效性和科学性。

建立横向合作共享机制。在内部建立跨部门、跨领域的研究机制基础上，通过共建博士后工作站、联合研究机构等形式，与政府、大学和社会研究机构建立相对稳定的长期合作关系，有机融合企业对课题的需求和资金优势、大学的学术优势、政府的政策优势，实现信息和数据的互通共享，提升基础研究能力。

建立纵向决策机制。一方面，央企新型智库需加强与政府的联系，通过把握国家大政方针与战略决策的趋势和规律，设立重大研究项目，进行前瞻性和储备性研究；另一方面，需有目的、有规划地开展基础性调研工

作，以顶层设计为引领，着眼于社会主要矛盾，通过创新调研方案和完善数据收集分析方法，充分把握现实情况、洞悉问题本质，从而能够提出符合实际、切实管用的政策建议。

3. 拓展成果应用渠道

形成一批具有影响力的智库品牌产品。为集团公司“战略+运营”管控决策提供常规产品、定制产品、基础平台等丰富多元的综合信息产品服务。定期发布特色的品牌产品，如红皮书（重大科技战略、重要指示）、白皮书（科技进展报告）、黄皮书（政策报告）、绿皮书（技术预测报告）、青皮书（科技统计报告）、蓝皮书（规划报告）、紫皮书（战略新兴产业报告）等。

建立相对稳定的智库成果推动渠道。完善研究成果向政府的推送渠道，让具有参考价值的情报、课题研究能及时、有效地进入决策部门和领导的视野，实现央企新型智库与政府供需的有效对接；注重提高决策建议的转化率和反馈机制，通过与政府携手构建成果的落地转化和应用效果反馈机制，制定规范的跟踪落实、考核问责等实施细则，让高质量的决策建议真正有效地落地，构建起从研究选题到应用落地的闭环体系。

打造高端发布平台。依托新闻媒体、互联网媒体、新闻出版物等有节奏、体系化持续发声，加强社会公众宣传传播、公共舆论引导，增强央企新型智库研究成果的公信力、渗透力和影响力。通过举办成果研讨会、交流会、圆桌论坛等活动积极与国家机关、国内外高校、科研机构及智库开展交流合作，提高央企新型智库在国内外的影响力。

（三）改革管理方式，发挥“库”的功能

1. 塑造特色研究方向

以项目为载体构建支撑引领的战略性课题研究体系。聚焦产业和集团公司发展面临的综合性、战略性、前瞻性课题，建立和完善重大研究课题的项目制组织模式，以制度形式明确资源调配、人员组合、绩效评价等配套机制，探索采用“揭榜挂帅”方式优选课题负责人，通过授权赋能方式，跟踪产业面临的重大问题、重要政策变化、技术发展趋势，强化支撑集团、引领行业及服务国家发展需求的综合性战略研究，切实提升研究成果的理论性、创新性、实用性和影响力。

以常态化支撑为载体构建综合性课题研究体系。按照“服务决策、适度超前”的要求，紧密围绕集团年度工作主题、聚焦改革发展重点瓶颈难点问题，深刻把握国际国内政治、经济、行业发展重大形势和环境变化，重点研究集团领导重大战略思想，重视研究方法的创新，推动现有研究理论和方法“本地化”、研究工具“具象化”，常态化支撑集团公司各业务部门、战略委和主要成员单位开展战略规划、文件制度、研究课题等编制工作，对集团公司改革发展重大现实问题提出专业见解，形成自己的特色优势研究方向。

2. 打造高端人才队伍

构建完善一流智库人才发展机制。探索建立管理、技术并行的双轨制职业发展通道，积极申请国家博士后科研工作站资质，建立“老带青”“1+N”培养机制，鼓励研究人员采用灵活方式跨部门、跨专业、跨层级组建“研究专班”“兴趣小组”“协同工作室”等各种类型的研究组织或社团，解决系统性、复杂性、时效性重难点研究问题。并推动员工积极“走出去”，资助中青年业务骨干优秀专著、专业论文、专题文章的出版、发表，鼓励研究人员遵章依规通过高端论坛、交流讲学、学术研讨、报刊杂志、电视广播和新媒体等多种渠道传播成果、宣讲观点，培养打造“学术网红”。

构建完善智库专家“旋转门”机制。选拔推荐优秀人才与国际、国内相关行业组织及研究机构、集团总部以及其他二级单位开展人才交流，使兼职任职、挂职借调常态化、制度化。探索在集团公司内部产业公司或者长期合作研究单位共建员工培训实践基地；聘请来自国家部委、高校学术机构、军队智库等国内顶级研究机构的退休专家作为外部导师，提高员工研究层次和水平，提升智库在政策领域的权威性和公信度。

构建完善多层次的人才奖励机制。坚持价值创造、奖先奖优，建立以业绩贡献决定薪酬分配机制，形成限制基本薪酬、提高浮动薪酬、增加专项奖励的薪酬体系，推行差异化薪酬分配体系；设立专题专报、信息报送、科技奖励等单项奖励“风向标”，组织开展“两优一先”、劳动模范、岗位能手等评先选优活动，实现物质激励、荣誉激励相辅相成，营造奖优树先的浓厚氛围。

3. 完善政策配套支持

持续推进党的领导与智库治理有机融合。坚决贯彻落实两个“一以贯之”，把加强党的领导和完善智库治理统一起来，明确权责边界，做到无缝衔接，形成各司其职、各负其责、协调运转、有效制衡的治理机制，确保一流智库建设的正确方向。

建立多元化、多渠道、多层次的资金来源体系。稳定的政府财政拨款，是央企智库运行发展的必要基础，其中财政拨款或含直接取得拨款、承担国家专用课题项目拨款。本企业领导高度重视，采取集团直接拨款方式，保证本企业在行业背景下、产业布局上深度前瞻性研究预判权威性。鼓励智库在市场上与行业头部企业深度合作，形成专利技术，市场推广应用，取得经营收入。

建立适应市场化、高效率、透明度的高端智库管理体制机制。一是在遵循智库发展规律的基础上，优化智库管理模式，打通管理链条，给智库人员松绑，让智库人员能安心做研究、出思想、出成果。二是采取柔性的管理，优化科研人员工作环境，采取“线上+线下”结合的工作模式，实行项目关键节点把控。三是完善管理体制机制，不断适应集团公司监管、市场化的发展要求，诸如高效灵活的项目管理机制、具有市场竞争力的激励机制、商业化的运营管理模式等。

建立完善的智库报告质量控制体系。从选题正确、方法科学、资料翔实、逻辑清晰、结论可靠、观点明确、建议可行、文笔规范等八个方面制定可考核的指标体系，对每一份研究报告进行科学评估，防止出现系统偏差与偏见，突出独到的见解与建议。

（四）构建评价体系，提升智库整体实力

智库评价体系是智库发展的指南针，智库评价的根本目的是指导智库建设。智库评价体系构建既事关中央企业新型智库发展大局，也是提升智库决策咨询效能的重要手段，有助于激励中央企业智库供给高质量的政策产品，同时也属于智库研究中不可或缺的组成部分。在中国特色新型智库发展的新需求和新形势下，建构适应中央企业智库发展实践的绩效评价体系对提升中央企业智库整体实力具有重要的现实意义，是建设中央企业新型企业智库的重要组成部门。

1. 构建中央企业智库评价体系的意义

首先，构建智库评价体系有助于中央企业智库建设把握好正确的政治

方向，确保中央企业智库立场坚定、旗帜鲜明。对中央企业智库进行定期评价有利于明确智库规范和建设方向，推进智库建设的自我身份认同和行业自觉，引导中央企业智库建设始终坚持党管智库、坚持中国特色社会主义方向，努力构建中国特色新型智库发展新格局，充分体现中国企业特色、中国企业风格、中国企业气派。

其次，建立中央企业智库评价体系，有助于智库研究树立鲜明的问题导向，引导中央企业智库研究始终坚持围绕大局、服务中心，实事求是深入调查、求真务实聚焦问题，把学术理论研究、应用对策研究与国企改革中的现实问题研究结合起来，提高对策研究的针对性，提供党和国家、行业和企业"信得过、靠得住、用得上"的情况报告与对策建议。

最后，中央企业智库评价体系有助于引导中央企业智库不断完善各方面软硬件建设，创造积极健康向上的发展环境，提升智库建设综合实力。智库评价通过对智库组织建设、成果运用、人才质量、政策影响等指标进行评价，既为中央企业提供了一个较为清晰的智库发展状况的价值量表，又为决策者准确把脉智库发展战略规划、优化智库管理提供了有效路径，使其着力提升组织管理能力、研究创新能力、科学分析能力、人才队伍建设能力，积极参与构建中国特色哲学社会科学学科体系、学术体系、评价体系、话语体系，从而为进一步全面深化国企改革提供强大的智力支持。

2. 构建中国特色中央企业新型智库评价体系的原则

构建具有中国特色中央企业新型智库评价体系，需要坚持政治性、社会性、实践性三大原则，找准评价的着力点，突出中国特色，为加强中国特色中央企业新型智库建设保驾护航。

一是突出评价的政治性。正如智库研究具有鲜明的政治倾向和意识形态属性一样，中国特色中央企业新型智库评价也要具有鲜明的政治属性。构建中国特色智库评价体系，首先要把握好政治方向，解决好在智库评价中如何坚持马克思主义立场、观点和方法的根本问题，引导智库建设始终坚持党管智库、坚持中国特色社会主义方向，努力构建中国特色新型企业智库发展新格局，充分体现中国企业特色、中国企业风格、中国企业气派。

二是突出评价的公共性。中央企业新型智库作为公共组织的独特性在于通过自己专业的研究生产新知识，为党和政府决策提供咨询，为相关产业发展提供舆论引导，为社会其他组织提供服务，有时候也积极开展国际交往，增强我国国有企业的国际话语权。中央企业新型智库的公共性就体现在智库相当一部分工作内容必须是履行“面向行业产业，围绕国有企业改革、产业结构调整、产业发展规划、产业技术方向、产业政策制定、重大工程项目”的咨政建言、理论创新、舆论引导、社会服务和公共外交等功能。此外，中央企业智库必须重视为公共利益服务的智库属性，平衡好智库研究属性与服务企业内部和营利性研究等非智库属性之间的关系，不可以将为党和国家提供决策支持、引导行业发展当成“副业”或者可有可无的顺带性工作，否则很容易沦为名不副实的“挂名智库”。

三是突出评价的功能导向性。新型企业智库是现代智库，不是纯粹的学术机关，是以产业实践为基础，学以致用、研以致用的新型智库，是产、学、研、用相结合的组织，要发布具有企业和行业特色的研究报告，以专业视角解读政策、引领产业发展等。作为决策咨询产品的供给者，中央企业新型智库需重塑自身的社会担当。与此同时，作为主要管理者和需求者的政府，应从国家战略的高度重视且积极推动我国现代企业智库战略力量的发展。智库建设的质量本身建立在数量化的成果积累之上，借助能够观察到的相关指标对新型企业智库咨政成果与人才进行客观、公平的评价，有利于激励创新，进一步提升决策咨询能力。倘若绩效评价运用得当，就能提升智库认同感、激励智库自觉性和增强智库认同度，实现智库建设与智库绩效评价的良性互动，推动我国新型企业智库的长足发展。科学的智库绩效评价标准既要考虑智库发展的内在规律与特点，也要从符合我国国情的中央企业智库结构出发，综合考量影响企业智库绩效的各类因素。

3. 构建中国特色中央企业新型智库评价体系的着力点

依据中共中央办公厅、国务院办公厅印发的《关于加强中国特色新型智库建设的意见》这一政策性文件界定，结合新时代中央企业的使命担当，中央企业新型智库评价体系主要是针对智库研究战略、前瞻性问题，服务党和政府决策科学化、服务社会公益，具有鲜明的应用导向。新型智库评价机制建设是一项系统工程，以智库决策咨询的结果为导向，运用相对规范的流程、科学的方法以及选取合理的标准和指标，对新型智库的投入产出予以综合性测量与分析。

构建中国特色中央企业新型智库评价体系应着眼于智库建设转型升级，以战略思维、系统思维和创新思维设计中国特色中央企业智库评价体系的构架，将历史和现实、理论和实践、国内和国际等维度相结合制定实施方案。具体而言，需要抓住以下几个着力点统筹指导、协调推进中央新型智库评价体系的构建。

第一，着力评价智库的党组织建设情况。国外智库可以分为基于精英主义理论而构建的党建智库和基于多元主义理论而构建的非党建智库两大类，党建智库是隶属政党的研究机构。我国政体是共产党领导下的多党合作制，党建高端智库是习近平总书记智库建设的重要思想。当前，一些智库缺乏党对智库的领导，迷失方向，组织松散，研究上随波逐流，缺乏决策支撑能力。因此，通过评价引导党组织在中央企业智库建设中发挥重要作用，既符合中国智库建设的国情，也是中国特色中央企业新型智库建设的特点和优势。

第二，着力评价智库的决策影响力。智库是为决策服务的，没有决策服务，就没有智库建设。评价智库服务决策的质量是评价智库的首要标准。因此，中央企业智库评价需把着力点放在智库提供重大决策服务的数量和质量上，既重视获得采用和批示的次数，也重视智库成果的思想传播与实际社会成效，是否围绕党和国家中心工作和重大需求，国企改革的重点方向和重要领域，着力提升中央企业智库的思想、内容和能力建设，强化中央企业智库研究的战略思维和政策储备能力，提升决策咨询的理论性、战略性和前瞻性水平，提升服务中央决策咨询的能力和水平，通过评价激励智库多出成果，多提好建议，引导智库更好地服务国家决策。如定期、及时向有关部门报送内参、决策咨询报告等非公开类成果；要重视参与政策过程的各个环节，积极建言、主动嵌入，踊跃参加各类党政机关组织的座谈会、研讨会、调研会；针对国企改革议题，中央企业智库组织的相应的主题会议、论坛，积极开展或接待调研等。

第三，着力评价中央企业智库的社会影响力。中央企业智库应充分发挥阐释党的理论、解读国企改革政策、研判国企舆情、引导社会热点、疏导公众情绪等积极作用。智库评价应鼓励中央企业智库营造良好网络生态，“通过网络走群众路线，经常上网看看，了解群众所思所愿，收集好想法好建议，积极回应网民关切、解疑释惑”，引导智库自觉做好舆论正能量的传播者、解读政策宣传者、服务党中央决策的智力支持者。

第四，着力评价中央企业智库网络建设和研发体系的创新。价值判断与技术实现的合理融合，应该成为中国特色新型企业智库评价体系的发展方向。因此，倡导中央企业智库采用现代化技术、提升信息化数据分析能力、开展数据平台建设，是新时代企业智库建设的重要内容。智库评价应引导智库自觉跟上技术变革的时代潮流，提升智库信息化水平，为行业发展提供精准而全面的数据和结论，为科学决策做好技术支撑。评价智库研发体系创新，包括智库研究范式、产品研发方式的创新，倡导实证研究，强调数据、证据在研究中的价值。因此评价企业智库研发体系创新要跟进主流的智库研究范式，是否体现用数据说话，增强智库成果的科学性，让智库成果经得起推敲，经得起实践检验，增强决策机构、行业内部以及社会公众对智库和智库成果的信心。

第五，着力评价中央企业智库的国际影响力。影响力实际上是一种科学理性的力量，来源于智库自身在政策研究和决策咨询中的专业水准。当前，中央企业新型智库迫切需要积极开展与国外知名行业、企业智库的交流与合作，在国际舞台发声，发挥国际影响力。因此，应把对智库人员国际交流、项目对外合作、人才对外引进、成果对外传播作为智库评价的内容，引导中央企业智库讲好中国国企改革故事，传播中国企业的社会责任，提升中央企业智库的国际化水平和国际影响力。

第六，着力评价中央企业智库的人才培养功能。中央企业新型智库本身需要依靠高质量人才队伍支撑，同时也要为社会培养适应经济社会发展需要的人才。要进一步激发人才的溢出效应，不仅仅依靠自身力量形成高质量的研究成果，同时还要通过人才的引进和输出，使得高端人才能够在更多智库和更加广泛的领域发挥积极作用。因此需要把推动人才队伍建设、加快培养中国特色新型企业智库人才梯队作为评价央企智库建设可持续发展的重要内容。评价中央企业智库是否有高端人才培养的计划和规划，是否有一支熟悉中国国情、企情、理论功底扎实、掌握政策咨询程序、具有国际化视野的高水平决策咨询专业人才队伍，是否具有党政机关与智库之间人才有序流动，推荐智库专家到党政部门挂职任职机制；深化智库人才岗位聘用、职称评定等人事管理制度改革，完善以品德、能力和贡献为导向的人才评价机制和激励政策等。

六、结论与建议

（一）基本思路和建设路径

一是把智库咨询纳入企业科学决策、民主决策流程，作为不可或缺的环节。认真贯彻落实中央关于建设中国特色新型智库的要求，企业决策层特别是主要领导要关心重视企业智库建设，明确要求企业设立具有决策咨询功能的智库机构和相应的智库专家队伍，在企业重大决策中发挥咨政建言作用。

二是依托企业现有机构和人才，深度整合相关资源，打造支撑企业决策的新型智库。对于有条件的大型企业，可在已有的研究机构和专家队伍基础上，优化整合企业资源，调整设立企业智库，明确职能定位，配备精兵强将，成为企业高层的参谋部和决策支持中心。

三是立足企业主营业务，聚焦专业特色领域，着力打造有影响力的知名行业智库。企业智库建设需要结合自己的特点，坚持有所为、有所不为，聚焦专业专长，形成特色优势，在重点行业领域形成核心竞争力和影响力，包括发布行业类皮书、年报、展望报告，开展行业重大共性问题研究等。

四是提高政治站位，履行国企战略使命，积极参与国家级重大问题研究咨询。重视组织开展国家层面的重大战略与政策问题研究，抓好热点难点问题研究，提升研究成果的针对性和时效性，为决策部门提供信息咨询服务；积极承接国家部委下达的研究任务，力争进入国家高端智库建设试点单位。

五是建立开放式的智库研究平台，着力打造企业智库研究网络。坚持“不求所有、但求所用”，采用专职与兼职相结合、“走出去”与“引进来”相结合、“引援”与“挖潜”相结合等方式，打造开放、竞争、流动、专业特色明显的智库人才格局和产学研融合发展的企业智库团队。

六是加强对外交流，强化舆论引导，培养企业智库名家、大家，鼓励对外发声，提升社会影响力和权威性。加强智库对外传播能力建设和对外话语体系建构，利用各种传播媒介和国际场合，积极发声、主动发声、有效发声。大力培养一批具有国际视野、熟悉国际规则、掌握国际交流技巧的权威专家。通过选派青年骨干到国际机构工作、到国外培训、到大学深造等方式，着力培养具有国际影响力的青年专家。

（二）保障措施和政策建议

一是加强领导，完善组织，落实资源。企业应建立由主要领导牵头的智库建设领导小组，明确归口管理部门和实施机构，落实人才、经费及办公条件等。

二是规范流程，嵌入决策，明确职责。从国资委层面规范企业智库的功能和职责，在企业决策流程中增设智库咨询环节，并强调智库的权威性和相对独立的第三方意见。

三是搭建平台，联结网络，协调保障。国资委和各企业为智库研究、论坛交流等提供平台，协调政府和媒体关系，特别是为企业智库开展调查研究提供便利，并用好智库研究成果和智库专家。进一步发挥好央企智库联盟作用。

四是聚智聚才，首席挂帅，科学治理。智者、专家、人才是智库的核心和灵魂。支持企业智库机构面向国内外聘用高端人才，允许有政府官员、企业高管背景的专家“旋转门”到企业智库。在集团层面对智库设置首席科学家或等同的荣誉岗位，选好、配强智库首席专家，发挥好学术委员会作用，严格智库成果报送把关流程等。

五是深化改革，创新机制，激发活力。智库不同于一般的科研机构，智库专家及其研究工作具有一定的特殊性，需加快建立完善与中国特色新型企业智库相适应的体制机制，在智库选题、成果评价、考核奖励、国际交流、媒体发声等方面，可以采用一些先行先试的改革措施，有效调动智库研究人员的积极性。

六是夯实基础，完善体系，提升质量。支持建立企业智库数据库、模型工具、实验室，强化专业基础和研究体系，增强智库研究成果的可靠性、权威性。

课题牵头单位：国务院国有资产监督管理委员会研究中心
课题参与单位：中国联合网络通信有限公司研究院
南方电网能源发展研究院有限责任公司
中国铁路工程集团有限公司

上海诺基亚贝尔股份有限公司
鞍钢集团有限公司经济发展研究院
中国兵器工业集团人才研究中心
水电水利规划设计总院
中智管理咨询有限公司
国网能源研究院有限公司
华润宏观经济与政策研究院
中国融通集团战略研究院
中车工业研究院有限公司
中国移动通信有限公司研究院
中节能生态产品发展研究中心有限公司
中国石油集团国家高端智库研究中心、中国石油集团经济技术研究院
国能经济技术研究院有限责任公司
中国电科发展规划研究院有限公司
中国汽车技术研究中心有限公司

课题组核心成员： 衣学东　刘永寿　黄吉海　贾尽裴　贾默骐
李红五　魏进武　张　阳　张作凤　杨　星
左　浩　李　三　夏振来　李轩照　黄思颖
王文吉　萧新桥　白羽雄　徐品章　常　疆
张　雨　于　猛　林　垚　梁　军　贾凤泳
董　波　黄　宝　高继革　孙玉华　马　骁
吴　琼　崔　敏　龚和平　彭烁君　夏杨阳
崔　宁　周　晶　陈和午　邢　珺　刘斌砚
柴高峰　常　燕　张　勇　王　丹　朱虹波
翟利峰　庄皇伟　李媛媛　金海年　刘国岩
孟祥萌　韩晓磊　刘　衡　于欣灵　魏晨光
宋镇亮　刘　强　刘川江　史　双　安　昕
罗　娅　霍中和　桂　华　郑　甜　柴　畅
吕建中　闫　勇　任浩宁　孙宝东　李　兴
艾中良　魏　凡　高柯娇　李巧明　方　芳
吴松泉　刘雪峰　李育贤　赵鑫淼

做强做优做大国有企业与带动民营经济共同发展的关系研究

党的二十大报告强调，要坚持和完善社会主义基本经济制度，毫不动摇巩固和发展公有制经济，毫不动摇鼓励、支持、引导非公有制经济发展。深化国资国企改革，加快国有经济布局优化和结构调整，推动国有资本和国有企业做强做优做大，提升核心竞争力。优化民营企业发展环境，依法保护民营企业产权和企业家权益，促进民营经济发展壮大。面向新时代新征程，国有企业与民营企业协同发展是我国经济社会实现“三新一高”的必由之路。

过去几十年的经济发展过程中，国有企业在承担社会责任和稳定经济增长方面发挥着重要作用，而民营企业则因其市场灵活性和创新能力，在推动经济增长和促进就业方面发挥着至关重要的作用。当前，我国正面临着经济发展方式的转变和产业结构的调整，做强做优做大国有企业并带动民营经济共同发展，推动中国经济由传统制造业向高科技产业和服务业转型升级，有利于实现资源优化配置、促进经济结构的调整和优化、缩小地区和城乡之间的经济差距和发展不平衡，是推进中国经济持续健康发展和促进社会公平的重要路径。

一、做强做优做大国有企业与带动民营经济发展既不冲突也有必要

做强做优做大国有企业，首先要厘清其丰富内涵。习近平总书记强调：“国有企业是中国特色社会主义的重要物质基础和政治基础，是党执政兴国的重要支柱和依靠力量，必须做强做优做大。”只有优质的国有企业越来越多，国有资本在总量上保持优势，才能更有效地发挥国有企业在国民经济中的核心作用。做强做优做大国有企业，并不是要挤占民营经济

的发展空间，“做强做优”国有企业，是质上的要求，是做大国有企业的内生需求。“做大”国有企业，是量上的要求，特指关乎国家命脉、国计民生的国有企业，不仅要做强做优，而且要做大。只有如此，才能充分发挥社会主义制度优势，提升整个国有经济竞争力，更好发挥国有经济“顶梁柱”“压舱石”作用，为国民经济共同发展打下坚实基础。

做强做优做大国有企业，才能更好发挥科技创新、产业引领、安全支撑作用。经济全球化所带来的国际竞争的激烈程度尤为空前，对于还处于发展中国家的中国而言，要保障国家的经济安全，不仅要培育国有企业成为国民经济运行中的引领者，更要将其发展成为激烈国际市场竞争中的“主力军”。2012—2022 年是国有企业高速发展的十年，也是国有经济辐射带动能力不断提升的十年。像兵器工业等军工央企，聚焦主责主业，加速装备研制，为军队和国防建设提供了跨代武器装备，提升了捍卫国家安全与利益的能力。国有企业通常处于产业上游，扮演经济基座的角色，尤其是能源、资源类企业，其发展状态往往影响着国民经济发展全局。据统计，中央企业在涉及国家安全和国计民生领域的营业收入占比超过 70%。例如中国石油坚持高效勘探，突出集中勘探，加大风险勘探，在常规、非常规多个重大领域取得战略性突破，国内原油产量连续 10 年保持 1 亿吨以上。再比如，国家电网累计完成电网投资约 4.8 万亿元，累计建成 30 项稳定安全可靠的特高压输电工程，最远输电距离达到 3300 公里，跨区跨省输电能力达 2.5 亿千瓦，是 2012 年的 2.7 倍，支撑了“西电东送、北电南供”战略实施，显著提升了国家能源安全保障能力。

民营企业是非公有制经济的重要代表，也是我国社会主义市场经济的重要组成部分。民营经济贡献了 50%以上的税收，60%以上的国内生产总值，70%以上的技术创新成果，80%以上的城镇劳动就业，90%以上的企业数量，是我国经济的重要组成部分。但近几年，民营企业普遍面临较大挑战。支持民营企业发展，是党中央的一贯方针。党的十八大以来，党中央多次强调毫不动摇巩固和发展公有制经济，毫不动摇鼓励、支持、引导非公有制经济发展，两者有机统一、相辅相成、相得益彰。党的十九大把“两个毫不动摇”写入新时代坚持和发展中国特色社会主义的基本方略，党的二十大报告要求“优化民营企业发展环境，依法保护民营企业产权和企业家权益，促进民营经济发展壮大”，强化了民营经济的使命担当和主人翁意识。国家从市场准入、营商环境、减税降费、融资支持等方面出台系列政策举措，为民营经济和民营企业发展壮大提供有力支持，明确表明我国支持民营企业的坚定立场和鲜明态度，强调了民营经济和民营经济人士在我国社会主义事业中的重要地位和作用。

随着民营经济进入高质量发展阶段，“要素红利”逐渐让位于“创新红利”，“政策红利”逐渐让位于“制度红利”。我国民营经济发展环境存在营商环境总体评价较低、难以保障政策有效落实、法制环境不平等、融资环境难以满足民营企业融资需求、科技创新环境缺乏活力、人文社会环境对民营经济存在偏见、市场环境不公平、社会服务环境尚不成熟等问题，在一定程度上制约着民营经济发展。随着全球产业链的系统性重塑，全球化和逆全球化风潮之间的博弈导致全球产业链分化加剧。由于民营企业通常处于产业链中下游，在融资、技术、市场准入等方面处于相对不利的地位，其发展韧性不足，更容易受到全球经济形势变化的影响，经营风险大幅增加。据统计，2022年国有控股企业利润23792亿元，比上年增长3.0%；股份制企业61611亿元，下降2.7%，外商及港澳台商投资企业20040亿元，下降9.5%；私营企业26638亿元，下降7.2%。社会上甚至出现了“国进民退”的错误言论，亟须加大支持力度。

国有企业立足“两个大局”、心怀“国之大者”，理应协同带动民营企业发展，积极探索中国社会主义市场经济体制下的新型经济合作模式。做强做优做大国有企业的同时带动民营经济共同发展，有助于壮大国有经济、盘活民营资本、优化资源配置结构，打造国有企业顶天立地、民营企业铺天盖地的发展态势，开创“国民共进”的新局面。

二、国有企业与民营企业协同发展面临的突出问题和根源分析

国有企业与民营企业合作具有丰富的理论基础，习近平新时代中国特色社会主义经济思想、社会主义市场经济体制相关理论、社会主义市场经济下的产权理论及企业发展理论，“两个毫不动摇”国家战略与创新生态系统协同机制等，都为国有企业与民营企业协同发展提供了多方面的理论支撑。但在实际发展过程中，由于观念、认知以及体制机制等方面的差异，国有企业与民营企业深度协同发展还存在一系列问题。

一是深度推进协同发展存在认知障碍。国企和民企对开展深度合作仍

然各存疑虑，部分国企风险意识较强，对国有企业与民营企业协同发展的过程和未来抱有疑问，如在招投标过程中国企常担心民企提供的产品或服务不达标，而很多民企在与国企合作中，未将合作作为提高产品质量、提升技术水平的契机，同时还担心账款拖欠等问题。二者对在合作中的各自地位和作用的认知也不够，国企和民企在规模、市场能力等方面存在诸多差异，国企综合优势较为明显，不太注重在合作中加强产业链供应链关键环节及解决卡脖子问题；民企则更关注于国企与政府关系的优势，而对国企的技术优势、人才优势、产业优势等合作要素关注不够，双方合作难以深化。二者对合作的边界及范围的理解缺乏深度，尤其是对于协同发展的短期内容与长期方向的尺度把握不够，容易出现短视行为而难以进一步深度协同。

二是协同发展的制度体系有待优化。首先，缺乏覆盖广泛、系统性的协同发展指导政策。作为一项涉及面广、复杂度高、影响深远的系统工程，虽然2022年国务院国资委公布了《关于推动中央企业民企协同发展的工作方案》，但财政、水利、宣传、教育等部门监督和管理的中央企业依然缺乏推进专门性指导政策，地方层面多数省份也尚未制定出台专门性的指导意见或实施方案。其次，国企和民企公平获取市场资源的保障制度有待完善，民企在参与市场竞争、获取市场资源方面受到的不公待遇现象仍然存在，民企获取资金要素的成本往往高于国企，贷款利率水平普遍高于国企，如2021年我国企业贷款利率为4.61%（来源：央行），而民企贷款利率为5.26%（来源：中国银保监会）。最后，直接支持性政策不足，尤其是缺乏专门性财政支持政策，加之国企缺乏内部激励约束机制，普遍存在厌恶风险的倾向，对协同发展的价值缺乏认识，在一定程度上削弱了深度协作、协同发展的积极性和主动性。

三是协同发展的参与和发展程度差异较大。不同层级和监管主体的国企参与协同发展的程度不一，其中央企力度较大，地方国企尚处于起步阶段；国资委监管的国企更为积极、程度更高，而由其他部门监督和管理的国企则相对滞后。在不同的行业，国企参与协同发展的程度存在明显差异，在竞争性领域协同发展的方式更为多元、程度更深，在非竞争领域协同发展的进展相对有限。在区域上，东部沿海地区和重点城市国企和民企展开了大量协作协同工作，但中西部地区、东北地区和中小城市，协作发展程度较低。

四是协同发展方式需进一步拓展。部分项目停留于简单的、交易性的合作，仅为了解决一时之需，没有解决长远发展问题。方式上更多地采取业务合作、项目合作、直接纾困等浅层次方式，且多采用招投标方式，限制协同发展深度，例如组建产业生态、建设培育基地、开展内部孵化、赋能带动民企、推进数据联通等，目前仍然处于探索阶段。

五是协同发展效果仍有较大提升空间。协同发展项目在行业、领域、区域的覆盖面上还很有限，深度协同发展项目更是少见，特别是开展联合科研攻关的模式发展不充分，对提升产业链供应链稳定性和安全性的宏观效果和预见性不显著。对于协同发展提升民企发展质量这一重要目标，虽然各方面有所改善，但民企高质量发展潜力还未充分得到挖掘。

结合相关理论分析，产生以上问题的根源主要有以下四个方面：

一是制度逻辑存在冲突。国企具有政治属性、国家使命以及社会责任，一定程度上影响了国企作为经济主体目标的实现。而民营企业主要以利润为导向，政治责任对其存在一定程度的约束和拖累。民企与国企合作后的政策限制及经营成本提升，会降低民企与国企合作的可能和效果。

二是产权制度不完善。国企方面，政企难以完全分开，不能完全彻底地市场化。国企的产权关系若与民企融合，会使得产权问题变得更加复杂。同时，产权界定不清、交易程序不完善、产权主体保护不对等等问题也会使得民企产权保护受到巨大的挑战。作为特殊的产权，知识产权方面也略显保护不力，知识产权存在被对方无偿获取的可能，从而影响合作积极性。

三是决策机制上的矛盾。国企通常通过制定复杂的审批流程和决策机制来保证安全性，故项目决策时间较长，而民企决策程序通常相当迅速，不愿错失市场机遇，这容易导致两者在决策过程中产生矛盾。而多数民企受自身资金、规模、股权比例和社会地位等条件的限制，在与国企合作的过程中也缺乏发言权和决策权。

四是两者之间的信任机制有待改善。一般而言，民企因为规模、资源问题常处于国企民企合作关系中的弱势方，在共享核心技术等方面会产生信任问题，而国企具有更加严格的监督管理制度，对相对自由灵活的民企也会产生另一方面的信任问题。同时，如果合作缺乏清晰有效的利益分配机制，双方出现分歧的可能性很大，影响民企参与的积极性。此外，还出现了不当利益输送等问题，违背了国企带动民企共同发展的初衷。

三、国有企业与民营企业协同发展的有益探索和实践

课题组发挥参与单位的各自优势，广泛开展了国有企业与民营企业协同发展的案例调研，先后调研了中信集团、国网集团、中国建材、华润集团、中国电子信息产业集团等十余家企业，从中发现大量十分有益的探索和实践。尽管国有企业与民营企业协同发展存在一系列体制机制上的约束，但从这些案例中仍可总结出好的经验。重点介绍中信戴卡“轻资本合作”模式、国家电网“电 e 金服”平台以及中国建材混合所有制改革等三个国有企业带动民营经济协同发展案例。

（一）中信戴卡

1. 基本概况

中信戴卡是由中信集团于 1988 年在河北省秦皇岛市投资兴建的中国大陆第一家汽车铝合金车轮制造企业，前身是戴卡轮毂制造有限公司。2007 年 10 月，公司进行股份制改造；2012 年 8 月，正式更名为中信戴卡股份有限公司；2019 年 12 月，成功进行混合所有制改革。30 多年来中信戴卡始终坚持和强化党的领导，履行国有企业使命担当，聚焦主业、改革创新，发展成为全球最大的铝车轮和铝制底盘零部件供应商，并逐步成长为包括汽车底盘、动力总成、车身零部件等轻量化铝铸件，及装备制造、模具研制、表面处理工程、能源管理和智能化服务等多元产品平台的全球化综合汽车零部件企业集团。公司打造了全球铝车轮行业首家“灯塔工厂”，智能制造水平得到世界认可，铝车轮销量连续 15 年位于全球首位，位列全球汽车零部件百强第 50 名。

2. 主要做法

2003 年以来，中信戴卡紧抓铝车轮市场发展机遇，大胆探索，创造性推出“轻资本合作”，走出了一条国有经济与民营经济互促共进、共同发展的“国民共进”路径。这条路径不同于一般意义上的混合所有制经济，是利用国有企业品牌、技术、市场等优势，以少量资金、专利等入股民营企业或与民营企业合作经营，以轻资产撬动高产能，形成中信戴卡专注设计研发和市场营销、民营企业专注投资建厂和生产经营的新型合作方式。

在这种合作方式下，中信戴卡与10余家民营企业结成战略联盟，统一生产“戴卡”品牌产品。具体做法是：通过混合所有制，以技术、品牌、管理和渠道等无形资产参股企业6家，一般占混合所有制企业10%~15%的股份；采取委托授权、合作联营模式与多家企业建立联合经营关系，探索以“本部核心+联营制造基地”形式的轻资产发展模式之路，从而迅速扩张了产能、占领了市场。

在“轻资本合作”商业模式中，中信戴卡本部以“四大基地、两大中心”为定位，即新产品研发基地、新技术新装备研究试验基地、人才培养基地、高端核心产品制造基地，全球营销网络中心和财务管控中心。中信戴卡向联营企业派驻技术管理、质量监督等人员，按照统一产品开发、统一品牌、统一技术质量、统一市场销售、统一生产计划的“五个统一”模式组织管理。在此管理模式下，民营企业充分发挥体制机制灵活、市场需求反应快速、激励约束有效等优势，实现中信戴卡与联营企业的优势互补和互惠共赢。

3. 取得的成效

经过十多年的市场考验，中信戴卡通过“轻资本合作”实现了低成本的产能扩张，与混合所有制及联营伙伴企业的优势互补和互惠共赢。从中信戴卡来看，实施“轻资本合作”后，中信戴卡专注设计研发、市场营销等高附加值环节，营业收入和利润实现跨越式增长，国有资产进一步保值增值。2002—2022年，中信戴卡营业收入从5亿元增长到428亿元，增长85倍；利润从1900万元增长到10.68亿元，增长55倍。同时，中信戴卡以自营企业1700万件铝轮毂产能撬动产业联盟6300万件产能，产能有效扩大近4倍；以6.8亿元国有权益吸引了43亿元社会资本，组织整合了141亿元资产规模，显著放大了国有资本功能，提高了国有资本的影响力、控制力。从民营企业来看，在中信戴卡战略支持下，民营企业直接复制学习中信戴卡精益管理、精益生产经验，提升了管理水平，实现了快速发展。从铝车轮行业来看，中信戴卡以轻资产方式整合了行业，使国内的铝车轮行业集中度大幅提高，优化了竞争格局，避免了重复投资，使行业整体国际化竞争力得到大幅提升。

（二）国网“电 e 金服”

1. 基本概况

“电 e 金服”作为国家电网数字化产业链金融服务平台，坚守社会化公益平台定位，不介入金融业务办理，不收取任何形式的资金利差或保险佣金，国网公司依托平台将自身资源禀赋和要素优势拓展辐射到全产业链，帮助上下游企业获得更加优质高效的普惠金融服务，畅通全产业链循环。“电 e 金服”融合产业、金融、数字、科技、平台等多种元素，以电力大数据为支撑，深入挖掘 10 万多家供应商和亿万用电客户的业务流、信息流、资金流价值，深度对接上下游特别是民营企业、中小微企业金融需求，帮助中小微企业获得低成本融资。“电 e 金服”平台基本概况见图 1。

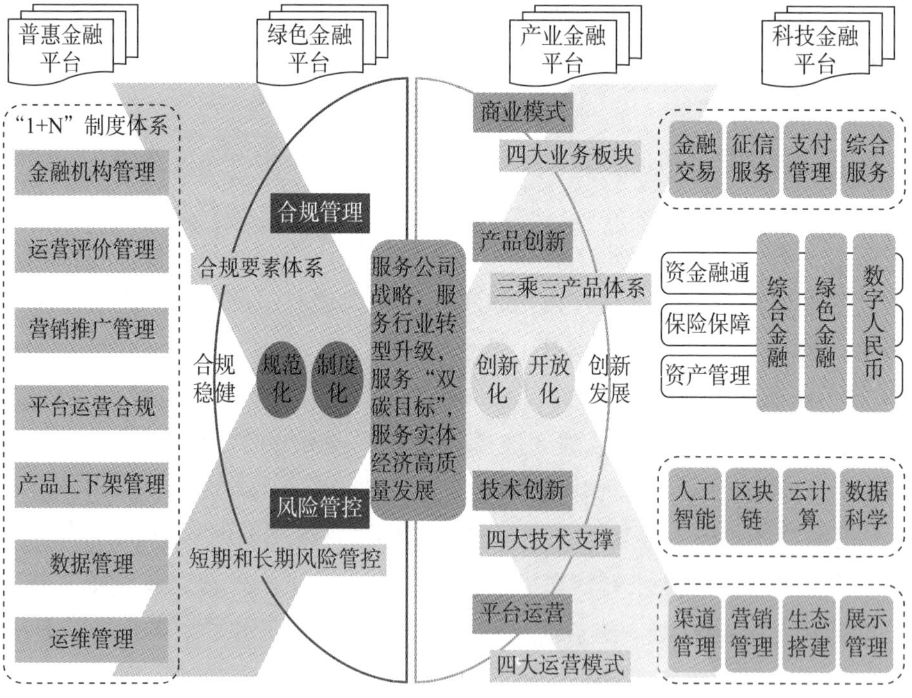

图 1　“电 e 金服”平台基本概况

2. 主要做法

一是实现不同平台信息交互共享。“电 e 金服”对内连接财务管控、ERP、ECP、营销、经法、人资等内部专业系统；对外连接征信、工商、税务、司法、中登网等外部专业系统。需求侧连接网上国网、ECP、国网商城等系统，实现客户多入口引流；供给侧连接内外部金融机构核心业务系统，支撑应收账款保理、应收电费保理、物资 e 融、订单融资等产品线上业务开展，提供产品展示、业务撮合、业务办理、客户引流、精准营销、风险防控等多项功能。“电 e 金服”总体架构见图 2。

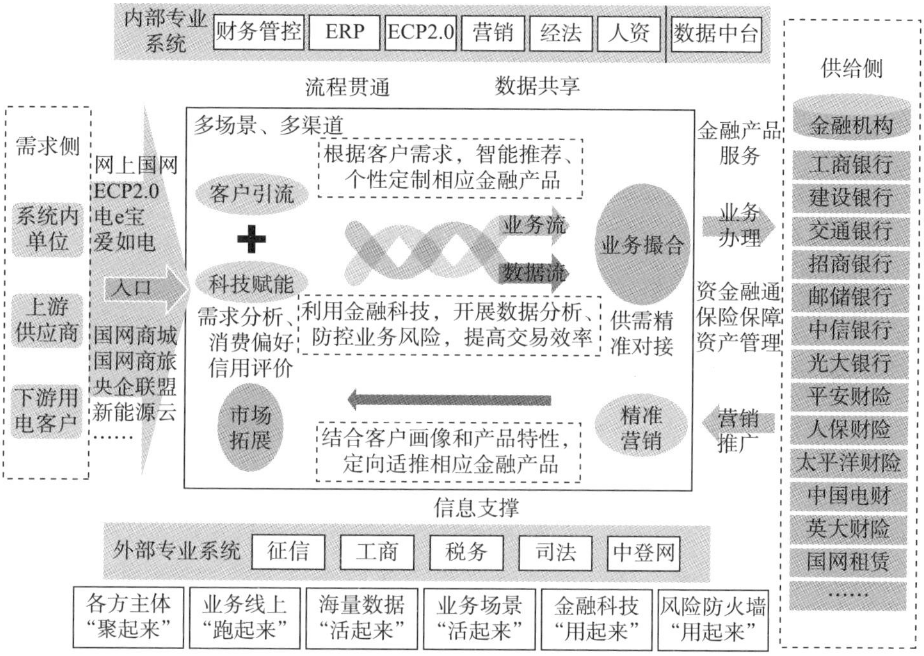

图 2 “电 e 金服”总体架构

二是丰富平台产业链金融产品种类。资金融通方面，平台对外提供信托融资、商业保理、电 e 贷、电 e 票等产品，为产业链上下游提供广覆盖、多渠道融资服务。保险保障方面，平台提供电网财产和人身保险保障，并为产业链上下游提供投标和履约等保证保险，以及财产险、车险、人身险等定制化服务。资产管理方面，为产业链上下游提供收益稳健、安全可靠的投资选择。

3. 取得的成效

截至 2022 年末，“电 e 金服”累计实现业务规模 6470 亿元，其中帮助产业链上下游获得金融服务超 4000 亿元，帮助近 10 万家中小微企业获得金融服务超 2300 亿元，其中，帮助上游供应商中民营企业获得供应链服务

403 亿元、融资租赁 258 亿元、保证保险 386 亿元；帮助下游用电客户中民营企业获得低成本融资 318 亿元、企业电费类理财 645 亿元。

（三）中国建材

1. 基本概况

中国建材在 2006 年前后在水泥行业以混合所有制方式开展了联合重组，南方水泥成立时，时任上海市委书记习近平同志发来贺信“祝愿南方水泥有限公司早日实现战略整合的既定目标，为国有企业的改革发展不断探索新路，为促进区域合作、联动发展作出更大贡献”。通过发展混合所有制，中国建材现已发展为全球最大的建材制造商、世界领先的新材料开发商和综合服务商，连续 12 年荣登《财富》世界 500 强企业榜单，2022 年排名第 196 位、稳居全球建材企业榜首。水泥、商混、石膏板、玻璃纤维、风电叶片、水泥玻璃工程技术服务等 7 项业务规模居世界第一。

2. 主要做法

一是精选具有战略价值的积极股东参与混改。中国建材坚持“价值认同、治理规范、利益共赢”原则，选择资源优势明显、资源禀赋互补的非国有投资者开展混改。同时，将非国有股东对中国建材企业文化和价值观的认同作为前置条件，确保混合所有制企业股东层面的“同频共振”。发展过程中，中国建材在基础建材、新材料、检验检测等领域大力开展控股型并购重组、组建混合所有制企业，有效放大了国有资本功能、增强了国有资本的控制力和影响力。

二是充分发挥非国有股东作用。中国建材支持非国有股东依据股权比例、按照公司章程约定派出或提名人员，通过法定程序进入董事会、监事会、经理层。现有混合所有制企业 249 家中，非国有股东提名并担任董监高职务的企业占比 79%。健全国有股东与非国有股东的事前沟通协商机制，对重大投资等涉及股东利益事项，积极听取非国有股东的意见，最大限度凝聚共识。

三是对相对控股混合所有制企业实施差异化管控。对于集团持股比例低于 50%、非国有资本股东派出董事的集团 3 级以下境内企业，推进实施差异化管控机制。经理层成员差额选聘、业绩考核、薪酬管理等重大职能，均由董事会主导完成，上级党组织事后备案；对纳入年度计划、主业范围内的固定资产投资和股权投资项目，由企业董事会依据公司章程决策，国有股东不再事前审批。

四是加强混合所有制企业党的领导党的建设。中国建材把“坚持党的领导、加强党的建设”作为发展混合所有制改革的前提条件，形成混合所有制企业党建工作新机制，在企业发展中发挥了重要作用，得到了充分认可。

3. 取得的成效

一是促进了企业快速发展。营业收入和利润总额双双增长 150 倍，连续多年进入世界 500 强，2016—2021 年，营业收入从 2612 亿元增至 4153 亿元，利润总额从 76 亿元增至 398 亿元，净利润从 50 亿元增至 287 亿元，三项指标复合增长率分别为 9.7%、39.4%、41.8%。

二是显著放大了国有资本功能。截至 2022 年底，中国建材混合所有制企业占比近 80%，实现了以 420 亿元国有资本，吸引 1860 亿元社会资本，撬动 6900 亿元总资产。

三是推动了行业结构调整与转型升级。在中国建材和行业内民营企业共同带动下，水泥行业集中度（前十大企业产能集中度）从 2007 年的 12%一跃至 2020 年的 65%，行业走上竞争有序、价格稳定、充满活力、健康运行的发展道路。

四是取得一批创新成果。通过发展混合所有制，中国建材科技创新能力也实现了长足发展，入选首批中央企业原创技术策源地，6 项成果列入央企科技创新成果推荐目录，累计有效专利 2.1 万项。混合所有制企业研发制造的 8.5 代 TFT-LCD 玻璃基板、0.03mm 柔性可折叠玻璃、中性硼硅药用玻璃、锂电池隔膜等一批新材料产品实现工业化量产，国内最大的西宁万吨碳纤维基地投产、入选“央企十大超级工程”。

（四）经验与启示

在社会主义市场经济体制下，国有企业与民营企业的协同发展、融通创新不拘泥于单纯的混合所有制经济，而是从多方面、多维度展开。不同所有制企业之间注重客观现实条件，依据自身的地位和定位选择差异化、互补性的协同发展模式，在产权合作、产业链供应链、创新、资本金融、人才服务等方面充分挖掘契合点，构建链式协同发展网络，既相互竞争又能共同演化，更好实现经济价值创造。

一是在产业发展方面，推进产权合作的同时要“超越”混合所有制。混合所有制是国企民企协同发展、实现国民共进的重要途径。国有企业具有治理规范、信誉卓越、实力雄厚等优势，积极与民营企业的市场机制、有效激励、企业家精神充分融合，形成“混合”优势、联营优势，实现不同所有制经济取长补短、相互促进、共同发展。例如，中信戴卡和民营伙伴企业就围绕铝轮毂形成了完整的产业链，中信戴卡主要处于产业链科技研发、品牌、渠道等领域，民营伙伴企业提供加工制造生产，两者形成了高度互补、互相合作、互相支持的关系，构建了全新的现代化产业链。

二是在产业链供应链耦合方面，应取长补短，强化供应链的稳定性。国企的主要优势是资源、资金和准入，民企的主要优势是市场响应速度以及灵活性，在不同领域双方也有各自的技术优势，共同增强本土企业的竞争力，降低断链风险。如链主制（链长制）就是一个有益的尝试，以重点制造业企业供应链为抓手，认真梳理现有供应链体系、结构的现实情况，深入分析供应链的各类主体、战略资源、变革趋势等，针对核心问题与短板弱项进行战略性系统设计与规划，不断完善和优化供应链体系与结构。

三是在协同创新方面，国有企业与民营企业协同科研攻关，是突破卡脖子难题的重要方式，也是新型举国体制的重要体现形式。国有企业强大的技术研发能力和人才优势，为民营企业提供更加专业、深度的技术支持和人才培养，民营企业的创新性和敏捷性为国有企业带来更多的前沿技术和市场机会。两者协同攻关将有效实现技术、人才等要素资源整合集聚，提高要素资源的流动性和使用效率，形成技术协同创新、成果均衡分配的新机制，有效应对关键领域卡脖子难题。

四是在资本金融方面，充分发挥市场机制的纽带作用。大型国有企业特别是中央企业大力发展产业链金融，围绕企业集团上下游民营企业，利用与这些企业的关联性数据信息，针对企业集团的应收应付事项，开发数字债权凭证、线上保理、订单融资、票据贴现及相关资产证券化产品，并依托产业场景在数字仓单、订单融资、交货融资、普惠融资等方面进行探索发力。截至 2022 年底，98 家央企集团中设立了 66 家企业集团财务公司，共设立超过 59 家商业保理公司，依托产业链开展面向成员单位的保理业务。

五是加快数据平台建设，畅通人才流动渠道，共同培育产业生态。国有企业积极建立开放式赋能平台，向民营企业共享市场、品牌、技术、设计、人才等资源，通过资源赋能引企育企，实现行业资源整合，提升产业链供应链的协作质量，加速国企民企融通合作创造价值的进程。通过开放性的数据平台，提供快速的数据服务开放能力，帮助中小企业快速转型升级，找到适合于自身的数字化转型方案，助力产业生态圈中的民营企业提质升级、加速成长，切实提升民营企业的综合竞争力。

总体而言，国有企业和民营企业在企业性质、规模、资源和治理机制等方面存在较大差异，具备不同优势，既有很大的合作发展空间，同时也面临制度、机制上的挑战。要实现国有企业与民营企业共同发展目标，需事先对阻力较大的领域和层面进行严密论证，而后因势利导、顺势而为，在产业链、供应链、创新链、数据链、资金链和人才链等具有融合潜力的渠道和环节，推动国有企业和民营企业协同发展。

四、推动“六链”融合，强化国有企业与民营企业在“链”上的合作

近年来，在推进国企产权制度改革，特别是混合所有制的过程中，虽然取得显著成效，但也暴露出一系列问题，需要探索国有企业与民营企业协同发展的新方式。其中，借助产业链、供应链、创新链、资金链、人才链、数据链上的合作，可以规避单纯依靠产权链接的局限性，使国有企业与民营企业进入诸多链条的不同环节，形成更有效的协同发展。做强做优做大国有企业，不是都要垄断全产业链和供应链，而是吸引民营企业“进链”“补链”“强链”，让国有企业与民营企业错位布局、互相补充、啮合传动，实现国有企业与民营企业协同共进。

一是面向产业链整体进行分工协作，提升产业链整体效能。国有企业要充分发挥产业链“链长”的带动作用，通过混合所有制改革、资源共享、渠道共用等方式，推进民营企业深度融入产业链。针对产业链薄弱环节，积极引导民营企业精准补链强链。例如，中信戴卡利用品牌、技术、市场等优势，以少量资金、专利等先后入股民营企业或与民营企业合作经营，坚持专业分工协作，向着“微笑曲线”价值高端发展，构建了全新的现代化产业链国民合作模式。

二是促进供应链开放融合，拉动民营企业的市场需求，带动民营企业

的升级改造和质量提升。国有企业对供应商及其产品、服务的需求大、标准要求高，参与其中的民营企业更加注重改善管理与技术水平、拓展业务链条，倒逼其加强技术改造和产品升级换代，努力做到物美价廉。例如，通用技术集团建立24大类关键采购物资清单，梳理形成机床产业链上游1218家供应商名单，通过采购原材料、零部件、成套设备、技术和服务，有效带动机床产业链上游供应商发展。

三是牵头组织创新链上下游企业协同攻关，推动产业链转型升级。在创新链前端，特别是应用基础研究方面，开展联合研发，共同打造原创技术策源地。国有企业在关键和基础技术方面取得突破后，打破国外的技术垄断，民营企业也从中受益。例如，中国建材在3个材料领域及22个关键核心技术发布攻关榜单，吸引90余家企业和高校参与，带动一批民营企业参与揭榜。在创新链后端，组建产业创新联盟，整合创新链优势，促进创新链与产业链、资金链的有效融合。

四是鼓励开展产业链供应链金融，推进国有企业与民营企业直接在资金链上合作。“民营企业融资难融资贵”与“金融机构怕风险贷出难”的情况相互并存。国有企业要发挥资信优势，通过产业基金、投资合作、融资担保等方式积极支持民营企业在资金链上不同环节的需求。例如，国家电网“电e金服”基于真实业务数据为供应链上下游企业融资提供信用赋能，截至2022年末，帮助产业链上下游近10万家中小微企业获得金融服务超2300亿元。

五是加快数据基础设施建设升级，充分发挥数据链对产业链供应链的支撑作用。鼓励处于龙头地位的国有企业加快打造数字化服务平台，联合产业集群和供应链上下游企业打通不同系统间的数据联通渠道，破解产业链“断点”、数据流通不畅、标准不统一等难题。例如，华润集团积极联合数字科技企业与产业链上下游企业，多方协同构建数字生态共同体。截至2022年，华润云平台为20多个行业上万家企业上云服务，加快行业数字化转型进程。

六是基于产业链、创新链构建人才链，通过市场化机制促进人才积极参与市场竞争和双向流动。推动国有企业建立与民营企业可比水平的市场化薪酬体系和中长期激励机制，建立国企民企共通的职业经理人市场，打造有活力的人才生态系统。例如，中国电信加强人才体制机制突破，引进各种顶级人才，探索与各个联盟单位、生态单位之间人才共享。

五、相关政策建议

一是毫不动摇地推进“两个毫不动摇”，将支持民企发展政策落实落地。建议制定《关于国有企业带动支持民营企业发展的指导意见》，对国有企业通过“六链”融合带动民营企业发展作出全面性、系统性的顶层设计。完善产权管理制度。尽快出台国有股权资产产权界定标准，以全要素“一网交易”方式提高产权市场要素配置效率。加强知识产权保护。建立完备的知识产权法规体系，强化知识产权全链条保护。健全容错机制。落实“三个区分开来”要求，针对国有企业带动民营企业发展中可能出现的偏差和失误，明确具体的可免责情形认定标准和流程。

二是牢固树立国企民企平等互利、共同发展的理念，健全良好营商环境。优化法治环境，及时调研掌握国企在“六链”融合带动民营企业发展中遇到的新情况、新问题，加大法律法规立、改、废、释力度，持续完善和健全社会主义市场经济法律体系。加强舆论引导。加大国企民企融合发展案例的宣传报道，树立若干典型案例，营造良好舆论氛围。大力弘扬企业家精神。关心和爱护企业家，调动国有企业家干事创业积极性，让他们安心、安身、安业。

三是因企制宜、多措并举推进国企带动民企发展，发挥好国企考核指挥棒作用。根据行业发展规律和特征选择合作方式。对朝阳产业或处于上升周期的行业，重点开展产权层面的合作；而对于成熟产业或自然垄断产业的上下游业务或国企具有绝对优势的业务，应更多通过“链”上合作。瞄准非充分竞争领域的增量业务开展合作。围绕新业态、新产品、新市场，从六个链上的不同环节和维度开展合作。完善对国企的考核引导。将国企带动民企的成效纳入考核体系，把带动民企就业、支持民企创新、形成产业集群等效果作为考核指标，激发国企内在动力。

四是深化国资国企改革，打造充满活力的市场主体。坚持市场化改革的方向，完善企业改革和监管的政策环境，更好地让市场在资源配置中发挥决定性作用。健全中国特色现代公司治理机制。分类加强董事会建设，深化国有企业三项制度改革。有效发挥国有资本投资、运营公司功能作用。加强两类公司投资引领、培育孵化和投后管理赋能专业能力，从产业链供应链、创新链、资金链角度带动支持民企创新发展。

五是搭建国企引领带动民企合作平台，丰富双方合作工具。以“揭榜挂帅”为依托，建立创新共享平台。更好地发挥企业“出题人”作用，给予民营企业更多参与创新合作的机会，从研发资金、科研资源等方面给予更大力度支持。以“高端科技人才数据库”为依托，建立人才共享平台。建议由国资委或相关部委牵头，建设高端人才库，形成高端科技人才储备；构建应用型高端科技人才标准，完善服务保障机制。以互联网平台建设为依托，建立数据共享平台。以平台促进协同创新、要素集聚、数智赋能、资源共享，推动形成国有企业、民营企业以及科研院所、金融机构等协同联动、竞合共生的发展格局，助力产业链供应链生态体系迭代升级。

课题牵头单位：中国石油集团经济技术研究院
课题参与单位：中信集团战略发展部（中信基金会）
中国建材集团改革办
国网能源研究院
中国化工信息中心
中国石油大学（北京）经济管理学院
课题组核心成员：吕建中　杨　虹　吴　潇　侯　亮　闫　勇
任浩宁　邱茂鑫　孙乃达　张焕芝　朱颖超
陈嘉茹　魏新强　安雨康　韩　硕　李　哲
叶　瑛　王　臣　张秀强　岳跃振　黄振东
牛振华　陈　挺　王旭鹏　罗亚敏　鲁　瑛
孙　竹　齐继国

完善国有制造类企业数字化运营体系研究

【摘要】新一轮科技革命和产业变革正在迅猛发展，全球经济正处于前所未有的变轨期，数字化日益成为驱动经济社会发展的重要力量。世界各国把握趋势乘势而上，不断发布数字化相关战略，积极鼓励和推动数字化深入发展。国有制造类企业是中国经济社会发展的顶梁柱，在技术创新、高质量发展、规模运营等方面均是国家核心竞争力的主力军，肩负着推动经济发展和增强社会价值的重要责任。在新一轮科技革命和产业变革浪潮中，国有制造类企业需要发挥引领作用，成为推动数字化的排头兵。

国有制造类企业率先推动数字化发展，是数字技术与实体经济深度融合的“黏合剂”和“加速器”，是作为政治和经济功能的混合体在新发展阶段承担特定使命、发挥特有优势的具体体现。一方面，国有制造类企业肩负着经济责任、政治责任和社会责任，这是推进数字化转型的内生动力。另一方面，国有制造类企业拥有充足持续的内外部资源和多层次的核心能力，为其数字化提供了基础保障和动力来源。同时，当前国有制造类企业数字化仍面临数字技术应用深度广度不够、数字化过程长期而艰巨、组织架构复杂等诸多共性和个性问题，国有制造类企业数字化转型的推进依然有很长的路要走。

本课题以国有制造类企业数字化运营体系为研究对象，剖析了影响国有制造类企业数字化运营体系完善的关键要素和作用机制，构建了完善国有制造类企业数字化运营体系的“SMP”作用机理模型，将完善国有制造类企业数字化运营体系的方法论概括为“六三一”理论框架，从优化组织协作机制创新、提升技术创新供给能力、促进数字生态协同发展三个方面，给出了完善国有制造类企业数字化运营体系的路径，并面向行业主管部门提出针对性政策建议。课题旨在为国有制造类企业数字化运营体系建设提供指导，充分履行国有制造类企业主体责任，全面助力中国式现代化的产业体系建设。

一、国有制造类企业数字化发展形势与价值意义

（一）推进国有制造类企业数字化发展正当其时

国有制造类企业是我国现代化产业体系的核心力量。国家统计局数据显示，2021 年国有控股制造业企业数合计 14210 个，占比规模以上制造业企业数 3.44%，营业收入合计 236718.1 亿元，占比规模以上制造业营业收入 20.41%。国有控股制造业企业行业集中度较高，汽车、钢铁、石化、有色金属、电子信息、烟草和装备制造等行业企业数量占比 3.45%，营业收入占比达到 76%。相较于其他企业，国有制造类企业有明显特点：第一，国有制造类企业往往具有企业规模大、固定资产重的特点，承担国家重要的经济、科创和社会责任。第二，国企管理层级多、组织链条长，难以适应内外部市场环境和需求等的快速变化。第三，国有制造类企业的供应链垂直一体化程度高，但企业大而不强，自主研发与创新能力不足。第四，国有制造类企业人才需求与供给的结构性矛盾突出，复合型人才和科技领军人才匮乏。

国家高度重视国有制造类企业数字化转型。①高位谋划，党中央高度重视数字经济和实体经济深度融合。党的二十大报告强调，要"加快发展数字经济，促进数字经济和实体经济深度融合""深化国资国企改革，加快国有经济布局优化和结构调整，推动国有资本和国有企业做强做优做大，提升企业核心竞争力"。②全面部署，中共中央、国务院发布国家级数字化专项规划。《数字中国建设整体布局规划》《"十四五"数字经济发展规划》等文件出台，提出要加快企业数字化转型升级，全面深化重点行业、产业园区和集群数字化转型等重大任务和重点工程。③合力攻坚，制造业数字化政策体系持续完善。《"十四五"信息化和工业化深度融合发展规划》《关于加快推进国有企业数字化转型工作的通知》等重大战略规划陆续出台，形成了推动国有制造业数字化发展的强大合力。

数字化向国有制造类企业运营管理体系加速渗透。国有制造类企业传统运营管理体系是在党组决策和战略规划的统筹下，在组织架构和制度机制的保障下，通过研发设计、生产制造、供应链、营销服务和企业管理等

运营活动，实现“人”“机”“物”“法”“环”五要素的合理使用（见图1）。从CAD（计算机辅助设计）、MBD（基于模型的设计），到ERP（企业资源计划）、MOM（制造运营管理），再到工业互联网平台，数字技术向国有制造类企业运营管理体系加速渗透，企业研发设计、生产制造、营销服务、供应链和管理决策数字化水平日益提高。哈佛商学院数据显示，数字化领先企业三年平均毛利润55%，相比数字化落后企业三年平均37%的毛利润高出18个百分点[①]。世界经济论坛数据显示，数字化转型领军企业生产率可提升70%，追随者生产率可提升30%[②]。

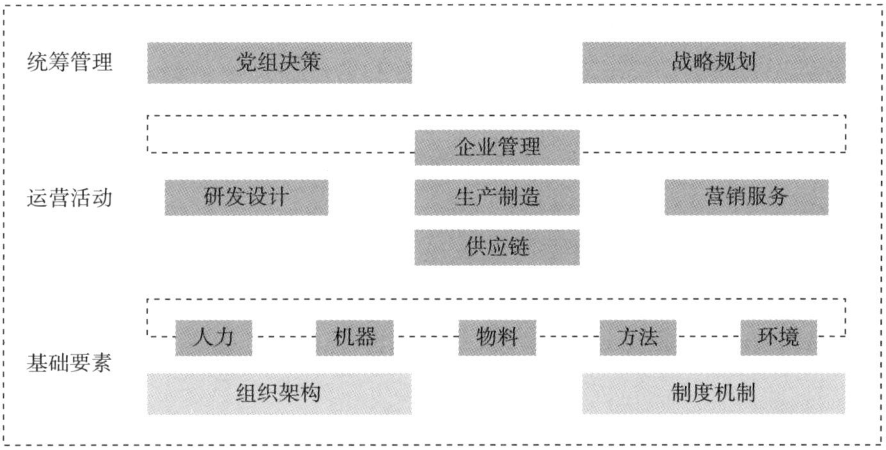

图1 国有制造类企业传统运营管理体系

（二）推进国有制造类企业数字化运营意义重大

第一，推进数字化运营，有利于完善国资监管体制和治理机制[③]。一方面，国资监管机构通过基于数字化的风控系统和预警机制，实现“横向到边、纵向到底、实时在线、精准规范”的数字化监管，改善传统监管人为干扰因素多、事后管控、被动监管等问题。另一方面，企业通过数字化

① 薪太软．中国灵活就业已涉及2亿多人，企业如何解决“招人难”［EB/OL］．（2021-03-19）［2023-02-22］．https：//www.sohu.com/a/456399980_434154.

② 中矿云商．从“选择题”到“必修课”，央企数字化转型之路！［EB/OL］．（2023-02-14）［2023-02-22］．https：//baijiahao.baidu.com/s?id=1757768615926822763&wfr=spider&for=pc.

③ 项安波，周伟华，焦豪．国有企业可利用数字化转型促进完善体制和变革机制［EB/OL］．（2022-11-04）［2023-05-19］．http：//news.sohu.com/a/602660474_455313.

运营，可弱化信息不对称、降低道德风险、缓解内部人控制，完善公司治理机制。

第二，推进数字化运营，将助力国有制造类企业管理效益提升。推行数字化驱动的扁平管理结构，建立数据实时互动、多方参与、快速响应的协同管理模式，有助于国有制造类企业解决信息不对称和梯度递减问题，实现管理数据无缝隙衔接、无障碍流动、无边界共享，从而提升管理协同效率和整体运行效率。通过数字化手段统筹各类资源，有助于国有制造类企业与不同市场主体融合发展，实现各类市场资源跨系统、跨区域、跨边界整合和共享，与各类市场资源主体形成紧密合作关系，切实提高企业效益。

第三，推进数字化运营，将助力国有制造类企业全域创新提速。着眼数字化高创新性、强渗透性、广覆盖性等特点，推进业务与新一代数字技术的融合，将提升客户连接、网络服务、深度洞察、智能运行等能力，可全方位推进业务重塑和业态创新。新兴数字技术强大的颠覆和融合能力为制造企业创新活动提供全新的技术条件和手段，通过运用柔性控制、虚拟仿真等先进数字技术，将数据赋能到技术创新全过程，助力企业迅速优化产品设计、改善生产工艺，加快提升企业技术创新效率与质量，推动企业技术创新能力整体提升。

第四，推进数字化运营，将助力我国制造业产业链价值提质。数字化运营体系下，国有制造类企业可建立灵活组合、高效配置、清晰透明、完整可用的信息流，推进供应商选择、原材料采购、产品设计、试验验证、生产制造、销售服务的生态数字化建设，集成开放供应链产业链上下游数据，优化供应链产业链布局。以供应链推动产业链重构和价值提升，整合商流、物流、资金流和信息流，从而推动物流业、金融业等现代服务业与制造业深度融合发展。

第五，推进数字化运营，将助力我国制造业大中小企业融通发展提效。通过“大企业建平台”和“中小企业用平台”双轮驱动，推动数字化资源有效协同和高效对接，并引导制造业中小企业专业化发展，提高产品制造和服务水平，促进各环节良性互动发展，逐步形成大中小企业优势互补、竞相创新、梯次发展的数字化产业生态。总体来看，大型国有制造类企业数字化资源将延伸赋能中小企业，中小企业快速迭代也为大企业注入活力，形成大中小企业融通发展新格局。

二、国有制造类企业数字化运营发展现状及关键问题

（一）国有制造类企业已全面开启数字化发展进程

大多数国有制造类企业已开启数字化发展进程，基本实现关键业务场景的数字化。数据显示，90%以上[①]的国有企业数字化转型基础已夯实，大部分国有企业正处于从深化场景应用向企业级主营业务领域全面集成、柔性协同和一体化运行转变。公开数据[②]显示，目前已有71家中央企业搭建了超过150个高水平的工业互联网平台，关键设备联网率已超过50%。另据工信部数据[③]，我国已建成数字化车间、智能工厂700多个，智能制造试点示范项目生产效率平均提高48%，产品研制周期平均缩短38%，不良品率平均降低35%。在新技术、新应用的作用下，国有制造类企业的生产方式、企业形态、业务模式和就业方式都加速变革。

重点行业领域的国企数字化发展亮点涌现。钢铁行业，鞍钢集团围绕数字鞍钢，打造数字化管理、智能化制造和网络化协同三方面能力，其基于5G的机器视觉带钢表面检测、ET工业大脑等28项成果获评国资委、中钢协等试点示范。能源化工行业，中国石化自主开发“梦想云”综合智能平台，实现16家油气田企业油气生产现场无人值守、自动操控；中国海油在各海域已有29座平台实现无人化改造，平台无人化比例达11.3%。汽车行业，一汽实现全工艺数字化和OTD（订单及时交付率）全流程数字化，缩短生产周期和订单交付周期；上汽大通搭建了蜘蛛定制平台，实现定制车辆交付周期缩减到最快23天。民机制造行业，中国商飞通过搭建复合材料评价系统，实现检测评价时间从2小时缩短为5分钟，检测成本降低95%。但受行业属性影响，各领域国企数字化进展不一。如轨道交通装备行业，超过70%的企业制定了数字化转型专项规划，77.1%的企业实现了关键业务环节全面数字化，90%的企业应用信息系统进行维修服务、配件管理等售后服务管理。钢铁行业，麦肯锡数据显示，仅有不到1/3企业

---

① 数据来源：《国有企业数字化转型发展指数与方法路径白皮书》。

② 数据来源：“数字赋能科技抗疫”第37期第四场“国资大讲坛”（云讲坛）系列活动。

③ 数据来源：“中国这十年”系列主题新闻发布会。

开始着手数字化试点或者转型工作，极少数表示有清晰且符合整体业务发展的数字化战略来指导转型。建材行业处于机械化、电气化、自动化、数字化并存阶段，有关数据显示，信息化、数字化投资在建材业总产值占比仅为0.1%。

（二）国有制造类企业数字化运营面临六大关键问题

虽然国有制造类企业数字化发展取得初步成效，但仍面临组织机制柔性不足、数字技术与业务融合不深、产业引领作用发挥不够等关键问题。

1. 传统金字塔结构导致组织机制不灵活，协作效率低

开展适配数字化运营的组织变革，是数字化转型的首要任务，传统的企业组织普遍存在组织灵活性不足、信息协同不畅、机制保障不够等问题，造成决策程序复杂且缓慢。当前大多数企业的金字塔式组织形态难以适应数字化时代扁平化的管理需求，无法精准、快速、灵活地应对内外部环境的不确定性，表现为组织灵活性不足。数字化转型涉及人、财、物，以及跨机构、跨部门的协调，但国有制造类企业体量大、惯性强，难以打破原有部门边界、利益壁垒，导致信息协同不畅、协作效率低。数字化转型投入高、风险大、周期长，需要匹配相应的机制来保障持续投入和长效运转，国有制造类企业往往缺乏针对数字化运营长效发展的管理机制、容错机制和分配机制，表现为机制保障不够。

2. 数字化人才供需错位，薪酬体系制约数字化人才引进

在传统制造类企业开展数字化运营过程中，企业最缺乏的人才不是IT人员，而是既懂数字技术又懂业务的复合型人才。据调研显示，民机制造、汽车、轨道交通、建材等行业国有制造类企业均提出复合型人才严重短缺，且无法通过外聘来补充，企业员工的数字化能力不能通过简单培养和外部培训快速获得。此外，在外部人才市场上，国有制造类企业对数字化人才的吸引力明显不足，与金融、科技、互联网等行业企业相比，国有制造类企业薪酬水平不具备竞争力，很难吸引到专业的数字化人才，呈现出明显的供需错位。据数据显示，2022年1—7月，制造业招聘数字化相关岗位占全行业比重为12.5%，而期望进入制造业从事数字化相关工作的

人才仅占7.1%[①]，供需之间仍存在5.4个百分点的缺口。

3. 采集不足、挖掘不深，致使数据要素效能难以释放

尽管数据创造价值的观念已成为行业共识，但国有制造类企业针对各类数据的采集挖掘和应用整体上仍处于初期阶段。一是仍有不少企业陷入“重自动化、轻数字化”的误区，数据采集率不足。目前国有企业能够实现现场数据在线自动采集并上传的比例仅为13.4%[②]，大多数国有企业还未实现生产过程的数字化、可视化与透明化。二是企业内部数据流通不畅、数据孤岛现象普遍存在。据Forrester数据显示，82%的企业表示存在较大的数据孤岛阻碍[③]。受数据顶层设计缺失、业务流程不规范、IT与OT跨域融通技术限制等因素影响，企业内基础数据不准确、编码体系不统一，进一步增加数据互通的难度。三是挖掘不深致使数据红利难以释放。在已实现现场数据采集的国有企业中，67.8%的国有企业仅开展了简单的报表应用。

4. 标准“隐形壁垒”制约技术创新能力供给质量的提升

标准的繁杂封闭增加了企业数字化运营的成本和风险。生产制造过程所需生产装备种类繁多，工序繁杂，软硬件供货商通信接口与功能参数各不相同，缺乏统一标准，使得制造业企业数字化成本进一步增高。且我国工业软件、高端装备较大程度依赖进口，各类接口和格式标准具有高度封闭性，企业无法自主提取相关数据，难以充分发挥数字技术赋能效应，加剧国有制造业陷入“低端锁定”风险。

国有制造类企业在数字化标准制定与协同方面投入不够。从内部看，目前国有制造类企业推进数字化发展所涉及的基础通用数字化标准规范并未与企业自身管理标准、技术标准、作业标准等实现融合，不成体系。从外部看，受直接利益驱使和对企业竞争优势的保护，制造类企业更加注重专利布局，在相关行业标准制定方面缺乏积极性。另外，智能制造、工业互联网、5G等行业共性数字化标准推进较快，与行业已有标准规范协同不足，存在标准“老化”及“打架”现象，国有制造类企业在标准协同方面

① 数据来源：智联招聘与北京大学汇丰商学院联合发布《中国数字劳动力供需演变研究报告》。

② 数据来源：《国有企业数字化转型发展指数与方法路径白皮书》。

③ 数据来源：Forrester、Gartner调研数据。

主动性、引领性作用发挥不足。

5. 数字技术与生产环节深入融合，安全风险日益凸显

数字化进程提速，工业信息安全风险越发突出。国有企业在关系国家安全和国民经济命脉的交通、能源等关键领域占据支配地位，其所产生的数据具有较高价值，已成为黑客攻击的主要目标之一。2022 年，制造业数据泄露问题事件共 338 起，比上一年增长 25.2%①。伴随越来越多的工业控制系统与互联网连接，相对封闭的传统工业生产安全体系正在被打破，网络安全威胁正在加速向工业领域蔓延，工业信息安全风险面持续扩大。截至 2021 年末，我国工业信息安全漏洞数量超 20000 个②。

6. 数字生态协同赋能不足，协同效应发挥不充分

国有制造类企业的数字生态主导作用发挥不足。当前，大多国有制造类企业在推进数字化过程中主要依靠外部供应商进行系统集成，自身数字技术、知识沉淀与迭代创新不足，在数字生态构建方面提供主导或关键技术的企业较少。以工业互联网平台+产业链/供应链协同试点示范为例，2022 年全国共有 41 个工业互联网平台+产业链/供应链协同试点③，然而仅有基于全价值链的福田汽车工业互联网平台、航空装备工业互联网平台供应链协同应用示范、基于工业互联网的工业品供应链生态服务平台等 9 个试点是由国有制造类企业建设，占比仅为 21.9%。

国有制造类企业对数字化协同创新环境支撑不够。当前国有制造类企业存在创新资源开放共享不足、数字化资金支持不够等问题，导致数字化协同创新所需的核心数据、关键算法模型缺失，产需对接不精准，数字化协同创新环境不完善。国家统计局相关数据显示，2021 年全国共有 2546 家规模以上国有企业与外部单位开展创新合作，开展创新合作的规模以上国有企业数量占规模以上国有企业总数的比重仅为 23.9%，低于全国平均水平 4 个百分点④。

---

① 国家工业信息安全发展研究中心．2022 年工业信息安全态势报告［EB/OL］．（2023-02-15）［2023-03-10］．https：//mp. weixin. qq. com/s/3jUmabAIziHjAbiueKmxkQ.

② 数据来源：国家信息安全漏洞库 CNNVD 的数据。

③ 数据来源：《工业和信息化部办公厅关于公布 2022 年工业互联网试点示范名单的通知》。

④ 数据来源：《中国科技统计年鉴》（2022），全国开展创新合作企业占全部企业的比重为 27.9%。

三、国有制造类企业数字化运营体系的内涵探究和理论模型构建

（一）数字化运营体系是数字技术赋能下传统运营管理体系的升级

数字化运营是企业数字化转型过程中逐渐显现的一种新型形态，通过对海量数据进行归纳、总结、分析，从而对企业进行量化管理，帮助企业实现从基于经验的决策到基于数据的决策。数字化技术赋能和数据驱动决策作用于传统运营管理体系后，传统运营管理体系逐步升级为数字化运营体系。

国有制造类企业数字化运营体系由运营活动和关键要素构成，涵盖研发设计、生产制造、营销服务、供应链和管理决策等运营活动，涉及组织、人才、机制、数据、标准、安全等关键要素（见图 2）。运营活动与关键要素之间循环交互、迭代优化，滚动向前演进发展。从关键要素出发推动和助力数字化运营高效运转，最终可实现制造企业内部各环节以及供应链上下游各主体的集成与协同。

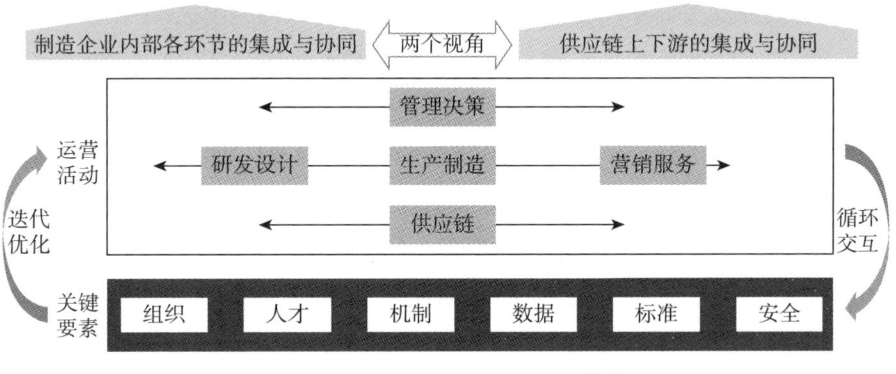

图 2　国有制造类企业数字化运营体系

从业界最佳实践看，鉴于侧重点、切入点有一定差异，当前国有制造类企业数字化运营呈现出三种不同的模式。

1. “建章立制”模式：注重组织机制变革，体系化推进数字化运营

该模式将组织协作机制创新作为核心发力点，以企业组织流程变革为

切入点，驱动技术创新与生态协同，是一种规范化、体系化的数字化运营模式。组织变革是数字化软实力，包括为了适应数字化运营，企业所建立的与之相适配的组织架构以及数字化运营过程中的组织调整。部分国有制造类企业实施数字化运营“一把手”负责制，强化顶层设计，清单式推进，率先对内部组织架构进行适配性调整和重塑。该模式打破了组织边界，使技术标准、数据资源等要素地位得到提升，实现企业数字化要素与组织流程的高度契合，助力疏通数字化技术创新路径，支撑数字技术的应用落地。同时在机制流程保障下，企业数字化平台将得以规模化发展，并实现与外部创新资源的条线对接，助力数字化生态供需协同。

航天科工落实“一把手”责任制，设置 CIO 和网络安全总监岗位，负责数字航天总体工作，并成立集团公司信息中心，负责组织制定数字航天战略总体架构并推进实施。在技术创新方面，通过科技创新辅导专班为创新团队提供清单化、系统性的政策咨询辅导，通过原点创客平台催生了人体机能增强、微系统、先进发射等 9 个前沿技术创新工作室。在生态协同领域，打破组织壁垒，联合清华大学、天津大学等高校组建产业联盟，筹建国防科技工业创新中心开展协同创新。

2. “技术先行”模式：由点到面全面渗透，显性化推进数字化运营

该模式将技术创新供给能力提升作为核心发力点，以数字化改造为切入点，驱动组织变革与生态构建，是一种价值化、显性化的数字化运营模式。技术供给是企业实现数字化运营的基础，通过利用数字技术对国有制造类企业进行全方位、全角度、全链条的改造，打造以数据为驱动，以标准为规范，以安全为前提的企业数字化运营体系。数字技术应用加速组织机制创新衍变，在数字技术由点到面不断渗透的过程中，原有生产流程、组织方式持续发生适应性调整，不断催生出新的生产要素，重构新的制造模式和组织方式。数字技术平台助力生态协同创新发展，通过数字技术平台实现企业信息流、业务流、工作流等与外部环境融合互动发展，促使国有制造类企业研发设计协同化、供应链管理一体化，助力生态协同创新发展。

攀钢集团一体化推进硬件、软件系统和云平台建设，通过打造重轨数字化产线，实现优化检修周期 4.16%，提高调整效率 2.6%，降低年设备突发故障时间 9.5%，该项目成功入选工信部制造业与互联网融合发展试

点示范项目。助力组织变革方面，借助数字化技术沉淀，打造第三方数字产业公司（成都蓉通微链科技有限公司），推动组织架构不断优化；助力生态构建方面，以技术驱动，打造独具特色的工业互联网平台（积微物联），构建大宗物资产业链集成服务生态圈。

3. “生态牵引”模式：龙头带动多方协同，平台化推进数字化运营

该模式将数字生态协同发展作为核心发力点，以多方协同创新为切入点，驱动组织变革与技术创新，是一种间接化、平台化的数字化运营模式。企业通过搭建工业互联网平台、供应链一体化平台等数字生态协同平台，构建“信息互通、资源共享、能力协同、互联共赢、创新驱动”的产业生态圈，实现企业间泛在互联、深度协同、弹性供给、高效配置。驱动组织变革方面，在数字生态协同发展模式下，传统组织的层级式信息收集、加工、处理方式将被改变，信息在不同层级组织之间快速流畅地传递和共享，驱动企业组织结构和管理模式变革，提升组织敏捷性。驱动技术创新方面，在数字生态协同平台的赋能下，创新要素的集聚方式将突破地理界限，实现虚拟集聚与协同，企业能够更快速、有效地获取丰富的创新资源，提高技术创新水平。

上汽大通构建了“我行 MAXUS”平台、蜘蛛定制等多个数字化平台，打通企业内部、上下游数据流，实现定制车辆交付周期缩减到最快 23 天。在组织方面，将逐级汇报的组织结构转变为以用户为中心的流程型组织。在研发方面，实现客户出主意，专业的工程师、设计师将客户的概念和灵感变成现实，新车开发周期由 4 年缩短至 3 年。

（二）完善国有制造类企业数字化运营体系的“SMP”作用机理模型

数字化运营体系的完善是一个长期的系统性工程，要秉持长期主义理念，从底层认知意识、全员数字素养、技术创新能力等方面提升和重塑。结合最佳实践，完善数字化运营体系可以落到组织协作机制、技术创新供给能力、数字生态协同三个方面，组织协作机制创新是完善国有制造类企业数字化运营体系的重要支撑（Support）、技术创新供给能力是完善国有制造类企业数字化运营体系的核心动力（Motivation）、数字生态协同发展是完善国有制造类企业数字化运营体系的目标牵引（Point），即“SMP”作用

机制，是构成完善国有制造类企业数字化运营体系的三大抓手（见图3）。

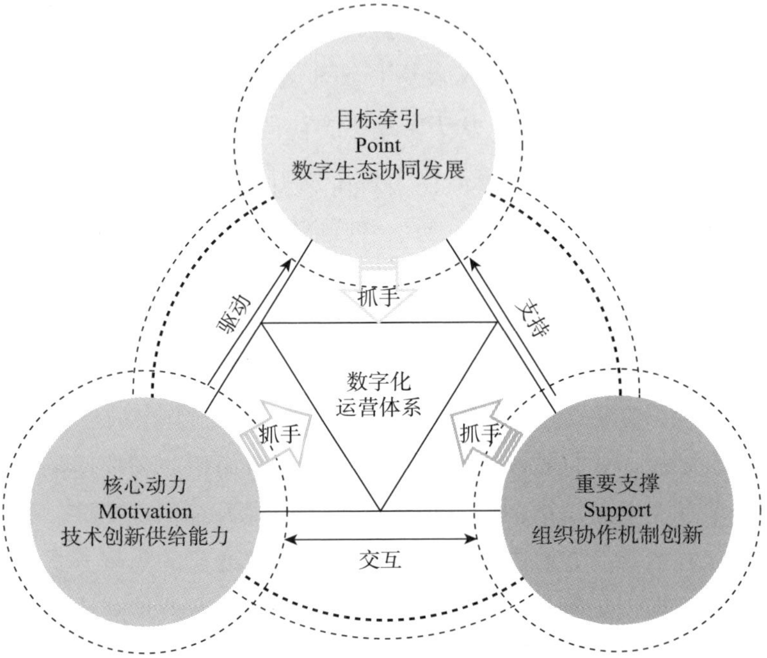

图3 “SMP”作用机理模型

组织协作机制创新、技术创新供给能力、数字生态协同发展，三者相互关联、相互支撑和相互促进，保持企业内部充分的沟通和协同，保持市场、研发、生产、供应链等环节有效衔接和协同，进而持续推进企业数字化运营体系的迭代升级、持续优化。

1. 组织协作机制创新是完善国有制造类企业数字化运营体系的重要支撑

“组织协作机制创新”是为适应数字化运营体系而对企业内部各组成要素进行适配性调整和重塑的过程，是数字化运营体系建设和完善的重要支撑，以能否提升企业运营效率为检验标准。数字化会带来组织流程变革，构建与数字化适配的组织架构可以实现各业务部门的协作以及资源整合。复合型数字化人才是国有制造类企业数字化运营的核心力量，工作推进、人才激励等方面的机制创新可以确保数字化运营工作顺利实施。

2. 技术创新供给能力是完善国有制造类企业数字化运营体系的核心动力

“技术创新供给能力”是基础数字技术持续应用带来的创新供给能力提升的过程，为国有制造类企业数字化运营体系的加快跃升提供核心动力，以技术赋能数字化运营体系，以能否为数字化运营提供技术动力为检验标准。数据、标准和安全三个关键要素贯穿数字化运营体系高质量构建的全生命周期，通过以数据为驱动，辅以各类规范约束、安全保障来助力技术创新能力供给质量的提升，三要素互促共助，合力保障国有制造类企业数字化运营体系的高效运转。

3. 数字生态协同发展是完善国有制造类企业数字化运营体系的目标牵引

“数字生态协同发展”是在数字技术的加持下推动国有制造类企业逐步从合作走向协同，实现“平台+生态”的数字生态协同发展模式的过程，是国有制造类企业数字化运营体系完善的根本目标，以能否提升产业链协同效率为检验标准。通过打通供应链、创新链各环节的要素资源，赋能上下游企业价值链提升，引领供应链迈向现代化、创新链迈向高端化，实现数字生态合作伙伴间高效协作。

（三）完善国有制造类企业数字化运营体系的“631”方法论框架

国有制造类企业数字化运营体系的完善程度，由组织、人才、机制、数据、标准、安全“六”大关键要素的健全程度、变革深度、覆盖广度决定；由组织变革与协作机制创新、技术创新供给能力提升、跨界融合数字生态协同“三”大抓手加以推动；由政策供给和公共服务支持这“一”大保障发挥重要作用，企业、行业和政府共同推动国有制造类企业数字化运营体系持续完善，即“631”方法论框架（见图 4）。

“631”方法论框架是对国有企业数字化转型和数字化运营体系建设的理论创新，为完善和指导产业、企业的数字化运营体系研究提供理论支撑。

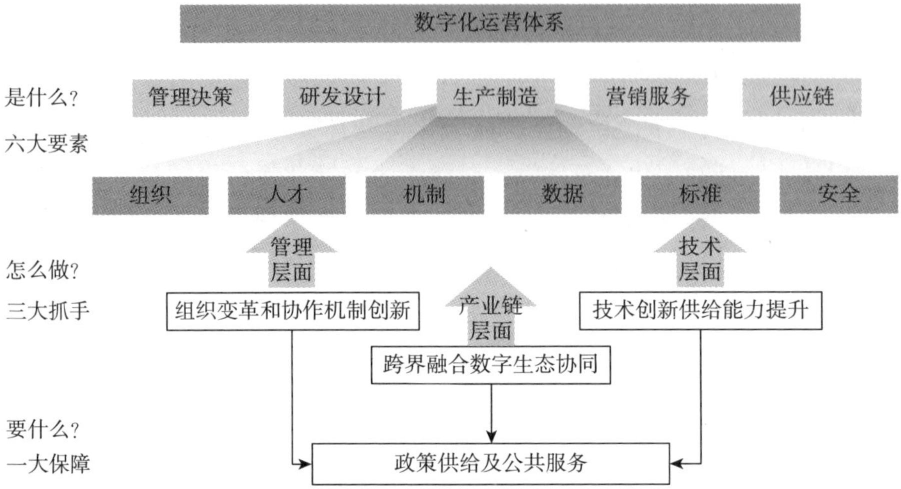

图4　“631”方法论框架

四、完善国有制造类企业数字化运营体系的路径建议

（一）优化组织协作机制创新，着力夯实数字化运营体系高效运转根基

以数字化赋能组织变革提高协作水平。以企业组织流程变革为切入口，实现数据资源与组织流程的高度契合，调整对应的部门、岗位职责。以灵活敏捷的组织架构为目标，通过扁平化组织及柔性团队运作模式，提高决策效率及组织运作的敏捷性。借鉴华为、韩都衣舍、小米等领先企业的组织变革经验，以客户为中心，以动态灵活的组织形态快速响应需求，向平台化、生态化的组织转变，打造组织变革标杆。设置首席数据官（CDO）岗位，提高数据开放共享和基于数据驱动的决策水平。

以“引育留”体系构建高水平人才队伍。加快构建高水平、创新型、复合型数字化人才队伍，确保数字人才引得来、育得好、留得住。实施猎头引才、“人才飞地”等措施实现引才用才。深化校企合作，共建数字化实训基地，强化关键环节业务人员的数字化工具和数据分析使用能力。提升员工应用新型数字化工具的积极性，探索应用大模型等辅助工具提高工作效率。实施轮岗制度，建立管理和技术“人才双通道”，畅通复合型数字化人才上升渠道。

以激励保障机制助力数字化运营高效运转。建立组织协调机制，推广实施数字化转型“一把手”负责制，建立数字化改革领导小组及办公室，统筹协调数字化转型工作重大问题及事项。构建长效管理机制，加强数字化转型顶层设计，明确目标、任务和工作计划，清单式推进。探索建立容错机制，研究制定容错机制的实施细则，增强员工主动性和创造性。完善稳定增长、重点倾斜的分配激励机制，保障技高能强的数字人才在评先评优、职称晋升、薪酬等方面的合理待遇，并且能充分体现知识、技术等创新要素价值的分配原则。

（二）提升技术创新供给能力，加快推进数字化运营体系智能化升级

以数字技术融合创新增强企业研发与集成能力。打造一体化数字平台，优化资源配置，为企业数字化运营提供共性技术服务。构建企业全过程数字孪生体，加强数据与业务的综合集成，实现 IT、OT、CT 的三体融合。搭建企业级或行业级知识图谱并推进行业内知识共享，结合业务逻辑和工业知识机理开发数据模型并部署应用。探索 5G 网络、工业互联网、数据中心、智算中心等新型数字基础设施共建共享新路径，推动开放行业共性新型数字基础设施服务能力。

以标准研制及应用推广引导企业构建转型升级机制。积极参与关键领域的标准研制，研发设计环节重点开展设备数字孪生、数字化仿真、工业软件、产品协同研发等关键标准研制，生产制造环节探索开展工业设备上云、制造过程云化等重点标准研制。通过典型场景和共性问题加强标准应用，聚焦制造业高端化、智能化、绿色化发展的典型场景和共性问题，开展新一代信息技术与制造业融合重点标准测试验证与试点应用，联合相关主体提炼形成系统性解决方案。

以全领域数据治理体系构建助力企业释放数据红利。加强与国内通信及智能制造解决方案提供商合作，研发数据采集产品及解决方案。以企业管控为核心，集成整合已有信息化建设成果，建设实时、动态、共享的数据平台，支撑生产、经营、管理各环节数据互通，实现多源异构数据的在线交换和集成共享。挖掘数据价值向服务化延伸，以数据为驱动提升企业

科学管理、精准决策水平。探索建设行业数据开放平台，发挥国有企业行业引领作用，推进数据对外开放服务。

以安全防护能力建设保障企业关键基础设施稳定运行。建立符合企业自身特点和发展现状的数据安全管理体系，定期开展数据安全风险评估。明确工业网络的安全边界，主动开展网络安全分类分级管理并完成自主定级，加大工业网络边界安全防护、安全监测与态势感知等技术的应用。推动工业控制系统全生命周期安全检测及评估，与国内安全厂商共同研发及测试安全软件，全面提升安全风险发现、防范和削减能力，打造国有制造类企业数字化运营安全示范样板。

（三）促进数字生态协同发展，全面引领数字化运营体系生态化延伸

主动输出数字化运营经验，掌握数字生态建设主导权。强化数字化转型经验沉淀共享，对企业数字化转型过程中的经验、成果等及时进行总结提炼，并对外赋能。研制数字化产品及解决方案，针对离散型制造行业输出在线研发设计协同、生产管理优化、设备健康管理、供应链协同、个性化定制、共享制造等数字化产品及解决方案，针对流程型制造行业输出数字化监控、设备动态预警、预测性维护、能源智能管理、安全管理等数字化产品及解决方案。

营造数字化协同创新环境，激活产业生态创新活力。打造数字化协同创新平台，立足行业协同创新需求，联合科研院所、电信运营商等建立数字化协同创新平台，汇聚各创新主体人才、技术、专家等创新资源。强化协同创新资源投入，加大对创新联合体、联合实验室的资金、技术、人才等创新资源投入，成为国家战略科技力量的重要支撑。

五、完善国有制造类企业数字化运营体系的政策建议

（一）强化思想认识，形成纵横贯通的协同组织架构

加强内部联动与业务拉通，在推动各项国企改革的工作中，将数字化运营体系的建设和完善贯穿其中，如在国企考核、标准研制、技术创新、企业治理等重点工作领域将数字化运营作为重点任务。联合工信部探索建

立部际联席会议制度，共同开展关键数字技术创新、数字基础设施共建共享、培育数字生态等工作，协调制定重点领域规划和政策，统筹推动重大工程和试点示范。

（二）完善人才机制，提升复合型人才的数字化技能

支持重点企业与科研院所制定高端复合型人才认定标准，支持电信运营商等数字化服务商开展相关评估与认定，围绕管理、应用、专业等人才需求建设国企“高端数字化人才数据库”，为人才引培提供数据库支撑。探索数字化领先企业的对口帮扶机制，鼓励复合型领军人才跨行业、跨领域挂职交流；针对紧缺需求，鼓励通过新型柔性引才方式吸收互联网行业外溢优秀人才。

（三）创新考核机制，建立长期主义的数字化考核体系

在做实考核“一把手”责任制的同时，将数字化运营成效纳入领导干部考核参考指标。梯次化、分阶段设计考核指标，在“一利五率”考核要求基础上，以“先期重效率、远期重效益”的原则，弹性设计差异化、特性化考核目标和考察期限。建立长期主义的考核体系，逐步强化数字化投入及成效考核权重，加大数字化投资力度、人才培养、标准制定和国有数据资产保值增值等指标。

（四）鼓励国企践行“国之大者”担当，投身国家数据要素市场化大局

建立与国家数据局对接合作机制，推进国有制造类企业在数据产权、流通交易、数据运营等方面率先开展相关试点工作。鼓励国有制造类企业积极融入国资央企大数据体系，推动数据共享开放和数据融合创新应用。积极培育行业数据运营服务商龙头，支持电信运营商等国有企业发挥数字技术优势，推进行业数据资源整合、数据对接和数据治理，创新数据治理、数据应用和数据安全服务模式，为党为国当好数据资产看门人。

（五）创制技术标准，助推企业数字化运营降本增效

鼓励头部企业联合细分行业协会针对制造类研发设计软件、数控系

统、工控系统等平台工具，制定工业资源数据、通信协议、系统接口等标准规范。鼓励国有制造类企业围绕数字化过程中基础性强、约束性高、协调面广的工作推进标准制定，加强数字化发展中行业标准协同，推进数字化产品供给与应用场景的标准化，通过商用推广、规模效应降低技术成本。开展特定行业数字化运营评估以及标杆遴选工作，并以此推广技术标准、分享建设经验。

（六）构筑协同生态，营造科学可持续的数字化发展环境

支持打造数字生态共同体，引导完善协同创新平台内部的考核评价、成果共享、收益分配、风险共担等资源共享利益分配机制，健全多主体创新联动协同保障机制。引导国有资本设立和完善数字化服务投资基金，重点投资一批生产性数字化服务企业，创新基金管理、重视投后赋能。加强国有制造类企业数字化运营资金支持，探索投资补助、无偿资助、奖励、资本金注入等多种方式融合的专项资金支持体系。

课题牵头单位： 中国联合网络通信有限公司研究院

课题参与单位： 上海航空工业（集团）有限公司
中国石化集团经济技术研究院有限公司
鞍钢集团有限公司经济发展研究院
中建材信云智联科技有限公司北京分公司
中国中车集团有限公司
中汽研汽车工业工程（天津）有限公司
上海诺基亚贝尔股份有限公司

课题组核心成员： 李红五　魏进武　杨锦洲　苑东平　刘辛炎
杨贝斯　韩莹莹　薛　竞　张　阳　张　园
闫丽娜　夏　璠　王乔晨　朱秋睿　孙晓峰
田　蕾　朱名清　董方岐　门　峰　商博雅
王　冕　刘　树　林　垚　贾凤泳　刘　东
王　涿　郭振鹏　杨　芳　姚萌亮　张朔川
刘　岑　常　疆　胡　旸　蔡立羽　张　雨
于　猛　钟和军　王　娇　官龙涛　王　瑛
罗大清　蒋　楠　贾京坤　刘小桐　刘晓斌

民生类国有企业功能作用及做强做优做大研究

习近平总书记在2023年《求是》发表的《当前经济工作的几个问题》中指出，新一轮国企改革要进一步发挥国有企业功能作用，开展市场化整合重组，按市场化机制运营，加快建设世界一流企业。习近平总书记的重要论述为国有企业应该发挥怎样的功能作用、实现怎样的价值，指明了方向、提供了根本遵循。理论和实践均充分表明，国有企业根植民生领域发展、实现做强做优做大，对推进实现中国式现代化、满足人民群众日益增长的美好生活需要、增强我国经济竞争力等，都具有重大意义。做强做优做大民生类国有企业，要以建设世界一流企业为目标，以发挥新时期民生类国有企业功能作用为方向，以战略、组织、文化一致性为遵循，探索自身能力建设之道，切实增强核心功能、提升核心竞争力。

一、民生类国有企业概念和功能作用辨析

（一）概念辨析

从分类看，国有企业可以分为商业类、公益类两大类别。其中，商业类又分为主业处于充分竞争行业和领域的商业类国有企业（简称“商业一类”）和主业处于关系国家安全、国民经济命脉的重要行业和关键领域、主要承担重大专项任务的商业类国有企业（简称“商业二类”）。目前约2/3的中央企业被划分为商业一类，约1/4为商业二类，其余为公益类企业。

从发展要求看，不同类型国有企业承担的责任有所差异。商业一类企业主要聚焦充分竞争行业和领域，全面推进市场化、国际化，勇当市场竞争的引领者。商业二类企业聚焦重要行业和关键领域，更好服务国家战

略、完成重大专项任务，争做国有经济控制力、影响力的担当者。公益类企业聚焦保障民生、服务社会，高效率提供公共产品和服务，是优质服务的提供者。

商业类、公益类的划分是基于考核监管的分类。从消费端看，可以按照企业经营的产品与服务是否有与人民群众生活利益直接相关或产生直接影响进行分类。经营业务与人民群众生活利益相关的国有企业，我们称之为民生类国有企业，这类企业可以分为三大类：一是提供刚性需求，解决民生痛点的国有企业。主要涉及的行业包括粮油、农牧产品、水气电等行业，多为政府限价业务。二是提供升级需求，满足人民美好生活、壮大民族品牌的国有企业。主要涉及旅游、地产、家电、日用品、汽车等与衣食住行消费相关的行业，这些多为市场竞争激烈、不受政策保护、盈利波动大、产品更新换代快、创新要求高、品牌引领、行业发育充分的业务。三是提供紧急需求，确保经济安全和社会稳定的国有企业。主要涉及城市服务、医疗等民生物资供应、灾害应急响应的行业，多为公益属性强，承担一定政府职能的业务。

民生类国有企业跨商业类、公益类两类，本报告研究的民生类国有企业聚焦竞争领域，凡是直接或间接为终端消费者提供产品和服务的国有企业都可称为民生类国有企业。采用民生类企业表述，以更为直观的民生类国有企业的概念作为商业一类、公益类国有企业特征加以表述，使之更为通俗易懂，也更有利于分析其在新时期需要承担的使命责任、发挥的功能作用。

（二）功能作用辨析

民生类国有企业具有涉及业务领域多、就业人数多、利税贡献大、产业链条长、产业带动力强、名优品牌多等特点，与其他国有企业一样，是我们党执政兴国的重要支柱和依靠力量，是党领导的国家治理体系的重要组成部分。长期以来，民生类国有企业在促进经济增长、贡献税收、创造社会财富、提供就业机会、以优质产品和服务保障和改善民生、服务党和国家工作大局等方面作出了重要贡献。在中国式现代化建设新征程中，民生类国有企业三大功能作用意义更加重大。

一是履行经济责任，发挥财富增值作用。财富增值作用是指民生类国有企业为股东创造利润、为国家创造增量财富的功能。这一功能是社会对国有企业最基本的要求，也是发挥其他价值作用的基础。国有企业作为商业组织，盈利是首位的，只有稳定的利润来源才能保障组织机构运行顺畅。同时，国有企业是国民经济的重要支柱，是国家税收的重要来源，需要以利润作为支撑，在稳定经济大盘中发挥“顶梁柱”“压舱石”作用，促进经济社会发展，为国家提供资金积累、为股东创造价值，也只有盈利，才能有更多的资源支持民生事业、开展危难救助等。2012 年中央企业实现营业收入 22.3 万亿元，其中 92.8%由民生类国有企业贡献，利润总额实现 1.3 万亿元，超过 90%由民生类国有企业贡献。到 2021 年，民生类国有企业的贡献有所上升，中央企业实现营业收入 36.3 万亿元，利润总额 2.4 万亿元，其中民生类国有企业对营业收入和利润的贡献分别为 93.19%、94.05%。[①]

二是履行社会责任，发挥民生保障作用。主要指民生类国有企业围绕解决就业、医疗、养老、住房、教育以及驰援危难救助等方面发挥的作用，可以有效满足和改善民生，更好地实现经济与社会协调发展。当前，国家在满足社会大众对民生保障需求中，面临着“外资企业靠不上”“民营企业缺动机”“政府提供缺手段”的难题。民生类国有企业可以很好地发挥企业所长、克服政府所短，在解决民生供给不平衡不充分中发挥积极作用。民生类国有企业业务领域广、贴近消费终端，也更有条件、更有能力解决民生保供问题。

三是履行政治责任，发挥助力施政作用。具体指民生类国有企业具有服务党和国家工作大局的功能。国有企业是坚决贯彻党和政府决策部署的坚定支持者。党的十八大以来，国资央企、驻港中资企业在落实国家发展战略、贯彻“一国两制”方针中，已成为助力政府施政的重要力量，发挥了独特的功能作用。此外，拥有一批在民生领域发展的国际企业，也会带动中华文明传播，增强我国在全球的影响力。随着美西方国家对华打压遏制、脱钩断链的不断升级，也需要民生类国有企业积极布局，成为在极端条件下确保我国经济安全、化解经济风险的有力工具。

① 数据来源：《中国国有资产监督管理年鉴》（2013）、《中国国有资产监督管理年鉴》（2022）。

二、当前民生类国有企业发展存在的问题

通过分析《财富》2022年度世界500强排行榜可以看出，当前我国企业与世界一流企业仍然存在较大差距。一是效率效益有差距。主要体现在中国上榜企业虽然营业额高，但在销售收益率、总资产收益率、净资产收益率、净利润、决策效率、人均利润率等指标上却不高。上榜中国企业平均销售收益率为5.1%，总资产收益率为1.15%，净资产收益率则为9.5%，三个指标都落后于《财富》世界500强平均水平。而上榜的124家美国公司的三个指标分别为11%、3.21%和21.9%。二是科技创新有差距。美西方上榜企业在研发投入、基础研究、科技资源整合、创新人才、成果转化方面，优于我国上榜企业。三是产业结构有差距。美西方上榜企业大多分布在计算机软件、半导体元件、科学仪器、信息技术服务、医疗器材、医疗保健等领域。我国企业大多分布于银行、金属制品、建筑工程公司、房地产、煤炭开采等领域。四是国企和民企盈利能力有差距。2022年上榜民企的销售收益率为7.2%，总资产收益率为1.7%，净资产收益率为12.7%，而上榜国企的三个指标则分别为4.3%、0.95%和7.8%。五是国际化水平有差距。美西方国家入榜企业，在国际业务布局、国际业务风险管理、全球化资源配置能力、全球知名品牌方面，领先于我国上榜企业。

民生类国有企业是中国企业的一个缩影，我国上榜企业与世界一流企业的差距，也是民生类国有企业普遍存在的不足之处，直接影响了其独特核心功能作用的发挥，究其根源，主要存在以下方面的问题。

（一）价值定位不够清晰

由于一些民生类国有企业缺乏从财富增值、民生保供、助力施政三方面功能作用综合考虑企业价值定位，导致企业在发展方向，以及战略规划、能力建设等方面没有始终校准航向，使得企业在纷繁复杂的变化环境中，常常因为定位不清、战略摇摆，错失了市场机会和发展机遇。

（二）业务方向不够明确

当前民生类国有企业的业务布局仍处于传统领域，产业结构不合理，

符合品质生活和科技引领的新动能业务不多，战略规划中考虑增量业务不多，造成企业转型较慢，不能适应当前市场需求变化和国家战略发展的要求。最终导致战略资源投入分散、主责主业难以聚焦、战略协同无法推进、战略规划与企业功能作用不相匹配等问题。

（三）组织变革不够深入

中国特色现代企业制度建设还不到位、深入落实“两个一以贯之”的方法路径有待探索，党管干部原则与职业经理人建设相结合的方式需要完善。总部管控体系还不够成熟，“大监督”格局尚未健全。总部去机关化仍不够彻底，没有从功能作用、战略发展出发考虑组织变革，影响效率提升、价值创造。

（四）精神文化引领不够

企业在党建引领、文化建设、责任履行、品牌宣传等方面，与战略保持一致的自觉意识还不够，合力形成还不足，容易导致干部员工对战略方向、经营理念、个人操守方面的理解和认同存在缺失，进而影响战略执行和落地。

（五）能力建设存在短板

资金募集方面，大部分依靠债务融资，股权融资能力较低，造成融资成本偏高、短期还贷压力大，支持中长期投资的资金不足。投资孵化方面，向做产业链链长、打造原创技术策源地、实现自主可控、推动绿色低碳、落实区域发展战略、助力新型城镇化建设和乡村振兴等方面进行配置和布局的还不够。产业运营方面，在集团层面充当产业推手，推动核心产业高质量发展，增强产业链控制能力，提升产业管控水平、产业创新能力和内生现金创造能力等方面还不足。监管能力方面，在公司治理、制度建设、差异化管控、“大监督”能力建设等方面存在不足。业务退出方面，对退出不具备竞争优势、缺乏发展潜力的非主业、非优势企业和低效无效、管理失控的资产等方面，态度还不够坚决、退出手段路径还不多等。产业协同方面，围绕共性化专业服务、数智赋能服务、财务金融服务、协同共享服务等方面，实现不同企业之间服务共享、产业协同还不足，影响了整体效率提升、综合成本降低、产业链上下游整合、各类经济主体之间协同效应的实现。

三、发挥功能作用需要遵循的原则

对照当前存在的问题，民生类国有企业要更好发挥功能作用，需要遵循五方面原则。

（一）目标定位上，遵循清晰价值使命、创建世界一流企业的原则

企业定位回答的是“我们何以立足”的问题，要义是明确企业存在的价值。价值应该从国家发展所需、社会所盼、企业所能中产生，符合时代发展趋势，有利于将业务不断做强做优做大。这就需要企业从自身性质特点，明确功能作用、战略定位。在回答何以立足、何以发挥作用这一涉及生存发展的根本问题上，民生类国有企业应将为国家提供财富增值、为大众提供社会保障、为政府助力施政作为存在之基、发展之本。当前，我国进入新的发展时期，在实现中国式现代化进程中，民生类国有企业不仅要实现盈利，还要在发挥社会保障功能、落实国家发展战略中助力政府施政方面，发挥更积极的作用。建设世界一流企业是一个着眼全球竞争、内涵丰富、不断提升的过程，要求我们按照产品卓越、品牌卓著、创新领先、治理现代的建设要求，将其作为价值使命实现的动力之源，在利润总额、总资产回报率、营收利润率等效率、效益指标上，努力赶超世界一流企业水平；在业务组合中高科技、高增值业务的贡献度，产品和服务品牌的全球影响力，国际化发展能力建设等关键指标上急起直追，达到全球一流水平。

（二）行业选择上，遵循国家所需、社会所盼、企业所能的原则

行业选择解决的是“向何处发展”的问题，要义在于增量业务培育、转型创新和结构优化，决定着企业价值作用是否能够更好地实现。民生类国有企业要牢牢把握新时代发展脉搏，从国家所需中找准定位，在社会所盼中发现商机，在企业所能中实现价值。在推进中国式现代化进程中，国

家提出了一系列目标要求，这些为民生类企业清晰在新时期定位提供了根本遵循。同时，人民群众对满足美好生活的愿望、完善社会保障的期盼，为企业发展提供了巨大的商机和市场。企业要充分考虑自身基础、不断加强自身能力建设，这样才能找准赛道，避免发展的盲目性，实现可持续发展。

（三）企业竞争上，遵循竞争中性、市场化发展、优胜劣汰的原则

党中央始终强调“两个毫不动摇”的原则，即毫不动摇巩固和发展公有制经济，毫不动摇鼓励、支持、引导非公有制经济发展。党的二十大报告中明确了不同所有制经济主体之间的平等的市场地位，既保障民营企业的发展权利，同样也保障国有企业的发展权利。坚持竞争中性原则，对于理顺国企与政府的关系，支持民营经济发展，密切国际经济合作，扩大对外开放，都具有重大意义。公有制经济和民营经济协同发展，互相促进是我国独特的体制优势。国有企业和民营企业都是重要的市场主体，在促进经济持续增长、提升经济发展质量方面都扮演着重要角色，都是我国经济的重要参与者和贡献者。如果依靠行政保护、排斥竞争、非市场化运作而维持盈利，则与国企设立的目的相悖，发展也不可持续。这就要求对市场主体采取平等保护的“竞争中性”原则，既要防止对国有企业实行特别保护和优惠政策，由此排斥来自其他市场主体的竞争；也不能针对国企采取歧视性政策，要求国企一刀切退出民生类；要从制度和法律上把对国企民企平等对待的要求落下来。民营企业能够自主进入民生领域，国有企业也同样享有平等进入民生领域的选择权，要通过合规经营、生财有道，从中获取收益、赢得竞争。要支持鼓励国有企业按照市场化的原则开展产业进退，从中树立市场意识、按市场规律办事，实现平等参与、业绩说话、优胜劣汰、有序进退。

（四）企业重塑上，遵循保持战略、组织、文化一致性的原则

保持战略、组织、文化一致性是凝聚全员共识，形成共同奋斗目标，实现上下同欲、知行合一的关键，保证价值作用发挥不变形、不走样。战略规划要与企业发挥怎样的价值作用紧密结合起来，明确做什么和怎么

做。组织变革回答的是“如何成长”的问题，目的是通过治理更科学、管控更有力、激励更到位，达到支持企业功能作用的发挥和业务方向的实现的目的。战略清晰了，组织变革要随之展开并与战略保持一致，包括公司治理、权责界面、管理关系、组织优化、管理体系、团队建设、考核评价、激励问责等，由此支持战略的落地。文化建设回答的是“以什么样的精神状态实现使命价值”“如何发挥主观能动性”等问题，要在倡导企业家精神、优化文化要素、加强党建引领、重塑企业形象、实现文化融合等方面与战略规划、组织变革保持一致，为功能作用的发挥、价值重塑和企业转型的实现提供强大的精神动力。

（五）能力建设上，遵循系统性能力建设，形成能力闭环的原则

要找出影响企业发展全过程的关键核心能力，分析各种能力组成的关键要素，建立能力发展模型，开发能力建设工具，不断补齐能力短板，由此形成系统性能力。这种能力，应涵盖企业发展的全过程，各项关键能力之间是平行而非包含的关系；这种能力，还应在集团管资本、直属企业管资产、基层企业管运营中加以区分，根据总部部室监管职能、直属企业业务特点而有所侧重，形成上下结合、互有侧重的能力建设体系。能力建设中，要及时掌握先进的方法和工具，不断挖掘存在于内部的能力建设工具，引进吸收外部方法工具。要不断加深对能力建设中的规律性认识，对成熟的做法经验及时总结固化、复制推广、指导实践。

四、以创世界一流企业为目标，努力提升核心竞争力

2022 年 2 月 28 日，习近平总书记主持召开中央全面深化改革委员会第二十四次会议，明确提出要“加快建设一批产品卓越、品牌卓著、创新领先、治理现代的世界一流企业，在全面建设社会主义现代化国家、实现第二个百年奋斗目标进程中实现更大发展、发挥更大作用”。这是自党的十九大报告首次提出“培育具有全球竞争力的世界一流企业”以来，我国关于进一步深化企业改革、强化企业创新地位、加大世界一流企业培育力度所作出的重要部署，也是指导建设世界一流民生类国有企业的行动纲领。

（一）围绕建设世界一流企业的内涵要求，构建企业能力建设模型

从“做强做优做大”，到“企业创新力、竞争力、治理力、影响力和引领力”的五力建设，再到“产品卓越、品牌卓著、创新领先、治理现代”的世界一流企业建设十六字方针的提出，其核心思想一脉相承，内涵要求与时俱进，为当前民生类国有企业发展指明了实现路径和方向。民生类国有企业要以做强做优做大为导向，落实五力建设要求，根据十六字方针，构建企业能力建设模型（见图1），切实增强核心功能、提升核心竞争力。

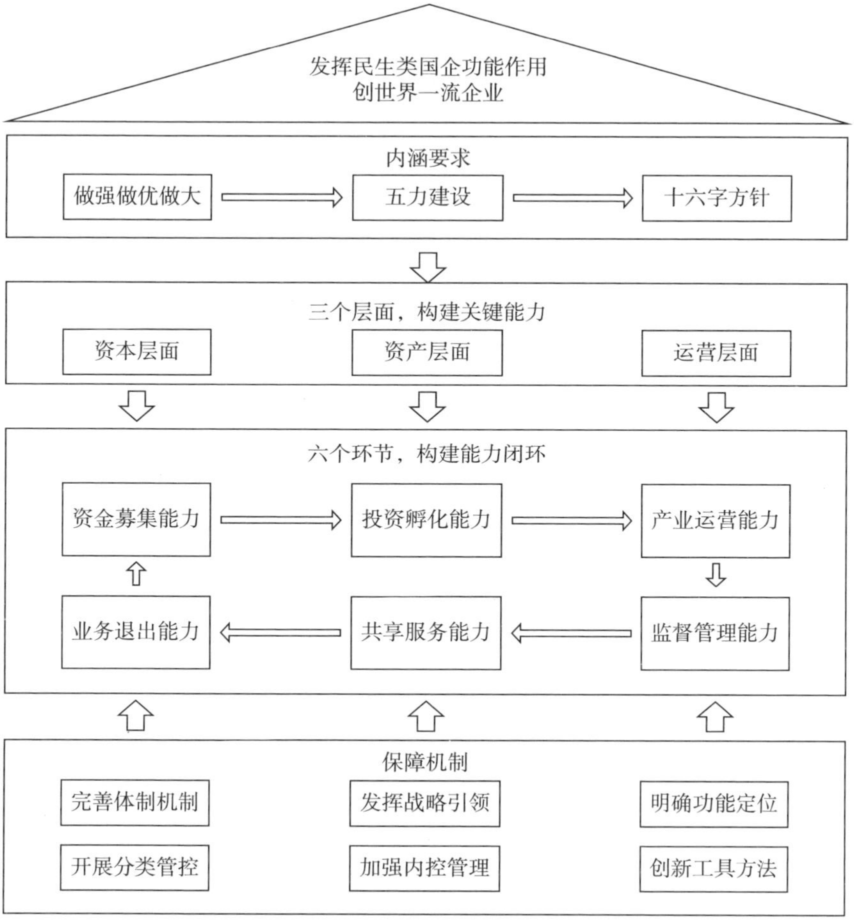

图1　企业能力建设模型

要推动做强做优做大相辅相成。“做强”要求通过获取和创造能够提升竞争优势的独特资源，提升经济实力和国际竞争力，为做优做大提供动力源泉。“做优”要求通过提升资源配置能力、市场活力和防御风险能力，持续创造优秀业绩、实现高质量发展，以优促强，使企业更好地把握发展机遇、规避外部风险。“做大”要求通过提高市场份额来实现规模经济，追求提高效益基础上的做大，提升抗风险、增利润的能力。通过做强做优做大，共同推动民生领域国有经济高质量发展。

提升企业创新力、竞争力、治理力、影响力和引领力。这五种能力建设是做强做优做大要求的细化和升华，是创世界一流企业的前提和基础。民生类国有企业要努力提升技术牵引和产业变革的影响力，提升全球竞争力，提升现代企业治理能力，提升彰显自信与担当的影响力，提升优秀企业家的引领力。

落实创建世界一流企业的十六字方针。需要民生类国有企业实现质量更好、效益更高、竞争力更强、影响力更大的发展目标。方向把握上，要不断跟进新发展理念最新要求、国企改革最新动态、服务国家战略最新任务，将其融入规划、模式和体系，不断加以丰富。实施路径上，应从资本管控、资产管控、运行管控三个层面提升关键核心能力；从企业发展全生命周期着眼提升基础性能力形成能力闭环；不断完善体制机制，为能力建设提供内生动力和组织保障，最终发展成为行业领军型企业。

（二）围绕资本、资产、运营三个层面，构建关键能力

构建资本层面关键能力，让企业“更值钱”。一是增强资源优化配置、集约化管理能力。深入产业布局优化与结构调整，提升企业有进有退能力，优化资源配置。加快构建世界一流财务管理体系。深入推进司库体系建设，提高资金运营效率、降低资金成本，防范资金风险。加快建设世界一流财务管理体系，提升集团财务管理能力水平。二是坚持战略优先、主业优先原则，加强资本运作。通过增资等方式引入高协同性、高匹配性、高认同感的战略投资者，培育储备一批优质资源，统筹推进子企业上市工作，充分对接多层次资本市场，借助投资者的资金、市场、技术等资源，充分发挥“资本+资源”耦合效应，提升资本证券化率及产业竞争力。三是加强上市平台利用，提高上市公司质量。充分发挥上市公司的资源、市场等优势，通过可转债、非公开发行等多种方式募集发展资金；加强内外

部资源整合，盘活存量资产，提高资产证券化比例，推动上市公司高质量发展。四是加强市值管理，传递公司价值。建立常态化市值管理报告机制。强化投资者关系管理，建立多层次良性互动机制。敦促各上市公司完善环境、社会责任和公司治理（ESG）工作机制。五是高质量推进研发投资，发挥创新协同作用。强化企业研发投资主体地位，加大科技型企业培育力度，完善多元化科技投入体系。积极推动联合组建技术研发平台与产业技术联盟。六是加快一流人才队伍建设，培养行业领军人才。建立上下贯通、层次分明、结构合理的金字塔形人才队伍，发挥用人单位主观能动性，从全球范围引进各类急需人才。坚持把企业家作为最重要的要素资源，不断培育具有创新精神的企业家。

构建资产层面关键能力，让企业“更赚钱”。一是坚持质量第一、效益优先的企业价值创造本质要求。要以利润总额、资产负债率、净资产收益率、全员劳动生产率、经济增加值率、研发经费投入强度、营业现金比率等核心指标为基础，结合行业企业实际，打造科学全面的高质量发展指标体系，并深入分析影响指标水平的驱动因素，采取有力有效措施，确保核心指标持续优化。二是做好国有企业保值增值，积极防范债务风险。强化企业高管层责任主体意识，采取细化量化的管理措施，做好资产保值应对措施，全面提升企业抗风险能力。三是加快品牌培育并推进业务融入。大力推进品牌战略实施，提升品牌管理及运营能力，促进品牌增值，加快打造品牌卓著的世界一流企业。强化顶层设计，加快提升供给质量和档次。加强创新驱动，探索品牌与业务融合新模式，建立品牌建设与业务融合发展的良性机制，形成一批高质量、高档次的名优产品，提升市场占有率。四是坚持扩大内需与布局全球协同发展，助力构建国内国际双循环相互促进的新发展格局。以坚持扩大内需为战略基点，把实施扩大内需战略同深化供给侧结构性改革有机结合起来，依托人口规模优势驱动业务发展。稳妥开展国际化经营，高质量推进“一带一路”重大项目建设，积极参与并逐步引领国际标准制定，增强企业在全球范围的资源配置和价值创造能力。

构建运营层面关键能力，让企业“更有钱”。一是要坚持降本增效。大力开展降本增效，严格财务预算，强化支出管理，提高资金利用效率，降低财务支出。规范成本标准，加强采购成本控制。提高员工的工作能力和企业的劳动效率。二是要牢牢抓住安全发展生命线。明确安全生产的制度思想、方针和目标，健全安全生产组织机构，落实安全生产规章制度，落实安全生产监督检查，提高全员安全素质，确保设备本质安全。

（三）围绕产业发展的全生命周期，构建能力闭环

民生类国有企业无论是综合性还是专业化的企业，在经营发展中大多涉及六大环节，即资金募集、产业投资、产业发展、监督管理、共享服务、产业退出，这些环节构成了产业发展的全过程生命周期。民生类国有企业应从企业发展全生命周期着手，打造系统性能力，实现能力闭环。

一是提升资金募集能力。募集资金是开展产业孵化、行业并购、项目投资的前提。要合理利用境内和境外融资平台，提升融资创新能力，用好民生保供各项政策，解决民生商品、服务融资难题，持续降低融资成本。要按照金融为实体产业服务的方向，通过创新金融产品，服务供应链上下游企业的融资需求。扩充资金来源，通过控股、参股等借力方式吸收社会资本，支持国计民生相关企业发展，间接促进国有资本布局优化，同时也为社会资本搭建一条通过入股国有企业进入不同行业领域的道路。提升资金效率，探索建立国有资本与社会资本共存的资金池运作机制，实现更低成本、更高效率的资源整合，进一步放大国有资本集成效能，为企业发展及重大投资项目建设提供资金支持。

二是提升投资孵化能力。投资孵化能力决定着产业战略的成败。要围绕民生领域，促进国有资本向重点行业、关键领域和优势企业集中，在更好服务区域发展战略、绿色低碳发展、一国两制方针等方面进行配置和布局。按照“产业向专业化集中、资产向上市公司集中”的思路，建立集团层面投资、上市公司代管、择机注入上市公司，集团层面获取增值收益、业务单元壮大业务规模的投资孵化模式。灵活运用市场工具开展资本运作，放大国有企业在民生领域的盈利功能、社会功能、保障功能。加强非控股类优质项目投资，依托资本赋能、管理赋能和国资信用优势，引领和撬动更多的社会资本参与，实现专业化、市场化、集约化共同发展。

三是提升产业运营能力。产业运营能力决定了产业发展健康度。要坚持服务国家战略与市场化专业化运作两个原则相结合，集团层面要通过整合重组、处置变现、资产证券化等手段，盘活存量国有资产，促进国有资产与市场资本融合发展，形成有竞争力的商业模式，实现国资产业链、创新链、价值链的上下游垂直整合和水平横向整合。要提升产业链供应链的

自主可控能力，聚焦关系国计民生和国家经济命脉的重点产业领域，保障极端条件下稳定安全。

四是提升监督管理能力。通过加强监督管理能力建设，切实防控风险，有力保障深化改革与高质量发展。要按照中国特色现代企业制度的要求，建立健全权责对等、运转协调、有效制衡的决策执行监督机制。积极推动下属公司推进混合所有制改革，把“混股权”和“改机制”紧密结合，根据法律法规和公司章程，对全资企业、绝对控股企业、相对控股企业和参股企业实施更加市场化的差异化管控。加大授权力度，科学合理界定公司和所持股企业的权利边界，健全责权利相统一的授权链条，进一步落实企业市场主体地位。

五是提升业务退出能力。业务退出应作为民生类国有企业的重要能力建设，通过及时清退业务保障企业高质量发展。要提高经济形势和行业走向的研究判断能力，常态化开展公司产业发展重大课题研究工作，及时清退无法实现预期目标或不符合战略需要的业务，更好地聚焦主责主业。要以优化资源配置为目标，制定企业价值评价标准，完善业务评价机制，充分借助混合所有制、企业上市、股权减持等方式，开辟业务退出新渠道。要明确退出路径，建立常态化资产退出机制，灵活采用整体退出、分拆出售、专业整合三类方式优化资源配置，更好发挥国企在民生领域供应链保障的作用。

六是提升共享协同能力。以共享服务能力建设推动企业内外、产业上下游共生共荣，共享客户群体，建立上下级实现金融为产业实体服务，推动央地协同、央民协同，打造良好商业生态，促进产业链协同发展。在企业内部以集约化、专业化、市场化、数字化为发展方向，提升知识产权、员工培训、后勤保障数智化专业服务能力，创造数字经济新的增长功能点。遵循“统一平台、集成共享”原则，成立公司推动内部服务共享，推进共享支撑资源要素分类集中、专业管理、高效运作，打造“战略高位推动、组织高效协同、服务价值升级、数智有效赋能”的有机整体，为总部加强监管而赋能、为业务单元管理而赋能，使综合类共享服务成为公司降低运营成本、促进业务高质量发展不可或缺的支柱力量。充分发挥链主企业领导力，建立产业链合作平台输出服务，深化产业链上下游合作，推动不同产业间的中央企业专业服务共享。

（四）围绕支持和保障能力建设，完善体制机制

一是提升国有企业治理体系和治理能力现代化水平，释放体制机制活力。在中国特色现代企业制度框架下，明确公司治理主体之间的权责，坚持党的全面领导，完善法人治理，以战略管理为牵引，以价值创造为主线，建设现代化治理体系。加强制度建设，夯实国有企业管控基础，在制度建设、执行、调适、学习、创新力等方面下功夫，提升国有企业管理标准化、规范化、体系化水平。

二是把握市场发展规律，布局相关产业，优化业务结构，更好发挥三个功能作用。关注中国经济增长动力正在从住、行拉动型进入服务消费推动型阶段的趋势，把握品质健康、研发创新的新机遇，围绕科技创新、能源转型、数智化发展、消费升级和老龄经济等方面加大投入，催生新动能业务，获得业务增长点。国资监管部门要持续推动央企间产业整合，从中催生战略性新兴产业。央企内部要加快内部同质化业务整合，构建新的业务平台。

三是以管资本为导向，明确国有企业总部、子企业功能定位，以清晰的权责体系应对市场竞争。按照“管好资本，放活企业”的原则，形成“管资本、管资产、管经营”三级管控框架。集团总部以股权关系、资本运作方式对下属业务部门进行管理。直属企业负责经营战略和产业发展。基层企业负责生产经营。据此厘清各管理层级权责，开展授权经营、差异化管理。

四是实施“一企一策”，释放子企业经营活力。通过引入非国有资本、入股非国有企业、探索实行员工持股等方式分层分类深化混合所有制改革，有序推进市场化业务占比较高的二、三级子企业混改。培育新的上市主体，推进条件成熟的子企业上市。依法合规开展骨干员工持股，提高控股上市企业规范运作水平。一企一策开展分类授权、分类考核、分类激励，不断激发和提升下属企业经营管理活力和市场竞争能力。

五是加强内控管理体系建设，实现内控管理有效穿透。加强内部控制顶层设计，坚持风险导向，注重内部控制的系统性、协调性。建立信息控制系统监督企业组织行为，并为企业的经营决策提供科学、合理的依据。以风险为导向，落实具体业务层面的内部控制措施，利用倒逼机制，充分发挥内部审计的积极作用。

六是开发能力建设方法工具，提升能力建设水平。能力建设要久久为功、持之以恒，在不断实践中形成能力。六大系统性能力应作为企业的整体能力加以培育，并在资本、资产、运营层面有所侧重。直属企业要根据企业实际和自身战略规划，聚焦其中的关键能力，构建能力素质模型，建立指标体系，逐级分解，落实到岗到人，可评价可考核，确保能力建设落到实处。要明确每项能力建设的主责部门、配合部门及相关企业，形成能力建设合力，确保一致性。要将能力建设与战略规划重点举措相衔接。要围绕能力短板不足抓好专项能力建设。要加快建设总部一流管控体系、直属企业卓越运营体系建设。要开发能力建设的工具方法，例如行动学习、对标管理、精益管理、工作专班、领导力建设等，提升企业整体能力，不断增强核心竞争力，实现高质量发展。

课题牵头单位：华润宏观经济与政策研究院
课题参与单位：国资委研究中心
中旅集团研究院
中核战略规划研究总院
中智管理咨询有限公司
南方电网能源发展研究院
中国化工信息中心
中国汽车技术研究中心
中国物流集团
课题组核心成员：朱虹波　翟利峰　贾默骐　左志远　屠俊明
梁　猛　庄皇伟　赵亿欣　朱舜楠　李冠稼
邢　珺　蔡文璇　胡　敏　黄　巍　赵鑫淼

提升产业链供应链自主可控案例研究

【摘要】本课题在2021年央企智库联盟重点课题《增强中央企业产业链供应链自主可控能力研究》报告基础上，进一步聚焦矿产资源、电力能源、轨道交通、电子化工、汽车工业等事关国计民生的五大关键领域，对各领域国外发达国家或行业领先企业已有的产业链供应链自主可控案例进行深入分析，总结各行业、企业的先进经验、实现路径、有效举措以及保障措施，并在此基础上形成对于我国提升产业链供应链自主可控能力的思考启示，为我国进一步提升关键领域产业链供应链自主可控水平，构建自主、完整并富有韧性和弹性的产业链供应链体系提出有效政策建议，也为更好培育、提升中央企业产业链供应链自主可控能力，助力中央企业实现高质量发展，建设世界一流企业提供智力支持。

第一部分　金属矿业产业链供应链自主可控案例研究

金属矿业产业链供应链独立自主是保障我国资源安全和众多战略性新兴产业安全的重要基础。深入研究当今世界主要经济体金属矿业产业链供应链自主可控案例，将有助于推进我国金属矿业产业体系现代化进程。

一、全球金属矿业产业链供应链呈现“两集三化”特征

全球广泛应用的80余种金属矿产资源受地质构造、成矿条件等自然禀赋影响，集中在少数国家地区。巴西、俄罗斯、加拿大和澳大利亚四国合计占铁矿总储量57.5%；智利、秘鲁、美国、赞比亚、俄罗斯和哈萨克斯坦占全球铜探明储量70%；几内亚、澳大利亚、巴西、牙买加和印度占铝土矿总储量60%。而其中优质资源更是被西方矿业资本集中控制，发达经

济体利用跨国矿业公司向资源丰富的发展中国家渗透。据统计，全球主力矿山被美国、加拿大、澳大利亚、英国的少数几家公司控制，在世界范围内约有8000家矿业公司，其中最大的25家公司控制的产量占到总产量的70%以上。

近年来，受中美博弈、疫情冲击、地缘冲突以及经济衰退等因素影响，越来越多的国家开始认识到产业链供应链安全可靠、自主可控、摆脱过度依赖的重要性，围绕产业链供应链开展主导权之争，金属矿业产业链供应链呈现本土化、区域化、多元化趋势。

二、我国金属矿业产业链供应链自主可控基础薄弱，行业发展效率不高，创新后劲不足

我国矿产资源基础薄弱，安全保供形势严峻，金属矿产资源贫矿多，富矿少；小型矿多，大型、超大型矿床少；共、伴生矿多，单矿种少，整体开发难度大。矿产资源消费占全球32%，储量仅占全球7%；国内供应不足，2/3的战略性矿产存在较高的对外依存度，其中约有1/2的战略性矿产对外依存度超出了50%，供需矛盾日趋尖锐。

产业链“小、散、乱”现象严重，开发利用效率低下。由于早期矿业投资开发野蛮无序发展，直至目前，我国矿业企业力量仍相对分散，根据自然资源部的材料显示，我国大中型矿山仅占全国矿山总量的12%，小型矿山占到近88%，企业整体竞争力不足。

行业科技创新资源配置和布局较为薄弱。长期以来，我国金属矿业行政分割明显、科技资源分散，同质化竞争突出。金属矿业重大技术攻关布局相对不足，“十三五”、“十四五”期间，国家在战略性矿产资源开发利用技术攻关方面项目部署数量有限。

三、国外主要经济体及领先矿业企业产业链供应链自主可控案例

（一）发达国家维护本国产业链供应链自主可控主要做法

美国利用产业链高端支配地位，通过顶层战略、本土资源、供应链安

全、产业合作等方面维护本国矿产资源产业链供应链自主可控。一是从顶层加强组织协调，系统推进战略制定和实施；二是加强本土资源开发，降低对外部资源的依赖；三是高度重视供应链安全和本土化；四是注重通过建立矿产资源联盟稳定国外供应，并试图限制中国。

日本作为唯一没有资源的资源强国，以财团为市场运作主体，积极参与全球资源开发配置。一是形成以日本金属与能源安全组织（JOGMEC）为核心的系统高效的矿产资源管理机构，政府提供全方位支持，为境外开发提供有力保障；二是通过财团运作，大力培育一批国际矿业航母，在全球资源市场获取规模可观的市场份额。

澳大利亚、加拿大凭借资源优势和矿业技术优势形成强大的外向型矿业产业链，并积极布局和延伸关键矿产供应链。一是注重发挥矿业技术优势，提高矿产资源产业链供应链竞争力；二是注重发挥资本市场作用，形成成熟完善的矿业产业体系；三是高度重视关键矿产，致力于构建涵盖上下游的全产业链；四是注重与美西方国家协同，试图降低对中国资本、市场的依赖。

拉美、非洲和东南亚等新兴资源国加大矿产资源国有化保护，借助资源优势延伸产业链带动经济发展。拉美、非洲和东南亚等新兴资源国，基于带动国内经济发展和创造新增就业的现实考虑，采取矿产资源国有化、禁止矿产资源直接出口、提高关税等方式，强制要求外资在本国建设工业产业园、延伸矿业产业链。

（二）国外金属矿产企业实现产业链供应链自主可控的主要做法

澳大利亚必和必拓依托“全球化、全品种、全产业链”优势掌控大宗商品市场话语权。一是强化全球资源控制，从源头上把控矿业发展命脉；二是专业化、一体化、多元化经营，实现产业链纵深发展；三是通过并购做强做大，注重形成产业链规模效应；四是通过资本向优质资源转化完成产业链向价值链的提升。

巴西淡水河谷依托国有资源，通过做大做强物流运输业牢牢把控铁矿石供应链。一是获取政府强力支持，集中国家优势资源；二是构建铁矿石低成本出口全球供应链体系；三是利用港口混矿中心控制中国供应链最后一公里。

瑞士嘉能可通过“工业+贸易”双轮驱动，形成产融一体化发展模式。

一是在资源层面，通过“全产业链布局+多品种经营”获取大量优质资源，利用高杠杆支撑快速扩张；二是在贸易层面，利用产品种类及质量、运输条件、供需形势等各种相关定价因素导致的价格差异进行套利；三是在现货层面，利用供需变化、期现货市场控制大宗商品价格。

日本三井物产贯通金属矿产上下游一体运营获取稳定控制力。一是利用全球情报优势长期跟踪投资机会，在行业低谷时期果断出手；二是以参股合作方式获取上游资源，注重商权而非控制权；三是构建以贸易环节为枢纽的一体化运营模式，增强产业链控制力和稳定运营能力；四是吸纳金融机构作为股东，为开展逆周期收购提供资本支撑。

四、提升我国金属矿业产业链供应链自主可控水平的政策建议

（一）宏观层面：统筹协调各方力量，全面提升我国金属矿产资源定价话语权

1. 加强国家资源战略顶层设计规划

调整矿产资源开发利用结构，优化区域开发格局，规范空间开发秩序，大力推进“绿色矿产”开发；鼓励科技创新，提升矿业产业素质和矿产资源勘查开发利用水平，推进矿业全产业链管理和矿产品生命周期管理；深化矿业国际合作，构建从供应国经通道国到消费国的供应链保障体系；加强部门协作，成立国家矿产资源安全委员会，增强风险应对处置协调能力。

2. 加强勘查开发政策支持，调整优化不合理政策

出台更加积极的财税政策，完善矿产资源权益金制度；加大地勘资金投入、明确增长机制，国家主导开展环保禁区内矿产资源勘查；适度调整环保“红线”内已开发的、关乎国家经济安全大局且对环境影响较弱的战略性矿种开发限制。

3. 加强资源开发统筹协调，打造国内外专业化平台

国内方面，提高资源开发行业门槛，打破品种划分、区域划分，加快整顿市场秩序、推动企业并购重组；国外方面，加快组建以国有资本投资

公司为代表、以经营商品为主线的境外金属矿产资源管理运营平台。

（二）微观层面：支持矿业企业高质量发展，加快打造形成世界一流企业集团

第一，打造能够代表国家参与全球竞争的航母级企业。进一步统筹现有力量，统一开发经营海外资源，改变多头对外的不利局面。

第二，支持鼓励企业以多种方式掌控获取海外资源。通过资本金注入、考核减免等方式鼓励企业拓宽海外合作渠道，维护我国境外资源供应畅通，尤其对与基础较差、风险较高国家开展的首次合作，应给予一定国别支持政策。

第三，以中央企业为试点，支持高水平运用期货等金融工具。授权企业适时对远期采购成本或生产利润进行战略套保，在完善企业风险管理的基础上，允许参与中央清算、流动性好且估值透明的境内外场外衍生品市场，放松套保比例等方面限制。

第四，发挥产商融合优势，培育打造我国的“嘉能可”企业。鼓励企业发挥“产业+金融”布局优势，创新发展“贸易+金融”“期货+现货”全方位业务模式，有效整合上下游产能，成为影响大宗金属价格变化的中国力量。

第二部分　能源电力产业链供应链自主可控案例研究

近年来，贸易保护主义、资源民族主义、地缘冲突等持续影响全球经济社会发展，经济全球化出现了逆转、减速甚至分裂的趋势，全球产业链供应链分工形态出现了分散化、多中心化、本地化甚至阵营化。这一现象在能源电力产业链供应链上也尤为典型。在全球能源绿色低碳转型加速背景下，能源安全叠加应对气候变化等多重影响，引发了能源资源安全、关键原材料争夺、制造业回流与本土化建设、贸易保护等一系列问题，对全球能源产业链供应链发展带来了巨大挑战。

对此，主要发达国家纷纷采取不同的措施，旨在维护本国产业链稳定、解决供应链风险和脆弱性、保障本国能源与产业安全。如美国通过政策组合与战略设计以确保领先地位，日本培育新兴能源领域产业链，法国

将头部企业国有化作为应对能源危机的抓手，为我国应对能源产业链供应链自主可控提供了借鉴与参考。

一、国外主要经济体维护本国能源电力产业链供应链自主可控做法

（一）美国通过一系列政策组合，构建维护能源产业链供应链安全的全面战略，确保清洁能源制造和创新的全球领先地位

美国一直以来在构建和保持产业链供应链控制能力方面有着较为丰富的经验。从2021年以来，拜登政府围绕“建设更好美国”战略远景，陆续发布《基础设施投资和就业法案》《建设更好电网倡议》《基础设施投资和就业法案——指导手册》《美国实现鲁棒清洁能源转型的供应链保障战略》等文件，提出支撑鲁棒清洁能源转型①，加强电力基础设施投资与清洁能源供应链，最大限度地利用战略机遇。

一是发布保护清洁能源供应链的全面战略，针对供应链风险和脆弱性问题多措并举，旨在建立安全、弹性和多样化的清洁能源产业基础。2022年2月，美国能源部（DOE）发布的《美国实现鲁棒清洁能源转型的供应链保障战略》，深入评估碳捕获材料、电网，变压器和高压直流电、能量存储、抽水蓄能、半导体、太阳能光伏发电等11项关键技术和2个跨领域主题的产业链供应链，明确了解决供应链风险和脆弱性问题。该战略针对7个方面，提出了40项政策战略以及24条国会行动建议，涉及原材料自主可控、多样性投资、本土制造能力增强、劳动力支持等手段，还提出了废物处理与循环管理、数字化支撑决策等措施。

二是扩大服务清洁能源发展的电网配套需求，加强电网装备本土化建设。美国政府通过扩大内需、财政激励、政府投资等方式，提高

① “鲁棒能源转型”出自美国能源部2022年发布的*America's Strategy to Secure the Supply Chain for a Robust Clean Energy Transition*，这是基于美国第14017号行政命令出台的首个保护全国清洁能源供应链的全面战略。“鲁棒”原指系统在不确定性的扰动下具有保持某种性能不变的能力。战略中将能源转型过程赋予鲁棒性，凸显美国实现能源清洁低碳转型的决心，通过建立安全、弹性和多样化的清洁能源产业基础，摆脱对他国的过度依赖，保障国家安全和产业竞争力。

高压直流输电、大型电力变压器、电化学储能等关键设备的供应链韧性。①利用联邦购买力，以海上风电传输为试点，扩大远距离高压输电需求，吸引通用电气、日立能源和西门子能源等供应商在美国投资设厂。②采用税收减免、低息贷款等方式降低本土大型电力变压器生产成本，实现产能翻倍，满足近中期电网新建/改造需求。远期将加快研发适应性更强的模块化混合固态变压器，力图主导下一代电力变压器市场。③投资超过70亿美元建设本土电池供应链和制造企业，加快推动液流电池等新一代电池技术的商业化验证，抢占长周期、规模化电网储能技术高地。

三是推动电工装备制造业回流，构建海外供应网络。通过立法保护、融资贷款等方式，推动实现太阳能、光伏等电工装备制造业回流，并同步建立可靠的海外供应网络，保障国内原材料供应，提高清洁能源发电设施自主可控水平。①打造光伏关键组件本土化供应链。加快出台光伏领域的生产、制造税收抵免激励法案，优先支持硅锭、晶圆等严重依赖中国进口的光伏关键组件本土生产[①]。②保护和拓展国内风电供应链。通过政府和社会资本合作方式，推动本土风机叶片制造工厂的改造升级，维护和扩展陆上风能供应链，计划实现本土陆上风电装备产能从目前的1000万~1500万千瓦/年增长至2030年的3000万千瓦/年。提升东海岸港口的运载能力，吸引海上风电制造商投资建厂，未来五年计划达到500万千瓦/年的产能。③投资并建立可靠的国外供应链。聚焦风电、光伏原材料及核心组件，启动全球清洁能源装备制造计划，2023年计划投资10亿美元[②]，与盟友国家形成信息共享、产品互补的电工装备海外供应网络。

（二）日本重视培育本国氢能产业链，力图提高本国能源安全水平并占领全球氢能技术先发优势

日本面对能源资源匮乏、环境保护和经济增长三重需求，全力打造全球第一个氢经济体，力图在氢能源领域占得世界技术与市场的先机。日本

① 资料来源：2022年美国能源部发布的《美国实现鲁棒清洁能源转型的供应链保障战略》报告。

② 数据来源：美国政府财政预算 *Budget of the U. S. Government*，FISCAL YEAR 2023。

政府相继出台了《氢基本战略》《氢/燃料电池战略路线图》《绿色发展战略》等，着力推动本国氢能产业发展。

一是通过氢能产业政策、标准体系建设、示范应用和综合资源外交，推动国内国际市场双向发力。日本在《精细化法》修改法案中将氢能定位为非化石能源；在标准建设方面，主动适应国际市场需求并参与标准制定，降低进入海外市场的门槛；在示范应用方面，在福岛氢能研究场（FH2R）建成氢能社会先驱的示范区，打造集氢能生产、储存、运输和利用为一体的供应链；采用"综合资源外交"政策，部署"全球可再生燃料网络"，与澳大利亚、新西兰、文莱、挪威、沙特阿拉伯等国就氢燃料采购开展合作。

二是日本发挥行业联盟和头部企业作用，推动氢能产业链构建和供应链全球布局。日本氢能七大行业巨头川崎重工、岩谷产业、壳牌日本、电源开发等组建氢能供应链技术研究协会（HySTRA），日本千代公司、三井公司、三菱公司等基础设施企业组建先进的氢能链技术开发协会（PREST），开展海外制氢、液化氢储运等实用技术及实证实验，致力于打造全球氢能产业链和供应链。其中，川崎重工主导了氢能制造—运输—储存—使用全链条实验，并与挪威 NeL 氢能公司、澳大利亚电力生产商 AGL 能源公司等开展示范项目合作，积极拓展全球氢能供应链。

（三）法国政府拟将法国电力公司 100%国有化，应对能源危机、推进能源与产业转型

法国为应对能源价格上涨、确保能源自主、妥善应对俄乌冲突导致的连锁后果及潜在的巨大挑战，法国政府将法国电力公司（以下简称"EDF"）100%国有化，完全控制电力生产。

一是国有化 EDF 有助于提高法国政府对 EDF 发展、电力生产的决策影响力，为法国政府增强对国家能源转型的领导力、掌控力提供重要抓手。EDF 是法国最重要的能源电力企业①。EDF 完全国有化将改变原有的

① EDF 是发输配售一体化的国有电力公司，目前其发、售电量在法国市场中的占比均超过 80%，拥有法国唯一的输电网公司 RTE，配电网规模占比达 95%。

决策结构①，使法国政府在EDF经营决策中发挥更直接的作用，成为法国政府强化国家能源转型领导力的重要抓手。

二是国有化EDF有助于快速推动法国现政府的核电计划。EDF作为重启核电计划的唯一主导者，是法国现政府核电战略的核心角色。在俄乌冲突加速恶化欧洲地缘政治局势后，法国政府对EDF重新全部"国有化"，将有助于保障核电发展、应对能源危机、推进能源转型。

二、对中国能源产业链供应链自主可控的启示及建议

（一）科学甄别"卡脖子"关键技术，发挥新型举国体制优势集中攻关

借鉴美国鲁棒清洁能源转型战略，我国应制定科学客观的国产化率计算方式和"卡脖子"问题甄别标准，形成"卡脖子"技术问题清单，重点针对各行业共性基础性问题集中开展专项攻关，确保国家基础产业安全稳定发展和装备国产化替代有效推进。

（二）多措并举提升清洁能源等的产业竞争力和电力供应的韧性

借鉴美国加强电力基础设施建设以提升清洁能源产业竞争力和电力供应韧性的战略，我国应进一步强化电力供应韧性，如全面审查光伏、风电、电网、储能等电力设备供应链，推动制造回流，提升电力设备供应链安全水平。

（三）发挥部分企业的"链长"作用，引导重点企业在新兴或优势产业领域进行创新布局

借鉴日本在行业联盟和头部企业作用发挥的经验，针对新兴产业（如氢能产业），资助和引导企业在重点关键领域进行技术攻关、示范应用；针对优势产业（如特高压、电工装备），积极推动全球供应链布局、技术

① EDF是在巴黎证券交易所公开上市的跨国综合能源股份企业，法国政府、私人机构、法电员工持股比例分别为83.88%、15.03%、1.06%。但在公司18名董事会成员中，法国政府只拥有6个名额。

标准推广，促进“国家品牌”的树立和传播。

第三部分　电子化学品产业链供应链自主可控案例研究

电子化学品又称电子化工材料，指半导体（主要是集成电路芯片）、显示面板、印制电路板等电子信息产业使用的专用化学品和材料。半导体产业链主要由半导体支撑产业（材料、设备）、制造产业（晶圆制造、封装测试）和应用产业组成。

一、国外主要经济体电子化工产业链供应链自主可控做法

（一）全球半导体供应链区域专业化分工，关键环节市场集中度高

全球半导体供应链呈现高度专业化的区域分工格局。美国、欧洲在电子设计自动化/核心知识产权（EDA/IP）、制造设备方面领先；中国台湾、日本和韩国在晶圆制造、原材料方面领先；中国大陆的比较优势在于封装测试、晶圆制造和原材料方面。关键环节技术往往掌握在少数几家大企业手中，市场集中度高。Gartner 2022 年全球 TOP10 半导体企业榜单中，美国企业占 7 个席位。半导体光刻胶供应商中，东京应化、JSR、住友化学、富士胶片、信越化学等日本企业占据绝对主导地位；电子气体主要被美国空气化工、法国液化空气、德国林德和日本大阳日酸四大公司占据；半导体设备市场则主要集中在美国、荷兰和日本制造商手中。在数字经济、新冠疫情冲击和地缘政治多重因素下，半导体产业链的安全和弹性成为主要国家和地区竞争的焦点。

（二）美国不断加强对中国半导体先进技术管制

自美国将中国确立为主要竞争对手后，先是大打贸易战，后是“精准脱钩”发动科技战。2022 年 8 月，美国总统拜登签署“2022 芯片与科学法案”，该法案加入“中国护栏”条款，如接受财政补助的厂商不得在中

国新建、扩大先进制程芯片等。10月，美国商务部产业安全局出台半导体出口管制新规，限制中国企业获取高性能芯片和超算技术、限制美国人为涉及中国的特定半导体活动提供支持、限制中国获取先进半导体制造物项与设备等。12月，美国商务部决定将长江存储、寒武纪、上海微电子等36家中国实体加入实体清单。2023年1月，美国与荷兰和日本达成协议，限制向中国出口一些先进的芯片制造设备。

（三）日韩电子化学品贸易战始末

2019年7月，日本经济产业省修改了本国的出口管理规定，对韩国半导体和显示器生产过程中必需的超精密化学原料——光刻胶、氟化氢、氟化聚酰亚胺实施出口限制；还将韩国从“白色国家”名单中移除，取消对韩出口优惠国待遇。此次日本管制向韩国出口的这三种材料，三星、SK海力士、LG等韩国企业对日本高度依赖。韩国企业需求的半导体用光刻胶及有机发光二极管（OLED）用氟化聚酰亚胺超过90%从日本进口，而半导体制造用的高纯度氟化氢几乎是100%进口自日本。电子和半导体产业是韩国的支柱产业，一旦断供，将严重影响韩国每年数千亿规模的OLED面板和半导体制造业。

韩国应对电子化学品出口管制的主要措施及成效。一是短期寻求从日企突破。2019年7月7日，三星电子副会长李在镕火速前往日本与相关供货商洽谈，停留长达6天，共同讨论避开这次出口限制的方案。虽然日本限制对韩国出口，但日本企业在海外工厂出产的产品不在限制范围以内，因此氟化氢货源可从日本制造商的境外工厂进口。三星电子每个月需要80加仑左右的EUV光刻胶，而SK海力士每个月需不到10加仑的用量。日本JSR公司表示，他们在比利时的工厂能够提供一些光刻胶；日本东京应化公司称，该公司在韩国设有一间工厂，能够向韩国客户供货一段时间，但这些工厂还是要从日本取得一些原料才能制造光刻胶。2019年8月，三星电子在比利时EUV光刻胶制造与合格中心找到光刻胶货源。通过以上这些紧急供应，避免了韩国半导体公司生产线发生危机。二是长期寻找国产化替代。韩国政府在日本宣布出口管制的次日就宣称，将每年拨出1万亿韩元（约合8.5亿美元）预算，支持国内半导体材料和器件的国产化。8月，韩国政府公布了《加强材料、零部件和设备竞争力的措施》，试图扶持国内企业，以解决国内材料、零部件和设备行业的结构性短板。三星电子、

LG Display、SK海力士等公司利用政府补贴，促进尖端材料的研究开发，帮助国内合作企业的成长。在日本限制出口EUV光刻胶后，东进世美肯公司就开始研发，并在2021年12月通过了三星电子的可靠性测试（合格），之后不到一年就被应用于大规模生产线。此外，韩国也取得了氟化氢的部分成功，研发了液体氟化氢（属于日本限制对韩出口的范围），不过高纯度氟化氢气体的国产化还没有实现。

二、实现我国电子化学品自主可控的政策建议

（一）央企应肩负使命，持战略性眼光发展高端电子化学品

乘着半导体产业链国产化的大趋势，充分发挥化工新材料方面的技术及资源优势，化工央企应加大对半导体材料与工艺创新的投入，在高端电子化学品领域进行布局。同时，要与中芯国际、华为等下游企业展开协作，一方面，以下游需求为导向，更迅速地开发出客户需要的产品，将设备、工艺与材料有机结合，开拓出自主可控的半导体制造工艺；另一方面，与下游企业合作可以规避研发产品成熟前国外企业大幅降价恶意竞争带来的风险。

（二）建立一体化集成平台，缩短验证周期

建议建立“配套完整”的高端电子化学品分析检测及应用测试平台，使用工业界认可的评估方案、完成材料预评估、试错改进、工艺菜单开发、应用窗口确认，开展联机测试、流片验证，评估材料使用效果，为下游企业用户提供参考依据，缩短验证周期，显著降低国产材料批量应用门槛。

（三）设立专门研究机构和重点项目，产学研结合，解决卡脖子产品技术

建议从全国各大高校、科研院所和科技企业中抽调相关学科、专业和技术方向的优质研究力量，成立产、学、研相融合的专门研究机构，集中优势力量对国内尚未实现产业化突破的核心产品以专项资金方式进行

资助。充分发挥高校及研究院所的理论研究与材料创新能力，利用企业对产业需求的理解及工程化放大的优势进行半导体材料的快速开发与产业化。

（四）重视基础研究、学科建设，坚持人才培养与引进并重，提升人才数量与质量，为实现自主可控打好基础

国家要高度重视半导体材料的基础技术研究，以及相关基础学科建设，并以科研项目为支撑，加大对基础技术及其相关学科发展的投入力度。要将培养和引进关键人才上升到核心战略层面。优化相关专业技术人才的培养与引进机制，落实人才引进的优惠政策，加强高端人才队伍建设；制定相应的补贴或奖励标准，企业核心团队奖励高额奖金等措施，加快培育并获得高质量的专业人才队伍。此外，要有效利用全球科技资源，扩大国际交流与合作，引进海外高端人才。

（五）坚持扩大开放，加强与电子化学品主要输出国家和地区的交流合作，尽量维持相对较好的国际贸易环境

由于技术和产业的发展与成熟需要经历相当长的一段过程，我国半导体产业在短时间内还离不开日本、欧美及中国台湾等主要输出国家和地区的稳定供给。为此，国家政府层面仍应坚持扩大开放，继续加强与国际交流、沟通与合作，尽量维持相对较好的国际贸易环境，保证高端电子化学品供给渠道的稳定和畅通。

第四部分　轨道交通产业链供应链自主可控案例研究

产业链供应链自主可控是确保中国轨道交通装备产业安全和赢得全球竞争力的关键。2022 年 10 月 16 日，习近平总书记在党的二十大报告中着重强调“要着力提升产业链供应链韧性和安全水平”，为我国轨道交通产业链供应链发展指明方向。近年来，各国轨道交通装备产业链供应链呈现创新引领、全球化布局、设置进入壁垒等新趋势，对中国轨道交通产业自

主可控产生了一定的风险和威胁，我国政府和企业亟须高度重视，提前谋划布局。

一、全球轨道交通产业链加速重塑，亟须高度重视

当前，贸易保护主义抬头叠加轨道交通产业自身演进发展，导致全球轨道交通产业链供应链呈现新的发展特征：

一是技术创新引领轨道交通产业链供应链加速变革。当前，全球轨道交通科技创新活跃密集，新技术加速突破、新产品加快迭代，极大地改变了以往的产业链。例如，欧洲铁路行业发起了 Shift2Rail 创新倡议，协同西门子、阿尔斯通等轨道交通知名企业、零部件供应商和铁路运营商，共同围绕牵引传动、电力电子、列车通信、制动系统、能源效率等 11 个领域开展创新，重点围绕产品创新打造和重塑产业链。

二是全球化布局仍是确保轨道交通供应链安全的重要手段。在逆全球化过程中，西门子、阿尔斯通等知名轨道交通企业仍继续坚持全球化投资和培育当地供应商，通过承接订单和投资项目的方式培育当地产业链上下游一体化能力，通过调动项目所在国的供应商资源完成配套，并将其融入既有供应商名单，提升全球供应链整合能力，联合相关伙伴企业共同建立本地化的供应链体系，提升全球供应链的稳定性和掌控力。

三是全球轨道交通产业链供应链加速向智能化、绿色化、数字化转型。目前，美国、俄罗斯、巴西、南非等国家已陆续推出了新的轨道交通建设及设备更新换代计划，全球轨道交通装备市场呈现出强劲增长态势。轨道交通装备技术创新逐渐由“高速、重载”向“绿色、智能”转变，全球领先的轨道交通装备制造企业已围绕产品轻量化、智能化、绿色化开展新的供应商培育和供应链优化调整，具备数字化、智能化、绿色化等竞争实力的企业将加入全球轨道交通供应链，带动供应链进行结构性调整。

二、国家支持正成为轨道交通产业链供应链自主可控的重要保障

在逆全球化背景下，以德国、法国为代表的轨道交通强国正通过积极出台相关政策支持振兴本国轨道交通产业，维护本国产业链供应链自主可

控。一方面，通过发布规划和签订订单培育本国产业链供应链。为促进和刺激德国轨道交通行业发展，德国2020年发布《铁路运输总体规划》，规划提出每年至少保障30亿欧元及以上的铁路基础设施投资，2030年后将增加到每年40亿欧元及以上。法国也通过国家计划推动本国行业发展，2021年法国发布《发展铁路货运的国家战略》，计划拿出133亿欧元用于法国铁路网建设。一系列投资规划将直接转化为西门子、阿尔斯通的订单并带动上下游企业共同发展。另一方面，依托知识产权及技术标准保护本国市场。别国企业在投标德国、法国铁路项目时，常因触及某项专利权的保护范围或侵权而被德法企业发起专利诉讼，导致项目流标。另外，由于德国、法国等国家执行本国的技术标准，别国企业常面临产品认证项目繁多、程序烦琐、费时费力等问题，无形中加大市场进入难度。依托知识产权及标准不仅提高了德国高铁技术的国际竞争力，更有力保护了本土企业，确保本国产业链供应链自主可控。

三、西门子维护产业链供应链自主可控的经验借鉴

轨道交通产业链供应链的自主可控既要关注本国产业链供应链的自主可控，更要重视在开拓全球市场过程中对全球供应链的掌控能力。西门子通过补短锻长不断培育产业链供应链优势，一些经验值得借鉴：

一是通过设立本地化研发中心布局全球产业链创新链。为确保占领和影响全球各地的轨道交通市场，西门子主要通过设立区域化本地化的研发中心加强自身产品的影响力，打造面向未来产品的产业链供应链体系。以中国为例，西门子交通在中国共有7家独资与合资公司，涵盖数字化、智能制造、人工智能等轨道交通前沿技术研究，通过协调关键客户、研究机构、初创公司等外部伙伴开展协同合作研发，促进科研成果转化，同时利用风险投资、技术收购等方式获取研发资源，通过创新生态的本地化布局来稳链强链。

二是持续强化供应链管理促进资源整合。为了在全球范围内维持自身供应链的稳定性和高质量，西门子制定了全球统一的供应商评价体系，持续开展供应商业绩评估、风险评估和战略评估，通过严格的供应商认证标准，动态调整供应商名单，并充分利用订单份额来做诱饵，让每一个零部件现有的2~3个供应商充分竞争，以确保供应商为西门子提供价低质优的

产品和服务。与此同时，供应商可通过获得西门子的长期订单和业务拓展机会，共享西门子的技术和市场优势，形成产业链供应链的强绑定关系。

三是下游不断优化“产品+服务”体系提升自主可控和全球竞争力。赢得订单和市场是优化和组织产业链供应链的关键保障，在制造业服务化的背景下，西门子主要凭借全生命周期高质量服务来赢得市场，根据客户对产品的需求来规划项目、实施生产、开展运维服务，并反向塑造上游产业链供应链，将产品改进信息反馈给供应商，优化产品设计和制造，构建上下游一体化的“产品制造+服务体系”，推动盈利模式从产业链条上“产品制造”向“产品服务”的转变，确保对西门子供应商的控制力和影响力。

四、逆全球化背景下，中国轨道交通产业链自主可控亟须全面谋划、抓紧布局

逆全球化背景下，各国都在重塑和培育轨道交通产业链供应链，兼顾本国自主可控和赢得全球竞争力，我国需高度重视全球轨道交通产业链供应链变革趋势，充分借鉴他国他企业成功做法，全面谋划、抓紧布局。

一是提升产业链供应链全球资源配置能力。加快我国轨道交通企业国际化进程，将全球资源配置视为产业链治理中的关键一环。结合海外不同地区当地企业的资源与能力，充分利用全球供应链体系的各项强势环节，提升与海外企业、当地政府、科研机构等多元合作关系，通过技术合作和收并购补齐国内产业链短板。优化供应商管理，对单一供应商的零部件，在全球积极寻求和发展第二家和第三家供应商，打破独家供应商的局面，扩展关键核心技术产品引进渠道，实现本国的自主可控与全球市场扩展中的自主可控。

二是以创新引领产业链供应链重塑。重点围绕面对未来的轨道交通装备完善科技创新体系，加快科技资源整合，优化科技创新激励机制，以中国轨道交通装备“走出去”为目标加快建设“开放、协同、一体化、全球布局”科技创新体系，进一步梳理替代进口零部件需突破的关键技术，协同各方企业强化基础和前瞻技术的研究，稳步推进重大新产品研发，积极推进智能高铁、高速磁浮列车等新型轨道交通装备应用，围绕智能化、绿色化、轻量化的轨道交通装备制造和创新布局产业链供应链。

三是不断提升以市场为导向的产业链供应链建设能力。抓住轨道交通制造业服务化发展趋势，加强与国外运营商及国内国铁、城轨运营商交流

合作，增强面向客户的产品全生命周期服务能力，成为优质的轨道交通行业全产业链系统解决方案提供商，提升产品市场占有率，以需求和订单为推动力促进产业链供应链稳定发展；同时，以需求为导向，为进一步改进产品生产和优化供应商管理，提升面向供应商的供应链影响力和掌控力。

四是以国内市场培育和国产化替代来确保供应链安全性和稳定性。进一步扩大国内轨道交通领域投资，依托订单和积极资金支持来激发市场主体参与供应链建设，重点做好进口关键零部件储备、国产化替代和自主研发工作，重点加快芯片、轴承等关键零部件的国产化替代，支持国产化部件装车考核及推广应用，通过市场应用和关键零部件的国产化替代来补齐产业链短板，提升产业链供应链的安全稳定性。

五是以专利布局和标准制定提升产业链供应链未来竞争力。我国应加快国内外专利布局和标准制定，确保技术的自主性和独立性，鼓励国内轨道交通企业通过开展全球化的技术合作，构建专利网络，不断提升专利国际化布局能力，加快提升标准国际化水平，深度参与和承担国际标准制修订工作，逐步提高我国主导制定的国际标准数量，增强国际标准话语权，确保今后产业链供应链自主可控，提升产业链供应链未来竞争力。

第五部分　汽车产业链供应链自主可控案例研究

当前，国际环境风高浪急，全球化遭遇逆流，关键产业的产业链供应链自主可控面临严峻挑战。汽车产业是国民经济战略性、支柱性产业，是全球化程度最高的产业之一，也是全球出口金额最大的单一制造业。汽车产业涉及面广、产业链长、市场规模大、全球化程度高，对提振内需消费、稳定工业和经济发展都具有重要意义。本文通过研究发达国家和领先企业实现产业链供应链自主可控的有效做法，总结经验与路径，提出自主可控能力提升的启示与建议，助力我国汽车高质量发展和汽车强国建设。

一、全球汽车产业链供应链的特征

汽车及其相关产品是国际贸易中最重要的工业化产品和消费品，各国均高度重视汽车产业。历经百余年发展，汽车产业链供应链逐步扩展和丰富，具备很多典型特征。

一是汽车产业链呈现多重特征。汽车是技术、资金、人员密集型产业，在带动经济增长、拉动投资、扩大就业、提升消费、增加税收等方面都发挥了重要作用。全球分工合作是汽车产业的主要模式，汽车在全球主要经济大国的产业体系中一直占据重要地位。全球汽车市场化竞争度较高，作为高技术、高附加值且易达成贸易规模的商品，汽车对拉动全球货物贸易增长发挥着重要作用。汽车具有就近布局特征，整车制造基地靠近市场、零部件靠近整车布局。

二是全球汽车供应链趋于三化发展。全球汽车产业经历百余年发展，已形成专业化分工协作、供应链全球布局、生产制造全球协同的精益生产方式。供应链大多为金字塔形结构，伴随特斯拉等电动汽车企业的快速发展，正在形成新型网状供应链结构，并向扁平化方向发展。世纪疫情冲击全球既有产业格局与运行模式，区域贸易安排（RTA）推动汽车产业链供应链的区域化特征不断增强，叠加逆全球化和单边主义抬头，国际经贸规则加速重构等因素，推动全球汽车供应链向区域化、多元化、本地化发展。

二、国外主要经济体和重点汽车企业实现自主可控措施经验

（一）主要经济体维护汽车产业链供应链自主可控做法

日本基于本土实践创新形成了影响全球的汽车精益生产方式，助力日本汽车产业快速崛起，现已形成“本土创新+全球复制”格局。一是“官民协作”制定积极的产业政策，由政府牵头起草，民间机构深度参与。二是官民协作提高创新效率，政府通过立法、提供资金以及设立机构等推动产学研的互助合作。三是加快自动驾驶前沿技术领域布局，政府积极参与相关国际标准法规协调。四是实施财税补贴政策，投入资金支持电动化核心技术研发，组建产学研协作联盟促进创新和产业化。五是政府推动制造业回流，政府带头扶持，吸引民间资金参与。

韩国在不同时期充分利用产业政策维护本国汽车产业的自主可控发展。一是实施进口壁垒保护本国汽车产业，设置了多种关税和非关税壁垒

限制汽车进口。二是通过政府强力干预实现整车制造集中化，组建大型企业集团加强竞争力，集中资源保障自主创新。三是以产业政策重点支持本土零部件产业发展，前期鼓励引进和吸收国外先进技术，后期促进自主技术发展。四是大力鼓励国产化和自主创新，政府制定专项汽车研发计划，推动建立研究机构，集中研制汽车零部件。五是推动汽车出口，政府给车企原材料优惠政策，推动出口快速增长并实现国际化发展。

美国通过霸权主义泛化国家安全限制国际竞争，增强关键供应链环节掌控能力。一是多措并举支持新能源和自动驾驶培育推广，明确对车企支持政策和消费环节的补贴、减税优惠。二是利用科技霸权滥用出口管制和技术封锁，巩固和加强本国在全球高科技领域的主导和领先地位。三是坚持“美国优先”的经济和外交活动准则，积极出台各类法案重振含汽车产业在内的美国制造业。四是利用国际规则加强外资监管，抢占国际规则制定主导权，防范和保护本国企业的被投资并购。

欧洲主要汽车国家围绕能源安全、芯片等关键环节加紧重塑汽车供应链，提升供应链韧性和产业竞争力。一是出台产业政策促进数字化和智慧工厂建设，引导汽车产业安全发展。二是综合施策强化芯片供应链安全，呼吁实现供应链多元化。三是加征数字税、碳关税等新税保护本国经济利益。

印度以高关税保护和促进本地汽车产业链供应链发展，引导技术创新，要求整零企业本地化布局。一是以高关税保护和鼓励本国汽车产业发展。二是发布多项政策鼓励和支持汽车产业的本地化发展。三是印度全面开放汽车行业外商投资，没有特殊限制，外资最高持股比例可以达到100%。

（二）重点汽车企业实现自主可控的主要措施

丰田与供应商形成资本关系的长期合作，以技术自研为主，并采用标准化、模块化等方式保证供应链高度协同。一是与零部件企业长期稳定合作，不仅共同成长且形成资本纽带。二是在新技术领域广泛布局，避免技术空心化。三是加强核心部件的标准化、模块化，降低供应链管理、制造和装配难度。四是采取信息化、提高库存等有效措施增强供应链风险管控力。

现代全面布局产业链环节，以资本方式直接或间接掌控关键环节。一是全产业链布局，现代是全球唯一从材料生产到整车销售一体化的汽车企业，已在汽车、钢铁、能源、建设等多个领域形成协同效应。二是通过自主研发、投资成立零部件公司和原材料公司等方式强化关键环节的直接掌控。三是积极布局自动驾驶、氢能等新兴领域。

大众坚持“自研”与“合作”并行，推进新四化转型布局和供应链重塑。一是加速电动化、智能化等领域投资布局，掌握电池、软件等核心环节。二是加强合纵连横，与芯片、电池、智能驾驶、智能座舱、智慧工厂等企业建立多种合作关系，增强控制力。三是强化供应链布局，成立供应链管理公司，推动采购多元化、近地化，适当提高库存。

特斯拉以领先的技术创新、商业模式、生产工艺，构建强大行业竞争力和供应链控制力。一是实现新能源和智能生态自研闭环，减少对外依赖。二是创新经营模式和生产策略，以直销模式降低经营风险，以精品策略和工艺创新降低供应链管理难度。三是通过战略合作和重构供应链结构，绑定关键供应商。四是布局电池回收领域，加强资源循环利用。

三、对我国汽车产业的经验启示

一是政府在产业发展中要发挥关键作用，需要主动作为，通过产业政策调节产业结构、引导发展方向。

二是自主创新是实现产业和技术跃迁、供应链可控的主要路径。

三是汽车产业转型升级过程中，新技术新模式将推动产业链供应链加速变革，标准化、模块化更利于供应链自主可控。

四是汽车产业国际发展是必然趋势，以技术、市场、贸易等多种维度构建壁垒是自主可控的方式之一。

五是汽车企业是引领者，主要汽车国家都有几家具备国际竞争力的跨国汽车企业，以及一定数量的跨国零部件企业。

六是汽车涉及多个基础行业，需要从基础材料维度全面梳理各环节，才能真正掌控产业链供应链关键环节。

四、汽车产业链供应链自主可控政策建议

一是汽车的产业政策应聚焦零部件和基础工业领域，鼓励基础性自主创新。深入开展强链补链行动，以重点企业、关键领域为核心强化基础性

自主攻关，通过产业政策引导国内各类零部件和基础材料企业向“专精特新”方向发展。

二是以国产替代和原始创新为方向，强化技术创新和产业化应用。梳理关键重点环节，支持国产替代创新和原始创新，并加强引导和使用国货。

三是培育具备国际竞争力的汽车和零部件企业集团。尽快研究制定扶持举措，支持几个重点企业加快提升国际市场竞争力，进入全球汽车企业头部行列，带动汽车行业的整体提升。

第六部分　国外产业链供应链案例对我国的启示及建议

一、经验启示

（一）当前增强本国及所在区域的关键产业自主可控能力已经成为各国的共识，需进一步牢固树立产业安全意识

产业链供应链已经成为大国角力的核心，直接关系到国家安全和兴衰。新冠疫情三年造成的供应链阻断，一方面，导致全球产业链供应链竞争越发激烈，另一方面，推动传统的产业链供应链全球化分工，加速区域化、本土化，给我国产业链供应链带来巨大冲击，导致我国产业面临中低端产业外移和高端产业受美西方国家压制封锁的“两头”承压局面。为此，必须牢固树立产业安全意识，将提升产业链供应链自主可控能力作为今后一个阶段的重点工作。

（二）绿色低碳智能推动各主要产业进入创新变革期，为我国实现后来者居上提供难得的历史机遇

世界正迎来以绿色低碳智能为特征的新一轮产业革命和技术变革，节能环保等绿色低碳产业将与大数据、人工智能等新兴技术深度融合，重塑全球产业链供应链格局。当前，我国在可再生能源、新能源汽车等领域已

经具备一定竞争优势，未来应该更加主动地顺应和推进产业技术变革，进一步做强做优做大，这既是我国推进产业转型升级的重要契机，更是实现“弯道超车”的历史机遇。

（三）强有力的国家政策支持是提升产业链供应链自主可控能力的必要基础

无论是传统行业还是战新产业，背后都离不开国家在产业管理、国内合作、对外竞争等方面强有力的政策支持，尤其在推进本土生产及应对竞争方面，国家层面的政策支持不可或缺。由于不同产业发展基础、发展条件及竞争环境不同，需要政府出台差异化政策，区分轻重缓急、突出重点，针对性地予以鼓励和支持。

（四）培育大型龙头企业、带领大量创新型中小企业共同发展是提升一国产业链供应链自主可控能力的核心路径

主要发达国家推进产业链供应链自主可控战略，都致力于打造一批自主可控、安全可靠、高效协同的标志性领先企业。尤其是对于诸如中国、美国、欧盟等大型经济体，金属矿产、能源资源、汽车制造、半导体材料、轨道交通等支柱产业的产业链条都很长、产业规模庞大、市场空间广阔，需要大中小企业发挥各自优势、共同参与、协同发展，才能提升产业链供应链自主可控能力。

（五）巨大的消费市场是我国用好外资企业加快提升自身独立自主可控能力的宝贵优势，要加大利益捆绑，避免彻底脱钩

产业发展的终极指向是消费。如果一个国家消费市场规模足够大，能大量容纳全球生产供给，将具备无与伦比的产业影响力，比如美国，惯于利用消费市场地位推进跨国产业及技术合作，甚至强行推进本土化生产，提升独立自主可控能力。我国在许多领域已经是全球第一大市场，一方面，可以给国内技术和产品广泛应用和提升的机会，另一方面，可以有效发挥规模优势，开展高水平国际合作，畅通国内国际双循环以化解“脱

钩”威胁。需要特别指出的是，产业链供应链自主可控重在“能力”建设，并非简单要求全链条国产化，即使在某一领域实现自主可控，仍然要根据国际分工开展进出口贸易及国际合作。

二、政策建议

提出如下政策建议：

（1）细化顶层设计，明确不同产业的自主可控目标和实现路径，给予切实有力的政策支持。对于能源、资源等关乎国计民生的传统行业，自主可控的关键是要坚持总体国家安全观，牢牢守住安全底线。对于矿产资源领域，要全面谋划、施策和布局我国资源安全保障体系。

（2）以国产替代和原始创新为方向，把全面深入推行“链长制”作为根本抓手，强化产业链高质量发展。系统梳理国计民生安全产业、战略新兴产业、未来高精尖产业发展现状与前瞻布局，最大限度激发“链长”的牵引推动作用。建立“链长”企业或骨干企业与原创技术策源地企业之间的互动机制。

（3）加大对外合作力度，优化全球产业链供应链渠道布局，降低受制于一国甚至一家企业的供应风险。出台政策鼓励企业充分依托国内超大规模市场优势，培育和挖掘内需市场，推动产业结构优化和转型升级，把企业发展融入经济全球化当中。提升产业链供应链全球资源配置能力，提升与海外企业、当地政府、科研机构等多元合作关系，注重发挥企业海外中心与机构的本地化优势，通过技术合作和重组并购补齐国内产业链短板。

（4）扶持以大型央企为代表的行业领军企业，尽快掌控产业链关键技术和核心环节。鼓励龙头企业并购重组，从根本上减少国内重复投资和同质化竞争，培育具备国际竞争力的企业集团。扶持领军企业向产业链供应链上国产化率低、布局不完整的环节发展。支持国有企业发挥规模优势、体制优势。孵化并培育一批核心技术能力突出、创新能力强的“小巨人”企业。

（5）围绕前沿领域开展基础研究和前瞻技术布局，加大人才培养和引进力度。加大对原有国家级平台优化整合力度，明确大学、科研事业单位、行业院所转制科技型企业、大型企业、中小型企业在产业技术创新链中的功能定位，避免研发体系碎片化。加强从基础研究到产业化的工程转化能力，真正打通产、学、研、用之间的藩篱。优化复合型专业技术人才培养与引进机制，落实人才引进优惠政策，加强高端人才队伍建设，重点关注“退休潮”引发的科技人才断档问题。

课题组牵头单位： 中国五矿集团有限公司中国金属矿业经济研究院

课题组参与单位： 国网能源研究院有限公司
南方电网能源发展研究院有限责任公司
中国中车集团中车工业研究院有限公司
中国化工信息中心有限公司
中国汽车技术研究中心有限公司中国汽车战略与政策研究中心

课题组核心成员： 金志峰　崔楠楠　徐天昊　李晓杰　郑宏军
宋歆欣　李苏秀　卢　静　刘　林　王轶楠
管泳仿　胡　勇　夏振来　邹儒懿　罗炼铎
李轩照　徐铭辰　周志勇　赵鹏宇　邵　邦
刘　韬　胡世明　郭灵燕　龚慧萍　韩　璐
朱一方　杨祥璐　张宪国　白文岭　王金明

“一带一路”规则标准“软联通”的案例研究

习近平总书记在第三次“一带一路”建设座谈会上明确指出，要把规则标准“软联通”作为“一带一路”建设的重要支撑。中共中央、国务院发布《标准化发展纲要》，提出要积极推进与共建“一带一路”国家在标准领域的对接合作。“软联通”与“硬联通”有机结合将为“一带一路”走深走实，实现高质量、可持续发展奠定坚实的制度基础。本课题针对电力、电信、石化、汽车四个行业进行案例研究，总结经验，提出新形势下中央企业推动“一带一路”规则标准“软联通”的重点举措。

一、“一带一路”规则标准“软联通”的成效和新形势

（一）“一带一路”规则标准“软联通”的成效

我国积极推动“一带一路”规则“软联通”，在规则对接、区域开放等方面取得显著成果。截至 2022 年年底，中国已与 150 个国家、32 个国际组织签署 200 多份合作文件，涵盖世界上 2/3 的国家和 1/3 的国际组织。在规则对接方面，《区域全面经济伙伴关系协定》（RCEP）正式生效，中国将同合作伙伴一起构建全球最大规模的自贸区。中国积极申请加入《全面与进步跨太平洋伙伴关系协定》（CPTPP）和《数字经济伙伴关系协定》（DEPA），推动世界贸易组织《投资便利化协定》谈判，通过高水平开放带动高质量发展。在区域开放方面，“一带一路”倡议成为中国扩大对外开放以及带动全球共同开放的顶层设计，粤港澳大湾区、西部陆海新通道、海南自由贸易港、国际进口博览会等均成为“一带一路”的重要支撑。

大量中国标准转换成国际标准，在国际标准组织中的影响力大幅度提升。中央企业瞄准国际先进水平，不断提升国际标准制定和转化能力，截至 2022 年年底，累计主持制定国际标准 2051 项，参与制定国际标准 2166 项，共担任国际标准组织技术委员会和分委会主席、副主席职位 30 个，承担技术机构秘书处 24 个。中国移动重视国际标准的技术开发和队伍建设，积极推进中国拥有知识产权的 5G 技术转化为国际标准，拥有的国际标准组织领导职务数量排全球运营商第一位，牵头的 5G 标准数量排全球运营商第一位，助力我国成为 5G 技术、标准的引领者。国家电网在参与国际标准组织、发起成立 IEC 技术机构、布局和制定国际标准等方面全方位发力，代表中国在 IEC 主导成立 8 个技术机构并承担秘书处或主席工作，在特高压、智能电网、可再生能源等多个领域国际标准工作中实现“跟随”到“引领”的转变。

大量中国标准在“一带一路”项目中落地应用，提升了基础设施互联互通和国际产能合作质量。国家电网在巴西投资建设的美丽山特高压输电项目中使用中国标准 100 余项，高端换流变、换流阀、直流控保等核心设备均按照国内技术标准生产，实现了我国特高压技术“走出去”，带动我国电力装备出口巴西 5 亿美元。中国中化、保利集团与相关中国企业抱团出海，在乌兹别克斯坦安格连橡胶厂项目建设过程中应用中国技术标准，填补了当地橡胶轮胎领域的部分技术标准空白，为乌兹别克斯坦本国相关标准体系的建设打下了良好的基础，使乌兹别克斯坦成为中亚规模最大、门类最全的橡胶工业国家。中国移动在希腊比雷埃夫斯港建设 5G 智慧港口，实现 5G 标准和解决方案整体输出，展示了我国在信息技术方面的领先优势，带动了我国信息通信产业链整体“走出去”。中国电建在承建的老挝南俄水电站中推广和应用中国标准，增强了中国水电标准在当地的认可度和影响力。

设立和参与规则标准国际合作平台，增强了中国规则标准在产业链上下游的影响力。南方电网积极推动澜湄能源电力领域务实合作，倡导成立了澜湄国家电力企业高峰会机制、澜湄区域电力技术标准促进会，共同编制区域标准并转化成国际标准。“软联通”成果推动了中老 500 千伏联网、中缅联网等“硬联通”进程。中国汽车技术研究中心与一汽集团、东风汽车等中央企业共同推动和参与中国—东盟、中国—中亚汽车标准法规交流合作机制，通过举办研讨会、成立专家组、开展标准培训、参与他国标准化活动等形式的交流合作，逐步推动中国汽车标准与产品被“一带一路”国家了解和认可。中国移动联合日本软银、英国沃达丰、印度 Bharti 电信等国际企业成立 TD-LTE 全球发展论坛（GTI），推动中国 TD-LTE 移动通信标准实现全球大规模商业推广。

（二）“一带一路”规则标准“软联通”面临的新形势

当前国际政治经济形势和治理体系正在发生深刻变化，是国际制度规则重塑的关键时期，中央企业参与“一带一路”建设面临新的国际形势。

世界迎来百年未有之大变局，新兴市场国家和发展中国家国际影响力不断增强，国际力量对比更趋均衡。从经济发展态势来看，世界经济重心正在加快“自西向东”转移，新一轮科技革命和产业变革正在重塑世界；从全球治理体系来看，新兴市场国家和发展中国家国际影响力不断增强，国际力量对比更趋均衡，全球治理的话语权越来越向发展中国家倾斜。我国提升国际地位、重塑国际治理体系的努力正进入关键阶段。在这一阶段，国际形势复杂多变，不稳定因素明显增多，我国在对外经贸关系中争取话语权和主导权的努力存在不少困难和挑战。

规则标准成为大国博弈重要工具，欧美国家企图绕开中国重构国际规则标准体系。2021 年美国和欧盟先后提出“重建更美好世界”和“全球门户”基础设施建设计划，2022 年 G7 又提出“全球基础设施和投资伙伴关系”计划，旨在构建基础设施投融资、环境保护等方面新的规则标准。欧盟推动实施“碳足迹”“碳边境调节机制（CBAM）”等制度，力争引领低碳领域规则标准，并通过低碳规则标准保护本土产业。近年来美国提出“近岸外包”和“友岸外包”，出台相关产业政策，公开呼吁“寻找替代中国的方案”，绕开中国构建新兴技术、产业链相关规则标准。

投资贸易保护主义抬头，欧美国家在经贸规则、经济制裁、数字经济、产业链、技术标准等领域加大政策协调力度。例如，2023 年 6 月 28 日，“五眼联盟”成员国宣布开展出口管制执法合作，统一标准，共享信息；2023 年 7 月 9 日至 15 日美国主导的“印太经济框架”进行第四轮谈判，其中包括“供应链协议”谈判，构建新的区域供应链合作规则；2023 年 7 月 10 日美国与欧盟达成“数据隐私框架”，协调数据跨境传输政策；2023 年 7 月 12 日，欧盟正式实施《外国补贴条例》，将反补贴规则从贸易拓展到投资和采购领域。在这样的背景下，“一带一路”规则标准软联通的重要性更加凸显。

国际标准法规从通用技术规范演变为各国国际战略实施的重要抓手，标准国际化工作面临激烈竞争。新一轮科技革命和产业变革深入发展，国际力量对比深刻调整，全球主要国家纷纷将能源转型、数字经济、5G/6G通信等领域作为战略方向，加大投入争取抢占竞争制高点，国际标准法规的制定是重要的抓手。美国提出《国家标准战略（2020）》，韩国提出国际《标准化战略（2019—2023年）》，均明确提出要争夺新兴领域标准主导权或占据主导地位。伴随着我国企业和标准“走出去”步伐不断加快，国际影响力逐步提升，特别是与“一带一路”国家加强标准化合作，势必将与发达国家的全球市场和利益布局产生分歧，进而出现由合作关系向竞争、合作并存甚至竞争为主的转变。

二、央企参与“一带一路”规则标准“软联通”经验分析

一是高度重视标准、知识产权和国际化发展，坚持开放创新是赢得国际认可、提高国际话语权的关键着力点。中国移动牢牢把握“产业发展、标准先行”的规律，不断加强国际标准化的技术研究、队伍建设，逐步提升国际话语权，积极推进公司及中国拥有知识产权的技术转化为国际标准。在4G时代TD-LTE国际标准化之初，就将“标准化、产业化、国际化”作为TD-LTE发展的重要目标，充分借助ITU、NGMN、GSMA等国际组织的影响力，提升全球业界对TD-LTE的信心，促进了融合统一的TD-LTE国际标准的形成。同时，在产业化和商用部署上同步发力，为TD-LTE共享全球产业和市场资源打下了关键基础。

二是聚焦科技创新，把握核心标志性技术的主导权，是标准对接、制定和产业发展的基础。标准体系的竞争，实质是核心技术的竞争，掌握关键的标志性技术，拥有核心技术专利，才能在全球标准化竞争中处于主动。国家电网坚持创新驱动发展，特高压、智能电网、大电网运行等一大批电网技术处于世界领先水平，在国际上率先建立了完整的特高压交直流、智能电网技术标准体系，在全球率先实现了特高压商业化运营。中国移动高度重视关键技术攻关，特别是原创性技术的研发，引领了4G、5G技术和标准的发展。

三是因地制宜，发挥中国产业竞争优势，依托海外工程项目推动中国标准“走出去”。标准联通的前提是必须了解熟悉各国的国情，考虑双边、多边产业发展与标准化的实际需求与长期发展规划，找准共同的利益契合点。国家电网承包建设的埃塞俄比亚、肯尼亚、巴基斯坦等国电力工程和尼日利亚智能电表本土化生产等项目，在结合当地实际需求的基础上，大量采用中国标准，显著降低了工程成本，有力促进了我国电工技术和装备“走出去”，实现了互利共赢。中国中化所属子公司与相关中国企业抱团出海，在乌兹别克斯坦安格连橡胶厂项目建设过程中，成功推广了中国技术标准，填补了当地橡胶轮胎领域的部分技术标准空白。

四是翻译工作及国际先进对标是增强标准国际通用性、打造国际产业链核心竞争力的重要基础。语言相通，才能实现标准的互联互通，翻译工作有助于中国标准的传播和推广。同时，通过开展国际对标，能够展示我国技术标准优势，及时发现短板和不足。国家电网在巴西美丽山特高压项目建设过程中，积极翻译推介中国特高压技术标准体系，与当地惯用标准开展对标分析和展示，推动中国标准在项目施工、安装和调试全过程应用。

五是多层次、宽领域的合作平台可促进标准规则软联通堵点的高效疏通。推动标准规则软联通，需切实、深度地研判合作主体的关键利益及核心诉求，宜通过建立多层次、多维度的合作平台，以“软联通”促“硬联通”。为更好地推动澜湄能源电力领域务实合作，南方电网倡导成立了澜湄国家电力企业高峰会机制、澜湄区域电力技术标准促进会。“软联通”成果推动了“中老500千伏联网”“中缅联网”等“硬联通”进程。中汽中心成功主办了4届“中国—东盟汽车标准法规交流合作对话会”以及多次新能源汽车领域法规交流会议，与印度尼西亚、马来西亚、泰国、越南、菲律宾等东盟各国汽车主管部门与标准化机构建立了良好的合作伙伴关系。

六是提出暂定税率调整建议，协助企业获得关税减免。中央企业智库在央企国际化过程中发挥了咨政建言的积极作用。中汽中心持续开展汽车产品关税政策研究，向财政部关税司反馈暂定税率调整清单，在燃料电池、变速器零部件、智能网联等领域成功采纳降税建议，有效降低国内企业进口及制造成本。2022年，中汽中心向财政部建议新增“自动换挡变速箱的无级变速器压力钢带”税号，暂定税率由6%降为3%，为扩大先进技术和关键零部件进口，提升自主品牌汽车产品竞争力作出了重大贡献。

七是紧抓共建"一带一路"机遇，充分利用政策和战略对接红利。在"一带一路"倡议的机制框架下，中央企业抓住中国与东道国深化双边关系和加强战略对接的政策红利，充分利用东道国的产业投资贸易优惠政策，积极推进与相关"一带一路"沿线国家在石化行业、新能源领域的合作项目，取得了良好的经济效益和社会效益。中国中化下属恒逸石化与当地政府和官方投资促进机构保持密切沟通协调，在项目结束后不仅关注项目的后期维护，也与当地政府等利益相关方保持了友好合作关系，并成功促成了项目二期工程。

三、央企参与"一带一路"规则标准"软联通"存在的问题

中央企业在参与"一带一路"建设过程中，规则标准的对接、制定受发展阶段、技术储备、国际形势等因素影响，往往面临一些不同时期的问题和挑战。

（1）相较于更早进入国际市场的西方发达国家，我国规则标准认可度不高、影响力不足，国际适用性仍有待进一步提升。在传统制造业领域，成熟产品的标准基本由国外跨国企业把持，我国企业很难改变其统治地位；在新能源、电动汽车、信息通信等我国具有技术优势的新兴领域，我国企业国际标准制定进展迅速，但拥有的国际标准数量和影响力与我国产业规模还不相匹配；在国际经贸新规则、产业链规则、数字经济规则等方面，中国企业大多处在被动适应的阶段。在规则标准领域具有重要影响力的国际合作机制和国际标准组织主要由发达国家发起设立，中国企业和中国专家在其中影响力较小。

（2）在部分技术领域，标准定义着技术框架、产业体系的演进方向，各国都将标准制定作为抢占产业发展优势地位的重要手段，国际标准制定面临着激烈竞争。某种技术或标准一旦在市场中得到推广，并被确定为事实标准，技术知识产权的拥有者就会在技术创新长期占据优势地位。例如在通信行业，我国在第一、第二代通信标准中未能实现主动。在3G时代步入国际标准规则制定的舞台，但起初从技术和产业链发展角度都缺乏话语权。在4G时代，同样面临美国和欧洲主导技术的强势竞争。在5G时

代，中国移动在国际标准中扮演着先行者、验证者和组织者等关键角色。当前6G和5G标准相比国际形势更加严峻，供应链与国际市场遭遇人为的割裂，国际标准化面临小圈子的风险。

（3）在共建“一带一路”过程中，各国国情不同、利益诉求不同，“软联通”与“硬联通”不能完全同步推进，部分规则标准对国际合作造成困扰。例如在海外项目推进过程中，所在国在工程标准、劳工保护、环境保护、外资审查、市场监管等方面的规则与我方有较大差异或冲突，会对央企“走出去”造成一定困扰。一方面，企业在开展海外业务时未能做好充分的前期尽职调查，导致出现法律风险；另一方面，西方国家频繁出台针对中国企业，特别是中国国有企业的限制性措施，给中央企业在海外开展业务带来风险。

四、央企参与“一带一路”规则标准“软联通”重点举措及建议

（一）加强政策沟通对接

一是对接国家战略规划。紧跟政府外交合作契机，在政府间合作机制框架下加强国际合作。与国内外政府部门保持密切联系，争取将有关项目纳入双多边合作机制框架内，从政策保障上为项目提供支撑，推动政府出台有利于降低成本的相关政策。加强对东道国发展战略的研究，从当地市场需求和国家发展战略出发，制定本地化的长期发展规划，争取互利共赢的投资、贸易、税收等优惠政策，为双方开展国际合作提供便利化条件，为当地行业和经济发展作出切实贡献。

二是加强与政府部门的沟通交流。由于西方国家很早便开始进行跨国投资和国际合作，在国际市场中已经获得了很高的市场份额和普遍的认可。为了打开国际市场，首先需要获得东道国对中国企业和中国技术的信任。中央企业要积极向东道国政府部门、监管机构、研究机构、有关企业等利益相关方介绍我方工程实施、建设、运营经验，推介优势技术方案，持续开展深入的技术和政策交流，争取利益相关方信任。通过长年累月的持续深耕，与当地政府相关部门和有关机构保持沟通和联系，建立良好的合作信任关系，为“一带一路”重点项目的实施创造有利的外部环境。

三是发挥央企智库的引领作用。主动开展"一带一路"国家产业发展战略和发展规划的研究交流工作，为央企"走出去"提供综合信息支持和服务，为我国制定相关产业政策提供借鉴和参考。通过举办会议论坛等方式，搭建中国与东盟、中亚等"一带一路"国家政府主管机构、企业高管、行业机构等相关方的高层对话平台，加强双边、多边合作和资源共享，推动中国和共建"一带一路"国家产业协同创新发展。

（二）深化国际交流合作

一是深入参与国际组织机构交流合作。国际组织机构为企业提供了多元化的合作平台，有利于增进双边和多边的信息交流，建立互利互信的合作关系，帮助企业获取潜在的国际业务合作机会。中央企业要积极加入各类国际组织，派遣相关领域的专家前往国际组织进行长期合作交流，开展联合课题研究，参与技术交流研讨、政策报告编制。在国际行业协会、国际组织中担任重要职位，利用平台作用，加强与各企业、当地有关部门、社会各界的沟通，增进了解与互信，获取重要经贸信息、推动潜在业务合作机会。利用国际平台宣传推介企业成果以扩大知名度，推动业务发展以创造利润、参与全球治理和规则制定以提高国际交流价值贡献。

二是联合搭建国际合作平台。秉持合作共赢、互利互惠的原则，与国际企业建立专业合作平台、制定合作机制、挖掘合作潜力，为长期友好互动提供机制保障。联合国际多边组织、知名跨国企业打造高端交流平台，以国际论坛、国际协会、地区组织等形式，围绕涉及行业发展的重要议题，开展深入探讨，展示中国成功经验，提出中国发展方案，讲好中国企业故事和发展理念，提高中央企业在国际社会和业内同行中的影响力和知名度，结合多方利益达成合作共识。

（三）研究和运用好国际经贸规则

一是加强对国际经贸规则的研判。积极跟踪国际经贸规则，研究对企业的影响，及时调整业务重点，对于不利的因素研究制定应对策略。既要适应欧美经贸政策的重大变化，也要通过主动谋划争取实现新的规则平衡。积极对接新兴市场国家的经贸政策，与新兴市场国家结成紧密同盟。充分利用好"一带一路"倡议、RCEP、中国—中东欧国家合作、南南合作等多边合作机制和经贸协定，扩大与成员国进出口贸易规模和投资合作水平。

二是参与国际经贸规则制定。坚持共商共建共享的全球治理观，高举构建人类命运共同体旗帜，倡导多边主义，在尊重全球已有并被广泛接受和应用的国际规则标准基础上，积极参与并推动全球经济治理机制变革。对接国家有关部门，通过研究咨询、政企沟通等方式参与国际经贸规则的制定，积极反映企业诉求，删减不利于我国企业参与国际市场、不利于产业发展的规则，争取将我方产品纳入降税清单，消除海外市场技术和政策壁垒。

三是妥善应对境外投资审查及相关法律风险。深入了解投资所在国家和地区外资准入、国家安全审查、反垄断审查等程序、规则及标准，确保境外投资的合规运作。坚持企业独立市场主体地位，善于运用世界贸易组织规则、相关国际条约、双边贸易投资保护协定以及所在国家和地区行政、司法救济途径等，维护自身合法权益和公平待遇。重视运用合同约定、商业保险和投资保险等多种途径，有效防范投资所在国家和地区因政府更迭、国有化、征收以及法律变更等导致的风险。

四是重视运用世界贸易组织规则。深入研究并遵守世贸组织货物贸易、服务贸易等有关协议。对境外发起的反倾销、反补贴和保障措施调查，及时向政府有关部门报告，依法运用发起国行政、司法救济途径和世贸组织争端解决机制等积极应对。当国外进口产品因倾销、补贴等对本企业所在国内产业造成损害时，主动申请政府主管部门采取贸易救济措施，维护企业合法权益。在国际化经营中遇到有关国家贸易政策不符合世贸组织规则时，积极向我国政府部门反映，并通过世贸组织贸易政策审议机制争取公平竞争的贸易政策环境。

（四）持续推动国际标准对接

一是进一步提升在国际标准组织中的影响力。对于具有高度自主创新成果的优势领域，积极推动企业标准、行业标准、国家标准上升为国际标准。同时紧跟全球经济活动中具有巨大市场潜力和利益增长点的新兴产业技术发展方向，在战略性新兴产业领域率先争取国际标准制定权。积极实质性参与 ISO、IEC、ITU 等国际权威标准化组织的各项工作和活动，履行国际标准组织成员国责任义务，鼓励和输送我国优秀的专业标准化人才进入国际标准化机构和平台工作，从领导决策层，再到技术专家岗位、基层工作岗位，为我国参与国际标准化活动争取全方位话语权。对于三大国际标准化组织以外的国际行业标准机构和组织，也要同样重点关注积极参与，打通国际标准制定修订的国内外信息传递和交流通道。

二是加快国内外技术标准对接与互认。在具有国际竞争实力和优势产能转移能力的领域，大力提高标准制定修订力度和国际化水平。加强与相关国家标准化机构，区域标准化机构的双边、多边交流互联和互利合作，在双方或多方共同关注的领域，重点推进标准互认工作，共同推动产品标准的协调一致，减少和消除贸易壁垒、降低工程建设成本。在求同存异的基础上，针对标准存在的差异，开展研究讨论，实现各国对对方标准的认可，形成沿线各国标准互认谅解备忘录。通过开展援外培训、丰富国家标准外文版等方式推进重点领域标准互认。发挥“一带一路”沿线各国各自优势，成立联合工作组，加强在国际标准领域的合作，推动具有共同需求技术领域的标准向国际标准转化。

三是依托国际产能合作提升中国标准影响力。通过装备出口、对外投资、工程承包等形式，推动中国标准“走出去”，注重在东道国标准体系建设中的中国标准渗透，提高中国标准在国际市场的认可度和使用率。由相关行业协会、产业联盟、科研机构、高等院校和企业等牵头组织，面向东盟、非洲、拉美等国际产能合作重点国家和区域开展标准化互联互通项目，加强项目储备，为产业合作和互联互通提供标准化支撑。推动将标准合作内容纳入共建“一带一路”合作文件，促进标准有效对接。统筹推进标准化与科技、产业、金融对外交流合作，促进政策、规则、标准联通。

四是进一步优化企业国际标准管理体系。提升国际标准工作的重视程度，加大投入，在重点产业、项目单位建立标准管理部门，完善国际标准体系，在前瞻性领域抢占先机。理顺国际标准转化路径，设计国际标准落地方案。深度参与行业标准、国家标准、国际标准制定，理顺企业标准转化、制定修订路径，搭建标准交流平台，加强海外建设项目标准引进与落地。构建专业化人才培养机制，大力培养通晓国际标准化制定、评审规则的国际标准管理人才。加大对国际标准化人才在英文沟通能力等方面的培训，向国际标准化组织持续派遣工作人员。打造国际标准信息化管理平台，打通部门壁垒，建立流程制度便捷化、成果经验共享化机制。

（五）加快科技研发和规则标准布局

一是提前部署前沿科技标准领域。加强重大前沿技术的预判和预警，发挥央企创新引领带动作用，在人工智能、材料科学、空间科学、健康科学等领域，特别是交叉融合的方向，加快部署一批具有重大影响、能够改变或部分改变科技、经济、社会、生态格局的颠覆性技术研究，形成成果并及时转换为国际规则标准，提升我国在新一轮科技革命和产业革命中的主导权。

二是加快转化优势技术领域国际规则标准。在新能源、高铁、信息通信、电力等我国具有领先优势的领域加快国际标准转化、国际规则制定步伐，将国内规则标准尽快转换为国际标准，为我国相关企业和产品参与国际竞争提供技术和制度支撑。围绕制造业转型升级、环境治理、互联网+、能源低碳转型等我国经济社会发展面临的突出问题，在相关技术领域加强科技攻关和规则标准转化，主导制定一批符合我国产业发展趋势、符合人类命运共同体理念、具有广阔应用前景的国际规则和标准。

课题牵头单位： 国网能源研究院有限公司
课题参与单位： 中国移动通信有限公司研究院
南方电网能源发展研究院有限责任公司
中国化工信息中心有限公司
中国汽车技术研究中心有限公司
课题组核心成员： 冯昕欣　高国伟　郭子暄　潘宏筠　刘　艳
蒋招梧　廖建辉　林晓斌　阮文婧　肖汉雄
丛鹏伟　刘晓宇　徐华洁　谢奇芳　覃　芸
辜炜德　黄　豫　宫大千　秦菁华　刘　韬
肖甲宏　李高平　鞠庆梅　吴松泉　傅剑华
朱一方　刘佳仪

后　记

党的十八大以来，以习近平同志为核心的党中央高度重视新型智库建设，强调建设中国特色新型智库是党中央立足党和国家事业全局作出的重要部署，并就建设中国特色新型智库、建立健全决策咨询制度作出一系列重要论述和指示，为新型智库建设指明了方向、提供了根本遵循。中央企业智库作为中央企业治理体系的重要组成部分和中央企业软实力的重要体现，已成为建设中国特色新型智库的重要一环，是推动企业科学决策、引领产业行业发展、服务党和国家重大战略的重要力量。

习近平总书记在2023年中央经济工作会议中指出，进一步推动经济回升向好需要克服一些困难和挑战，主要是有效需求不足、部分行业产能过剩、社会预期偏弱、风险隐患仍然较多，国内大循环存在堵点，外部环境的复杂性、严峻性、不确定性上升。要增强忧患意识，有效应对和解决这些问题。作为国民经济的重要骨干和中坚力量，中央企业持续发挥好“顶梁柱”“压舱石”作用，应进一步加快新型智库建设，为推动高质量发展、加快中国式现代化建设实现提供更多决策支撑。

2023年，我们遴选了中央企业智库联盟年度重点课题优秀研究成果，汇编形成《中央企业改革发展研究Ⅲ：中央企业智库重点课题研究成果集》出版。为持续发挥中央企业智库研究优势，我们广泛汇聚中央企业智库研究能力，组织开展了一系列国资国企领域的重点课题研究，形成了一批高质量的研究成果。中央企业智库联盟编辑部与课题组积极沟通，对其中18项重点课题优秀研究成果进行提炼完善，最终形成课题成果出版稿，汇编成本书出版。

本书由国务院国资委研究中心党委书记、主任衣学东总体统筹，联盟秘书处黄吉海、贾尽裴等同志负责策划和组织，联盟编辑部王悦、谢宇斌、杨桐、刘强强等同志负责具体审核，国务院国资委研究中心、中核战略规划研究总院有限公司、中国船舶集团有限公司综合技术经济研究院、中国兵器工业集团人才研究中心、中电科发展规划研究院有限公司、中国融通集团战略研究院、中国石油集团经济技术研究院（中国石油国家高端智库研究中心）、中国石化集团经济技术研究院有限公司、国网能源研究院有限公司、南方电网能源发展研究院有限责任公司、中国长江三峡集团有限公司电力市场研究中心、国能经济技术研究院有限责任公司、中国联合网络通信有限公司研究院、中国移动通信有限公司研究院、鞍钢集团有限公司经济发展研究院、中国化工信息中心有限公司、中国五矿集团有限公司中国金属矿业经济研究院、华润（集团）有限公司、华润宏观经济与政策研究院、中国旅游集团有限公司、上海航空工业（集团）有限公司、中节能生态产品发展研究中心有限公司、中国化学工程第三建设有限公司、中国建材集团有限公司、中建材信云智联科技有限公司北京分公司、中智管理咨询有限公司、中国中车集团有限公司、中车工业研究院有限公司、中国铁路工程集团有限公司、水电水利规划设计总院、中国物流集团有限公司、中国汽车技术研究中心有限公司、中汽研汽车工业工程（天津）有限公司、中汽数据有限公司、中信改革发展研究基金会、中国石油大学（北京）、上海诺基亚贝尔股份有限公司等 37 家联盟成员单位及课题参与单位有关研究人员执笔编著完成。

本书在形成过程中，得到了国务院国资委各厅局、中央企业智库联盟成员单位、各课题组领导专家以及国资委研究中心同事们的宝贵建议，获得了中国经济出版社相关领导和编辑们的全力支持，在此表示衷心感谢！本书部分研究课题尚属阶段性研究成果，难免有疏漏、不足之处，诚请广大读者批评指正。

本书编委会

2024 年 5 月

鸣　谢

于欣灵	于　猛	门　峰	马文静	马俊兰	马　骁	王卫忠
王　丹	王　文	王文吉	王　臣	王乔晨	王旭鹏	王金明
王轶楠	王　娇	王雪莲	王　冕	王　涿	王　瑛	王　强
牛振华	方　芳	艾中良	左志远	左　更	左　浩	占德庆
卢　静	叶　瑛	田　钢	田　蕾	史　双	代慧涛	白文岭
白羽雄	丛鹏伟	冯昕欣	邢　珺	毕竞悦	吕建中	朱一方
朱名清	朱虹波	朱秋睿	朱浩骏	朱舜楠	朱颖超	任浩宁
庄皇伟	刘川江	刘小桐	刘　东	刘永寿	刘志文	刘　岑
刘辛炎	刘　林	刘国岩	刘佳仪	刘　树	刘　艳	刘晓宇
刘晓斌	刘展志	刘雪峰	刘斌砚	刘　强	刘　韬	刘　蕾
刘　衡	齐继国	衣学东	闫　卉	闫丽娜	闫　勇	江红玲
安雨康	安　昕	许　可	阮文婧	孙乃达	孙玉华	孙　竹
孙宝东	孙晓峰	孙　锌	苏国萍	杨贝斯	杨世雄	杨　芳
杨　星	杨　虹	杨祥璐	杨锦洲	李　三	李巧明	李　兴
李红五	李红五	李苏秀	李轩照	李秀峰	李　沛	李　岩
李育贤	李建新	李冠稼	李　哲	李晓杰	李高平	李　强
李媛媛	李　燕	肖天颖	肖甲宏	肖汉雄	肖　雪	吴松泉
吴金龙	吴　琼	吴　越	吴煜文	吴　潇	邱茂鑫	何耿生
邹儒懿	宋歆欣	宋镇亮	张玉龙	张　阳	张红杰	张　园
张秀强	张作凤	张　雨	张俏影	张洪天	张宪国	张　勇
张朔川	张家龙	张焕芝	张舒涵	陈和午	陈茜子	陈　挺
陈嘉茹	邵　邦	邵　冲	苑东平	林　垚	林晓斌	尚玉涵
罗大清	罗亚敏	罗炼铎	罗　娅	岳佳欣	岳跃振	金志峰
金海年	周志勇	周　晶	郑宏军	郑　甜	官龙涛	孟祥萌
赵亿欣	赵天宁	赵冬昶	赵亚明	赵明楠	赵鹏宇	赵鑫淼

郝晋阳	胡世明	胡　旸	胡　勇	胡　钰	胡　敏	钟和军
侯　亮	姜青言	宫大千	姚尚衡	姚萌亮	秦菁华	袁康龙
聂金峰	桂　华	贾凤泳	贾尽裴	贾京坤	贾默骐	夏杨阳
夏振来	夏　璠	顾士新	柴　畅	柴高峰	钱　程	徐天昊
徐天遥	徐华洁	徐树杰	徐品章	徐铭辰	高启宸	高国伟
高柯娇	高继革	高　源	郭子暄	郭灵燕	郭振鹏	陶　怡
黄日福	黄吉海	黄　宝	黄思颖	黄振东	黄　豫	黄　巍
萧新桥	曹　毅	龚和平	龚慧萍	常　燕	常　疆	崔　宁
崔　敏	崔楠楠	商博雅	阎向民	梁华金	梁　宇	梁　军
梁　猛	屠俊明	彭吕斌	彭烁君	董方岐	董　波	董　楠
蒋日富	蒋辰迪	蒋招梧	蒋　楠	韩　冰	韩　玮	韩明宇
韩剑龙	韩莹莹	韩晓磊	韩　硕	韩　璐	朝克图	辜炜德
覃　芸	傅剑华	焦显辉	鲁　瑛	曾金灿	谢奇芳	雷　成
雷振鲁	褚宏飞	蔡文璇	蔡立羽	蔡向阳	管泳仿	廖建辉
翟利峰	翟利峰	潘旭东	潘来安	潘宏筠	薛　竞	霍中和
鞠庆梅	魏　凡	魏进武	魏晨光	魏新强		